权威·前沿·原创

皮书系列为

“十二五”“十三五”国家重点图书出版规划项目

BLUE BOOK

智库成果出版与传播平台

培训蓝皮书
BLUE BOOK OF TRAINING

中国培训事业发展报告（2021）

ANNUAL REPORT ON THE DEVELOPMENT OF TRAINING IN CHINA (2021)

主　编 / 余兴安
副主编 / 刘文彬

社会科学文献出版社
SOCIAL SCIENCES ACADEMIC PRESS (CHINA)

图书在版编目(CIP)数据

中国培训事业发展报告.2021/余兴安主编.--北京：社会科学文献出版社，2021.10
（培训蓝皮书）
ISBN 978-7-5201-8670-4

Ⅰ.①中… Ⅱ.①余… Ⅲ.①职业培训-研究报告-中国-2021 Ⅳ.①F249.233

中国版本图书馆 CIP 数据核字（2021）第137445号

培训蓝皮书
中国培训事业发展报告（2021）

主　　编／余兴安
副 主 编／刘文彬

出 版 人／王利民
责任编辑／宋　静
责任印制／王京美

出　　版／社会科学文献出版社·皮书出版分社（010）59367127
　　　　　地址：北京市北三环中路甲29号院华龙大厦　邮编：100029
　　　　　网址：www.ssap.com.cn
发　　行／市场营销中心（010）59367081　59367083
印　　装／三河市东方印刷有限公司

规　　格／开 本：787mm×1092mm　1/16
　　　　　印 张：28.25　字 数：425千字
版　　次／2021年10月第1版　2021年10月第1次印刷
书　　号／ISBN 978-7-5201-8670-4
定　　价／198.00元

本书如有印装质量问题，请与读者服务中心（010-59367028）联系

《中国培训事业发展报告（2021）》
编　委　会

刘　畅　刘文彬　刘　晔　卢妹莲　吕志勇
马新明　马韵升　孟上飞　漆艳茹　邱　磊
盛　湘　宋仙保　孙　超　孙希昀　孙学章
邰　骋　汤学黎　唐福国　汪君华　王丽丽
王　宁　王书柏　王　瑱　文方园　席　彪
相爱新　谢　晶　徐　清　许　远　杨素慧
杨耀武　余兴安　岳晓彤　张慧芳　张继颖
张晓青　张　瑜　钟延红

编　务

刘　晔　郝　丽　柏玉林　邢　蓉

主要编撰者简介

余兴安　全国政协委员，中国人事科学研究院院长、研究员。历任中国人事科学研究院研究室主任、人事部人才流动开发司副司长、人力资源和社会保障部人力资源市场司副司长、山东省日照市副市长。兼任国际行政科学学会副主席、中国人才研究会常务副会长、中国行政管理学会副会长等。主要从事行政管理体制改革、人事制度改革与人才资源开发等研究。

刘文彬　中国人事科学研究院教育培训与能力建设研究室副主任，副研究员，主要研究领域为人力资源开发与管理、公共管理理论与实践。主持或参与研究国家级、部级、院级和社会委托课题60余项，曾获全国人事科研成果一等奖、二等奖、三等奖，合著、参与撰写著作6部。

中国人事科学研究院

中国人事科学研究院（简称“人科院”）隶属中华人民共和国人力资源和社会保障部，是我国干部人事改革、人才资源开发、人力资源管理和公共行政学研究的唯一国家级专业研究机构，是中央人才工作协调小组办公室命名的“人才理论研究基地”。

人科院肇端于1982年6月劳动人事部成立的人才资源研究所、1984年11月成立的行政管理科学研究所及1988年9月人事部成立的国家公务员研究所，在经多次机构改革与职能调整后，于1994年7月正式成立。历经四十余年的发展，人科院积累了丰富的科研资源，培养了一支素质优良的科研队伍，形成了较完备的学术研究体系，产生了一大批具有较大影响的科研成果，发挥了应有的参谋智囊作用，同时也成为全国人才与人事科学研究的合作交流中心。王通讯、吴江等知名学者曾先后担任院长之职，现任院长为全国政协委员余兴安研究员。

多年来，人科院围绕大局、服务中心，研究领域涉及行政管理体制改革、人才队伍建设、公务员制度、事业单位人事制度改革、企业人力资源管理、收入分配制度改革、就业与创业、人才流动与人力资源服务业发展等多个方面。曾参与《公务员法》《事业单位人事管理条例》《国家中长期人才发展规划纲要》等重大政策法规的调研与起草，推动了相关领域诸多重大、关键性改革事业的发展。人科院每年承担中央单位和各省市下达或委托的数十项课题研究任务，出版十余部著作，发表百余篇学术论文，并编辑出版《中国人事科学》（月刊）、《国际行政科学评论》（季刊）、《中国人力资源发展报告》（年度出版）、《中国事业单位发展报告》（年度出版）、《中国人力资源市场分析报告》（年度出版）、《中国企业人力资源发展报告》（年度出版）、《中国人事科学研究报告》（年度出版）等学术期刊和年度报告。

人科院是我国在国际行政科学学术交流与科研合作领域的重要组织与牵头单位，是国际行政科学学会（IIAS）、东部地区公共行政组织（EROPA）及亚洲公共行政网络（AGPA）的中国秘书处所在地。通过多年努力，人科院在国际行政科学研究领域的作用与地位不断提升，2016 年承办了国际行政科学学会联合大会，余兴安院长当选为国际行政科学学会副主席。

人科院注重与国家部委、地方政府、高等院校和科研院所的交流与合作，积极搭建学术交流平台，开办了“全国人事与人才科研合作网”，建立了十余家科研基地，每年举办多场有一定规模的学术研讨会，组织科研协作攻关，还与中国人民大学、首都经济贸易大学等院校联合招收硕士、博士研究生，设有公共管理学科博士后工作站。

摘　要

《中国培训事业发展报告》作为培训蓝皮书系列的第一本，从党政干部教育培训、企业管理人员培训、专业技术人员继续教育、职业技能培训等业态和培训理论、技术、实践角度，系统回顾了改革开放以来中国培训事业发展的基本历程，以2019～2020年各类培训实践和数据为基础，对中国培训事业发展的政策、制度、体系建设、理论、技术和实践创新状况等进行分类梳理和总结分析。

全书分为七部分，共25个研究报告和1个大事记。总报告系统回顾了改革开放以来中国培训事业发展的历程，对2020年中国培训事业的发展状况进行了梳理，在此基础上，分析了中国培训事业发展中存在的问题与发展趋势，提出了促进中国培训事业发展的对策建议。报告建议，要进一步完善相关立法和政策体系，提高财政资金的使用效率，发挥市场的决定性作用，推动新技术在教育培训领域的广泛应用。报告分别在党政干部教育培训、企业管理人员培训、专业技术人员继续教育、职业技能培训等方面提出了相应对策建议。

分报告聚焦中国职业技能培训、专业技术人员继续教育、中国继续医学教育和中国中小企业培训发展状况。前三个分报告系统回顾了各自领域改革开放以来的发展历程，分析了2019～2020年的发展状况、取得的成绩和存在的问题，展望了未来发展趋势，提出了相应对策建议。中国中小企业培训发展状况与趋势分析报告则基于问卷调查数据，分析了中小企业培训的状况和未来发展趋势。

专题报告聚焦中国科技人才培训创新和大型国有企业在线学习状况，分析了存在的问题，提出了相关建议，为进一步提高培训质量效果、完善培训政策制度提供参考。

地方与区域报告聚焦广东省、重庆市和山西省2019年的职业技能培训，江苏省的返乡创业培训，以及广西民族大学面向东盟的技能人才培训，对相应区域的职业技能培训情况进行了分析，对成绩、经验和问题进行了总结，提出了相应对策建议。

实践与探索报告中，国家林业和草原局管理干部学院、上海科技管理干部学院、中国工商银行、交通银行、中信银行、中国石化、山东京博集团、北京华远意通热力公司、北京首经人力资源开发中心、一览人才大数据中心等企事业单位，分别介绍了各具特色的培训实践，对培训创新探索中的相关问题开展了深入研究，为企业、事业单位开展人力资源开发和培训创新提供了颇具价值的借鉴。

培训技术报告分别聚焦3D虚拟仿真技术应用、在线学习与信息技术应用、基于工作分析课程体系建设方法及其应用，对部分技术在培训工作中的创新应用进行了研究与探索。

大事记收录了改革开放以来中国在党政干部教育培训、企业管理人员培训、专业技术人员继续教育、职业技能培训等方面的主要事件。

《中国培训事业发展报告》是我国第一部全面、系统分析总结中国培训事业发展状况的蓝皮书，以各类培训的理论研究、实践探索、行业剖析和数据分析为基础，对反映我国培训事业的宏观政策制度、体系建设、理论进展、技术应用、行业与区域发展状况、培训实践与创新等相关内容进行分类梳理和总结分析，为政府相关部门制定政策提供参考，为机关、企业事业单位培训工作提供借鉴，并力争成为中国培训事业相关各方广泛参与的共同平台和交流园地。

关键词： 培训事业　职业培训　培训实践

目 录

Ⅰ 总报告

Ⅱ 分报告

Ⅲ 专题报告篇

Ⅳ 地方与区域篇

Ⅴ 实践与探索篇

Ⅵ 培训技术篇

Ⅶ 附 录

总 报 告

B.1
2020年中国培训事业发展报告

中国人事科学研究院课题组*

摘 要：2020年，中国培训事业在各个领域、各个层面都取得了进展，培训政策不断创新，培训制度不断健全，培训技术的应用也涌现众多创新性场景，但仍然存在不少问题，包括党政干部培训制度有待完善，培训供给端改革有待深化，中小企业对培训重视不够，培训质量不高，专业技术人员继续教育难以满足多元化、个性化需求，职业技能培训方式陈旧，供需两端的动力与能力不足，等等。中国培训事业存在如下发展趋势：国家越来越重视培训事业在实现国民经济和社会发

* 课题组成员：刘文彬、葛婧、刘晔、陈妮、谢晶、郝丽。刘文彬，中国人事科学研究院教育培训与能力建设研究室副主任、副研究员，主要研究方向为人力资源开发与管理、公共管理理论与实践；葛婧，人力资源和社会保障部教育培训中心副研究员，主要研究方向为人力资源开发与管理、人事人才政策；刘晔，中国人事科学研究院助理研究员，主要研究方向为人力资源开发与管理、人事人才政策；陈妮，北京林业大学经济管理学院博士研究生；谢晶，中国人事科学研究院副研究员，主要研究方向为人力资源开发与管理、人事人才政策；郝丽，中国人事科学研究院职员。

展长远目标中的战略意义，用人单位和个人也更加重视培训，培训市场需求不断攀升，新技术的应用创造了丰富的培训场景、推动了网络培训的发展，科技进步使培训产品与服务惠及更多地域与人群。促进和加快中国培训事业的发展，要进一步完善相关立法和政策体系，提高财政资金的使用效率，发挥市场的决定性作用，推动新技术在教育培训领域的广泛应用，在党政干部培训、企业管理人员培训、专业技术人员继续教育和职业技能培训等方面采取不同的具体措施。

关键词： 培训事业 培训政策 培训创新

当前中国面临人口老龄化、产业结构转型升级、就业结构性矛盾凸显等严峻挑战。全面分析研究各类培训的基本状况、业务形态、实践创新和发展趋势，促进和加快中国培训事业的发展，对于提升劳动力质量，提高人力资源整体素质，构建终身学习体系，有效应对人口老龄化的挑战；帮助企业更好迎接以5G技术为核心的新一轮工业革命大潮，加快中国经济发展方式转变，促进产业结构调整和转型升级，提高企业自主创新能力和核心竞争力；实施扩大就业的发展战略，解决就业总量矛盾和结构性矛盾，促进和稳定就业，有效应对世界经济的急剧动荡；加快各类人才队伍建设，贯彻落实人才强国战略；等等，都具有重大意义。

一 改革开放以来中国培训事业发展回顾

改革开放以来，中国在机关和国有企事业单位党政领导干部培训、公务员培训、企业管理人员培训、专业技术人员继续教育和职业技能培训等各个领域，都取得了巨大成就，在培训技术的创新应用方面，也不断取得进展。

（一）培训政策与制度的发展历程

1. 机关和国有企事业单位党政领导干部培训政策和制度

党的十一届三中全会后，随着党和国家工作重心的转移，党政机关和国有企事业单位党政领导干部培训的政策和制度逐渐恢复，并始终紧紧围绕中心、服务大局，与时俱进，不断发展。

（1）党政领导干部培训的管理体制逐渐形成

20 世纪 80 年代初，中国党政领导干部培训的管理体制逐步得到明确。为了推动干部教育工作的经常化、制度化、正规化，1982 年 10 月，《中共中央、国务院关于中央党政机关干部教育工作的决定》明确，成立“中央党政机关干部教育工作小组”，工作小组的构成单位除中央组织部（以下简称“中组部”）、中央宣传部（以下简称“中宣部”）外，还包括劳动人事部和教育部，中组部牵头并办理日常工作，工作小组还负责检查和指导全国干部教育工作。20 世纪 90 年代，中国形成在中央和国务院领导下，由中组部主管，中央和国家机关有关工作部门分工负责，中央和地方分级管理的干部教育培训领导体制。2006 年的《干部教育培训工作条例（试行）》正式确立中国干部培训的管理体制，即“全国干部教育培训工作实行在党中央领导下，由中央组织部主管，中央和国家机关有关工作部门分工负责，中央和地方分级管理的体制”。

从 20 世纪 80 年代开始，中组部开始通过全国干部培训规划开展包括党政领导干部在内的各类干部的培训计划和管理工作，迄今为止已发布 8 个全国性干部教育培训规划和实施意见。在中央和中组部印发的历次全国性干部教育培训规划中，党政领导干部始终是最重要的培训群体。历次规划都明确了不同时期党政领导干部培训的总体要求、培训内容、培训形式、培训组织和管理等内容。中央各部委、各地对各自管理权限内的领导干部也制订了分类、分级的培训规划或计划，并依此开展了党政领导干部培训。

（2）党政领导干部培训的主体制度基本确立

改革开放以来，尤其是 20 世纪 90 年代以来，党政领导干部培训的主体制度基本确立，包括如下内容。

第一，省部级在职领导干部学习制度。1989 年，中央发布《关于建立健全省部级在职领导干部学习制度的通知》，对省部级在职领导干部学习培训作出规定，这标志着省部级在职领导干部学习制度的确立。

第二，党委（党组）中心组学习制度。党委（党组）中心组学习制度在 20 世纪 90 年代邓小平理论的学习、实践过程中逐渐形成。2000 年，中宣部、中组部印发《关于加强和改进党委（党组）中心组学习的意见》，进一步完善了党委（党组）中心组学习制度。

第三，领导干部选拔任用要和培训相结合。1995 年 2 月，中央印发《党政领导干部选拔任用暂行条例》，明确将“必须经过党校、行政院校或者其他培训机构三个月以上的培训”作为提拔担任党政领导职务的资格条件之一。2002 年 7 月，中央印发《党政领导干部选拔任用工作条例》，把培训情况作为提拔担任党政领导职务的资格之一，自此，领导干部选拔任用要和培训结合的制度不断完善。

第四，领导干部理论学习考核制度。2000 年 10 月，中组部和中宣部印发《关于建立县级以上领导干部理论学习考核制度的若干意见》，对县级以上领导干部理论学习考核制度作出规定，规定明确了考核的主要内容、基本方法、考核结果的运用等。

第五，加强县处级以上领导干部的党性党风教育。1998 年 11 月，中央下发《关于在县级以上党政领导班子、领导干部中深入开展以“讲学习、讲政治、讲正气”为主体内容的党性党风教育的意见》，旨在用整风的精神，认真解决党性党风方面存在的问题。进入 21 世纪，中央面向县处级以上领导干部开展了“三严三实”专题教育、“不忘初心、牢记使命”主题教育，进一步加强县处级以上领导干部的党性党风教育。

第六，加强县级、市级正职队伍教育培训。自 2006 年以来，中组部、中央、中办分别发出《关于进一步加强县（市、区、旗）党政正职队伍建设的意见》《关于加强县委书记队伍建设的若干规定》《关于加强市（地、州、盟）党政正职管理若干规定》，将教育培训作为加强县级、市级正职队伍建设的重要环节。

（3）党政领导干部培训内容紧扣党的领导水平和执政能力的提高

党的十一届三中全会上，邓小平同志作出《解放思想，实事求是，团结一致向前看》的重要讲话，明确在实现四个现代化的伟大革命中，全党同志要善于学习，善于重新学习，要努力把马克思主义的普遍原则同我国实现四个现代化的具体实践结合起来，大多数干部要着重抓紧三个方面的学习——经济学、科学技术和管理；高级干部要带头钻研现代化经济建设。

从党的十三届四中全会到党的十六大，围绕不断提高党的执政能力和领导水平，提高拒腐防变和抵御风险能力这两大历史性课题，党把全面提高领导干部的素质摆到更突出的位置，培训内容也有新的变化，表现在加强马克思主义中国化的理论学习、党性党风教育，以及围绕社会主义经济建设开展的各类专业培训上。

党的十六大以来，围绕全面建设小康社会的奋斗目标，党把干部教育培训作为建设高素质干部队伍的先导性、战略性、基础性工作，逐步形成以“理论基础、世界眼光、战略思维、党性锻炼、业务能力”为框架的教育培训内容，通过深化理论学习，加强党性教育，加强党政领导干部组织调训，加强基层干部教育培训，并通过国家人才工程和干部教育培训重点工程推进党政领导干部培训，干部培训的规模进一步扩大，干部培训的效果不断提升。

党的十八大以来是习近平新时代中国特色社会主义思想形成的历史时期，也是全面提升党的领导力和执政能力、全面从严治党进一步深化的历史时期。干部教育培训紧紧围绕新时期对干部教育培训工作的要求，紧紧围绕习近平新时代中国特色社会主义理论的宣传和学习，加强理论武装，强化党性教育，建立健全各项制度安排，不断推动高素质专业化干部队伍的建设。

2. 企业管理人员培训政策和制度

改革开放之初，邓小平同志作出大多数干部要抓紧经济学、科学技术和管理的学习的指示。在全国干部教育培训工作的总体布局下，企业管理人员的培训也受到高度重视。

第一，企业管理人员的培训体制伴随企业改革而变化。企业管理人员始终作为党的干部教育培训的重要组成部分，其管理体制与党政领导干部管理体制的演进相同，区别在于，除中组部这一主管部门之外，企业管理人员的相关主管部门在不同时期有所调整，先后有国家经济委员会、国务院生产办公室、全国企业管理干部培训工作领导小组、国家经济贸易办公室、国家经济贸易委员会、中共中央企业工作委员会，以及国务院国有资产监督管理委员会。

第二，企业管理人员教育始终与经济建设和社会发展紧密结合。从改革开放迄今的历次全国性干部教育培训规划中，企业管理人员都是重要的培训对象，在制度安排上明确了具体的培训对象、培训内容、培训方式等。进入21世纪，尤其是党的十八大以来，中央对企业领导人员培训进行重要部署，提出培养造就对党忠诚、勇于创新、治企有方、兴企有为、清正廉洁的国有企业家队伍。

第三，高度重视国有大中型企业领导干部岗位职务培训。20世纪80年代末，国有大中型企业领导干部的岗位职务培训制度逐渐建立。1992年，国务院提出，对国营企业领导干部实行岗位任职培训制度，要逐步实行先培训后任职的持证上岗制度，旨在造就一支坚持党的基本路线、忠于马列主义和毛泽东思想、具有奉献精神和高度责任感、能够适应有计划商品经济的社会主义企业领导队伍。

第四，企业经营管理人才被纳入国家高层次人才培训项目。2003年12月，中共中央、国务院印发《关于进一步加强人才工作的决定》，企业管理人员作为国家重要的高层次人才之一，得到国家人才工程的支持。2010年6月颁布的《国家中长期人才发展规划纲要（2010～2020）》（以下简称"2010年《规划纲要》"）对企业经营管理人才队伍的发展目标和主要举措作出规定；2011年，国资委和工信部印发《企业经营管理人才素质提升工程实施方案》，工信部和财政部则组织实施国家中小企业银河培训工程。

第五，企业管理人员的培训方式方法逐渐多元。20世纪80年代末，国家明确，要开展以培养中国大中型企业领导干部为目标的管理硕士学位系列培训。伴随社会主义市场经济体制的建立，以学习西方先进管理经验为主题的对外合作培训得到重视、加强和规范；明确提出要适合成人教育特点，灵活多样，讲求实效；采取多种方法培养具有高等学历的企业管理人才，积极推动工商管理培训。进入21世纪，企业管理人员的培训方式方法更加多元，国家级培训基地的建设也进一步加强。2006年，中国大连高级经理学院作为国家级干部教育培训基地成立。同时，企业大学逐渐涌现，并作为企业管理人员培训的重要组成部分。

3. 专业技术人员继续教育政策和制度

中国专业技术人员的继续教育（以下简称“继续教育”）制度，从20世纪70年代末起步，在20世纪80年代逐步建立起来，并伴随社会主义市场经济体制的建立和科学技术的进步逐渐发展。

第一，继续教育的管理体制逐步建立。改革开放之初，中国科技干部依据科学技术水平、技术职称和级别，实行由国务院、国务院各部委和省、自治区、直辖市分级管理的制度。1995年，《全国专业技术人员继续教育暂行规定》明确，各级政府人事部门负责继续教育工作。2015年，人力资源和社会保障部（以下简称“人社部”）发布《专业技术人员继续教育规定》，明确继续教育工作实行统筹规划、分级负责、分类指导的管理体制；人社部负责对全国继续教育工作进行综合管理和统筹协调，制定继续教育政策，编制继续教育规划并组织实施；县级以上地方人社行政部门负责对本地区专业技术人员继续教育工作进行综合管理和组织实施；行业主管部门在各自职责范围内依法做好本行业继续教育的规划、管理和实施工作。

第二，继续教育的立法工作与时俱进。20世纪80年代，中国先后出台企业科技人员和农业专业技术人员继续教育暂行规定。1987年12月，国家教委等六部门印发《关于开展大学后继续教育的暂行规定》，首次明确继续教育的对象、任务、课程设置、开展形式以及学习证明等内容，标志着继续教育工作走向法制化和规范化。1995年印发的《全国专业技术人员继续教育暂行规定》，对各类专业技术人员继续教育作出全面规定。2015年《专业技术人员继续教育规定》的发布，标志着继续教育的立法取得新进展。近年来，部分行业主管部门和人社部共同印发了相关规定，进一步加强了专业技术人员继续教育的立法建设。

第三，继续教育制度建设稳步推进。从1983年《全国干部培训规划要点》将科技干部纳入全国性干部培训规划开始，历次全国性规划都对专业技术人员的教育培训作出规定；同时，专业技术人员的行业主管部门会在同期出台相应的规划，如《全国专业技术人员继续教育“八五”规划纲要》《全国专业技术人员继续教育“九五”规划纲要》《2003～2005年全国专业技术人员继续教育规划纲要》等。2011年，《专业技术人才队伍建设中长期规划（2010～2020年）》颁布后，人社部和有关部门出台一系列政策办法，对专业技术人才知识更新工程的高级研修项目、急需紧缺人才培养培训项目和岗位培训项目、国家级专业技术人员继续教育基地等进行规定，明确各项配套制度。

第四，专业技术人才被纳入国家重大人才培养工程。2003年，中国提出人才强国战略，专业技术人才作为一支重要的人才队伍，和党政人才、企业经营管理人才一并被纳入国家人才队伍。2005年，人事部会同11个部门、协会组织实施专业技术人才知识更新工程，2006年，这一工程被列入国民经济和社会发展“十一五”规划纲要，成为国家组织实施的重大人才培养工程。2010年《规划纲要》将专业技术人才知识更新工程确定为12项重大人才工程之一，人社部也出台一系列配套政策。

4. 职业技能培训政策和制度

改革开放以来，中国的职业技能培训政策和制度与中国的经济体制改革、就业制度和教育体制改革同步，不断改革、发展和完善。

第一，改革开放之初，中国的职业技能培训政策与职工教育、教育体制改革和劳动人事体制改革紧密相连。1979年9月，国家经济委员会、国家劳动总局发出《关于进一步搞好技工培训工作的通知》，要求大力加强在职工人的技术培训。1981年，中共中央、国务院颁布《关于加强职工教育工作的决定》，对“六五”期间的职工轮训提出具体要求，明确了职工教育的领导体制。1985年《关于教育体制改革的决定》明确“在改革教育体制的同时改革有关的劳动人事制度，实行‘先培训，后就业’的原则”。1986 年的《国营企业招用工人暂行规定》明确企业招工“贯彻执行先培训后就业的原则”。

第二，20 世纪 90 年代，中国职业技能培训立法和制度体系初步建立。以《劳动法》《教育法》《职业教育法》《社会力量办学条例》的颁布实施为标志，职业培训的立法体系基本形成。这一时期的立法和制度明确职业培训以就业为导向，实施就业准入。实行学历文凭和职业资格证书并重的制度。明确了职业培训的分类、分级，实施机构，培训证书等事项，建立了面向部分职业人群的特定培训制度，出台了面向企业职工培训、技工学校教育的多项文件。

第三，进入 21 世纪，以高技能人才队伍建设为引领，面向城乡全体劳动者的终身职业技能培训制度体系逐渐形成。中国的职业技能培训逐渐从促进就业的政策体系中脱胎，形成相对独立的政策体系。一是逐渐形成面向各类就业创业群体的培训政策体系，构建了覆盖面越来越广的职业技能培训体系。二是高技能人才培养培训力度不断加大。三是逐渐形成职业技能培训政策体系，包括职业技能培训市场化社会化发展机制，职业技能培训质量评估监管机制，以及技能提升多渠道激励机制。四是逐渐形成提升职业技能培训基础能力的立法和政策体系。五是逐渐形成提升职业技能培训保障措施的领导体系，形成政府统一领导、人社部门统筹协调、相关部门各司其职、人民团体和社会组织广泛参与的工作机制。

第四，2019 年以来，加速推进终身职业技能培训制度。2019 年 5 月，国家印发《职业技能提升行动方案（2019～2021 年)》，坚持需求导向，服务经济社会发展，适应人民群众就业创业需要，大力推行终身职业技能培训制度，面向职工、就业重点群体、建档立卡贫困劳动力等城乡各类劳动者，大规模开展职业技能培训，加快建设知识型、技能型、创新型劳动者大军。方案提出如下重要目标，2019～2021 年，持续开展职业技能提升行动，提高培训针对性、实效性，全面提升劳动者职业技能水平和就业创业能力。三年共开展各类补贴性职业技能培训 5000 万人次以上，其中 2019 年培训 1500

万人次以上；经过努力，到2021年底技能劳动者占就业人员总量的比例达到25%以上，高技能人才占技能劳动者的比例达到30%以上。2019年以来，人社部会同财政部、国家发改委等部门出台一系列政策文件，全力推进职业技能提升行动。

（二）各种教育培训工作发展概况

1. 党政领导干部培训工作

改革开放以来，党政领导干部培训工作得到迅速恢复，干部教育培训管理体制逐渐建立，我国形成了分散和集中相结合的社会化培训体系。近4万名地、县主管农业的党政领导干部参加了农业科技和管理知识的轮训，770多名市长参加了全国市长研究班的学习，大多数省、区、市还对县、乡两级党政领导干部进行了岗位职务培训。① 另据不完全统计，截至1982年，全国轮训县处级以上干部15万人次。②

1989～2002年，围绕理论武装、社会主义市场经济的知识和专门业务开展了大规模的干部教育培训。一是举办理论培训班，70万名县以上领导干部参加了“三讲”教育③。二是开展社会主义市场经济知识相关的培训，举办各类金融财税、法律、国际形势与世贸组织等专题研究班。三是加强境外培训，把领导干部出国（境）培训纳入全国干部教育培训规划。

从党的十六大到十八大，党政领导干部培训工作进一步推进。一是中央政治局坚持集体学习并形成制度。中央政治局先后开展集体学习77次④，学习型政党、学习型社会建设持续推进。二是省部级领导干部培训继续加强。从2003年起，中共中央党校和国家行政学院开展面向省部级领导干部学习贯彻“三个代表”重要思想专题研讨班，对全国1500多名省部级领导干部进行轮训。三是党政领导干部培训的立法、政策和机构建设有新进展。

---

① 高世琦：《中国共产党干部教育世纪历程》，党建读物出版社，2013，第235页。
② 高世琦：《中国共产党干部教育世纪历程》，党建读物出版社，2013，第255页。
③ 高世琦：《中国共产党干部教育世纪历程》，党建读物出版社，2013，第352页。
④ 高世琦：《中国共产党干部教育世纪历程》，党建读物出版社，2013，第358页。

颁布《干部教育培训工作条例（试行）》，创建中国浦东干部学院、中国井冈山干部学院和中国延安干部学院三所国家干部学院。四是开展市、县党政正职的任职培训。截至 2012 年 5 月，全国市、县两级班子换届后新进成员参训率分别为 41.8%、50%。[①] 五是组织开展中央和国家机关司局级干部自主选学。六是继续开展境外培训，提高领导干部把握全球化发展趋势、推动中国经济社会科学发展的能力。七是对全国 54 万名县处级以上领导干部进行“三个代表”重要思想集中轮训。[②] 党的十六大到十七大期间，全国参加各类脱产培训的党政领导干部约 2450 万人次。[③]

党的十八大到十九大期间，领导干部培训工作进入新发展时期，中央每年举办省部级主要领导干部专题研讨班，各地区各部门层层抓好“一把手”教育培训，党的十八大以来到 2017 年 7 月，中央组织部在中共中央党校等“一校五院”直接举办各类主体班次 1100 多期，调训干部 6.5 万多人次，其中省部级干部 7189 人次。中央有关部门连续举办 7 期专题研讨班，将省部级干部轮训一遍，分期分批对全国 1500 多名高校书记、校长进行集中轮训，组织 2800 多名县委书记进行理论研修。各地区各部门普遍开展了县处级以上干部集中轮训，采取专题培训、中心组学习、辅导讲座、在线学习等方式，把习近平总书记系列重要讲话精神教育培训不断引向深入。中国井冈山干部学院、延安干部学院分期分批举办领导干部党性教育专题班，调训干部 5500 多人次。中央组织部举办换届后新任市委书记培训班；委托财政部等 10 多个部委，每年举办财税改革、生态环保、城乡规划等 20 多个专题研究班；利用北京大学、清华大学等高校基地优质资源，每年举办中央和国家机关司局级干部金融、商贸、党建等 40 多期专题研修班。[④]

2. 企业管理人员培训工作

20 世纪 80 年代，中国积极推进国有企业领导和管理干部的岗位职务培

---

① 高世琦：《中国共产党干部教育世纪历程》，党建读物出版社，2013，第 440 页。

② 高世琦：《中国共产党干部教育世纪历程》，党建读物出版社，2013，第 480 页。

③ 高世琦：《中国共产党干部教育世纪历程》，党建读物出版社，2013，第 482 页。

④ 《立根固本，依靠学习走向未来——党的十八大以来干部教育培训跃上新台阶》，《光明日报》2017 年 8 月 1 日。

训，这既包括面向国有大中型企业领导干部的五种岗位（厂长、党委书记、总工程师、总会计师、总经济师）的培训，也包括国有小型企业领导干部和大中型企业中层管理干部培训。全国30个省、自治区、直辖市的工业、交通等37个部门先后制订培训规划和实施方案，开展培训。到1990年，4万名大中型企业领导干部参加了岗位职务培训。①

“八五”期间，企业管理人员岗位任职资格培训继续推进，培训大中型企业领导干部15万人次、中小企业领导干部45万人次。“九五”期间，全国开展了1000家国有大型企业领导人员的工商管理培训②。1989～2002年，中组部、中央企业工委、人事部、国家经贸委、中共中央党校和国家行政学院先后举办重点国有企业主要领导人员培训班，培训对象包括国有重点骨干企业的党委书记、董事长、总经理，培训内容是中央关于国企改革和建立现代企业制度的有关精神以及跨国公司的经营管理经验。③

“九五”期间，中央管理和中央企业工委管理的国有重要骨干企业的领导人员，参加中共中央党校和国家行政学院的组织调训；国务院重点联系的520家企业、金融系统的所属单位及其他国有企业领导人员，按国家经贸委等有关部门的规划参加组织调训。有发展潜力的、年轻的经营管理人员被组织参加国外培训和国内优秀企业学习，以适应国际竞争的需要。“十五”期间，国家对国有重要骨干企业、金融机构领导班子成员及其后备人员进行调训。中组部会同有关部门每年安排中央企业和金融机构领导班子成员参加国家级干部教育培训机构的脱产培训。党的十六大到十七大期间，全国参加各类脱产培训的企业经营管理人员约1440万人次。④

党的十八大，尤其是十九大以来，企业管理人员的培训继续深入推进。中组部每年安排不少于1/5的中管金融企业、中管企业领导班子成员和国务院国资委党委管理领导班子的央企主要负责人，到国家级干部教育培训机构

① 高世琦：《中国共产党干部教育世纪历程》，党建读物出版社，2013，第251页。
② 高世琦：《中国共产党干部教育世纪历程》，党建读物出版社，2013，第244页。
③ 高世琦：《中国共产党干部教育世纪历程》，党建读物出版社，2013，第353页。
④ 高世琦：《中国共产党干部教育世纪历程》，党建读物出版社，2013，第482页。

培训；定期举办中管金融企业和中管企业党委（党组）书记专题研究班。国资委抓好国务院国资委党委管理领导班子的央企领导班子成员培训。各级组织人事部门、国有资本监管部门和各国有企业根据职责分工，抓好企业党组织书记培训，开展企业领导人员全员培训。中央统战部组织全国工商联领导班子成员、常委、执委中的民营企业主要负责人等培训，工业和信息化部负责组织中小企业经营管理者培训。中国大连高级经理学院的重要作用得到进一步发挥。

3. 专业技术人员继续教育工作

1979 年 5 月，中国政府派代表参加了在墨西哥城召开的第一届世界继续工程教育大会。20 世纪 80 年代，每年约有百万名专业技术人员接受多种形式的继续教育。① “七五”期间，全国共有 400 多万名科技干部接受不同形式的继续教育。②

进入 20 世纪 90 年代，《全国专业技术人员继续教育暂行规定》的印发标志着继续教育工作的立法有了新进展，继续教育工作有了比较明确的管理体制和工作机制。针对培养高层次人才的需要，人事部探索建立了专业技术人员高级研修制度；从 1993 年起，人事部会同有关部门开展了新疆少数民族科技骨干特殊培养工作。

进入 21 世纪，继续教育工作加快发展，中国继续教育参训人数逐步增加，继续教育工作逐渐形成全方位、多层次、多形式的格局。2001 年，人事部组织世贸知识继续教育活动，数百万专业技术人员参加培训。③ 2005 年启动实施专业技术人才知识更新工程，并如期圆满完成，在现代农业、现代制造、信息技术、能源技术和现代管理等五大领域培训 300 万名中高级专业技术人才。2006 年，人事部实施三江源人才工程。据不完全统计，2000 ~ 2008 年，全国参加继续教育的专业技术人员超过 7000 万人次。仅各级人事

① 高世琦：《中国共产党干部教育世纪历程》，党建读物出版社，2013，第 257 页。

② 高世琦：《中国共产党干部教育世纪历程》，党建读物出版社，2013，第 235 页。

③ 余兴安、唐志敏：《人事制度改革与人才队伍建设（1978 ~ 2018）》，中国社会科学出版社，2019，第 345 页。

部门就举办专业技术人员高级研修班4000多期，近30万名高层次人才参加研修。[①] 各地各部门围绕知识更新工程，开展了重点领域、重点行业、重点产业的人才培养和培训。自深入实施专业技术人才知识更新工程以来，2012年到2018年共新增140家国家级专业技术人员继续教育基地，累计举办高级研修班1985期，累计培训高层次专业技术人才13万人次，累计开展急需紧缺人才培养培训和岗位培训1023.35万人次，选拔培养新疆、西藏特培学员累计3640人，组织28期新疆、西藏特培专家服务团活动。[②]

2008年，人社部成为继续教育工作的政府主管部门，建立了继续教育东西部对口支援机制，由地区、行业和单位建立的继续教育交流平台和品牌发挥了越来越重要的作用。2008年，中国初任亚太工程教育协会轮值主席，通过“走出去”和“请进来”加强继续教育事业的合作与交流。

4. 职业技能培训工作

自改革开放伊始，技能培训工作就和促进就业、提高职工的技术水平、增强劳动者素质紧密相连。20世纪80年代，职业培训有了前所未有的恢复和发展，这主要表现在：技工学校得到迅速恢复和发展，学徒培训继续发挥应有作用，就业训练中心异军突起，在职工人技术培训日益正规化，工人考核制度得到恢复和完善。[③] 据劳动和社会保障部统计，从1979年到1992年，劳动就业服务企业累计训练600多万名合格劳动力。1994年，全国经训练结业人员总数达324万。1995～1997年，各类职业介绍机构累计组织840.4万人的就业训练。1998年，各类职业介绍机构35449家，组织500万人次参加各类就业培训。1999年，再就业培训、创业培训、劳动预备制培训共计636万人。从2000年到2003年，全国技工学校、就业训练中心、社会培训机构累计培训4586万人次。[④]

---

① 徐颂陶、孙建立：《中国人事制度改革（1978～2008）》，中国人事出版社，2008，第171页。

② 2012～2019年的有关数据根据2012～2019年的年度人力资源和社会保障事业发展统计公报计算而来。统计公报参见网址 http：//www.mohrss.gov.cn/SYrlzyhshbzb/zwgk/szrs/tjgb/。

③ 王晓初、信长星：《就业促进与职业能力建设》，中国劳动社会保障出版社，2012，第229页。

④ 根据1994～2003年劳动和社会保障部事业发展统计公报计算，http：//www.mohrss.gov.cn/SYrlzyhshbzb/zwgk/szrs/tjgb/。

根据原劳动和社会保障部、人社部在不同时期的统计，2000 年，社会培训机构有 15000 所，到 2018 年，民办培训机构达到 21565 所。2012 ~ 2018 年，各类职业技能培训机构共计培训了社会人员 1.57 亿人次，其中职业技能培训机构培训了近 8700 万人次，就业训练中心训练了 3600 余万人次，技工学校培训社会人员近 3400 万人次；就业创业培训约 8740.7 万人次，其中就业技能培训约 7263.5 万人次，创业培训约 1477.2 万人次。重点群体培训近 1.33 亿人次，其中城镇失业人员再就业培训约 2241 万人次，农民工培训约 6508.4 万人次，岗位技能提升培训约 3933.7 万人次，城乡未继续升学的应届初高中毕业生培训约 612 万人次。

（三）培训理论的发展变化

21 世纪是以技术媒体为特征的世纪，技术在教育培训领域发挥着积极作用。作为具有指导性质的培训理论，伴随教育培训市场的发展变化而不断演进，因此，改革开放以来，教育培训理论的演进过程，大致分为三个时期。

1. 以视听与传播理论为主、行为主义学习理论为辅的时期（20世纪70年代后期）

经验之塔理论又被称为视听教学理论，该理论是由美国教育技术专家爱德加·戴尔 1946 年在他的《视听教学法》一书中提出的，他把人类获取知识的各种途径和方法通过一个经验之塔来描述[①]。教育培训其实就是一种信息传播活动，它是按照确定的培训教学目标，通过教学媒体将相应内容传递给培训对象的过程。行为主义理论认为，提供一个刺激进而获得反应，并且每次这个刺激出现都会有相似的反应出现，重点关注明显的可以被观察到或者被检测到的行为。

20 世纪 70 年代后期，在中国教育培训领域起主导作用的理论基础是戴尔的“经验之塔”和行为主义学习理论。随着中国的经济重建、教育复苏，

① 潘巧明：《现代教育技术》，电子工业出版社，2019。

教育培训机构的萌芽时期到来。这一时期的培训经常是非正式的，典型的做法是，新学员与有经验的人员配对，去学习知识和技能。在职业教育领域，这种模式被称为“学徒制”。行为主义理论指导使用教育技术在教育培训中优化培训教学策略是直线式的刺激或反应。根据行为主义理论，有效的教学行为还包括情景模拟、实际操作或者角色扮演等方法。这些方法能让学生通过行为方式以达到学习的目的[①]。行为主义理论的直线式刺激或反应体现在广播、影视和电视教学中，教育培训应用的主流技术是投影、录音和电视技术[②]。电影等媒体能提供生动的具体形象，在教学培训过程中能激发学习者的学习热情。

这一时期的教育技术的发展，促使中国教育培训行业关注除50年代视听媒体理论之外的其他美国教育技术理论发展线索，逐步开始关注程序教学、计算机辅助教学、建构主义、系统教学方法等理论[③]，这些理论为下一阶段教育技术在教育培训事业中的发展和应用提供了理论基础并产生新的应用范式。

2. 学习理论为主的时期（20世纪80年代至90年代中后期）

学习理论是研究人类学习过程的心理机制的一门学问，是旨在阐明学习的发生（实质）、学习的过程和规律、如何进行有效的学习等问题的理论。其中，具有一定影响力的有行为主义学习理论、认知主义学习理论、建构主义学习理论等[④]。

20世纪80年代以后，计算机辅助教育的理论基础由行为主义转向认知学习理论。这一时期，随着参加高考的人数不断增加和国家出国留学政策的开放，与之相关的教育培训市场开始发育，社会上出现了少数收费高考辅导班，同时带动了各类短期外语培训机构的兴起。此外，为适应广大在职干部

---

① 陈柱：《现代教育理论在中等职业教育中的应用》，《广东职业技术教育与研究》2014年第4期。

② 苏启寅：《浅谈电化教育的发展趋势》，《硅谷》2009年第18期。

③ 陈宏敏：《中国教育技术发展历史研究》，福建师范大学硕士学位论文，2009。

④ 潘巧明：《现代教育技术》，电子工业出版社，2019；张剑平：《现代教育技术》，高等教育出版社，2013。

补习文化和青年接受高等学历教育需要，社会办学机构开始尝试举办成人高考函授辅导和自考业余辅导班，各类在职学历教育培训市场开始逐步启动。在这期间，认知心理学和微型个人计算机逐渐被引入中国，计算机辅助教育的理论基础也由行为主义转向认知学习理论，教育培训机构在应用多媒体计算机编制教育培训课件时开始关注计算机辅助教学系统设计中学习者内部心理过程问题。认知主义理论将培训者的思维过程作为研究对象，采用信息处理体系优化培训教学①。

90 年代中后期，互联网刚进入中国，教育培训行业也开始被新兴科技渗透，这一时期，在中国教育培训行业起主导作用的理论从“戴尔的经验之塔、行为主义学习理论和认知主义学习理论”转向“建构主义学习理论”②。建构主义学习理论是认知主义学习理论的进一步发展，核心内容可概括为以学习者为中心，认为学习是建构学习者内部心理表征的过程，强调学习者对知识的主动探索、主动发现和对所学知识的主动建构。建构主义学习理论在教育培训事业的应用主要体现在 20 多年来的多媒体开发和网络互动学习的探索以及当今迅速崛起的移动技术和掌上电子设备上，为培训工作者教学提供了不受时间和地域限制、自我掌控学习内容活动和进程的教学平台。例如，目前流行的如基于 Web 的在线课程、基于虚拟现实的培训教学软件等，大都遵循了建构主义的基本原理③。

此后，随着认知学习理论和建构主义学习理论在教育培训中地位的稳固，同时在美国教育技术思想的影响下，结合中国以现代媒体研究为核心的传统，我国创立了多媒体优化组合教学设计理论。该理论，一方面，重视各种学习理论在培训中的应用；另一方面，在系统思想的指导下，重视媒体与教学培训系统中其他要素的关系研究④。

① 鲁曙明：《教育技术学》，中国人民大学出版社，2010。

② 陈宏敏：《中国教育技术发展历史研究》，福建师范大学硕士学位论文，2009。

③ 张剑平：《现代教育技术》，高等教育出版社，2013。

④ 张立新：《教育技术的理论与实践》，科学出版社，2009，第 42 页。

3. 系统科学理论为主的时期（21世纪初至今）

学习理论从个体层次提高到组织层次离不开系统理论的影响和贡献。根据系统论的观点，一个系统应是开放的，系统内部的各个部分相互依存、相互作用，应为系统的总体目标做出贡献。以系统论观点来看待人力资源开发，就不能把人力资源开发看作组织中一个孤立的事件，它应是整个组织系统中的一部分[①]。

自 2003 年起，学习型组织时代到来，学习型组织理论进入中国。21 世纪初，非典的到来让国内各个行业进入冷静期，新的培训市场竞争环境让各个行业在进行精细化管理的同时，开始产生了更高要求的教育培训需求。与此同时，WTO 吹响了国外培训机构进军中国的号角，海外机构不断抢滩中国教育市场，大批以培训为主要任务的公司和国际教育培训服务业巨头如华尔街、英孚等机构陆续进驻中国。在此背景下，学习型组织理论进入中国。学习型组织理论是美国学者彼得·圣吉在 20 世纪 90 年代提出的[②]，2003 年传入中国。学习型组织理论是建立在系统动力学的基础上，其主要贡献是方法论的突破，即系统思考代替机械思考，整体思考代替分段思考，动态思考代替静止思考[③]。学习型组织是一种通过不断学习、适应环境、自我调整、自我生存与发展的组织。企业培训则充分体现了学习型组织理论。

21 世纪电子化信息技术的革新和发展，已经对人力资源开发的各个环节，包括培训需求分析、培训开发、课程实施和评估结果等，产生了越来越重要的影响，这也逐渐改变了人力资源实践者的工作和角色。尤其近几年，互联网技术发展迅速，先进技术与教育的结合给教育培训行业带来了巨大的变化，而传统的线下教育培训机构则因形势所迫不得不进行变革，

---

① 张剑平：《现代教育技术》，高等教育出版社，2013。

② 易雪玲：《论企业员工培训理论的发展脉络》，《长沙通信职业技术学院学报》2004 年第 4 期。

③ 肖余春：《论学习型组织理论中虚拟现实技术对管理培训的价值》，《江西教育学院学报》（社会科学版）2001 年第 4 期。

“互联网+教育”“移动+教育”“智能+教育”等教育培训形式相继出现，线上线下模式得到迅速发展，教育培训行业也随之进入全新的发展阶段。这一时期的理论主要是电子化学习理论和混合学习理论，所关注的是如何有效利用新技术来取得预期的学习效果。例如，2000~2010年，教育培训形式由数字化教育培训（计算机、多媒体、互联网、远程教育培训）转向互联网教育培训（学习社区、视频课件、网校），教育培训行业内的巨头机构陆续开发和推出以视频课件形式为主的在线教育培训模式，并伴有传统线下教育培训模式。2011~2016年，随着互联网和电子移动设备的进一步普及，越来越多的新兴科技也融入教育培训行业，直播在线教育培训模式开始出现，并深入各个职业培训赛道领域。这些培训模式和教学理念均是电子化学习理论与混合学习理论在教育培训行业中的主要体现。

（四）培训技术应用的演进

培训技术的发展变化并不是孤立、割裂的。改革开放以来，培训技术与经济社会发展和科学水平提升呈现整体上的拟合共振；经济社会的发展，尤其是科学技术水平的提升为培训技术的发展提供了基础，而培训技术的发展则不断推动培训事业以及整个社会生产力的提升。改革开放以来中国培训技术的发展变化大致可以分为以下三个阶段。

1. 电子化阶段（1978年至20世纪90年代中期）

改革开放后，国家各项工作步入正轨，对培训的需求大增，不同行业和部门开始制订大规模的培训计划，培训事业逐步得到恢复发展。在这一阶段，培训技术受到教育技术发展的显著影响；得益于教育信息化的推进，培训过程中开始大规模利用幻灯机、投影仪、电视等，培训技术进入电子化阶段。

1978年，教育部成立电化教育局、中央电化教育馆，重点为基础教育和职业教育服务。此后，电化教育机构相继在各省、市、县建立。次年，中央广播电视大学和28所地方广播电视大学开始办学，中国电化教育研究会也成立，中国电化教育得到进一步发展。1983年，为了总结电化教育的经验，加快推动电化教育的发展，第一次全国电化教育工作会议在河北省石家庄市召开。1985 年，全国计算机辅助教育学术交流会在上海召开，全国计算机辅助教育学会成立。

1993 年，中共中央、国务院印发《中国教育改革和发展纲要》，提出要积极发展广播电视教育和学校电化教学推广运用现代化教学手段；要抓好教育卫生电视接收和播放网点的建设，到 20 世纪末，基本建成全国电教网络，覆盖大多数乡镇和边远地区。随着教育信息化的推进，尤其是电化教育的发展，培训过程中开始广泛应用幻灯机、投影器、录音机、录像机、电视等视听设备，中国部分大城市开始出现利用计算机辅助进行培训的现象。

2. 信息化阶段（20世纪90年代中后期至2014年）

尽管早在 20 世纪 80 年代中期，中国就已经成立了全国计算机辅助教育学会，但直到 90 年代中后期，计算机广泛进入学校和家庭后，信息技术在培训中的应用才得到进一步扩展，信息技术开始逐步渗透到培训活动的各个环节，培训也开始进入信息化阶段。

这一阶段初期，发生了几件标志性的事件：1994 年，中国国家计算与网络设施工程连入 Internet 的 64K 专线，中国正式成为拥有全功能互联网的国家；1996 年 9 月，北京一零一中和一家商业企业联合创办了 chinaedu. com 网站；1998 年，清华大学等 4 所学校成为国家现代远程网络教育第一批试点学校。

根据中国互联网络信息中心 1997 年发布的第 1 次《中国互联网络发展状况统计报告》，截至 1997 年 10 月 31 日，中国上网计算机 29. 9 万台，上网用户 62 万户，绝大部分用户通过拨号上网。教育技术信息化的社会基础仍然比较薄弱。

为了适应社会日益增长的多样化教育需求，积极推动现代远程教育的发展，1999 年，教育部出台了《关于发展中国现代远程教育的意见》，提出要发展多种行业和专业的继续教育，为在职专业人员提供各种进修机会；形成职前职后规范性培训；为城乡劳动者提供时限不同、内容丰富的教育培训服务，以满足各方面学习者多层次和多样化学习、终身学习需求。

国家对远程教育的重视为信息化技术在教育培训中的应用提供了有力支持，而中国互联网络基础资源的持续高速发展则为信息化技术在教育培训中的应用提供了坚实的技术支撑。2000 年，新东方教育在线创立，作为民营培训领军企业的新东方学校正式进入远程教育培训领域。随后，沪江网、学而思教育、学大教育、环球雅思等培训机构纷纷创建在线教育培训网站，传统培训机构开始竞争在线教育培训市场。

2003 年的非典型性肺炎疫情，客观上给在线教育培训的发展带来了契机，但由于网络运行速度、界面友好度、教学互动性等问题，在线教育培训的效果并不理想。2006 年之后，新东方、安博教育、环球雅思、好未来教育、学大教育等培训机构相继在美国证券市场上市，资本加速进入教育培训业。2012 年，美国三大 MOOC 平台 Coursera、edX、Udacity 融资成功，2012 年被《纽约时报》命名为“MOOC 元年”。受到国外 MOOC 平台大规模融资的触动，国内互联网巨头开始进军在线教育培训行业，并投入大量资金进行技术研发，网易云课堂、网易公开课、果壳 MOOC 学院、百度教育等相继出台，涵盖信息技术、外语学习、生活家居、职场技能、考试认证等热点培训领域。

在网络使用基础环境持续改善、运营商和各大厂商积极推动、手机资费下调、网络应用社交性和便捷性增强等多种因素共同作用下，用户上网设备由 PC 端向手机端转移，手机网民规模持续扩大。根据中国互联网络信息中心第 33 次《中国互联网络发展状况统计报告》，2013 年，中国新增网民中使用手机上网的比例最高，达 73.3%，远高于台式电脑的 28.7% 和笔记本电脑的 16.9%。

随着手机网民数量的持续增长，在线教育培训也开始向手机端转移，形式日益多样化，在线教育培训平台、手机应用等大量兴起，互联网技术与培训结合愈加紧密，逐步改变了人们接受教育培训的形态，移动教育逐步成为主流。根据艾瑞咨询《2015 年中国在线教育培训平台研究报告》的相关统计，2014 年，中国在线教育培训规模为 998 亿元，同比增长 18.9%，用户规模达到5999.2万人，同比增长20.1%。

3. 智能化阶段（2015年至今）

2013年12月，工业和信息化部正式向中国移动、中国电信和中国联通颁发TD－LTE制式4G牌照，4G网络于2014年下半年正式商用。2015年2月，工业和信息化部正式向中国电信和中国联通发放FDD－LTE制式4G牌照，中国电信和中国联通开始了大规模的4G网络建设。4G高速传输网络和大量智能终端的普及，大大促进了信息技术在教育培训中的创新应用，为在线教育培训的井喷式发展提供了强大技术支撑。得益于网络、智能终端与信息技术的发展，大数据、云计算、人工智能、AR/VR等各种技术手段被广泛应用于教育培训的各个环节，培训技术进入智能化阶段。

4G网络大规模商用后，中国在互联网技术、应用、跨界融合方面持续突破，为“互联网＋”技术的发展奠定了坚实的基础。2015年9月，国务院发布《关于积极推进“互联网＋”行动的指导意见》，提出要探索新型教育服务供给方式，鼓励互联网企业与社会教育机构根据市场需求开发数字教育资源，提供网络化教育服务，鼓励学校通过与互联网企业合作等方式，对接线上线下教育资源，探索基础教育、职业教育等教育公共服务提供新方式。“互联网＋培训”将传统培训行业带入基于信息技术的伟大变革中，培训内容、培训方式发生了巨大变化，网络培训平台、培训资源、培训软件、培训视频等全新的概念改变了传统的培训技术手段。

2016年被称为直播元年和虚拟现实技术元年。通过直播平台、“虚拟现实课堂”与“虚拟现实体验”平台，在线培训的交互性得到了进一步提升。根据第39次《中国互联网络发展状况统计报告》，截至2016年12月，中国在线职业教育培训网民使用率达到34.4%，用户规模增长到4731万人，在线职业教育培训在缓解人才结构性矛盾、培养高层次技术技能人才方面发挥了重要作用。

2018年，人脸识别、语音识别、图像识别、自适应、情感计算、触感互动、体感技术、眼动追踪等人工智能技术进一步应用到培训场景中，提高了培训师对受训者、培训内容和培训效果把握的精准性。同时，VR、AR 技术在培训中的应用度也有所提高，沉浸式体验进一步融入培训中。

二　2020年中国培训事业的发展状况

2019～2020 年，中国的培训事业在各个领域、各个层面，都取得了进展。中国的培训政策不断创新，培训制度不断健全，培训工作进展顺利，培训技术的应用也涌现了众多创新性场景。

（一）培训政策与制度的新发展

第一，党政领导干部培训领域。最重要的立法体现为中共中央于 2019 年 10 月 25 日发布的《中国共产党党校（行政学院）工作条例》。该条例对整合后的全国党校（行政学院）系统的定位、职能和功能发挥等进行明确，包括各级领导干部的培训班次、学制、教学、科研等工作。2019 年 11 月 26 日发布修订的《公务员培训规定》，对晋升领导职务的任职培训进行了明确，还对公务员培训的方式方法、培训保障、培训登记和评估等作出规定。2019 年 11 月，中办印发《2019～2023 年全国党员教育培训工作规划》，明确规定党员领导干部要坚持更高标准、更严要求，带头学习实践习近平新时代中国特色社会主义思想。2020 年初，习近平总书记在“不忘初心、牢记使命”主题教育总结大会上首次提出学习党史、新中国史、改革开放史、社会主义发展史（即“四史”）的概念。2021 年 2 月，中共中央印发《关于在全党开展党史学习教育的通知》，通过面向全体党员，以县处级以上领导干部为重点开展党史学习教育实践，使党员干部系统掌握中国共产党推进马克思主义中国化形成的重大理论成果。

第二，专业技术人员继续教育领域。2019 年，人社部会同国家档案局研究制定《档案专业人员继续教育规定》，同财政部、应急管理部、国家药监局、国家市场监管总局等部门研究制定了《关于深化会计人员职称制度改革的指导意见》《注册安全工程师职业资格制度规定》《注册安全工程师职业资格考试实施办法》《执业药师职业资格制度规定和执业药师职业资格考试实施办法》《注册计量师职业资格制度规定》《注册计量师职业资格考试实施办法》，对相关领域专业技术人员继续教育、继续教育与职业资格制度的关系作出规定。同年12月，中组部、人社部印发《事业单位工作人员培训规定》，明确了事业单位的培训分类、培训管理等内容，对专业技术人员培训提出“注重提高专业技术水平和创新创造创业能力”的总体要求。2020年，人社部会同中央宣传部、国家卫生健康委等部门研究制定出版、卫生等行业专业技术人员继续教育规定。

第三，职业培训领域。积极稳慎推动技能人才评价制度改革。2019年初的《国家职业教育改革实施方案》提出，打造优秀职业教育培训评价组织，开启“1+X”证书制度试点，开展高质量职业培训。之后，教育部等四部门印发《关于在院校实施“学历证书+若干职业技能等级证书”制度试点方案》，人社部和教育部印发《职业技能等级证书监督管理办法（试行）》，人社部办公厅发布扩大企业职业技能等级认定试点工作的有关通知，教育部办公厅等印发推进“1+X”证书制度试点工作的有关指导意见，推动职教改革决策部署的落地。2020年8月，人社部印发《关于改革完善技能人才评价制度的意见》提出，发挥政府、用人单位、社会组织等多元主体作用，建立健全以职业资格评价、职业技能等级认定和专项职业能力考核等为主要内容的技能人才评价制度，健全完善技能人才评价体系，形成科学化、社会化、多元化的技能人才评价机制。同年，人社部研究水平评价类技能人员职业资格退出国家职业资格目录。

为推进国家职业技能提升行动，人社部会同财政部先后印发《关于做好失业保险基金支持职业技能提升行动资金管理工作的通知》《关于进一步精简证明材料和优化申办程序充分便利就业补贴政策享受的通知》《关于做好职业技能提升行动专账资金使用管理工作的通知》《关于充分发挥职业技能提升行动专账资金效能　扎实推进职业技能提升行动的通知》，明确1000亿元失业保险基金结余的使用和管理办法，精简补贴申办程序，提高培训补贴资金落实效率，明确了职业技能提升行动专账资金使用范围和管理的有关事项，充分激发地方人社部门、用人和培训主体、受训者等多方主体积极性，充分发挥职业技能行动专职资金效能。2019 年，人社部印发《新生代农民工职业技能提升计划（2019～2022 年）》，对农民工特别是新生代农民工的职业技能提升做出部署，先后会同国家发展改革委、国家卫生健康委、国家邮政局、退役军人事务部、全国老龄委、应急管理部、国务院扶贫办等 7 部门印发专项培训计划，加大对家政服务、医疗护理、快递人员等急需紧缺职业以及高危行业从业人员、退役军人、贫困村创业致富带头人的技能培训，并在职业院校全面开展职业培训。

2020 年上半年新型冠状肺炎疫情发生后，人社部开展百日免费线上职业培训行动。2020 年下半年以来，人社部明确职业技能提升行动“互联网＋职业技能培训”平台及资源运营服务规范，促进了线上职业技能培训行动的规范开展；在 11 个省（自治区、直辖市）38 个地市开展电子培训券试点，出台百万青年技能培训行动、做好长江流域禁捕退捕渔民职业技能培训、实施康养职业技能培训计划、实施职业技能提升行动创业培训“马兰花计划”、加强新职业培训工作等政策，进一步扩大职业培训券的试点范围。

（二）各种教育培训实践的新进展

第一，党政领导干部教育培训的新进展。根据干部教育培训五年规划，2019 年，中组部要安排不少于 500 名省部级干部、不少于 1000 名省（自治区、直辖市）党委和政府领导班子成员、3000 名左右市（地、州、盟）党政领导班子成员和省（自治区、直辖市）直属部门单位领导班子成员、800 名左右县委书记、200 名左右新任县委书记等参加各类调训，包括理论学习、专业化能力培训、党性教育等；中央和国家机关有关部委、地方各级党委组织部也分别按照干部管理权限开展党政领导干部培训。2019 年，中央在全党自上而下分两批开展“不忘初心、牢记使命”主题教育，这是一次以县处级以上领导干部为重点的主题教育活动，活动的根本任务是深入学习贯彻习近平新时代中国特色社会主义思想，锤炼忠诚干净担当的政治品格，团结带领全国各族人民为实现伟大梦想共同奋斗。为推进“四史”“党史”

学习教育，2021 年 4 月 19 ~ 23 日，中央组织部干部教育局和中央党校（国家行政学院）教务部、全国党校（行政学院）教师进修学院、信息技术部，共同组织开设“中共党史公开课”网络直播课程，面向全国省、市、县三级党校（行政学院）和中央党校（国家行政学院）各分校主体班次学员和各分校主体班次学员和教研人员直播。全国近 3000 家党校超过 50 万人次同时在线收看。①

第二，企业经营管理人员培训的新变化。根据干部教育培训五年规划，2019 年，不少于 1/5 的中管金融企业、中管企业领导班子成员和国务院国资委党委管理领导班子的央企主要负责人到国家级干部教育培训机构参加培训。中管金融企业和中管企业党委（党组）书记要参加有关专题的研究班。各级组织人事部门、国有资本监管部门和各国有企业根据职责分工，抓好领导班子成员培训、企业党组织书记培训；有关组织和部门根据职责开展民营企业主要负责人、中小企业经营管理者培训。

第三，专业技术人员继续教育的新发展。根据人社部的统计，2019 ~ 2020 年，专业技术人员的继续教育稳步推进，举办高级研修班共计 510 期，参训人次约 3.3 万；急需紧缺人才培养培训和岗位培训的参训人次达 223.1 万；国家级专业技术人员继续教育基地新增 40 家，总数已达 200 家；选拔培养 800 名新疆特培学员和 240 名西藏特培学员，组织 8 期赴新疆、西藏特培专家服务团活动。2020 年，人社部在中国浦东、井冈山、延安三个干部学院各举办 1 期百千万人才工程国情研修班，分别以“从脱贫攻坚到乡村振兴——农业科技人才支撑”“5G 创新发展”为主题举办 2 期创新大讲堂，组织高级专家赴以色列培训。②

第四，职业培训的新情况。自 2018 年实施国家职业技能提升行动以来，人社部门全力以赴推进补贴性职业技能培训工作，2019 年超额完成 1500 万

---

① 《中央党校（国家行政学院）推出中共党史公开库》，https：//mp.weixin.qq.com/s/-q040fG3_jPpyNZVo3DPKQ。

② 人力资源和社会保障部：《中国人力资源和社会保障年鉴（2020）》，中国劳动社会保障出版社、中国人事出版社，2020，第 550 页。

人次的培训任务；2020 年全年共组织补贴性职业培训 2700.5 万人次和以工代训 2209.6 万人，技工院校面向社会开展培训 485.8 万人次。大规模举办国内职业技能竞赛，以赛促学、以赛促训、以赛促评、以赛促建。

（三）培训理论与技术的创新应用

伴随信息技术与教育培训用户业务融合的不断加深，教育培训行业信息化正面临前所未有的挑战。在新技术、新趋势、新业务模式的影响下，教育培训行业信息化建设也更趋复杂，呈现多元化的发展格局，教育培训相关的基础理论也被同时应用在教育培训事业中。

具体的理论基础包括教育理论、学习理论、混合学习理论、传播学、人力资源开发理论、企业培训理论、系统理论等。其中，混合学习形式是在线学习与面对面学习的混合。但其更深层次是包括基于不同教学理论（如建构主义、行为主义和认知主义）的教学模式的混合，教师主导活动和学生主体参与的混合，课堂教学与在线学习不同学习环境的混合，不同教学媒体的混合，课堂讲授与虚拟教室或虚拟社区的混合等。例如，2019 年，学大以"双螺旋"即"线上＋线下"模式作为探索个性化智慧教育的全新起点，推动中国个性化教育的发展①；科大讯飞构建了覆盖"教、考、评、管、创"全场景的智慧教育产品体系，有效助力教育教学模式创新，为学生、教师和各级教育管理者提供了精准、便捷的服务②。达内在 2006 年就开始运用线上线下结合的 O2O 模式，做起了互联网教育，目前，达内的 O2O 体系通过远程视频同步教学、实体学习中心现场辅导、在线学习管理系统三大教学平台，为学员们提供实战培训。其教学培训遵循的是在线学习与面对面学习的混合学习形式，基础理论除了主要的混合学习理论，还伴有认知理论、建构主义理论、系统理论等。

---

① 吴霓：《中国民办教育发展报告 No1：民办培训教育》，社会科学文献出版社，2018，第 123～207 页。

② 吴霓：《中国民办教育发展报告 No1：民办培训教育》，社会科学文献出版社，2018，第 123～207 页。

培训技术的创新应用方面2019年也取得了不少成绩。

1月1日，由中宣部主管，以习近平新时代中国特色社会主义思想和党的十九大精神为主要内容的“学习强国”学习平台在全国上线，平台由PC端和手机客户端两大终端组成，提供丰富的学习内容和线上资源，创新了党建培训的学习方式和组织形式。

3月，政府工作报告明确提出“发展‘互联网+教育’，促进优质资源共享”。随着相关政策的出台、网络基础设施的日益完善，在线教育培训开始向广大农村和边远地区延伸，视频会议室、直播录像室、多媒体教室等设施不断完善，在线教育培训用户规模和手机在线用户规模持续扩大。根据中国互联网络信息中心第45次《中国互联网络发展状况统计报告》，截至2020年3月，中国在线教育培训用户规模达4.23亿人，较2018年底增长2.22亿人，占网民整体的46.8%；手机在线教育培训用户规模达4.20亿人，较2018年底增长2.26亿人，占手机网民的46.9%。

9月，教育部等11个部门出台的《关于促进在线教育培训健康发展的指导意见》提出，到2020年，在线教育培训的基础设施建设水平大幅提升，互联网、大数据、人工智能等现代信息技术在教育领域的应用更加广泛，资源和服务更加丰富，在线教育培训模式更加完善；到2022年，现代信息技术与教育实现深度融合，在线教育培训质量不断提升，资源和服务标准体系全面建立，发展环境明显改善，治理体系更加健全，网络化、数字化、个性化、终身化的教育体系初步构建，学习型社会建设取得重要进展。

10月，十九届四中全会召开，会议通过《中共中央关于坚持和完善中国特色社会主义制度　推进国家治理体系和治理能力现代化若干重大问题的决定》，提出“发挥网络教育和人工智能优势，创新教育和学习方式，加快发展面向每个人、适合每个人、更加开放灵活的教育体系，建设学习型社会”。以人工智能为重要驱动力的个性化培训成为培训的热点领域，各大培训平台开始推出较为成熟的“人工智能+培训”产品。

2019年以来，短视频和网络直播进入蓬勃发展阶段，用户规模快速扩大，短视频的兴起为微型培训提供了新方法，适应了在碎片化时间中学习碎片化知识的新方式。各培训平台开始试水“短视频 + 培训”和直播培训，推出了相应的“微课”产品。根据快手数据研究院《2019 快手教育生态报告》，2019 年，仅快手一家平台教育类短视频累计生产量就高达 2 亿条。

三　中国培训事业发展存在的问题、趋势与对策

加快培训事业发展，提升党政干部培训、企业管理人员培训、专业技术人员继续教育和职业培训的效果，创新应用新理论、新技术、新方法，需要进一步分析存在的问题，研究中国培训事业发展的趋势，采取相应的对策措施。

（一）中国培训事业发展存在的问题

改革开放以来，中国针对各类人群的政策和制度体系不断建立健全，培训事业在获得长足发展的同时，还存在如下主要问题。

第一，党政干部培训领域。一是干部培训制度的落实情况有待改进。比如多头调训、重复培训、长期不训等问题还存在。二是考核评估制度有待进一步完善。当前的培训评估总体上仍停留在受训者的反映评估，即对整个培训安排的满意度上，但是对更深层面的，比如对受训者的行为评估、成果评估，即受训者回到工作岗位上，对所在单位（部门）的绩效提升带来哪些影响等方面还比较欠缺。三是干部培训机构的专业化建设有待进一步加强，包括进一步创新培训方式方法，进一步加强师资队伍建设等。

第二，企业管理人员培训领域。企业管理人员培训存在和党政领导干部培训类似的问题，这包括，考核评估制度有待完善，培训评估的科学化水平有待提升，作为主渠道的培训供给端改革有待进一步深化，进一步提供高质量培训产品，以适应参与国际竞争对中国企业家和企业经营管理人才提出的素质和能力要求等。

第三，专业技术人员继续教育领域。一是部分企事业单位对继续教育重视不够，投入不足；部分专业技术人员对接受继续教育的认识不够，主动性不足。二是体制内继续教育培训供给机构改革有待深化，现有的课程体系从

内容到形式比较单一，无法满足专业技术人员的多元化、个性化需求。三是现有的考核评估制度有待完善，现有的制度侧重于对参与继续教育的过程以及课程完成结果的考察，缺乏对继续教育成效的评估。

第四，职业技能培训领域。一是要加大对职业技能培训政策的宣传和贯彻力度。部分地区还存在政策落地“最后一公里”问题，政策宣传力度不够，政府服务意识不强。二是部分地区公共服务的数字化建设不完善，无法满足信息化、智慧化时代人们对优质公共服务的需求。三是部分用人主体、劳动者及各类职业培训机构积极性不够高。四是培训供给端高质量（尤其是面向高技能人才）的培训产品有限。

（二）中国培训事业发展的趋势

在政策、市场需求和科技的推动下，中国的培训事业面临宝贵的发展机遇，并有良好的发展前景。

第一，从立法和政策层面看，国家越来越重视培训事业在实现国民经济和社会发展长远目标中的战略意义，立法、政策和制度建设、资金投入等方面呈现不断加强和完善的发展趋势。当前，中国进入国民经济和社会发展的第十四个五年规划时期，开启全面建设社会主义现代化国家新征程，全面深化改革持续推进，一系列新决策、新部署、新任务不断出台，这些都是各类教育培训事业发展的重要政策背景，也构成新时期培训事业的重要内容，不断推动各个培训领域内培训产品的更新和迭代。

第二，从市场需求来看，尽管部分地区、部分用人单位和个体对培训不够重视，但是，总的来看，市场需求的不断攀升和更加重视培训是一个很明显的发展趋势。从各类人才的用人主体来看，培训投入总体上呈上升趋势；从个体来看，受科技进步引发的产业变迁和就业变迁的影响，为保持职场竞争力的个体培训投资越来越多。除来自政府、各类用人单位，以及个体职业投资型的培训之外，丰富人们业余生活的怡情养性类培训产品也越来越丰富，终身学习社会正在形成。

第三，从科技进步带给培训事业的影响来看，插上科技的翅膀后，培训事业将会更好地弥补单纯线下培训的不足，提高碎片化学习的便捷性，使培训产品惠及更多的地域和人。2020 年新冠肺炎疫情发生以来，各地方各部门和培训行业企业加速培训的数字化转型，这一趋势将伴随“十四五”规划的实施进一步强化。

第四，从培训技术的发展来看，即时通信平台成为在线教育培训的基础平台，5G 技术的应用将进一步推动移动学习模式的发展，大数据、人工智能等新技术进一步应用于培训场景中，以及由此带来的培训技术向乡村地区扩展。

随着用户规模的扩大和普及率的提升，即时通信产品将成为培训技术应用的新热点领域。在开发端，即时通信平台为培训提供了丰富的开发工具，实现培训产品的快速上线；在用户端，用户可以通过小程序访问培训课程，提高培训的灵活性。同时，通过账号互通、内容共享等措施，培训机构可以跨领域获取用户资源。5G 技术大规模商用，将对手机性能和网络环境带来革命性影响，为在线教育培训视频提供更优质的播放设备和网络环境，视频播放的流畅性和速度将大大提高，更能满足手机在线教育培训用户在移动环境中接受培训的要求，提高培训的灵活性和便利性。随着人工智能、大数据等新技术在培训领域应用的进一步深入，培训服务机构可以通过大数据对培训师资进行筛选，通过人工智能对受训者学习行为数据和培训效果进行收集整理，为受训者提供个性化培训和学习解决方案，增强培训的交互性，提高学习效果。

随着贫困地区网络基础设施的持续改善，“村村通”和“电信普遍服务试点”工程的深入实施，在政府对在线教育培训的政策支持下，中国广大乡村地区将同步享受信息社会的便利，门户网站、移动 App、即时通信平台等多种渠道将应用于乡村地区在线教育培训中，线上培训课程资源不断丰富；同时，操作性强的培训实行仿真模拟与技能视频演示线上学习、线下实训相融合的组织方式。

（三）中国培训事业发展的对策与建议

促进和加快中国培训事业的发展，不断提升劳动力质量、提高人力资源整体素质，推动各类人才队伍的建设，促进产业结构调整和转型升级，需要在多个方面采取有针对性的措施。

第一，要进一步完善相关立法和政策体系。要界定好党政领导干部培训、公务员培训、企业经营管理人员培训、专业技术人员继续教育和职业技能培训中，政府、受训者以及各类培训主体的责、权、利，通过不断完善立法和政策体系，更好地发挥政府的作用，并更好地调动各类培训主体的积极性。

第二，要提高财政资金的使用效率。为了提高各类财政培训、补贴性培训的效益，政府需要持续加强各级政府职能部门相关人员的能力建设，使政策落实落地，深化体制内各类培训供给机构的改革，并要以提高各类财政类和补贴类培训的效果评估为关键，深化培训管理改革，加强对财政资金使用效率的研究，推动整个培训供给市场的高质量发展。

第三，要发挥市场的决定性作用。不管是财政培训、补贴性培训，还是各类社会化培训，政府部门在设定必要的门槛和规则之外，要把该由市场决定的权力交给市场，做好市场的监管者、服务者，着力建设和维护公平、公正的市场环境，让各类培训主体同台竞争，推动整个培训市场的繁荣发展。要鼓励和支持产业资本投资培训产业，为社会提供更多、更好的培训产品和服务。

第四，要推动新技术在教育培训领域的广泛应用。以信息技术为核心的科技革命为教育培训工作开辟了新天地，人类也将从信息化、网络化时代迈入智能化时代。要鼓励和支持教育培训机构广泛、深度使用大数据、云计算、人工智能、AR/VR、高清视频、云游戏、物联网等新技术，搭建教育培训场景，改进教育培训技术、方法、形式、内容与管理，增强培训效果，解决传统培训模式下资源短缺等问题。

具体而言，针对不同类型的培训，可以采取如下措施。

第一，在党政领导干部培训方面，一是继续完善和加强包括组织调训、党委（党组）中心组学习、网络培训、在职自学等方面的制度建设。比如，组织调训中进一步加强统筹协调，探索“错峰”调训和分段式培训，缓解工学矛盾等。二是不断提升干部培训的规范化和科学化程度，加强培训效果的研究和实践，重视对受训者的追踪评估和考核，不断提高培训的针对性，以及财政资金的效益。三是深化体制内教育培训机构，尤其是主渠道、主阵地教育培训机构的改革，加强师资、教材、教学内容、教学管理等方面的建设，不断提高干部教育培训的供给质量。

第二，在企业管理人员培训方面，一是加强对各类各级财政资金组织的调训或各类企业管理人员培训工程（项目）培训效果的科学评估，加强对财政资金使用效率的监管；各级企业管理人员培训的政府主管部门，要进一步完善对入选企业家和企业经营管理人才的筛选、培训过程监督，以及培训后的追踪，加强培训全流程的监管和服务。二是各级企业相关的政府主管部门可通过“互联网 +”等方式，加大对不同类型、不同规模的中小企业经营管理人员的公益培训力度，通过公益性培训加强政府政策宣传和贯彻，为更多市场主体的可持续发展服务。

第三，在继续教育领域，一是不断完善继续教育制度，提高继续教育吸引力和落地效果。二是加强质量管控，提高财政资金使用效益。三是深入推进体制内培训供给方的改革，加强供给机构专业化建设，真正形成“高精尖缺”的培训导向，搭建包括社会培训机构在内的各类培训产品公开竞争的平台。四是充分利用“互联网 +”等形式，加大对继续教育工作的宣传贯彻及优质在线产品的遴选、打造力度，提升继续教育对用人单位和专业技术人员的吸引力和影响力。

第四，在职业技能培训方面，一是加大对职业技能培训政策的宣传和贯彻力度，将政策转化为针对不同职业群体的可理解、易接受的政策内容，对重点组织和人群要主动上门，开展宣传和服务。二是总结新冠肺炎疫情以来数字化培训的经验，进一步优化线上公共服务平台建设，进一步提高政府服务效能。三是继续推动政策创新，提高培训供需两端的积极性。

参考文献

陈宏敏：《中国教育技术发展历史研究》，福建师范大学硕士学位论文，2009。

陈柱：《现代教育理论在中等职业教育中的应用》，《广东职业技术教育与研究》2014 年第 4 期。

高世琦：《中国共产党干部教育世纪历程》，党建读物出版社，2013。

鲁曙明：《教育技术学》，中国人民大学出版社，2010。

潘巧明：《现代教育技术》，电子工业出版社，2019。

人力资源和社会保障部组织编写：《中国人力资源和社会保障年鉴（2015）》，中国劳动社会保障出版社、中国人事出版社，2016。

人力资源和社会保障部组织编写：《中国人力资源和社会保障年鉴（2016）》，中国劳动社会保障出版社、中国人事出版社，2017。

人力资源和社会保障部组织编写：《中国人力资源和社会保障年鉴（2017）》，中国劳动社会保障出版社、中国人事出版社，2017。

人力资源和社会保障部组织编写：《中国人力资源和社会保障年鉴（2018）》，中国劳动社会保障出版社、中国人事出版社，2019。

人力资源和社会保障部组织编写：《中国人力资源和社会保障年鉴（2019）》，中国劳动社会保障出版社、中国人事出版社，2019。

人力资源和社会保障部组织编写：《中国人力资源和社会保障年鉴（2020）》，中国劳动社会保障出版社、中国人事出版社，2020。

苏启寅：《浅谈电化教育的发展趋势》，《硅谷》2009 年第 18 期。

王晓初、信长星：《就业促进与职业能力建设》，中国劳动社会保障出版社，2012。

吴霓：《中国民办教育发展报告 No1：民办培训教育》，社会科学文献出版社，2018。

肖余春：《论学习型组织理论中虚拟现实技术对管理培训的价值》，《江西教育学院学报》（社会科学版）2001 年第 4 期。

徐颂陶、孙建立：《中国人事制度改革（1978～2008）》，中国人事出版社，2008。

易雪玲：《论企业员工培训理论的发展脉络》，《长沙通信职业技术学院学报》2004 年第 4 期。

余兴安、唐志敏：《人事制度改革与人才队伍建设（1978～2018）》，中国社会科学出版社，2019。

张剑平：《现代教育技术》，高等教育出版社，2013。

张立新：《教育技术的理论与实践》，科学出版社，2009。

分报告

B.2
2020年中国职业技能培训发展报告

谢晶　许远　毕结礼*

摘　要：　职业技能培训制度是中国职业教育制度和劳动生产制度的重要组成部分。改革开放以来，经历了恢复重建、高速发展时期，党的十八大以来，进入高质量发展时期，随着技能人才队伍建设的加快发展，职业技能培训迎来了新的机遇发展期，2012～2019年培训机构规模不断扩大、师资队伍建设成效显著、培训社会人员规模不断扩大、素质不断提升。本报告通过分析2012～2019年中国职业技能培训状况，总结主要成效和存在的问题，对职业技能培训发展趋势进行了预测分析。

关键词：　职业技能　培训　技能人才

* 谢晶，中国人事科学研究院教育培训与能力建设研究室副研究员；许远，人力资源和社会保障部职业技能鉴定中心副编审，《中国培训》副主编；毕结礼，中国职工教育和职业培训协会副会长。

职业技能培训起源于生产劳动，是人类最早的教育活动，即将生产实践活动中的知识、技能和经验进行代代传递。中国的职业技能培训制度由来已久，既是中国职业教育制度的一部分，也是中国劳动生产制度的一部分，是国家为培养和提高从事各种职业的人们所需要的技术业务知识和实际操作技能而制定的政策法规，培训对象包括工人、农民、各种技术人员和管理人员以及将要参加工作和已经参加工作的人员，在一定程度上满足了各个历史时期对劳动者职业技能素质的客观要求。

一　改革开放以来中国职业技能培训制度的发展历程

作为人力资源开发的重要手段，中国职业技能培训制度自新中国成立之初就开始发挥重要作用，改革开放以来其价值更是日益凸显，进入21世纪，经历了高速发展阶段，成为促进创业就业、提高全体劳动者素质的重要举措，党的十八大以来加快进入高质量发展阶段，不断为中国经济社会发展培养各类适用型、实用型、技能型人才做出突出贡献。

（一）改革开放初期的恢复和重建

改革开放初期，上山下乡青年的蜂拥回城，劳动力人口无节制生育下的自然增长，致使经济转型之际的中国再次面临庞大的失业人口问题。据统计，1979年城镇积累的待业人员总数达到1500万，城镇登记失业率为5.4%。国家普遍对城镇待业人员进行就业前的培训，并且做出先培训后就业的原则性规定。

为加快恢复国民经济生产，《关于1979年国民经济计划草案的报告》提出要“通过多种途径，加速人才的培养”“积极办好厂办大学和中专、技工学校”，逐渐恢复中国职工培训事业。1978年12月12～25日，国家劳动总局召开全国技工培训工作会议，研究在社会主义现代化建设成为全国工作重点以后，应该怎样加强技工培训与提高培训质量，重点研究如何办好技工学校。在此时期成立的大量技工学校主要着眼于解决不能继续升学（大中专）城镇青年人口的技能训练问题。技工学校对城镇青年进行为期两年的初始职业训练，由国家安排就业（即包分配）。1981 年已在 20 多个城市建立了就业培训中心，到 1987 年全国就业训练中心达到 1600 多个，加上其他各种形式的培训班，年培训能力达到 200 多万人。①

进入“七五”计划以来，中国逐步形成以提高劳动者就业能力、岗位工作能力和劳动者素质为目的，以职业分类和职业技能鉴定为重点的职业技能培训发展模式。1987 年国务院颁发《关于加强贫困地区经济开发工作的通知》，要求“以在乡知识青年为重点认真办好农村职业技术教育和成人教育，有计划地开展对农民的专业技术培训”。1992 年劳动部印发《关于加强工人培训工作的决定》，强调建立培训、考核与使用、待遇相结合的制度；强调加强岗前培训，要实行“先培训后就业，先培训后上岗”；提出要“逐步增加对工人培训的资金投入，使工人培训工作同企业生产和技术进步协调发展”。伴随国企改革、现代企业制度与市场化用工制度的建立，1996 年劳动部印发《企业职工培训规定》，标志着中国职工培训由“政府主导”转向“企业主导”。

（二）进入21世纪以来的快速发展

随着社会主义市场经济体制的建立，市场开始逐步发挥对劳动力资源的基础配置作用，基本形成了以市场为导向的就业机制。与之相适应，政府主导、社会参与、市场运作的培训体制初步形成，“市场引导培训、培训促进就业”的职业技能培训机制逐步完善。2002 年，全国职业教育工作会议召开，国务院出台了《关于大力推进职业教育改革与发展的决定》（以下简称《决定》），明确“职业学校教育和职业技能培训，是中国教育体系的重要组成部分，是国民经济和社会发展的重要基础”，并且要求广泛开展各级各类职业技能培训，积极实施国家再就业培训计划。与此同时，为了贯彻落实全国职业教育工作会议和国务院《决定》精神，劳动和社会保障部印发了《加强职业技能培训提高就业能力计划》的通知，提出了三年工作任务，即

① 韩娟：《中国劳动力培训的模式选择与政策研究》，浙江大学博士学位论文，2012，第 85 ~ 86 页。

“广泛动员社会力量，以市场需求为导向，大力开展职业技能培训工作，提高下岗失业人员、青年劳动者、企业在职职工和农村富余劳动力的就业能力、工作能力和职业转换能力”，明确了将开展技能振兴行动和继续实施“三年千万”再就业工程的举措，加快培养技术技能人才。

2005年，《国务院关于大力发展职业教育的决定》确定了职业教育发展新目标，提出进一步扩大职业教育规模，发展形式多样的职业培训，每年培训上亿人次的城乡劳动者，使中国劳动者的素质得到明显提高。2008年1月开始实施的《就业促进法》，通过法律形式对政府、企业和培训机构在开展职业培训过程中的行为和权责进行了规范。

2010年8月，人力资源和社会保障部印发《关于大力推进技工院校改革发展的意见》，进一步明确技工院校的办学定位和组织结构关系，提出“技工院校是培养技能人才的重要渠道，是落实健全面向全体劳动者的职业技能培训制度的重要载体”，要“形成以技师学院为龙头、高级技工学校为骨干、普通技工学校为基础的覆盖城乡劳动者的技工教育培训网络”，其中“技师学院是高技能人才队伍建设综合基地，承担通过学制教育培养预备技师、高级技工的任务，也是本区域面向企业职工开展技师和高级技师提升培训与研修、考核与评价的重要平台。高级技工学校承担中、高级技能人才培养和开展各类职业技能培训的重要任务，是培养技能人才的中坚力量。普通技工学校在主要承担中级技工培养任务的同时，应积极面向社会开展各类职业技能培训，成为劳动预备制培训、企业职工培训、农村转移就业劳动者培训和农村实用人才培训的重要基地”。同年10月，国务院出台《关于加强职业技能培训促进就业的意见》，将职业技能培训作为促进就业和经济发展的重大举措，明确了当前和今后一个时期职业技能培训工作的主要任务，形成了包括就业技能培训、岗位技能提升培训、转业培训和创业培训等四大政策体系的职业技能培训制度。

（三）党的十八大以来的高质量发展

党的十八大首次正式提出要全面建成小康社会，其中目标之一，就是进入人才强国和人力资源强国行列。党的十八大报告提出：加强职业技能培训，加快发展现代职业教育。提升劳动者就业创业能力，增强就业稳定性。围绕中央要求，2013 年以来，人力资源和社会保障部启动实施了面向全体劳动者的百城技能振兴专项活动，即在全国范围选拔百家工作基础好、推动力度大的城市，指导其开展技能振兴专项活动，确定了“率先健全面向全体劳动者的职业技能培训制度；率先建立培养体系完善、考核评价科学、激励保障健全的工作机制；率先建设高水平的职业技能培训和技能人才队伍建设综合示范区”的工作目标。2014 年 3 月，人力资源和社会保障部制定出台了面向农民工的，旨在提升农村转移就业劳动者职业素质和就业创业能力、促进其实现就业和稳定就业、促进国家新型城镇化和农业转移人口市民化的职业技能提升计划——《“春潮行动”实施方案》。此外，还开展了依托技工院校及优质培训机构，促进技能就业、素质就业，面向离校未就业高校毕业生的技能就业专项行动。

十八大以来，人社部围绕实施人才强国战略、就业优先战略和创新驱动发展战略，陆续出台了《关于推进技工院校改革创新的若干意见》《技工教育“十三五”规划》《关于深化技工院校教师职称制度改革的指导意见》《关于做好技工院校招生工作的指导意见》等一系列促进技校教育高质量发展的纲领性文件。技工院校通过统筹招生工作、扩大招生对象、拓宽招生渠道、做好职业技能培训招生等方式，保持招生规模总体稳定，稳步扩大职业技能培训规模，增加高级工以上培养任务。

党的十八届三中全会作出了全面深化改革的历史性部署，明确提出构建劳动者终身职业技能培训体系的要求。党的十八届五中全会通过《中共中央关于制定国民经济和社会发展第十三个五年规划的建议》，提出推行终身职业技能培训制度。2018 年印发的《国务院关于推行终身职业技能培训制度的意见》中指出，“建立并推行覆盖城乡全体劳动者、贯穿劳动者学习工作终身、适应就业创业和人才成长需要以及经济社会发展需求的终身职业技能培训制度”；“面向城乡全体劳动者，完善从劳动预备开始，到劳动者实现就业创业并贯穿学习和职业生涯全过程的终身职业技能培训政策”；“构建资源充足、布局合理、结构优化、载体多元、方式科学的培训组织实施体系”。

党的十九大报告指出，“完善职业教育和培训体系”“大规模开展职业技能培训，注重解决结构性就业矛盾，鼓励创业带动就业”“建设知识型、技能型、创新型劳动者大军，弘扬劳模精神和工匠精神，营造劳动光荣的社会风尚和精益求精的敬业风气”，为职业技能培训指明了方向，规划了前景。2019 年 1 月，人力资源和社会保障部印发《新生代农民工职业技能提升计划（2019～2022年)》，对新生代农民工大规模开展多种形式的职业技能培训。4 月，国务院常务会议讨论通过“高职院校扩招 100 万”的实施方案，加速培养各类技术技能人才，促进扩大就业。5 月，国务院办公厅印发《职业技能提升行动方案（2019～2021 年)》，强调把职业技能培训作为经济转型升级和高质量发展的重要支撑，作为保持就业稳定、缓解结构性就业矛盾、推动技能脱贫的关键举措，提出从失业保险基金结余中拿出 1000 亿元，面向职工、就业重点群体、贫困劳动力等城乡各类劳动者，大规模开展职业技能培训，加快建设知识型、创新型、技能型的劳动者大军。确定从 2019 年至 2021 年，三年共开展各类补贴性职业技能培训 5000 万人次以上，全面提升劳动者职业技能水平和就业创业能力。9 月，习近平总书记对中国技能选手在第 45 届世界技能大赛上取得佳绩作出的重要指示中，提出要健全技能人才培养、使用、评价、激励制度，大力发展技工教育，大规模开展职业技能培训，加快培养大批高素质劳动者和技术技能人才。要激励广大青年走技能成才、技能报国之路，在全社会弘扬精益求精的工匠精神。10 月，教育部、人力资源和社会保障部等 14 个部门联合印发《职业院校全面开展职业技能培训促进就业创业行动计划》，提出要使职业院校成为就业创业培训的重要阵地，到 2022 年，年均开展 5000 万人次以上的各类职业技能培训。12 月，国务院部署加强职业技能培训基础能力建设，深入推进职业技能提升行动。

二　2012～2020年中国职业技能培训状况[①]

党的十八大以来，随着技能人才队伍建设的加快发展，职业技能培训迎

① 数据来源：2013～2020 年《中国人力资源和社会保障年鉴》，2013～2020 年人力资源和社会保障统计公报。《中国人力资源和社会保障年鉴（2020)》和《2020 年人力资源和社会保障事业发展统计公报》的数据均截至 2019 年底，因此本报告的数据也截至 2019 年底。

来了新的机遇发展期，2012～2020 年培训机构规模不断扩大，师资队伍建设成效显著，培训社会人员规模不断扩大，素质不断提升。

（一）培训机构情况

职业技能培训机构主要包括技工学校、就业训练中心和民办职业技能培训机构三种类型，社会化的职业技能培训机构蓬勃发展。据统计，民办职业技能培训机构数从 2012 年的 18897 个增长到 2019 年的 22496 个，增长率为 19%，如图 1 所示。

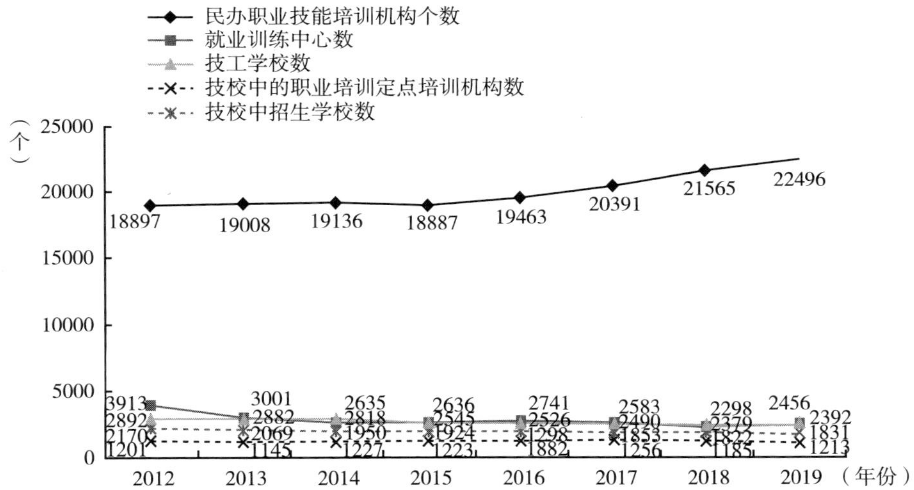

图 1　2012～2019 年职业技能培训机构状况

（二）培训师资队伍建设情况

1. 专任教师情况

职业技能培训教师包括培训机构的在职教职工和兼职教师两大部分，在职教职工中的专任教师是培训师资主体。平均来看，民办职业技能培训机构中的专任教师比例约为 61%，就业训练中心中专任教师比例约为 63%，技工学校专任教师比例达 74%，如表 1 所示。

表 1　2012 ~ 2019 年培训机构教师情况

机构	指标	2012 年	2013 年	2014 年	2015 年	2016 年	2017 年	2018 年	2019 年
民办职业技能培训机构	在职教职工人数(人)	288129	297630	302843	299738	323146	325836	319978	357485
	专任教师(人)	189564	179645	181500	181549	196290	192944	195394	215282
	兼职教师人数(人)	98413	101140	106900	111723	115479	119993	121108	149290
就业训练中心	在职教职工人数(人)	58405	46087	37994	40580	40233	35439	30307	29640
	专任教师(人)	40118	30284	23986	24833	25027	21800	17853	16768
	兼职教师人数(人)	58611	27559	23071	22566	22294	21158	15675	15999
技工院校	在职教职工人数(人)	266994	269443	265203	260319	265053	268565	266711	271810
	专任教师(万人)	19. 69	19. 92	19. 46	19. 16	19. 64	19. 88	19. 81	20. 07
	兼职教师人数(人)	43050	40612	41729	40687	43016	44152	43872	43865

2012～2019 年的统计数据表明，技工院校的专任教师数量基本持平，民办职业技能培训机构专任教师数量小幅增长，就业训练中心专任教师数量大幅减少，如图 2 所示。

图 2　2012～2019 年职业技能培训机构专任教师情况

2. 技工学校教师队伍建设情况

（1）教师总体结构

技工学校教师队伍主要由文化技术理论教师、生产实习指导教师、一体化教师和兼职教师组成。2012～2019 年，文化技术理论教师数量增长 11%，一体化教师数量增长 23%，生产实习指导教师数量下降 14%，兼职教师数量增长 2%。文化技术理论教师在在职教职工中的占比从 48% 提高至 53%，一体化教师的占比从 24% 提高至 29%，生产实习指导教师的占比从 25% 下降至 21%，如图 3 所示。

（2）文化技术理论课教师结构

总体来看，文化技术理论课教师中高、中、初级职称比例为 3:4:3，中级职称占比较高，高级讲师、讲师和助理讲师在文化技术理论课教师中的占比分别为 27%、35%、25%，如图 4 所示。

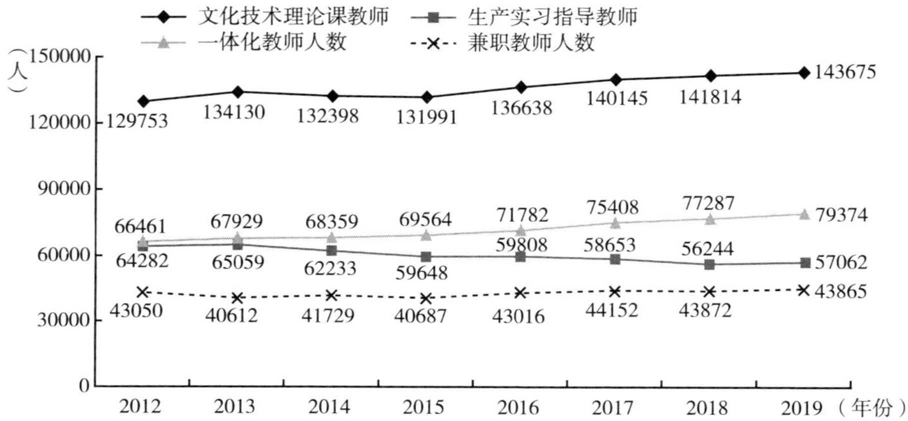

图 3　2012～2019 年技工学校教师结构

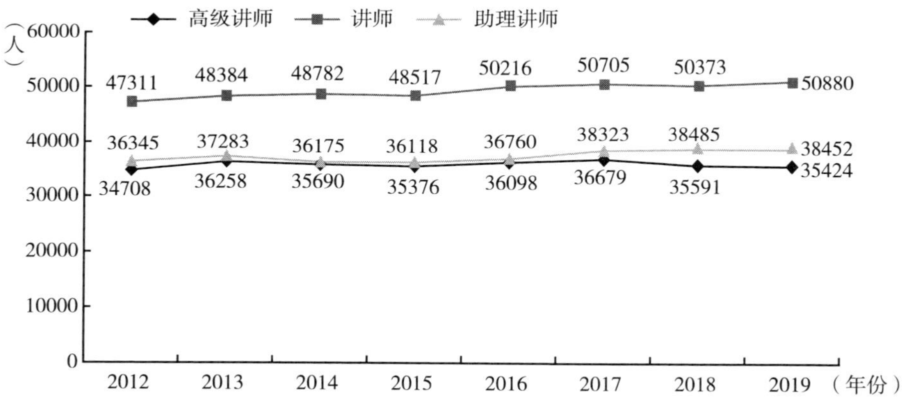

图 4　2012～2019 年文化技术理论课教师结构

（3）生产实习指导教师结构

生产实习指导教师包括专业技术人员和技能人员两大类，其中专业技术人员中高、中、初级的比例为 24∶34∶42，技师和高级技师在生产实习指导教师中的占比为 31%，如图 5 所示。

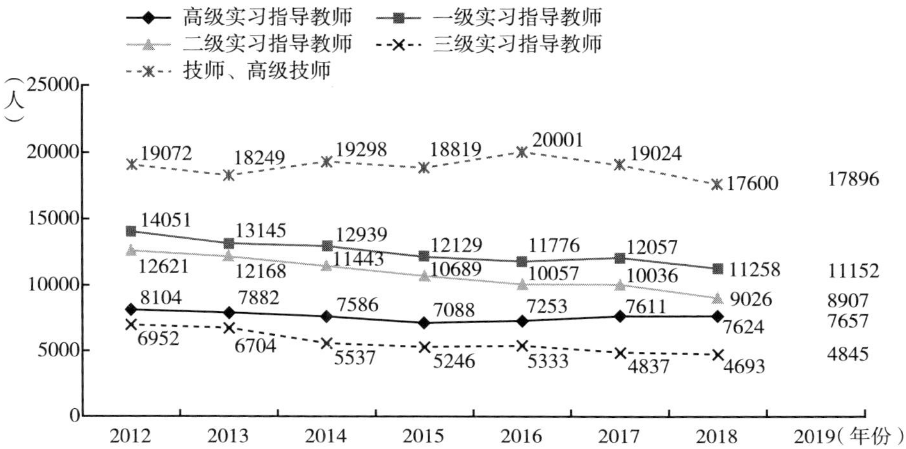

图 5　2012～2019 年生产实习指导教师结构

（三）培训社会人员情况

1. 总体情况

据统计，2012～2019 年，各类职业技能培训机构共计培训社会人员 1.77 亿人次，其中民办职业技能培训机构培训了 1 亿余人次，就业训练中心培训了 3900 余万人次，技工学校培训了社会人员 3800 余万人次；结业人数为 1.49 亿，其中民办职业技能培训机构结业人数 8500 余万，就业训练中心结业人数 3400 余万，技工学校结业人数 2800 余万；就业人数为 9500 余万，其中民办职业技能培训机构就业人数 6000 余万，就业训练中心就业人数 2600 余万，技工学校就业人数 780 余万，如表 2、图 6 所示。

2. 就业创业培训[①]

据统计，2012～2018 年，就业创业培训约 8740.7 万人次，其中就业技能培训约为 7263.5 万人次，创业培训约为 1477.2 万人次，如图 7 所示。

---

① 数据来源于 2013～2020 年《中国人力资源和社会保障年鉴》。

表 2　2012～2019 年各类机构培训人次、结业人数、就业人数

机构	指标	2012 年	2013 年	2014 年	2015 年	2016 年	2017 年	2018 年	2019 年
民办职业技能培训机构	培训人数(人次)	13538584	12443451	12140636	11869270	12120199	12393905	12296354	13332264
	结业人数(人)	11381265	10513223	10299046	10248395	10531813	10570112	10564779	11511837
	就业人数(人)	8861012	7763259	7393261	7343347	7452046	7637748	7157706	7267567
就业训练中心	就业训练人数(人次)	8505094	6450222	5609363	4760349	4597133	3624088	2912094	2592307
	结业人数(人)	7558849	5840449	5023349	4242993	4084783	3178574	2604244	2315296
	就业人数(人)	6925624	4534446	3710579	3178178	2911629	2197610	1562058	1213244
技工学校	培训社会人员人数(人次)	5512989	5253073	5084877	4765672	4516045	4564075	4205759	4322647
	培训社会人员结业人数(人)	4415681	3970809	3722944	3789340	3499458	3261066	3015720	3087700
	就业人数(人)	1169717	1130011	1040729	921309	909205	883593	881811	959163

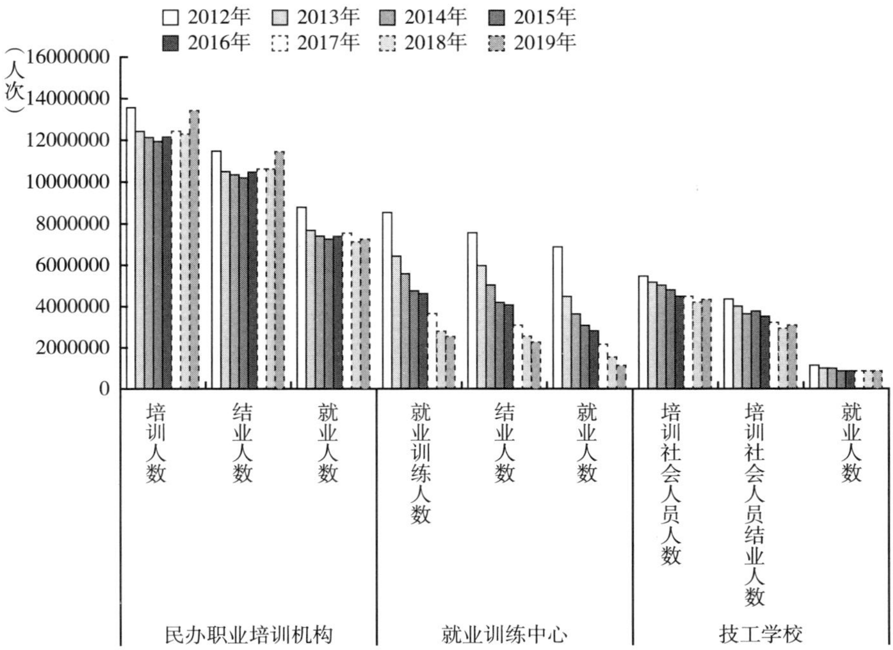

图 6　2012～2019 年各类机构培训人次、结业人数、就业人数

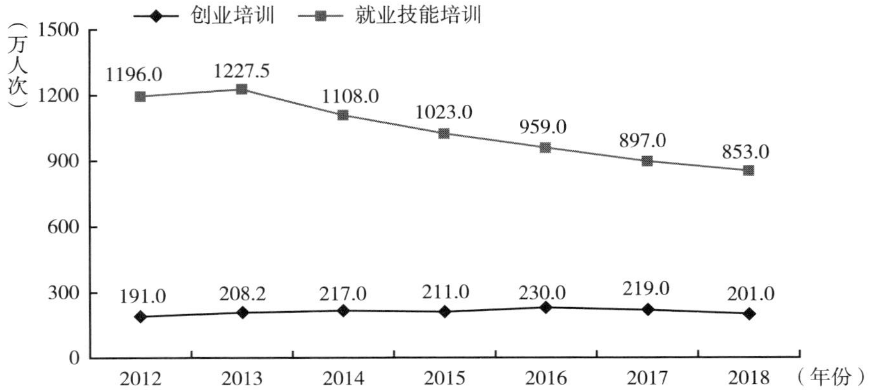

图 7　2012～2018 年就业创业培训情况

3. 重点群体培训情况

（1）总体情况

据统计，2012～2019 年，重点群体培训近 1.49 亿人次，其中城镇失业人员再就业培训约 2377 万人次，农民工培训约 7249 万人次，岗位技能提升培训约 4581 万人次，城乡未继续升学的应届初高中毕业生培训约 711 万人次，如图 8 所示。

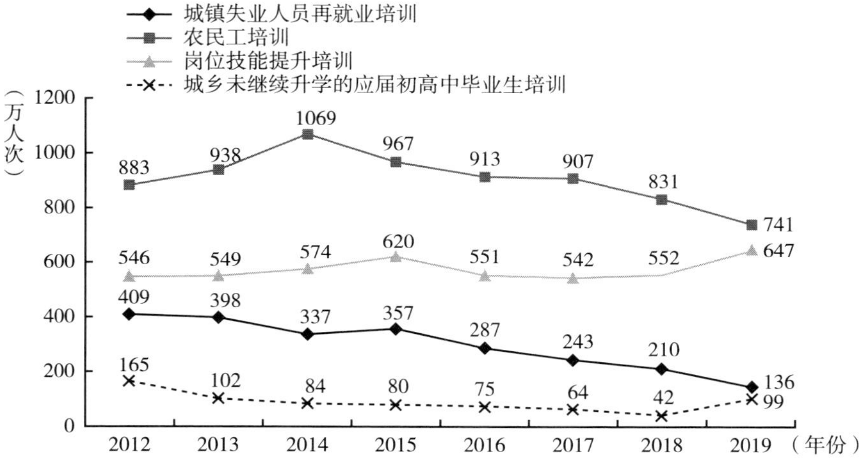

图 8　2012～2019 年重点群体培训情况

（2）技工学校的重点群体培训情况

据统计，2012～2019 年，技工学校共计培养下岗失业人员 273 余万人次，劳动预备制学员 208 余万人次，在职职工 2033 余万人次，农村劳动者 746 余万人次，如图 9 所示。

4. 技工学校培训社会人员职业资格获取情况

据统计，2012～2019 年，技工学校培养人员中取得职业资格证书的约为 1662.53 万人，其中取得初级职业资格的有 809.37 万人，取得中级职业资格的有 539.68 万人，取得高级职业资格的有 238.40 万人，取得技师和高级技师资格的有 75.09 万人，如图 10 所示。

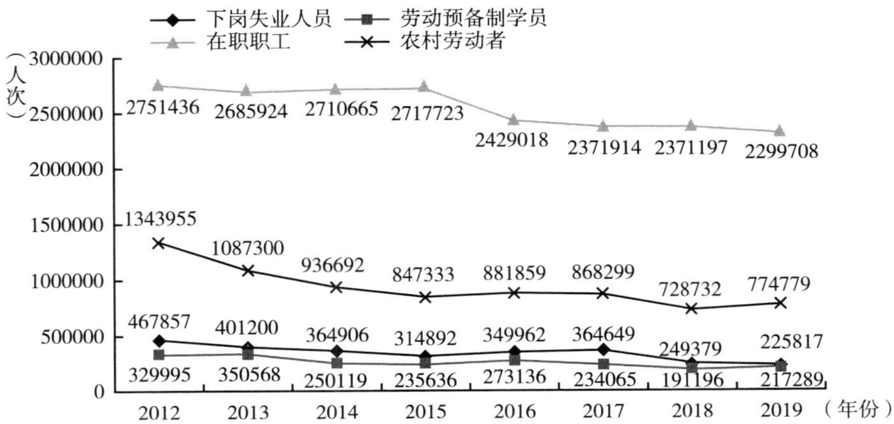

图 9　2012～2019 年技工学校的重点群体培训情况

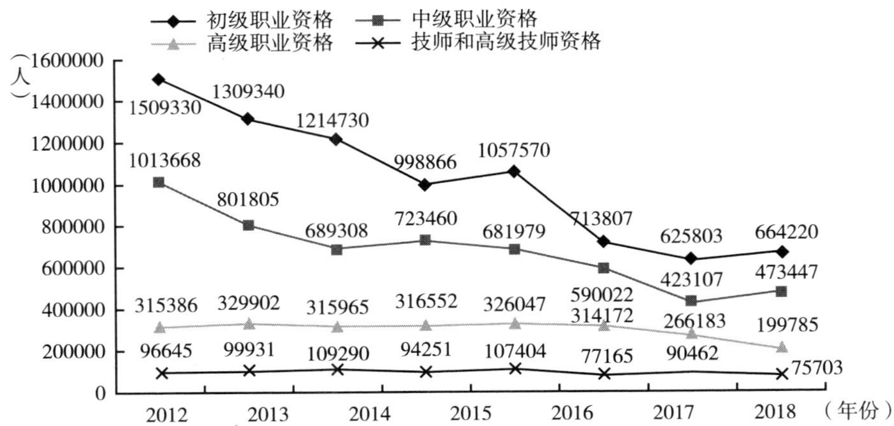

图 10　2012～2019 年技工学校培训社会人员职业资格获取情况

（四）技工学校学生培养情况

1. 总体情况

据统计，2012～2019 年，技工学校共计招收 1065.69 万名学生，其中农村户口学生占比约 76%，毕业学生数为 810.77 万人，平均每年的在校生为354.14万人。以2015年为界，2012～2019年技工学校招生数、在校生数和毕业生数均呈现了逐步下降又缓慢回升的态势，如图11所示。

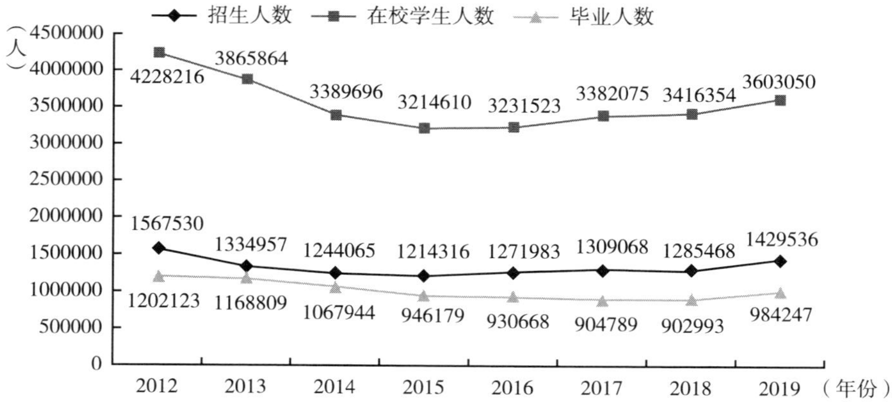

图11　2012～2019年技工学校学生培养总体情况

2. 毕业生职业资格获取情况

据统计，2012～2019年，技工学校810.77万名毕业生中，458.18万名学生获取了中级职业资格证书，191.41万名学生获取了高级职业资格证书，如图12所示。

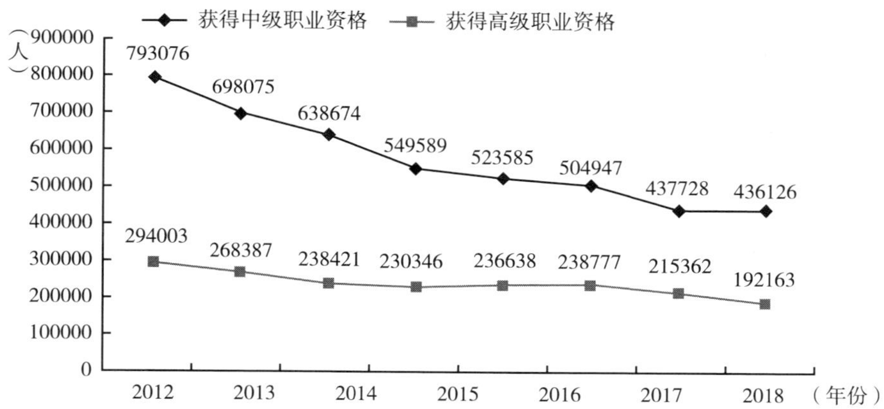

图12　2012～2019年技工学校毕业生职业资格获取情况

三　主要成效和存在的问题

职业技能培训是中国经济社会发展的内在要求，与劳动者的成长成才、素质提升密切相关，是缓解结构性就业矛盾、提高就业质量的一个根本举措，是适应经济高质量发展、培育经济发展新动能、推进供给侧结构性改革的必然要求，是打赢脱贫攻坚战、实施技能扶贫的有效措施，对推动劳动者就业创业、推进经济转型升级具有重要意义。党的十八大以来，职业技能培训事业快速发展，成效显著，但是也面临一些问题。

（一）主要成效

1. 政策体系逐步健全

政策是推动中国职业技能培训发展的重要动力，对中国职业技能培训事业产生了重要影响。党的十八届三中全会提出“构建劳动者终身职业技能培训体系”，十八届五中全会提出“推行终身职业技能培训制度”的要求，为构建面向全体劳动者的终身职业技能培训体系提供了宏观政策环境，指明了方向。《国务院关于加强职业技能培训促进就业的意见》《关于加强企业技能人才队伍建设的意见》《高技能人才队伍建设中长期规划（2010～2020年）》《技工教育“十三五”规划》《关于推行终身职业技能培训制度的意见》《职业技能提升行动方案（2019～2021年）》等文件为职业技能培训事业健康发展、职业技能培训工作有序推进提供了目标定位和政策支撑。

2. 市场化社会化发展机制正在完善

《关于推行终身职业技能培训制度的意见》提出“建立职业技能培训市场化社会化发展机制”，“大力发展民办职业技能培训”。从各类职业技能培训机构的建设情况来看，民办机构发展势头最为迅猛，在社会人员职业技能培训中发挥了重大作用。据统计，2012～2018年职业技能培训机构共计培训了近8700万人次，约占培训总量的55%。2015年开始的企业新型学徒制，经过两轮试点，于2019年全面推开[①]，要求在各类企业普遍推行“招工即招生、入企即入校、企校双师联合培养”的新型学徒制，成为推行终身职业技能培训制度的重要抓手。第一年学习理论，第二年进入实训车间，第三年在企业的车间实习的“1+1+1”的教学模式已逐渐成为技工院校培养技能人才的主流。

3. 重点群体就业创业培训成效显著

企业职工技能提升和转岗转业培训，事关中国经济高质量发展和职工队伍的稳定。而加强劳动预备人员、下岗失业人员、农村转移就业劳动力的培训，提高其专业技能技术和胜任岗位能力，使其成为高素质技能劳动者和稳定就业的产业工人，是解决结构性就业问题的关键。习近平总书记指出，“就业是最大的民生”，要“大规模开展职业技能培训，注重解决结构性就业矛盾，鼓励创业带动就业”。2012～2018年，就业创业培训约8740.7万人次，重点群体培训约1.37亿人次，各类培训机构的就业人数约8600余万。作为标准化公共就业服务内容之一，人力资源社会保障部门不断创新重点群体的职业技能培训方式，2020年疫情期间大规模开展“云培训”，包括中国职业技能培训在线平台在内，国家先后遴选54家线上培训平台，面向劳动者、企业免费开放。截至6月底，实名注册学员超1300万人次，超1200万人次参加线上培训。

4. 一体化教师队伍建设进展明显

技工院校一体化教学改革是深化技工院校教学改革、提升办学水平的重要举措。一体化教师是指按照《一体化课程规范》，进行一体化课程教学设计并组织实施一体化课程教学的专业教师[②]。一体化课程教学的特点是以职业活动为导向、以校企合作为基础、以综合职业能力培养为核心，理论教学与技能操作融会贯通。一体化教师作为一体化课程教学的践行者，需要同时

---

① 中华人民共和国人力资源和社会保障部、财政部：《关于全面推行企业新型学徒制的意见》（人社部发〔2018〕66号），2018年。

② 人力资源和社会保障部职业能力建设司：《技工院校一体化教师标准（试行）》（人社职便函〔2013〕37号），2013年。

具备较高的专业水平和精湛的操作能力。2012～2019 年，通过吸纳具有一定理论水平的企业工程技术人员和高技能人才到学校担任教师、对现有专业课教师进行企业实训等方式，技工院校一体化教师的数量和质量得到大幅提升，八年间一体化教师数量增长 20%，在技工院校教职工中的占比从 24%提高至 29%。

5. 高技能人才队伍稳步增长

截至 2018 年底，全国技能劳动者总量超过 1.65 亿人，占就业人员（7.76 亿人）的 21%，占城镇就业人员（4.14 亿人）的 40%。初级工和中级工 1.17 亿人，高技能人才超过 4791 万人（其中，高级工 3925.3 万人，技师 696.2 万人，高级技师 169.5 万人），占就业人员的 6%，占技能劳动者的 29%。技能劳动者总量和高技能人才总量，比 2012 年分别增长了 23%和 39.3%。职业技能培训是高技能人才数量、质量提升的重要途径，以技工学校为例，2012～2019 年，技工学校培养人员中取得职业资格证书的约为 1662.53 万人，其中取得高级职业资格的有 238.40 万人，取得技师和高级技师资格的有 75.09 万人；191.41 万名毕业生获取了高级职业资格证书，占毕业生总量的 24%。

（二）存在的问题

1. 政府与市场在职业技能培训发展中的功能定位仍然不够清晰

随着市场起决定作用在国家经济技术发展中的定位，政府在职业技能培训发展中的科学定位显得尤为重要。当前来看，职业技能培训的法制建设还相当不力，市场运作不够规范，社会组织、企业在职业技能培训中的责任义务不够清晰，职工的学习权利没有得到合法维护。

2. 职业技能培训能力建设薄弱，难以适应经济技术发展的要求

近几年，国家对职业能力建设下了不少功夫，但由于历史欠账太多，加上对职业技能培训的认识、投入不到位的负向影响，职业技能培训能力建设仍然不足，宏观上和微观上都存在一定的问题。当前最为突出的问题是制度机制建设、师资能力建设和职业技能培训的文化建设不足。

3. 终身职业技能培训体系建设推力不够

党的十八大已经将建立面向全体劳动者的终身职业技能培训体系写进决定中，但在具体的推进中研究不够，具体措施不多，其理论体系和制度框架尚未形成，关于终身职业技能培训的建设相关问题多散见于某些文件和领导讲话中，未形成整体的指导性意见。

4. 职业技能培训发展的理论研究、技术开发能力不足，重视不够

职业技能培训和技能提升在国家经济技术发展中的地位越来越高，但从全国来看，还没有一个权威的职业技能培训的研发中心和师资队伍培训中心，职业技能培训水平与发达国家相比，还有一定的差距。这一点，在中国参加国际技能大赛后的总结对比中，表现得相当深刻。不断出台的各项政策落地不够，操作化进程缓慢。

四　职业技能培训发展趋势分析

职业技能培训同职业教育相比，有其共性，即以就业为导向并为就业提供服务；又有区别，即面对的对象、课程和实施方法有着明显的差异。职业教育同学科教育相比同样有其共性，即都是培养人才的地方，为人才发展提供服务；但又有区别，即培养的人才类型不同。我们分析职业技能培训发展趋势，必须在分析国家人才战略、人才发展趋势的基础上，在人才发展的共性中，发现职业技能培训发展的个性。

1. 职业技能培训的个性化服务和能力导向特点将更加凸显

职业技能培训的主要作用是为提升就业能力、岗位工作能力、岗位转换能力和员工职业生涯发展能力服务的，因为不同的岗位在不同的发展阶段对员工的需求能力是不同的，不同的员工基础素质不同，对培训的要求也是不同的。职业技能培训对员工能力提升的有效性，取决于员工培训与员工岗位能力需求的吻合度。这是职业技能培训亟待强化的节点，也是职业技能培训的发展趋势。

2. 职业技能培训资源优化整合，形成职业技能培训优势资源共享机制

随着现代互联网技术的发展和市场的更加开放，好的职业技能培训课程

和好的培训方法再不可能由独家独享，分享的社会已经到来。如何利用好优质培训资源做好职业技能培训工作，将成为发展的新课题，如慕课的出现，打破了传统教育培训的陈旧思维和做法。

3. 现代化职业技能培训平台建设和现代技术在职业技能培训中的作用日益提升

职业技能培训的转型发展和创新发展是职业技能培训发展的大势所趋，如何通过现代职业技能培训平台建设和职业技能培训技术手段开发、方法创新以提升职业技能培训的活力和有效性，提升职业技能培训的满意度，是职业技能培训发展的重要内容。随着培训学员的学习呈“泛在化”和“碎片化”趋势，学习群体呈现“社群化”，培养模式日益凸显“用户思维”，“跨界思维”的创新方法不断涌现，工学一体化作用日益凸显。

4. 职业技能培训的立交桥建设和终身职业技能培训体系建设速度提升

职业教育、职业技能培训和学科性学校互相分割，不利于人才成长，碎片化服务格局将被打破。国家通过建立终身职业技能培训体系，为劳动者终身职业生涯发展提供立体化全方位全过程的系统培训服务，各类不同的教育培训机构都应为劳动者职业生涯的发展而服务。

5. 市场将在职业技能培训发展中起决定性作用

提高职业技能培训的效能，强化职业技能培训服务劳动者职业生涯发展的有效性和服务经济技术发展的针对性，是职业技能培训永恒的话题，实现这一目标，市场的作用和政府的导向作用缺一不可。因此，职业技能培训必须上接国家人才战略和就业战略，下接劳动者岗位的需求。政府的职能是转型而不是弱化，职业技能培训法制化建设迫在眉睫。

6. 职业技能培训内容、技术方法的研发在职业技能培训发展中的工作比重将逐渐加大

发展的提速和多变的发展，以及多元化个性化职业技能培训需求，要求职业技能培训从形式到内容，必须强化动态化发展和与时俱进，不断提高培训效能。因此，只有不断开发和创新职业技能培训的内容和技术方法，才能提高职业技能培训服务发展的有效性，职业技能培训的研发将成为职业技能

培训发展的重中之重，也是发展的大趋势。

参考文献

2013～2020年度《人力资源和社会保障事业发展统计公报》，人力资源和社会保障部网站，http：//www. mohrss. gov. cn/gkml/。

韩娟：《中国劳动力培训的模式选择与政策研究》，浙江大学博士学位论文，2012。

贾旻、王迎春：《新中国七十年成人职业培训发展历程、特征及启示》，《中国成人教育》2019年第24期。

人力资源和社会保障部组织编写《中国人力资源和社会保障年鉴（2013）》，中国劳动社会保障出版社、中国人事出版社，2014。

人力资源和社会保障部组织编写《中国人力资源和社会保障年鉴（2014）》，中国劳动社会保障出版社、中国人事出版社，2015。

人力资源和社会保障部组织编写《中国人力资源和社会保障年鉴（2015）》，中国劳动社会保障出版社、中国人事出版社，2016。

人力资源和社会保障部组织编写《中国人力资源和社会保障年鉴（2016）》，中国劳动社会保障出版社、中国人事出版社，2017。

人力资源和社会保障部组织编写《中国人力资源和社会保障年鉴（2017）》，中国劳动社会保障出版社、中国人事出版社，2018。

人力资源和社会保障部组织编写《中国人力资源和社会保障年鉴（2018）》，中国劳动社会保障出版社、中国人事出版社，2019。

人力资源和社会保障部组织编写《中国人力资源和社会保障年鉴（2019）》，中国劳动社会保障出版社、中国人事出版社，2020。

人力资源和社会保障部组织编写《中国人力资源和社会保障年鉴（2020）》，中国劳动社会保障出版社、中国人事出版社，2021。

王书柏、胡祎：《改革开放以来我国职业培训政策的演化历程与嬗变逻辑》，《教育与职业》2020年第19期。

张斌、何绪军：《新中国职业培训70年回顾与展望》，《中国人力资源社会保障》2020年第1期。

B.3

2020年专业技术人员继续教育发展报告

张继颖*

摘　要：专业技术人员继续教育是我国人才队伍建设的重要组成部分。改革开放以来，我国专业技术人员继续教育经历了较长时期的思想转变过程，逐步建立了统筹规划、分级负责、分类指导的专业技术人员继续教育管理体制，形成了地方、部门、行业、社会协同的分层分类教育体系。2019年，专业技术人员继续教育制度建设、知识更新工程、公共服务平台建设和“互联网+”模式等各类工作稳步有序推进，取得了良好成效。当前我国专业技术人员继续教育存在思想认识深度不足，缺乏有效的继续教育质量控制措施，教学内容和形式较为单一等问题，展望继续教育的未来发展趋势，首先应通过加强专业技术人员继续教育政策引导，提高思想认识水平，同时鼓励和规范各类继续教育机构参与、完善多样化继续教育体系，创新教学内容和形式，构建多元化和现代化教学体系，最后改进考核评价制度，加强继续教育质量控制与结果管理。

关键词：专业技术人员　继续教育　教学体系

专业技术人员是指从事专业技术工作和专业技术管理工作的人员，以及

---

* 张继颖，中国人民大学公共管理学院博士。

未聘任专业技术职务、现在专业技术岗位上工作的人员，是我国人才队伍的骨干力量。专业技术人员继续教育指的是对专业技术人员进行知识更新、创新能力提高和综合素质提升的再教育活动。自改革开放以来，我国不断加强专业技术人员继续教育，持续优化专业技术人员管理体制机制，逐渐建立了分层分类的现代专业技术人员继续教育体系，在扩大专业技术人才队伍规模和提升专业技术人才队伍素质方面取得了巨大成效，并见证了专业技术人才在科技进步和经济社会发展中的显著推动作用和重要贡献。随着国际人才竞争和经济社会快速发展，专业技术人才队伍在经济社会发展中的基础性、战略性、决定性地位和作用愈加凸显。全面加强专业技术人员继续教育，既是建设人才强国的重要内容，更是提升自主创新能力、提升国家核心竞争力和推动经济社会更好更快发展的必然要求，这需要我们在历史发展和经验总结的基础上，结合国际形势和未来发展趋势，推动现有专业技术人员继续教育政策的不断完善与优化。

一　改革开放以来我国专业技术人员继续教育的发展历程回顾

改革开放之后，一方面，我国面临世界科技飞速发展、国际竞争激烈和国内科技人才短缺的双重压力；另一方面，通过走出国门，我国有机会了解和吸收了国际继续教育的先进理念和经验。我国现代专业技术人员继续教育工作由此起步。经过较长时期的转变过程，我国逐步建立了专业技术人员继续教育的基本制度体系，完善构建了多方协同、分层分类的专业技术人员继续教育体系。

（一）起步阶段（1979～1987年）

1979 年我国参加首次国际继续工程教育大会，自此，引入现代意义上的继续教育理念，专业技术人员继续教育的重要性逐渐受到国家关注。受世界继续教育工程迅猛发展的重要影响，我国对于专业技术人员继续教育的思想认识也在不断提升。

我国早期的专业技术人员继续教育工作主要关注科技人员的继续教育，后将专业技术人员和管理人员都纳入继续教育范畴。1981 年国务院、中共中央发布实施《科学技术干部管理工作试行条例》，将科技人员的管理和继续教育作为重要工作重视起来。其中要求加强对科学技术干部的管理，在建设四个现代化中发挥其创造性和积极性，并对科学技术干部的培养教育制定了管理办法。1983 年，劳动人事部科技干部局下设继续教育处，指导全国科技人员继续教育工作，各地区、各部门随后也陆续设置了继续教育管理机构。1984 年，中国继续工程教育协会成立。1985 年清华大学继续教育学院成立，紧接着北京航空航天大学、上海第二工业大学等高校相继成立了继续教育学院，通过校企合作与举办研修班的方式向企业技术人员提供培训；一些大型国有企业也先后成立了职工大学或职业教育中心，它们作为我国第一批专业技术人员继续教育培训机构，为我国早期专业技术人员继续教育提供了重要支持。

在连续参加三届世界继续工程教育大会后，受到世界继续教育快速发展的影响，国家对专业技术人员继续教育工作越发重视。1986 年，关于“七五”计划的报告中明确提出“要逐步建立和完善对科技人员进行继续教育的制度”，时任国务院总理李鹏在政府工作报告中把继续教育纳入重要议程，并把继续教育作为实施“科教兴国”战略的重要措施之一。1987 年 6 月，国家教委发布《关于改革和发展成人教育的决定》，强调成人教育在当代社会经济发展和科技进步中的重要作用，从岗位培训、成人学校改革、大学后继续教育、管理制度措施等方面做了重要指导。同年 10 月，国家经委、科委、科协联合颁布《企业科技人员继续教育暂行规定》，细化了科技人员继续教育的管理规定，提出“继续教育是对科技人员进行知识更新和补缺，加速智力开发的教育”，企业科技人员继续教育是我国“深化企业改革的一项重要措施”，强调继续教育“关系到企业的生存发展和科技人员的切身利益”。同年 12 月，《关于开展大学后继续教育的暂行规定》出台，首次确定了我国专业技术人员继续教育的对象、任务、教学、考核等一系列工作内容，并明确将专业技术人员继续教育的范围从科技人员扩大到专业技术人员和管理人员。

（二）法制化阶段（1988～2000年）

自20世纪80年代末开始，随着我国专业技术人员继续教育法律法规相继出台，以及相应管理体系的确立，我国专业技术人员继续教育工作逐步朝着法制化、规范化方向发展。

1988年国家劳动与人事分离，成立了人事部与劳动部，将国家科委科技干部局并入人事部，适应党政分开和干部人事制度的改革，强化政府的人事管理职能，同时专业技术人员继续教育工作被划入人事部管辖。同年，我国第一部地方性继续教育法规《吉林省专业技术人员继续教育暂行规定》颁布实施。1989年，天津市人大常委会实现了第一部地方性继续教育专项立法，此后，半数以上省市、行业也相继制定了继续教育规定。此外，一些行业也颁布实施了行业系统内的专业技术人员继续教育规定，如农业部1989年颁布实施的《农业专业技术人员继续教育暂行规定》，卫生部颁布实施的《继续医学教育暂行规定》，教育部1999年发布实施的《中小学教师继续教育规定》等。1991年，人事部专门制定了《全国专业技术人员继续教育"八五"规划纲要》，对我国专业技术人员继续教育工作做出宏观安排，提出要完善"科学化、制度化、经常化"的工作体系和"有规划、有制度、有组织、有经费、有考察"的管理体系，并围绕企业技术进步、高新技术发展、科技兴农和老少边穷地区科技经济发展开展专业技术人员继续教育工作，为下一阶段的专业技术人员继续教育工作做出指导。

1995年《教育法》以法律的形式确认了专业技术人员接受继续教育的权利和义务。同年，人事部印发《全国专业技术人员继续教育暂行规定》，对专业技术人员继续教育的总则、方式、内容等方面做了总体性说明，健全了由中央到地方的基础专业技术人员继续教育政策体系。1998年，国务院机构改革方案中明确指出，人事部负责专业技术人员的继续教育工作，各省、自治区、直辖市人事行政部门负责本地继续教育的政策、规划、实施与综合管理工作。以各级政府人事部门负责、中国科协和中国继续工程教育协会等群众团体协助的专业技术人员继续教育管理体系由此确立。1999 年，国家进一步结合我国当时的重大战略对教育人才继续教育、少数民族科技骨干继续教育制定了针对性政策，推动了专业技术人员继续教育制度建设和人才队伍建设。

在这个阶段，我国各地方和多个重点行业纷纷开展了多层次、多形式、多渠道的专业技术人员继续教育活动。在继续教育主办机构方面，初步建立了企业、高校和社会机构协作的专业技术人员继续教育体系。地方性、行业性继续教育工作间的横向联系也在逐步加强，我国形成了跨地区、跨行业的专业技术人员继续教育协作组织。

（三）快速发展阶段（2000～2015年）

2003 年 12 月，《中共中央、国务院关于进一步加强人才工作的决定》提出实施人才强国重要战略，把我国转化为人才资源强国，并将党政人才、企业经营管理人才和专业技术人才作为我国人才队伍的主体，重点进行队伍建设工作。自此，我国将人才队伍建设和继续教育工作提升到战略高度，专业技术人员继续教育作为国家人才培养重点工作之一得以快速发展，并持续深化。相关法规政策与管理制度进一步健全，促进专业技术人员继续教育政策落实的保障措施不断加强，我国专业技术人员继续教育工作向更加系统化、科学化的方向发展。

为贯彻落实《关于进一步加强人才工作的决定》，2005 年人事部决定实施“653 工程”，计划从 2005 年到 2010 年的 6 年内，在现代农业、现代制造、现代管理、信息技术、能源技术等 5 个领域，重点培训 300 万名紧跟科技发展前沿、创新能力强的中高级专业技术人才。2006 年，人事部联合信息产业部制定《信息专业技术人才知识更新工程（“653 工程”）实施办法》，加强信息专业技术人才继续教育。同年，“653 工程”被纳入国家“十一五”规划，我国专业技术人员继续教育工作专项计划第一次作为国家重大人才培养工程，被列入国民经济和社会发展五年规划。至 2010 年，

“653”工程累计培训专业技术人才300万人次，据不完全统计，全国接受继续教育的专业技术人员超过3000万人次，全国各类培训机构达6万多家。

2007年人事部、教育部、科技部、财政部共同制定了《关于加强专业技术人员继续教育工作的意见》，明确要求“一般企业按照职工工资总额的1.5%足额提取职工教育经费，从业人员技术素质要求高、培训任务重、经济效益较好的企业可按2.5%提取。事业单位可参照企业相关规定，不断加大对专业技术人员继续教育经费的投入”，为专业技术人员继续教育政策贯彻落实提供了有力保障措施。业务部门的专业技术人员继续教育管理责任也进一步加强。从2002年《中医药继续教育规定》颁布实施，到2005年《保险中介从业人员继续教育暂行办法》实施，2006年《关于开展信息网络安全专业技术人员继续教育工作的通知》出台，2007年《环境影响评价工程师继续教育暂行规定》制定实施，等等，更多业务主管部门制定了管理本行业专业技术人员继续教育的专门规章。

为了更好地实施人才强国战略，建设人力资源强国，同时减少机构重叠、职能交叉与脱节现象，2008年，人事与劳动保障职能合并，人力资源和社会保障部组建，统筹管理机关和企事业单位人员，并下设专业技术人员管理司。为加快人才强国建设，2010年《国家中长期人才发展规划纲要（2010～2020年）》颁布，将专业技术人才知识更新工程确定为12项重大人才工程之一，明确围绕我国经济结构调整、高新技术产业发展和自主创新能力的提高，在重点领域开展大规模的知识更新继续教育，每年培训100万名高层次、急需紧缺和骨干专业技术人才，分批建设200个国家级专业技术人员继续教育基地。自2010年起，我国专业技术人员继续教育制度建设持续完善，政策法规向精细化发展。专业技术人员继续教育培训课程和教材体系建设不断丰富，我国建立了以专业知识更新、整体素质提升和创新能力加强为核心目标的综合课程体系，整体专业技术人员继续教育工作更加明确地突出了“高精尖缺”的发展导向。

2011年，中组部、人力资源和社会保障部（简称“人社部”）印发了《专业技术人才队伍建设中长期规划（2010～2020年）》，以提升专业技术人才素质能力、扩大专业技术人才队伍规模、调整专业技术人才队伍整体结构、创新专业技术人才管理体制机制、优化专业技术人才发展环境为主要任务，并将全面提升专业技术人员的能力素质作为重要举措之一，指出要“大力实施知识更新工程”“加强专业技术人才继续教育制度建设”，强调以人为本的继续教育工作体系。配合专业技术人才知识更新工程的实施，人社部、财政部、科技部、教育部、中国科学院联合制定《专业技术人才知识更新工程实施方案》，并先后制定了更加细化的管理办法以更好地推动知识更新工程实施，包括《专业技术人才知识更新工程急需紧缺人才培养培训项目和岗位培训项目实施办法》《国家级专业技术人员继续教育基地管理办法》《专业技术人才知识更新工程高级研修项目管理的办法》等。2015 年，我国人社部出台《专业技术人员继续教育规定》，配套印发了《人力资源社会保障部办公厅关于贯彻实施〈专业技术人员继续教育规定〉的通知》《人力资源社会保障部办公厅关于进一步加强专业技术人员公需科目继续教育工作的通知》，我国专业技术人员继续教育实行统筹规划、分级负责、分类指导的管理体制得到进一步明确。

（四）深化阶段（2016年至今）

2016 年中共中央印发的《关于深化人才发展体制机制改革的意见》成为当前和今后一个时期全国人才工作的重要指导性文件，并标志着我国人才队伍建设进入一个新的发展阶段。意见着眼于破除束缚人才发展的思想观念和体制机制障碍，解放和增强人才活力，形成具有国际竞争力的人才制度优势，聚天下英才而用之。意见将人才发展体制机制改革作为深化改革的重要组成部分，从管理体制、培养支持机制、评价机制、流动机制、服务机制、组织领导等方面提出改革措施，建立向“内”培养和向“外”引进的双渠道。

2016 年 7 月《关于加强基层专业技术人才队伍建设的意见》出台，要求“健全基层专业技术人才继续教育制度”，从改革完善评价机制、基层事业单位人事管理制度、激励机制、引导人才向基层流动、提升能力素质、提高服务保障水平等方面提出25条加强基层专业技术人才队伍建设的创新举措，提升人才服务基层经济社会发展能力。2018年11月，中共中央印发了《2018～2022年全国干部教育培训规划》，提出培养高素质专业化干部队伍，专业技术人员是干部队伍的组成部分，要求突出政治引领，对高层次人才和社科科研骨干等专业技术人员进行干部教育培训，实施对各类组织的专业技术人员教育培训。2017年6月《新时期产业工人队伍建设改革方案》颁布，要求加强产业工人职业教育、继续教育、普通教育的有机衔接，提升产业工人技术技能。

二　2019年我国专业技术人员继续教育发展状况

（一）行业性、地方性专业技术人员继续教育规章制度得到进一步健全和完善

2019年，国家档案局联合人社部制定并出台了《档案专业人员继续教育规定》，建立了对档案专业人员继续教育的正式管理法规，明确档案专业人员继续教育分级管理体制；中国银行业协会修改了《中国银行业专业人员继续教育管理办法》。2019年1月，长春市政府对《长春市专业技术人员继续教育规定》修正后发布实施；广西壮族自治区人社厅制定并印发了《广西壮族自治区专业技术人员继续教育实施意见》和《广西壮族自治区专业技术人员继续教育学时管理办法（试行）》，形成了本地专业技术人员继续教育的规范性管理体系；江苏、安徽、青海、辽宁、重庆、宁夏等多个省区市相继制定了本地会计专业技术人员继续教育实施办法，进一步健全了我国会计专业技术人员继续教育制度体系。

（二）专业技术人员继续教育工作顺利开展，专业技术人员知识更新工程稳步实施

截至2018年底，人社部共指导各地各部门举办高级研修班2349期，

培训高层次人才共计 14.9 万人次，急需紧缺人才培养培训和岗位培训共计 906.35 万人次。据不完全统计，2010～2018 年，知识更新工程的实施共为新疆维吾尔自治区和西藏自治区培养了少数民族专业技术人才骨干 2745 名，组织了 30 批以上特培专家开展服务团活动。仅 2018 年，培训高层次人才约 2 万人次（见图 1），急需紧缺人才培养培训和岗位培训 108.8 万人次（见图 2），为新疆和西藏培养少数民族专业技术人才骨干 520 名。

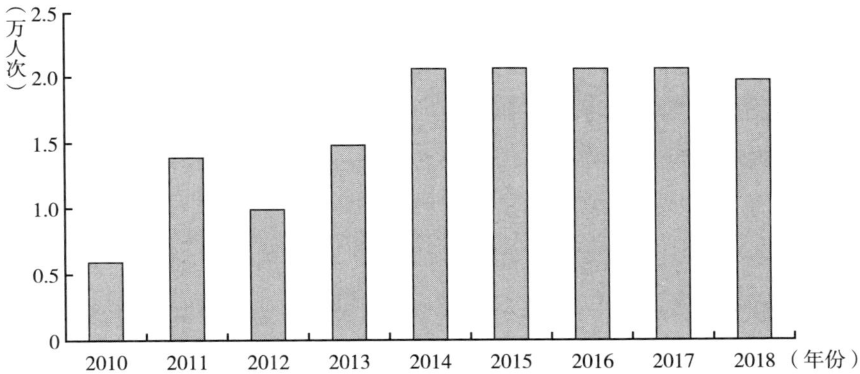

图 1　2010～2018 年新疆、西藏高层次人才培训情况

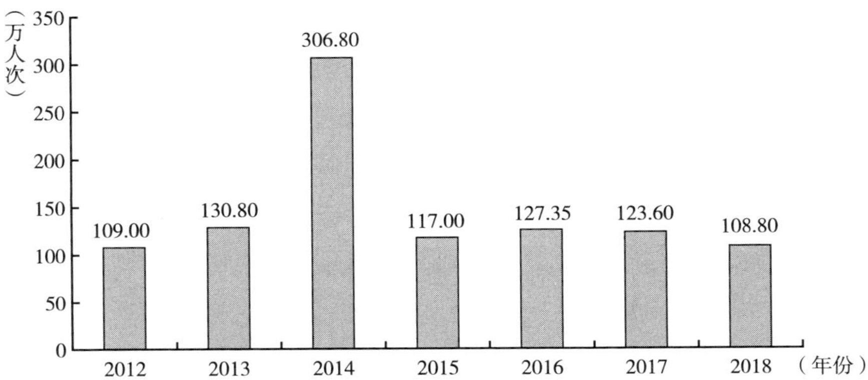

图 2　2012～2018 年新疆、西藏急需紧缺人才培养培训和岗位培训情况

2019 年，国家级专业技术人员继续教育基地按计划推进，新建继续教育基地 20 家，已建成国家级专业技术人员继续教育基地 180 家（见图 3）。

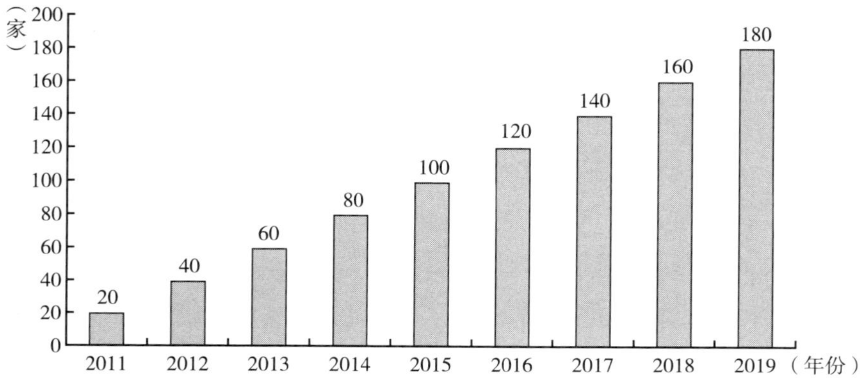

图 3　2011～2019 年国家级专业技术人员继续教育基地建设情况

在人社部门牵头下，各地业务部门协同本地继续教育基地贯彻落实专业技术人员继续教育工作。通过网站、微信群、宣传手册等渠道，在人社部门、用人单位以及继续教育培训机构的宣传教育下，继续教育思想逐步得到社会认同。在课程设计上，各地结合国家重要战略和本地自身发展制定了“一带一路与开放强省”“生态文明建设与生态环境保护”“弘扬爱国奋斗精神、建功立业新时代”“习近平新时代中国特色社会主义思想”等不同主题的公需课程，部分省市还为提高专业技术人员创新能力和综合素质设计了“科研管理与科研素养提升”“加强科研诚信建设”“新时代专业技术人员的机遇与挑战”“网络道德建设”等公需必修和选修课程。对于贫困地区的专业技术人员继续教育工作，各地认真落实了降费政策。

（三）各地持续推进“互联网＋专业技术人员继续教育”，线上公共服务平台和远程网络教学实现基本覆盖

2019 年，各地依托继续教育网络公共服务平台为专业技术人员提供了

必需的继续教育服务，开展了多样化、多层次、多领域专业技术人员继续教育活动。据粗略统计，2019 年各地下发的专业技术人员继续教育工作安排通知中，第一，所有省区市都建立了继续教育公共服务平台或管理平台，专业技术人员培训报名、缴费、考试、成绩上传等一系列项目实现网上办理，为专业技术人员提供了便利化、人性化的继续教育服务。第二，网络培训方式成为主要学习方式。除新疆维吾尔自治区外，有 30 个省区市的公需科目培训都提供了集中授课与网络培训两种培训方式，专业科目则基本上以网络培训学习为主。第三，将面授方式作为网络培训的补充手段。在大力推动"互联网 + 继续教育"融合的同时，充分考虑到专业技术人员可能出现的各类特殊情况，各地为无法参加定期网络培训的专业技术人员提供了线下集中面授的补学方式。

三　我国专业技术人员继续教育存在的主要问题

（一）思想认识深度不够，专业技术人员继续教育政策落实不到位

我国用人单位长期以来一直以学历教育程度作为评价人才的重要维度之一，继续教育理念出现后，虽然用人单位逐渐认识到专业技术人员继续教育对人才发展的重要性，但企事业单位的专业技术人员继续教育工作仍受到旧观念的束缚，我国还未将其提升到与学历教育同等重要的程度。

一方面，企事业单位对专业技术人员继续教育工作不够重视，体现为对继续教育工作资源投入的不足。以某个多地专业技术人员继续教育调查数据为例，28.9% 的单位继续教育经费投入存在缺口，继续教育并未被纳入单位预算①，导致继续教育活动得不到持续、稳定保障，继续教育工作存在临时性、形式性、突击性的特征。另一方面，专业技术人员对继续教育同样缺乏

① 吴乐乐：《专业技术人员继续教育政策实施的实然问题与应然内容》，《当代继续教育》2020 年第 38（02）期。

深刻认识，体现在对继续教育政策的不了解和对继续教育活动的应付态度和被动情绪上。数据显示，某地区 46.44% 的专业技术人员对国家和区域继续教育政策、条例、制度等不够了解，39.48% 的调查对象反馈继续教育的突出问题是“工学矛盾”“继续教育方向与规划不明确”①。事实上，继续教育的目的就在于促进所谓“工”的发展和提升，而调查结果表明一部分专业技术人员还未深刻理解继续教育的意义，造成专业技术人员参与继续教育的积极性不高，继续教育效果大打折扣。

（二）专业技术人员继续教育更重视“完成”而非“结果”，缺乏对继续教育质量的控制

当前，专业技术人员继续教育管理制度更侧重于对参与过程和课程完成结果的考察，缺乏对继续教育成效的评估。我国专业技术人员继续教育登记管理制度已普遍建立，这有助于对专业技术人员继续教育过程，包括继续教育种类、内容、方式、学时以及成果进行记录。但针对专业技术人员的考核方式较为单一，各级人事管理部门仍采取学时考核制度来衡量专业技术人员是否完成了规定的继续教育指标，唯一的考核依据是专业技术人员继续教育的“登记证书”，只有个别地区将论文发表、科研成果获奖情况作为评估继续教育成果的手段。

专业技术人员继续教育的目的在于提升人才素质和专业技术水平，以适应更高的技术水平需求和管理需求。然而，现有考核制度在设计上并未呈现对继续教育效果的评价方法和衡量维度，这意味着我们无法了解到继续教育的产出以及对于专业技术真正的促进程度。对效果评价的缺失容易使专业技术人员继续教育落入形式主义困境，过度关注规定动作的完成，却忽视了继续教育最终应实现的技术进步与成果转化，既可能造成大量继续教育资源的浪费，也损害了继续教育的真正价值。此

① 吴乐乐：《专业技术人员继续教育政策实施的实然问题与应然内容》，《当代继续教育》2020 年第 38（02）期。

外，现有考核制度对施教机构的考核同样缺乏结果导向，既没有专业技术人员对于课程内容和教学质量的评价，也没有第三方对其教学成效的评估。

（三）当前继续教育的教学内容和形式较为单一，无法满足多元化、个性化需求

我国专业技术人员继续教育课程体系主要存在两大问题。一是教学内容针对性不强，与专业技术人员的个性化需求不适切。据一项地方专业技术人员继续教育调查，44.43%的专业技术人员表示继续教育课程与工作联系不够紧密，继续教育缺乏对学员职业能力、职业素养的应有重视。教育、卫生、文化、建筑等行业反馈专业科目中对专业技能的指导不强。[①] 专业技术人员继续教育课程开发由企事业单位对高校、社会机构等施教机构提出继续教育要求，再由施教机构设计课程后双方共同协商，最后确定科目和内容大纲。整个课程开发过程缺少接受继续教育的专业技术人员参与。我国大多数企事业单位习惯于以这样的行政主导方式规划教学计划和课程体系，导致对专业技术人员实际需求了解不足，在教学内容上缺乏针对性和多样性，在课程设置上也无法给予充足的选择空间，从而难以满足专业技术人员的培训需求。

二是教学形式较为单一。我国现有专业技术人员继续教育公共服务平台所运用的教学形式以学员观看网络视频为主，缺乏学员与教师之间的双向互动，一方面专业技术人员只能被动地接受知识，另一方面教师不能及时回应学员的问题，也无法根据专业技术人员的反馈调整教学计划与教材设计。此外，授课是以传统的讲授型方式为主，缺乏将教学与实践结合起来的授课方式，很可能导致专业技术人员理论知识水平与实际技术能力脱节，而未实现继续教育活动的预期效果。

---

① 吴乐乐：《专业技术人员继续教育政策实施的实然问题与应然内容》，《当代继续教育》2020年第38（02）期。

四　我国专业技术人员继续教育的发展趋势与政策建议

（一）我国专业技术人员继续教育的发展趋势

1. 专业技术人员继续教育将更加多元化、市场化

当今世界一方面呈现不断细分的行业发展趋势，另一方面跨学科交叉研究又刺激着新兴科技发明和新技术行业诞生，社会对人才的需求由单一专业型向复合型转变。专业技术人员必须不断更新专业技术、锤炼创新能力，甚至额外学习其他相关专业的技术，才能满足岗位和个人职业发展需求。专业技术人员需要根据不同需求寻求更加个性化、多元化和更具针对性的继续教育，同时培养内容与社会技术进步的联系应更加紧密。而高校、企业和部门机构因各自受到教学资源、企业组织需求、组织灵活性等因素的影响，无法完全满足社会日益多样化的继续教育需求。市场在提供竞争性、服务型继续教育方面更具优势，在社会需求的驱动下能够自发地建立快速反应、及时调整、持续更新的继续教育运行机制。同时，通过开发精细化培训内容和多样化培训服务，社会培训机构能够更好地满足专业技术人员日益多元化、个性化的继续教育需求，倒逼企事业继续教育机构和高校开发出更具有竞争力的特色优质培训课程。

因此，为了适应和满足现代技术发展和社会需求，专业技术人员继续教育的市场化程度将不断提高，继续教育走上产业化的发展道路，利用市场化机制不断优化专业技术人员继续教育资源，提升继续教育质量。

2. 专业技术人员继续教育的教学体系更加现代化、国际化

在日新月异的现代科技支撑下，专业技术人员继续教育将朝向更加现代化、人性化方向发展。继续教育的教学方式随着技术的不断进步而越来越具有便利性和趣味性。从早期的集中教学，到通过文字资料、信函、录音和电视进行教学，再到现在，运用互联网、视频、音频、计算机等辅助教学工

具，一些部门和施教机构还在尝试与网络传媒企业合作，运用当下公众流行的网络互动方式进行教学，如卫健委与腾讯视频平台合作开展继续教育项目，贵州大学与网络直播平台合作开展课程实时教学。随着现代通信技术的发展和计算机、互联网在我国的进一步普及，专业技术人员继续教育势必将采用更加先进的技术，变得更加现代化，而信息技术和传媒技术与继续教育的结合，将更好地适应专业技术人员对继续教育种类、内容、形式以及评价反馈的个性化需求。

国际继续教育交流是我国创新专业技术人员继续教育体系、加快人才队伍建设的有效途径。我国自改革开放以来，一直密切关注、学习国际专业技术人员继续教育的发展和先进经验，持续参与国际性会议和学术研讨，保持与世界其他国家的交流，不断发展本土理论，优化继续教育体系。全球化推动世界的交流与互动，未来国与国之间将更加紧密地合作。同时技术的不断进步会减少国际交流的障碍，扩大并加深我国与其他先进国家在继续教育领域的合作，促进国际教育资源与国内专业技术人员继续教育需求的对接，我们的继续教育研究也能够走出国门，为世界继续教育做出理论贡献。因此，我国专业技术人员继续教育会更加国际化，并不断缩小与发达国家之间继续教育水平的差距。

（二）我国专业技术人员继续教育政策建议

1. 加强专业技术人员继续教育政策引导，加深对继续教育的思想认识

大力宣传现代继续教育理念，发挥网络、电视、广播、会议、培训等的作用，阐述继续教育的价值与内涵，加快专业技术人员和企事业单位的人才建设观念转变。必须强调，继续教育是指学校教育之后所有社会成员接受的各种各样的教育活动，旨在促进专业技术人员知识和技能的更新、补充、拓展和提高。继续教育是学校教育的重要补充和延伸，是构建终身学习体系、提升人才素质、赢得国际竞争的重要国家战略。

新时代下，专业技术人员继续教育政策要凸显普遍性、公平性、优质性、服务性、创新性等重要价值，加强继续教育理念和正确引导继续教育发展。首

先，专业技术人员继续教育是我国人才队伍建设和人才战略实施的重要内容，既面向政府、企业、社会组织等不同类型组织中的专业人员，也面向不同层次、不同专业领域和技术领域的人才，专业技术人员继续教育政策的首要价值应为“普遍性”和“公平性”，建立能够覆盖所有行业、组织和层次的专业技术人员继续教育体系，使我国专业技术人员都能够公平地接受继续教育，提升综合能力和素质。其次，专业技术人员继续教育亟须摆脱重“量”不重“质”的现有状态，形成专业技术人员继续教育政策的质量控制导向，不断提升专业技术人员继续教育效力、效率和产出比，真正发挥继续教育活动的价值，而非沦为形式主义的产物。再次，必须突出专业技术人员继续教育政策中的“服务性”，继续教育政策应充分尊重专业技术人员的知识更新需求，为继续教育活动及时调整发展方向、更新培训内容提供有弹性的政策空间；强调以满足社会需求和服务专业技术人员为导向，建立能够满足多元化、多层次、个性化的专业技术人员继续教育服务体系。最后，创新是人才建设的关键，也是专业技术人员不断突破传统技术所必须具备的素质，必须突出专业技术人员继续教育政策的创新性和前瞻性，促进专业技术人员的创新能力提升。

树立终身学习的教育理念，要进一步更新继续教育管理理念，从专业技术人才管理制度上把继续教育与职业发展联系起来，通过外部激励手段引导专业技术人员转变思想，使其认识到继续教育的长期性和系统性。只有不断更新知识结构，发展专业能力与知识能力，才能适应现代社会快速发展的要求，以不被淘汰的姿态实现个人职业追求。

2. 鼓励和规范多类型继续教育施教机构参与专业技术人员继续教育，促进多样化、多层次、多领域继续教育体系建设

鼓励和引导企业、行业协会、社会培训机构等多类型施教机构参与专业技术人员继续教育。企业继续教育培训的优势在于能够较好地将理论知识与技术实践结合，从市场需求和实用性的角度理解专业技术人员所需的继续教育内容与方式；各类行业协会则具有专业性，也更为了解本行业专业技术人员存在的长项与不足，以及行业发展方向与人才状况，可开展本行业专业人才继续教育的理论研究、咨询、调研、宣传、协调等工作，同时为本行业人

才继续教育链接适切的培训资源；社会培训机构以提供专业性、市场化的继续教育服务为组织核心利益，因而对市场发展趋势的变化反应更为迅速，对教育资源的配置也更加灵活，相较于政府部门和企事业单位更能有效地满足多样化、个性化、处于不断变化的继续教育需求。

尽快建立和完善继续教育施教机构的相关管理制度，规范施教机构的继续教育活动。完善专业技术人员继续教育施教机构备案制度，建立施教机构及教学人员的信用管理系统，建立施教机构的监督评价体系，并向社会公开评价结果。有依据地丰富专业技术人员继续教育学分登记制度，允许专业技术人员向有资质的社会施教机构购买继续教育服务，可以考试、证书、比赛等考核形式的结果作为学分抵扣凭证。制定对施教机构的奖惩政策，对于社会施教机构所开发的优质继续教育课程，政府可以给予一定资金奖励；对于恶意竞争、行业垄断等扰乱继续教育市场秩序的行为，政府应采取相应的处罚手段对其进行规范。

3. 创新专业技术人员继续教育教学形式，构建多元化、现代化继续教育体系

梳理现代化专业技术人员继续教育理念，优化继续教育体系。一是转变以“教”为主的继续教育观念，树立以“职业发展”为核心的继续教育理念。必须认识到继续教育不仅具有教育性，更有很强的职业性，要根据继续教育自身的规律和需求，开展继续教育理论研究和教学方法创新。避免脱离实际的理论灌输，要充分考虑课程与职业活动的结合。二是转变固定的教育思维模式，及时根据产业结构的调整趋势和交叉学科、前沿技术发展进展创新继续教育活动，以灵活多样的方式满足专业人才对继续教育的需要。三是转变传统的讲授型教学模式，以知识转化为目标，以社会需要为依据，坚持学习与实践相结合、培训与需求相结合，拓展实践性教学模式，综合运用案例教学、技术模拟、实地调研等方式，构建涵盖以专业知识更新、技术水平提高、能力素质提升为驱动的复合继续教育体系。四是转变传统课程开发模式，建立多方利益相关者参与的课程开发体系，依据不同层次、不同需求的专业技术人员设计具有针对性、复合性、创新性的培训课程和技能训练，为

特殊人才和精尖专业人才设计个性化、国际化培训内容。五是加强继续教育教师教学能力建设，教师授课能力越来越成为影响继续教育质量、学员参与积极性的重要因素，重视教师能力培养，尤其是加强教师在互动性授课技巧、实际操作经验和在线、虚拟环境下授课技巧方面的提升。

运用信息技术和新媒体等现代技术手段，向专业技术人员提供更加人性化、互动性更强的继续教育。专业技术人员常常会因时间和空间障碍无法定期接受继续教育，也很难保证继续教育质量，积极采纳新兴技术和创新互动方式，鼓励施教机构运用网络直播、微博微信互动、网络会议等形式开展远程继续教育活动。依托互联网平台健全继续教育课程评价体系和专业技术人员反馈渠道，形成专业技术人员继续教育的良性互动机制。结合国际继续教育的先进理念和教学方式，将移动互联网技术更加实质性地融入继续教育，探索混合式学习方式，如大规模开放在线课程（MOOC）、O2O、翻转课堂，注重通过游戏化、模拟化、视频化等多种方式，提升培训的体验感和互动性。

4. 改进专业技术人员继续教育考核评价制度，强调继续教育质量控制与管理

考核评价制度是专业技术人员继续教育能够真正实现知识更新、能力提升的抓手，对专业技术人员和施教机构具有导向性和激励性，要通过建立科学化、综合化考评制度加强对继续教育质量的控制和提升。专业技术人员继续教育的考核评价制度应转变原来的过程导向，确立结果导向，形成过程考核与结果考核并重、理论知识考察与实践能力测试并重，建立多维度、多目标的立体化考核评价制度。

完善学时考核制度，建立多维度登记指标。在现有登记制度的基础上，拓宽以学时为主的登记体系，根据行业不同特点，把科研成果、社会实践、项目课题研究、论文发表、书籍出版、联合培养、学术交流等情况增加为登记指标，增强过程考核的灵活性。丰富考核形式，构建综合性评价体系。引入第三方评价体系，采取考试、年度总结、论文、答辩、情景模拟测试等多样化形式对继续教育的效果进行考核和评价，并建立健全对施教机构以及企

事业单位的立体考核制度，加强对教学质量、课程合理性与科学性以及单位人才建设的绩效考评。完善奖惩制度和激励机制。加强专业技术人员继续教育的考评结果与职称评选、评优评选、个人荣誉等职业发展指标挂钩，形成良性激励机制，激励专业技术人员积极参与并保质保量地完成继续教育。

B.4
2020年中国继续医学教育发展报告

宋仙保　马新明　郃　骋　鞠　博　席　彪*

摘　要：　本文从分析改革开放后中国继续医学教育的源起开始，按继续医学教育的管理机制，系统回顾梳理中国继续医学教育的发展脉络，重点结合截至2020年中国继续医学教育的项目、基地、学科、培训人数等具体数据，呈现中国继续医学教育的发展状况，同时总结成效、分析问题、探讨发展趋势，以促进中国继续医学教育在新时代的理论创新与实践创新。

关键词：　继续医学教育　卫生专业技术人员　远程培训

引　言

继续医学教育是卫生专业技术人员在完成医学教育之后，以学习新理论、新知识、新技术、新方法为主的一种终生教育。继续医学教育的目的是使卫生专业技术人员在整个职业生涯中，保持高尚的职业道德，不断提高专业工作能力和业务水平，提高服务质量，以适应医学科学技术和卫生

* 宋仙保，国家卫生健康委能力建设和继续教育中心继续教育处处长，研究方向为继续医学教育管理；马新明，国家卫生健康委能力建设和继续教育中心继续教育处事业发展部主任，研究方向为继续医学教育；郃骋、鞠博，国家卫生健康委能力建设和继续教育中心继续教育处干部，研究方向为继续医学教育；席彪，河北医科大学教授，河北省健康发展中心首席专家，研究方向为医学教育。

事业的发展。[①] 继续医学教育与院校医学教育、毕业后医学教育共同构成了医学教育的连续统一体，对于保持并持续提高卫生专业技术人员队伍的素质能力具有极其重要的作用，是卫生专业技术人员持续改善职业发展的主要途径。

党和政府高度重视继续医学教育工作，将继续医学教育工作作为实施健康中国战略的重要内容之一，在2016年中共中央、国务院发布的《"健康中国2030"规划纲要》中明确提出加强健康人才培养培训，强化面向全员的继续医学教育制度。本文主要依据近年来的相关研究文献综述，分六大部分阐述中国继续医学教育的发展：第一部分，中国继续医学教育的源起；第二部分，中国继续医学教育的发展；第三部分，截至2020年底继续医学教育项目开展情况；第四部分，中国继续医学教育工作的成效；第五部分，中国继续医学教育发展中存在的主要问题；第六部分，中国继续医学教育发展展望。

一　中国继续医学教育的源起

（一）继续医学教育概念开始引入

改革开放后，国内外继续教育概念逐步推广，在医学教育方面，中国逐渐引进和开展适合中国国情的继续医学教育。原卫生部于1981年起，先后多次派出医学教育考察组赴欧美等国调研考察。中国医学界也多次邀请国外专家来中国进行讲学，如1986年于山东青岛举办"全国毕业后教育及继续医学教育研讨会"、1987年于北京举办"中挪毕业后医学教育讲习班"等，促进中国医学界充分认识到毕业后医学教育和继续医学教育是院校医学教育的继续，对医学临床专家的培养和国内医学水平的提高与发展起着至关重要

① 中华人民共和国卫生部、人事部：《关于印发〈继续医学教育规定（试行）〉的通知》（卫科教发〔2000〕477号），2000。

的作用，继续医学教育的概念随着国内外医学教育的交流与发展逐步进入中国医学界。[1]

（二）继续医学教育概念初步形成

在中外交流中，中国医学界逐渐了解到，国际上对医学教育概念的定义已经发生了深刻的变化，医学教育从一次性教育模式向多次终身性教育模式转变，形成院校医学教育、毕业后医学教育、继续医学教育三阶段的医学教育连续统一体，继续医学教育的作用和地位已经得到普遍的重视。

为了在继续医学教育领域跟上国际形势，原卫生部科教司批准浙江医学院、杭州市卫生局、浙江省卫生厅、长春市卫生局等进行继续医学教育试点，颁布了试点规章。在此基础上，1988 年原卫生部开始制定继续医学教育政策法规，即《继续医学教育暂行规定》，于 1991 年颁布。这是中国第一部关于继续医学教育的规章制度，明确了继续医学教育的定义、目的、对象、组织机构和职责、继续医学教育项目内容与形式、学分制考核及继续医学教育经费的筹集渠道等，确立了中国继续医学教育的基本框架，标志着中国继续医学教育开始走向制度化。

二　中国继续医学教育的发展

（一）继续医学教育的政策制度

1991 年，原卫生部出台《继续医学教育暂行规定》，包括总则、组织管理、内容与形式、考核、经费、附则六部分，确定了中国继续医学教育的基本政策，对中国继续医学教育工作起到了积极的指导和推动作用。2000 年，原卫生部和原人事部共同颁布《继续医学教育规定（试行）》，更加系统和明确地规定了中国继续医学教育的组织管理、内容形式、考核评估、经费筹

---

① 孟群：《新中国继续医学教育》，人民卫生出版社，2010。

集、激励与约束机制等。2008 年 8 月，原卫生部和教育部联合出台《关于加强继续医学教育工作的若干意见》，主要围绕提高认识，加强领导；严格管理，保证质量和效果；围绕重点推进工作；经费投入与管理四个方面，提出了一系列政策措施，针对继续医学教育发展中的需求和存在的问题提供解决办法，推动继续医学教育工作的健康发展。2012 年原国家卫生计生委制订印发《关于加强“十二五”期间继续医学教育工作的指导意见》等文件，紧密围绕卫生健康事业改革发展的重大需求，进一步完善继续医学教育制度，提出在全国基本普及继续医学教育的目标。2019 年，国家卫生健康委办公厅发布《关于落实为基层减负措施改进继续医学教育有关工作的通知》，提高继续医学教育的针对性和实效性，缓解医务人员工学矛盾，推进继续医学教育供给侧改革。2020 年国务院办公厅发布《关于加快医学教育创新发展的指导意见》，通过增加医务人员继续医学教育必修课、逐步推广可验证的自学模式、大力发展远程教育等手段，全面推进继续医学教育创新发展。

（二）继续医学教育的组织管理体制

在继续医学教育的组织管理上，1996 年，按照原人事部《继续教育规定》和原卫生部《继续医学教育暂行规定》要求，原卫生部在继续医学教育试点基础上成立了“卫生部继续医学教育委员会”。2000 年 12 月，原卫生部与原人事部共同成立“全国继续医学教育委员会”。全国继续医学教育委员会是在国家卫生健康委、人社部领导下，对全国继续医学教育工作进行指导、协调和质量监控的组织。

同年同月，原卫生部与原人事部共同颁布的《继续医学教育规定（试行）》中对继续医学教育的组织管理体制做了适应新形势发展需要的规定。明确提出“继续医学教育实行全行业管理。各级卫生行政部门要打破医疗机构的行政隶属关系和所有制界限，充分利用各地区的卫生和医学教育资源，按照专业技术人员继续教育的总体要求，加强对继续医学教育工作的规划、组织和领导”。全国 31 个省（区、市）均成立了省级继续医学教育委员会或领导小组，高等学校、医疗卫生单位设置了继续医学教育管理部门，从而构建了从中央到地方，同时辐射到各级各类医疗卫生单位的网格化的组织管理体系。中国继续医学教育形成了政府宏观管理，卫生行业学会协会发挥骨干作用，社会支持，高等学校、医疗卫生单位组织实施，卫生专业技术人员积极参与的运行机制。①

（三）继续医学教育项目管理

原卫生部于1996年、2001年先后颁布了继续医学教育项目管理的政策规章《国家级继续医学教育项目申报、认可试行办法》和《国家级继续医学教育项目申报、认可办法》，并于2006年重新修订并颁布，增加了对继续医学教育项目申报资格、项目负责人的有关要求和远程项目的申报及项目公布等内容的规定，对规范继续医学教育项目申报过程的管理、提高继续医学教育项目质量、完善继续医学教育管理制度起到了进一步推动作用。

继续医学教育项目是指经审批认可并按学科专业分类予以公布的继续教育活动，是包括项目名称、申办单位、举办日期、地点、课程内容及学分、教学对象、授课教师等一个完整的继续教育活动过程的总称。1991年前，中国卫生专业技术人员的继续教育主要以进修、长短期培训班、自学等方式进行，缺乏全国统一的规定和管理，《继续医学教育暂行规定》颁布以后，在文件第二章“组织管理”有关各级继续医学教育委员会的职能条款中第一次引用了“项目”和“学分”的概念，从而确立了中国开展继续医学教育活动以项目管理和学分管理为主的管理模式和运行机制。

为使继续医学教育的内容适应不同教育对象、不同专业和不同层次卫生专业技术人员的需要，项目主要分为国家级继续医学教育项目、省级继续医学教育项目、推广项目以及市县级和单位自管项目。根据国家对卫生专业技术人员必须掌握一些预防和公共卫生知识以及卫生法律法规的要求，增加了必

① 中华人民共和国卫生部、人事部：《关于印发〈继续医学教育规定（试行）〉的通知》（卫科教发〔2000〕477号），2000。

修项目，规定了每位医务人员必须完成的继续教育内容。国家级继续医学教育项目的具体分类和项目申报、评审、公布以及对各地继续医学教育委员会要求等内容在《国家级继续医学教育项目申报、认可办法》中均作了明确规定。

（四）继续医学教育的学分管理

为进一步加强继续医学教育考核评价精细与量化，原卫生部于1996年印发《继续医学教育学分授予试行办法》。在此办法基础上，全国继续医学教育委员会于2001年、2006年两次修订并重新颁布了《继续医学教育学分授予办法》，从学分要求、学分类别、学分授予标准、学分登记、学分证书的发放和管理、考核和远程继续医学教育等方面对继续医学教育学分授予工作作出了具体规定，进一步加强和规范了继续医学教育学分管理，增强了继续医学教育学分管理的系统性、统一性。

继续医学教育实行学分制管理，有别于其他行业以学时为标准的继续教育计量方式，更加适应卫生系统的使用习惯和特点。继续医学教育学分管理主要环节包括学分分类、学分要求、学分授予标准、学分登记与考核、继续医学教育学分证书的发放和管理等方面的内容。①

继续医学教育项目活动按照举办项目的级别，将学分分为Ⅰ类学分和Ⅱ类学分两类。国家级、省级继续医学教育项目和推广项目可授予Ⅰ类学分；自学、发表论文、科研立项、单位组织的学术活动等其他形式的继续医学教育活动则授予Ⅱ类学分，继续医学教育对象每年所获得的学分不低于25学分。② 在2018年辽宁省、甘肃省、河南省、中国医学科学院、中华预防医学会、中华护理学会电子学分证书试点工作基础上，自2019年8月1日起，全国继续医学教育委员会开展国家级继续医学教育项目电子学分证书扩大试点工作，国家级继续医学教育项目电子学分证书在国家卫生健康委直属联系

① 全国继续医学教育委员会：《继续医学教育学分授予与管理办法》（全继委发〔2006〕11号），2006。

② 全国继续医学教育委员会：《继续医学教育学分授予与管理办法》（全继委发〔2006〕11号），2006。

单位和学会协会（含行业学术团体）范围内正式启用，为继续医学教育学员和继续医学教育工作人员在学分审验过程中提供了极大方便。

（五）继续医学教育基地建设

2001 年 7 月，全国继续医学教育委员会印发《国家级继续医学教育基地认可标准及管理试行办法》，规定了国家级继续医学教育基地的条件、申请及审批程序、基地职责及管理等办法，对推进国家级继续医学教育基地试点建设、加强国家级继续医学教育项目的管理、提高国家级继续医学教育培训质量起到了重要作用。①

自 2002 年起，在举办国家级和省级继续医学教育项目的基础上，国家级继续医学教育基地试点工作开始启动。原卫生部根据全国继续医学教育委员会印发的《国家级继续医学教育基地申报认可管理试行办法》的规定，首先选择一些国务院学位委员会认定的博士学位授权点、国家级重点学科或国家级重点实验室，具有开展继续医学教育条件和经验、教育质量高的单位，经全国继续医学教育学科组专家评审，2002 年首批遴选北京大学医学部、中山大学中山医学院、协和医科大学等 15 个国家级继续医学教育基地并开展试点工作。为充分发挥国家级继续医学教育基地的专业优势和教学作用，使更多卫生专业技术人员参加高水平的学术活动，原卫生部于 2003 年在上海、北京、湖南、陕西和重庆新遴选 21 个基地。2004 年遴选湖南中南大学湘雅医院二院、浙江大学医学院附属第一医院等单位的 14 个学科为国家级继续医学教育基地。2005 年遴选中国疾病预防控制中心和天津医科大学附属肿瘤医院 2 个学科为国家级继续医学教育基地。目前共有国家级继续医学教育基地 52 个，按学科分布的基地为基础形态专业基地 2 个、基础机能专业基地 1 个、临床内科学专业基地 19 个、临床外科学专业基地 14 个、妇产科学专业基地 1 个、儿科学专业基地 3 个、眼耳鼻喉学科专业基地 3

① 全国继续医学教育委员会：《国家级继续医学教育基地认可标准及管理试行办法》（全继委发〔2001〕第 3 号），2001。

个、口腔医学专业基地3个、影像医学专业基地3个、医学检验专业基地1个、药学专业基地2个（见图1）。

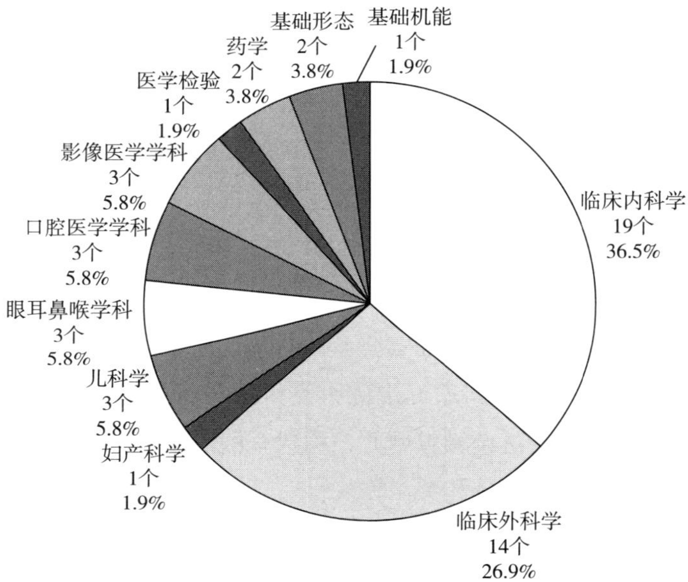

图1　2020年底国家级继续医学教育各学科专业基地数量

资料来源：全国继续医学教育委员会继续医学教育项目申报网站。

（六）现代远程继续医学教育的发展及管理

现代远程继续医学教育随着卫星通信、计算机网络和多媒体等现代信息技术的发展应运而生，以其超时空性、可及性强、覆盖面广、方便快捷等特点，为卫生专业技术人员继续医学教育的学习和开展提供了更为便捷的途径，以互联网为平台的远程继续医学教育逐渐覆盖到绝大多数地区，特别是为边远地区基层卫生专业技术人员的学习提供了更易获得的新技术和新知识，成为继续医学教育的新形式和重要手段，深受工学矛盾突出的医务人员的青睐。为了保障远程继续医学教育的稳定健康发展，原卫生部和全国继续医学教育委员会分别于2000年、2006年、2007年和2008年相继印发了《远程医学教育教学站和网站管理暂行规定》《远程继续医学教育教学管理暂行规定》《卫生部远程医学教育机构（卫星）继续医学教育评估指标体系（试行）》《卫生部远程医学教育机构（网络）继续医学教育评估指标体系（试行）》《卫生部远程医学教育机构继续医学教育评估方案》《卫生部远程医学教育机构申请条件、评审程序及结果认定》《全国继续医学教育委员会关于远程继续医学教育学分授予问题的公告》等一系列相关文件。这些文件的出台，进一步规范了远程继续医学教育工作的管理，有力地推动了远程继续医学教育的健康开展，丰富了继续医学教育制度建设的内容。

为加强远程继续医学教育管理，2001 年，原卫生部印发《卫生部办公厅关于成立卫生部远程医学教育中心的通知》，“中心”挂靠在原卫生部医药卫生科技发展研究中心，是社会公益性的非营利机构，在原卫生部科教司领导下开展工作。2018 年国家卫生健康委科教司将委远程医学教育中心调整设置到委能力建设和继续教育中心，构建全国继续医学教育管理平台，承担远程继续医学教育管理等相关工作。

自 2001 年至今，根据现代远程继续医学教育行业需要，全国继续医学教育委员会先后遴选并公布 8 家有资格面向社会开展国家级远程继续医学教育的机构：北京双卫医学技术培训中心有限公司、北京健康在线技术开发有限公司、复旦大学附属中山医院、北京大学医学继续教育学院、四川大学华西医院、北京华医网科技股份有限公司、国家卫生健康委能力建设和继续教育中心和中华医学会。

三　继续医学教育项目开展情况

（一）国家级继续医学教育项目实施情况

据统计，2011～2020 年，公布国家级继续医学教育培训项目累计 13.6 万项，其中面授项目 11.9 万余项，远程项目 1.6 万余项，培训内容覆盖所有二级学科，累计培训医务人员 6442 万人次，其中面授培训约占 46%，远程培训约占 54%。2020 年，公布国家级继续医学教育项目约 1.4 万项，其中面授项目约为1.2万项，远程项目2500余项；面授和远程培训总人次数达到855万。

（二）国家级继续医学教育项目重点学科分布

在继续医学教育领域中，项目内容不仅包含专业知识理论、医护技术和方法，还包含医学人文社会、医学伦理、职业素养等，内容涵盖多领域多学科，重点以新理论、新知识、新技术、新方法为主。目前，继续医学教育项目学科专业和对象基本涵盖所有一级学科和17个二级学科。2020年，公布的国家级继续医学教育项目中，紧缺学科包括全科医学329项、儿科学705项、妇产科学665项、康复医学364项等。

表1　2020年国家级继续医学教育二级学科项目数

单位：项

序号	二级学科	国家级继续医学教育项目总数	面授	远程
1	基础形态	228	170	58
2	基础机能	74	63	11
3	临床内科学	3197	2599	598
4	临床外科学	3002	2521	481
5	妇产科学	665	564	101
6	儿科学	705	534	171
7	眼、耳鼻喉学科	520	466	54
8	口腔医学学科	439	369	70
9	影像医学学科	911	737	174
10	急诊学	290	239	51
11	医学检验	439	332	107
12	公共卫生与预防医学	461	364	97
13	药学	342	272	70
14	护理学	1724	1501	223
15	医学教育与卫生管理	489	407	82
16	康复医学	364	302	62
17	全科医学	329	200	129
总　计		14179	11640	2539

资料来源：国家级CME项目网上申报及信息反馈系统。

（三）开展卫生健康人才培养培训项目

为了加强卫生健康人才队伍建设，国家开展卫生健康人才培养培训项目，积极争取中央财政支持，通过继续医学教育形式支持各地开展全科、儿科、精神科等紧缺人才培训和基层县乡村卫生人才能力提升培训，2011年至2020年累计培训卫生专业技术人员956万人次，为提高紧缺专业医护能力和基层卫生服务能力发挥了重要作用。

2020年全国继续医学教育紧缺人才和县乡村卫生人才能力提升培训项目培训卫生专业技术人员6.4万余人，其中紧缺人才培训项目包括精神科医师转岗培训、慢病健康管理－癌症筛查与早诊培训、儿科医师转岗培训、院前急救医务人员培训、全科医生转岗培训、麻醉科医师培训、康复科医师培训、临床药师培训、出生缺陷防治培训、基层产科医师培训，共培训3.7万余人；县乡村卫生人才能力提升项目包括县级医院骨干专科医师培训（呼吸与危重症医学、心血管病学、妇产科学、超声诊断学、普通外科学、危重症医学、新生儿专科）、乡镇卫生院和社区卫生服务中心骨干全科医生培训、乡村医生培训、乡镇卫生院和社区卫生服务中心骨干人员培训，共培训2.7万余人。

2019年11月，针对“三区三州”贫困地区乡村医生外出学习不便、工学矛盾突出等关键问题，启动“三区三州”乡村医生远程培训能力建设项目，项目实施期至2020年12月，在“三区三州”199个贫困县，以县级综合医院为中心，建设覆盖乡镇卫生院、村卫生室的县、乡、村三级远程继续医学教育网络，重点针对乡、村两级医疗卫生专业人员开展继续医学教育，持续提升其业务能力和服务水平。

四　中国继续医学教育工作的成效

（一）继续医学教育理念业已形成

随着中国继续医学教育的制度化建设和稳步发展，广大卫生专业技术人员和医疗卫生机构管理干部对继续医学教育的认识不断提升，“全员参与、终身教育”的理念得到认可和普及，继续医学教育理念在国内已达成共识。充分发挥继续医学教育在提高卫生专业技术人员能力素质、提高医疗卫生服务质量、推进医疗卫生科技创新等方面的作用，对于深化医药卫生体制改革、维护和增进人民健康，具有重要意义。

（二）继续医学教育体制机制建立健全

中国继续医学教育经过30多年的探索发展，开创性地建立了一套较为完整的继续医学教育管理的政策法规和制度，继续医学教育已经成为中国医学院校教育、毕业后医学教育之后的一个重要阶段，构成了具有中国特色的现代化医学教育完整体系，不仅促进中国医学教育开展了许多改革，而且把继续医学教育作为在职在岗卫生专业技术人员的一项义务，使中国医学教育发展更加制度化、规范化。从国家到地方已建立了政府领导、部门协同、行业牵头、多方参与、国家指导、各地实施的组织管理体制。

（三）医学人才能力水平有效提升

改革开放以来，中国卫生事业快速发展，人民健康水平不断提高，医学教育为卫生事业发展培养了大批高素质卫生人才，多种形式的继续医学教育也已基本实现全覆盖，有力地提升了各级各类卫生专业技术人员的能力素质，为深化医改、提升人民健康水平发挥了至关重要的支撑和保障作用。中国继续医学教育的对象是所有在职在岗的卫生专业技术人员。《2020年中国卫生健康统计年鉴》数据显示，2019年底，全国卫生人员总数达1292.8万人，比2018年增加62.8万人，增长率为5.1%。卫生人员总数中卫生技术人员1015.4万人，其中执业（助理）医师386.7万人，注册护士444.5万人。与2018年相比，卫生技术人员增加62.5万人，增长率为6.6%（见表2）。

表 2　2018～2019 年中国卫生人员情况

单位：万人，个

指标	2018 年	2019 年
卫生人员数	1230.0	1292.8
卫生技术人员数	952.9	1015.4
#执业（助理）医师	360.7	386.7
#注册护士	409.9	444.5
医院卫生人员数	737.5	778.2
卫生技术人员	612.9	648.7
#执业（助理）医师	205.4	217.4
#注册护士	302.1	323.8
基层医院卫生机构人员数	396.5	416.1
卫生技术人员	268.3	292.1
#执业（助理）医师	130.5	143.7
#注册护士	85.2	96.0
专业公共卫生机构卫生人员	88.3	89.6
卫生技术人员	67.8	70.0
村卫生室个数	62.2	61.6
村卫生室人员数	144.1	144.6

资料来源：《2020 年中国卫生健康统计年鉴》。

继续医学教育，一方面使卫生专业技术人员及时跟踪了解世界医学发展的前沿和新进展，引进和吸收最新医学科技成果，提升创造力、创新力；另一方面，面向广大基层卫生专业技术人员推广适宜技术，规范临床操作，提高了广大基层卫生专业技术人员的知识和能力水平。[①] 随着继续医学教育工作广泛深入地开展，基层医务人员继续医学教育参与率明显提高，培训效果逐渐显现，有力地推动了强基层目标的实现。各地区各级各类医疗卫生机构医务人员继续医学教育的有效开展，全面提升了各级各类卫生专业技术人员的医疗保健服务能力和职业综合素质，有力地促进了卫生体系服务绩效进一步改善。

① 孟群：《新中国继续医学教育》，人民卫生出版社，2010。

五　中国继续医学教育发展中存在的主要问题

尽管中国的继续医学教育制度和运行机制已经建立并逐步完善，在全国卫生专业技术人员继续医学教育的实行中积累了可贵的经验，但与卫生健康事业改革发展和人民不断增长的卫生服务需求对继续医学教育工作的要求相比，还有较大差距，主要表现在以下三个方面。

（一）继续医学教育制度仍需完善

随着中国卫生事业的发展，继续医学教育相关规章制度如项目、学分、基地、远程管理办法逐渐不适合现状和未来中国继续医学教育的发展，亟待修订完善，从而更有针对性、实效性地满足卫生专业技术人员对继续医学教育的需求。

（二）继续医学教育发展不够均衡

受经济社会发展和卫生事业发展水平、文化背景、思想观念以及地区条件的限制等，继续医学教育工作发展不平衡，地区、城乡、学科、单位之间差异较大。广大农村基层，特别是边远地区的农村继续医学教育亟待加强，表现为当地继续医学教育资源有限，基层人员因工学矛盾突出、经费不足，外出参加Ⅰ类学分继续医学教育培训机会很少。地方管理部门对继续医学教育重视程度不高，缺乏落实措施。在一些专业学科和急需学科上，继续医学教育项目远远不能满足需求，并且供给不足。

（三）继续医学教育内容与形式还需丰富

继续医学教育的形式和内容在适应广大卫生专业技术人员多层次、多形式和个体化学习需求方面还需增强，尚未能在各层级各地区全面凸显继续医学教育自身的性质和特点。体现在教育内容中系统性不够，基础性和普及性内容不足，缺乏整体统筹与规范，现有内容质量参差不齐；继续医学教育形式不够丰富，教学手段与教学模式滞后，束缚了继续医学教育项目实施，有待拓展更多更符合实际要求、更方便广大卫生专业技术人员专业学习需求的形式。

六　中国继续医学教育发展展望

开展继续医学教育对卫生机构的专业建设、学术水平和医疗、诊疗手段的提高都有着重要意义。在几十年发展的基础上，面对新时代、新要求、新的发展机遇和新的挑战，继续医学教育的未来发展将成为医疗卫生机构增强核心竞争力、提高医护水平和科研水平、加强管理队伍建设等的重要手段，以及实现卫生事业可持续发展的重要战略措施。

（一）增强信息化管理能力

进一步加快中国继续医学教育管理信息化进程，提高中国继续医学教育管理的信息化水平和现代化程度，建立继续医学教育项目、学分、基地、远程等各项机制逐步完善的信息化综合管理平台，推进学分电子化和电子档案建设，推动学分授予等信息的开放共享，促进各项业务工作和日常管理工作的全过程信息化管理。

（二）满足个性化学习需求

强化以广大医务人员实际需求为导向，以“按需施教，讲求实效”的原则，坚持理论联系实际，围绕不同地区、不同层级、不同专业医务人员的分区域分级分科需要，提供具有针对性、实用性和适宜性的丰富的继续医学教育内容。既可满足本学科国内外医学科学发展前沿的需求，同时提供边缘学科和交叉学科的医学最新进展、有显著社会效益或经济效益的技术和方法，又能积极面向基层向广大农村和城市社区卫生专业技术人员推广普及适宜理论、方法和技术，提高针对性和实用性，扩大继续医学教育覆盖面。同时加强思想政治、卫生法规、医学伦理、职业道德、人文素质、沟通技巧和团队精神等有关内容，贯穿继续医学教育活动，培养德才兼备的高素质的卫生专业技术人员。结合卫生专业技术人员个性化学习需求，通过选择适宜实用的继续医学教育项目或开展可验证的自学，而逐渐趋于个性化评价。

（三）适应时代多元化发展方向

适应时代发展要求，按需施教、充实内容。不断丰富继续医学教育形式，根据教学对象、学习需求、条件及学习内容，采用培训班、研修班、学术讲座、学术会议、业务考察、技术操作示范、新技术推广、临床病例讨论会、多科室案例讨论会、大查房等多种方式组织实施，提高继续医学教育质量。同时采取灵活多样的形式和办法，开展有计划、有组织、有考核的以自学为主的继续医学教育活动。研究把握远程医学教育特点，优化远程教育手段，采取慕课、微课等方式，加强高科技现代化教学资源制作和优质资源供给，进一步发展远程继续医学教育。

参考文献

中华人民共和国卫生部、人事部：《关于印发〈继续医学教育规定（试行）〉的通知》（卫科教发〔2000〕477 号），2000。

全国继续医学教育委员会：《全国继续医学教育委员会章程》（全继委发〔2001〕第 1 号），2001。

全国继续医学教育委员会：《国家级继续医学教育基地认可标准及管理试行办法》（全继委发〔2001〕第 3 号），2001。

全国继续医学教育委员会：《继续医学教育学分授予与管理办法》（全继委发〔2006〕11 号），2006。

孟群：《新中国继续医学教育》，人民卫生出版社，2010。

国家卫生健康委员会：《2020 年中国卫生健康统计年鉴》，中国协和医科大学出版社，2020。

B.5
2019年中国中小企业培训发展状况与趋势分析

胡 丽 崔连斌*

摘 要： 本研究通过调研问卷全面了解全国不同规模、不同行业类别的企业在人才建设方面的现状与趋势，在此基础上对未来中小企业培训发展趋势进行预测：中小企业培训将由“粗放型”向“精细化”转变，敏捷学习将成为“必选项”，领导力提升将成为中小企业成长与发展的关键抓手，互联网高科技将嵌入中小企业培训与发展中。

关键词： 中小企业 培训 人才建设 领导力

中国中小企业是迎着改革开放的春风茁壮成长起来的一个经济主体，同时这个经济主体也为推动中国经济的高速增长做出了重要贡献。在过去40多年的发展进程中，中小企业的发展方式和动力主要来源于生产资料的粗放累积以及人口红利，中国中小企业对人才培养与梯队建设重视度不足，可借鉴的培训与发展的经验与举措匮乏。本研究希望通过调研问卷全面了解全国不同规模、不同行业类别的企业在人才建设方面的现状与趋势，在此基础上对未来中小企业培训发展趋势进行预测。

---

* 胡丽，博士，中国中小企业协会人才建设工作委员会执行主任；崔连斌，博士，中国中小企业协会人才建设工作委员会主任，安迪曼咨询联合创始人兼首席技术官。

一　研究过程

（一）在线问卷调查

本次调查从2019年11月1日开始至2020年1月31日截止，历时3个月。通过微信群转发、培训江湖公众号发布、发送电子邮件、二维码扫描等方式向企业管理者和培训管理相关人员发放调研问卷并收集数据，共收回701份调研问卷。

此外，本研究更进一步地对完成初步筛选的682份调研问卷进行数据清洗，并且通过统计软件SPSS进行了3轮因素分析（Factor Analysis），共删除了38条无效数据，最后筛选出有效填写的问卷数量为644份。从统计分析标准要求来看，在置信水平为95%、允许误差5%时，最小样本量为384（本次研究有效样本量为644份，远超基本要求），所以，本调研结果的客观准确性已达到95%，即便有误差，抽样误差也保持在±2.5%的范围内。

（二）企业深度访谈

从2019年11月开始，本研究同步通过走访全国各地不同规模、不同行业的企业，对企业管理者以及人才管理相关管理者进行面对面的深度访谈，每次访谈时长至少1小时，共有21个不同行业的51家受访企业67位人才管理相关管理者或企业高管人员参与访谈。通过访谈不同地区、不同规模的代表性企业，进一步补充且完善了调研问卷本身所固有的不足与短板。

二　研究对象

（一）研究对象的地域来源

参与本次调研问卷的填答者来自22个省区以及4个直辖市的701位培

训管理者和企业负责人。其中参与度较高的三个省市依序为江苏省、广东省、北京市，参与人数分别为211 人、129 人、67 人（见图1）。

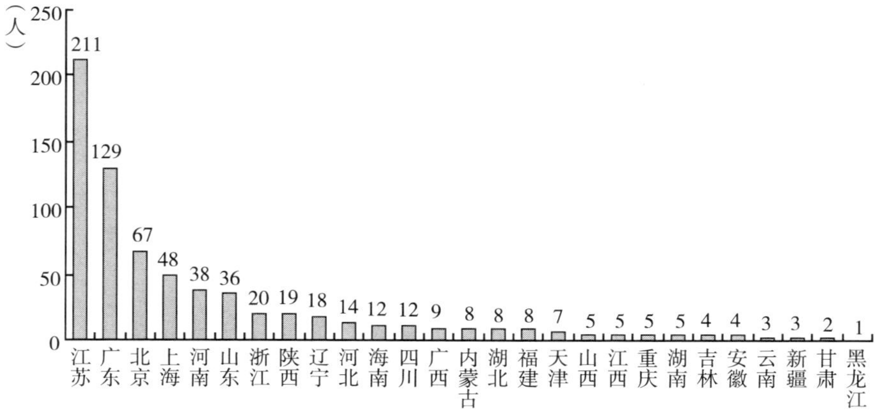

图1　按省区市划分调研问卷参与者

单因子变异量分析（One-Way ANOVA）显示，来自不同地区的问卷参与者在所有研究维度上并无显著差异（F value = 0.65 ~3.16；NS.），这意味着本调研问卷具有高度的稳定性与一致性。也就是说，本调研问卷具有相当高程度的效度。

KMO（Kaiser-Meyer-Olkin）统计量是通过比较各变量间简单相关系数和偏相关系数的大小来判断变量间的相关性，相关性越强，偏相关系数就越小，KMO 值就越趋近于1。本调研问卷数据的KMO 值为0.875，代表相当适合做因素分析。通过3 轮的因素分析，共删除38 笔无效问卷数据。本研究共获得有效问卷总数为644 份。本研究亦通过统计软件SPSS 对调研问卷进行了信度分析，分析结果显示Cronbach's α = 0.867，证明本调研问卷具有相当高的信度。

（二）研究对象的行业来源

由图2 可知，制造业、专业服务业以及科技、媒体与电信行业对本调研问卷参与度较高，这在一定程度上也可以说明人才建设从业者的数量、活跃度以及成熟度与我国具备较高比重的制造业、专业服务行业以及科技、媒体与电信行业发展势头迅猛的现状基本是相符合的。

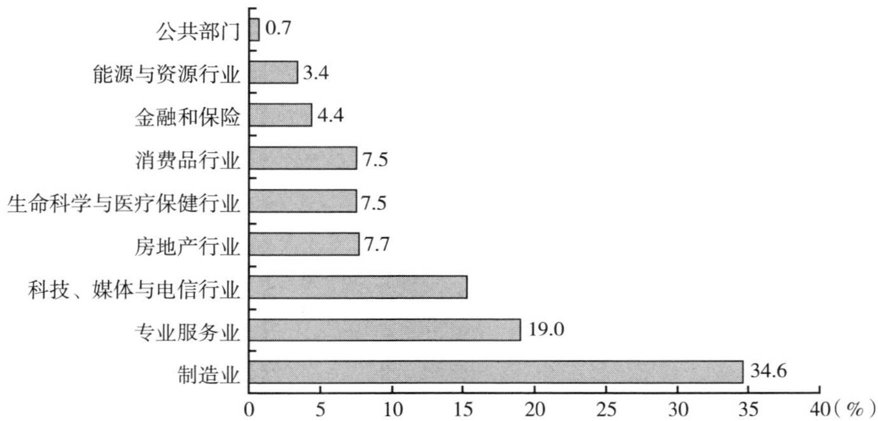

图2　按所属行业划分调研问卷参与者

三　2019年中小企业培训状况分析

国家《关于印发〈企业经营管理人才队伍建设中长期规划（2010～2020年）〉的通知》指出，以经济和科技实力为基础的综合国力竞争集中体现为各国企业之间的竞争，企业之间的竞争则重点聚焦在企业经营管理人才能力素质的竞争上。在中国的国民经济发展进程中，中小企业贡献了50%以上的税收、60%以上的GDP、70%以上的技术创新、80%以上的城镇劳动就业、90%以上的企业数量。由此可见，针对中小企业经营管理者的经营管理能力培养以及中小企业人才的综合素养提升，则成为我国实现从“高速增长转向高质量发展”的关键抓手。

（一）“人才缺乏”已成为制约中小企业成长和发展的首要因素

历年来发布的“中国中小企业蓝皮书”均指出，中国中小企业发展面临的困难与挑战主要概括为：人才缺乏，创新不足，融资难、融资贵，营商环境不到位，新生代企业家（二代企业家）的传承与培养等。本次调研结果表明，33.23%的企业认为人才缺乏已经成为制约中小企业成长与发展的首要因素（见图3）。

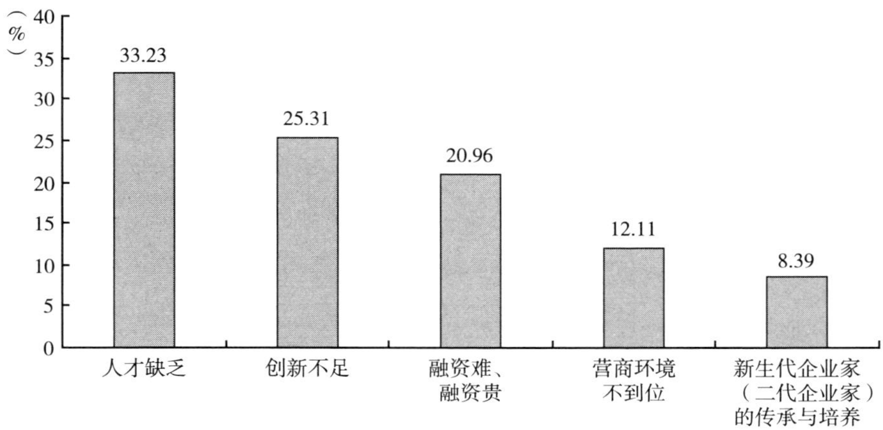

图3　制约企业成长和发展的关键因素

如表1所示，超过70%的调研问卷参与者都认为，对各类型员工人数规模的企业而言，“人才缺乏”是制约中小企业成长和发展的首要因素。

表1　制约不同规模企业成长和发展的关键因素

单位：%

企业规模	融资难、融资贵	人才缺乏	创新不足	营商环境不到位	新生代企业家（二代企业家）的传承与培养
1～99人	52.9	74.1	54.5	34.9	16.9
100～499人	49.0	82.0	58.3	22.3	15.0
500～999人	51.3	85.5	69.7	43.4	22.9
1000～4999人	45.0	80.0	61.7	20.0	30.8
5000～9999人	50.0	72.2	60.0	12.5	27.5
10000～19999人	43.3	83.3	63.3	33.3	23.3
20000人及以上	50.0	70.8	58.3	41.7	12.5

中小企业的人才缺乏不仅体现在人才数量的不足上，同时也体现在人才的质量不够（即能力水平不够）以及人才结构不合理上。企业在人才数量、质量、结构合理性三大维度的人才指标情况直接显示该企业的人才具备度情况，即意味着企业的人才竞争力水平。此次调研结果表明，有超过半数（51.56%）的调研问卷参与者认为企业的人才具备度对企业的良性发展具有50%以上的影响程度（见图4），将直接或间接影响到企业的未来发展速度与稳健性。本次研究结果表明，目前中小企业普遍存在人才具备度不充分的问题，其原因主要体现在三大方面：人才管理意识淡薄、人才吸引力欠缺、人才评价标准和机制不健全。

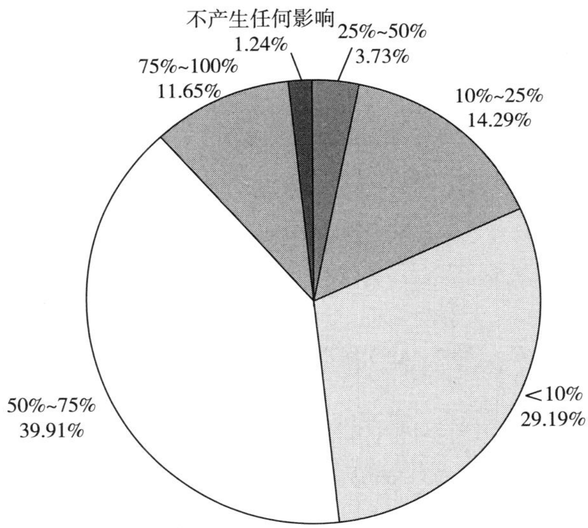

图4　人才具备度对企业经营和发展的影响程度

（二）中小企业培训预算及主要支出用途

统计回归分析结果表明，中小企业年度平均培训预算为46.28万元，年度人均培训费用为173.64元。然而，《2019～2020年度中国培训行业研究报告》显示，中国企业（含大、中、小型企业）平均年度培训预算总额为

605.3 万元，企业员工年度人均培训预算为 2009.3 元。中小企业的整体培训预算总额仅仅是行业平均水平的 1/13，中小企业年度人均培训预算仅仅是行业平均水平的 1/12。

中小企业的培训预算的主要使用方向是：派相关人员参加外部培训（71.83%）；内部讲师队伍培养（54.87%）；请外部专家或咨询公司到企业来做培训（54.13%）（见图 5）。

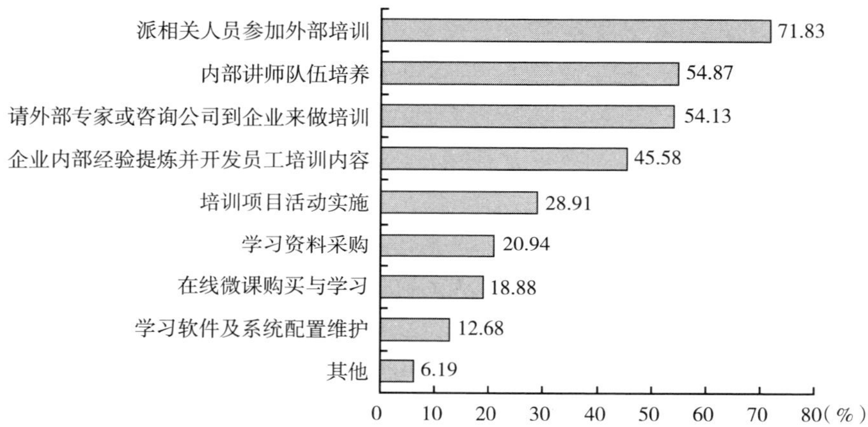

图 5　企业年度培训预算主要支出用途

根据《2017～2018 年度中国培训行业研究报告》梳理的企业培训成熟度评价体系，到目前为止，中小企业的培训还处于最低的第一阶段：解决“有”或“没有”培训的问题。中小企业培训成熟度远远没有达到标准化、体系化、绩效化和战略化的程度。图 6 所示的调研结果表明，中小企业开展培训的目的仅仅停留在提升员工专业能力（73.93%）以及提升管理者的领导力（71.20%）上。上述研究结果表明，中小企业的培训目标聚焦和局限于各层级员工及管理者的能力提升，即期望通过培训让相关人员做到岗位胜任，远未寄希望于培训能够帮助和支持企业业务结果的达成和战略目标实现上。

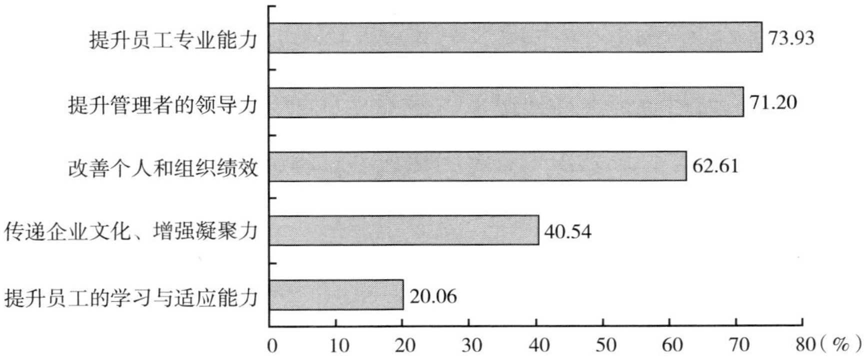

图6　企业希望通过培训实现的目标

（三）中小企业培训的主要受众群体

关于中小企业培训的主要受众对象，调研结果表明培训费用主要用于中层管理者（73.01%）和企业高管（63.57%）的学习成长（见图7）。本次研究中，不仅分析和确认了中小企业培训的主要受众群体是哪些人群，更重要的研究成果是梳理清晰了这些关键受众群体需要重点培养和提升的核心胜任力方向以及培训现状情况。如图5所示，针对企业核心管理层的培训方式，71.83%的企业采用外派学习的方式，即派相关人员参加外部培训。调研结果表明，中小企业管理层的培训处于视野开阔或岗位胜任的阶段，还没有达到体系化、标准化培养的程度。

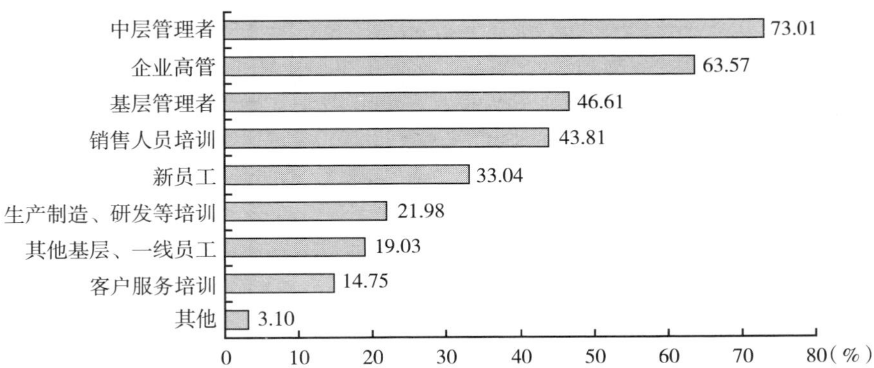

图7　企业培训支出的主要受众群体

关于中小企业中高层管理者应该具备哪些核心能力才能胜任其岗位和经营管理需要，本次研究通过问卷调研、访谈、文献研究相结合的方法，梳理了中小企业中高层管理者的八项核心能力（见图 8、图 9）：目标导向、制定策略、讲究效率、识人用人、影响他人、意志坚定、组织协调、资源整合。其中，中小企业家认为最关键核心的三项能力分别是：组织协调（68.56%）、目标导向（66.71%）、识人用人（65.58%）。

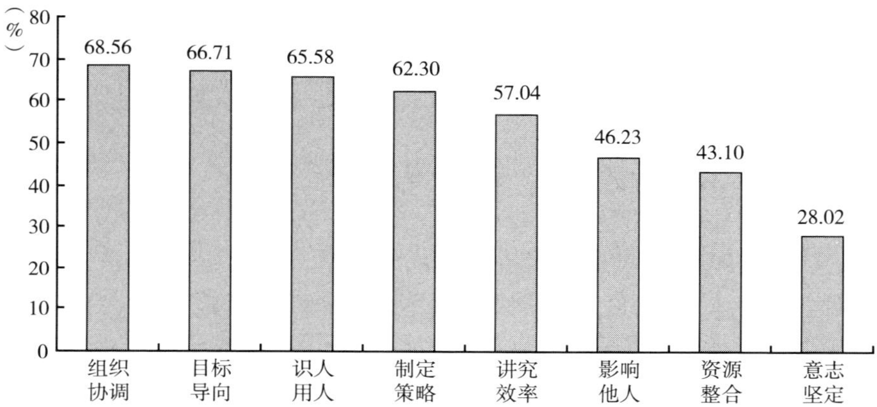

图 8　中高层管理者需要具备的能力和特质

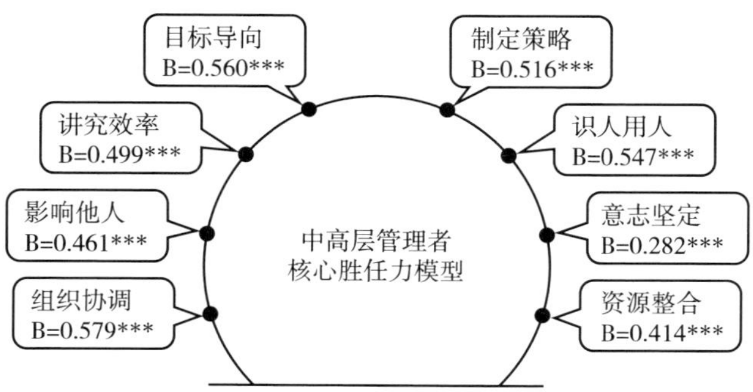

图 9　中小企业中高层管理者胜任力模型

关于中小企业家本人最需要具备的能力和特质分别为：84.6% 的问卷调研参与者认为企业家首要的核心胜任力是全局思维，其次是识人用人

（72.8%）和资源整合（67.7%）。如图10所示，在企业家和企业中高层管理者共同需要具备的核心胜任力中，企业家需要在识人用人、资源整合、意志坚定三项能力素养满足更高的要求。相比之下，在目标导向、影响他人等能力方向上对中高管的要求更高。访谈结果表明，产生上述能力要求上的差异性和侧重性是因为企业家与企业中高层管理者担当不同的角色与职责。企业家需要能够作为企业的“掌舵人”，能够定方向、定战略；而中高层管理者需要具备“上接战略、下接绩效”的思维和行为举措。

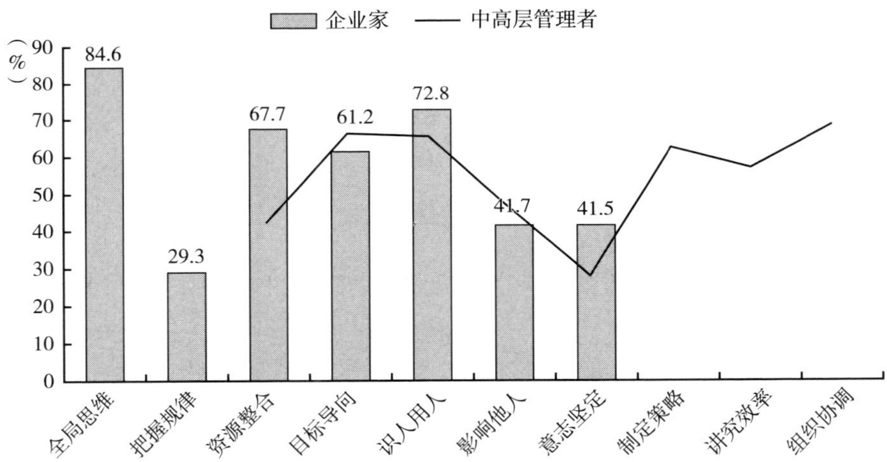

图10 中小企业家需要具备的能力和特质

随着人工智能和机器人技术的快速发展与逐步应用，从国家宏观经济到企业微观发展都在与时俱进地转型和突破。中小企业作为国民经济发展中的一支重要力量，从一线员工、基层管理者、中层管理者、核心高管甚至到企业家本人都需要掌握新经济时代下所要求的相关技能，具备能够顺应经济发展新形势下的能力素养。本次调研结果表明，在人工智能时代，各层级的员工或者管理者需要具备如图11所示的各项关键技能。62.9%的调研对象认为，排在首位的关键技能是复杂问题解决能力，其次是创造力（60.2%）、组织协调（50.2%）以及认知能力（44.8%）。

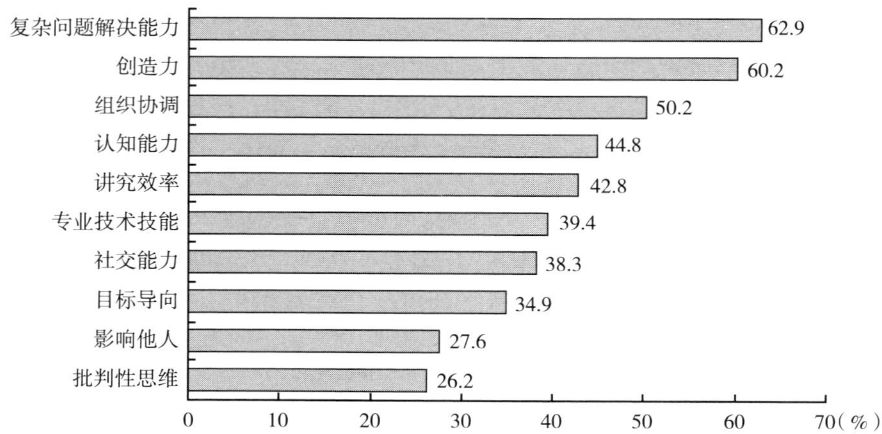

图 11　人工智能时代下的关键技能要求

（四）中小企业培训的未来学习模式

关于中小企业最期待的未来学习模式，调研结果表明中小企业期待未来的学习能够变得更加灵活方便、随时随地、随需而变。随需而变的学习符合中小企业培训的三大核心诉求：学习成本低、学习效率高、个性化定制。调研结果表明，中小企业对随需而变的学习的期待如下：66.57%的问卷调研参与者希望在中小企业学习者群体中，任何人都可以通过“自助”或者“组织规划”方式获得需要的学习内容；63.87%的调研对象希望学习者可以通过任何“方便”的终端或媒介接受学习内容；58.04%的调研对象希望在任何时间都可以及时地获得所需要的学习内容；56.05%的调研对象希望学习活动可以在任何地点或空间场景下发生和完成；55.33%的调研对象希望学习内容从数量和质量（效果）上能够充分匹配学习者的需求；48.22%的调研对象希望学习成本能够保持在学习者的承受能力范围内。

研究结果表明，中小企业普遍优先在专业技能培训、销售和营销技能培训、产品培训以及管理技能培训领域采用随需而变、随时随地的培训方式。从表 2 所示的统计分析结果来看，不同类型的企业或者组织在随需而变的学习模式的应用侧重点有所差异。国有企业、民营企业以及外资企业都会首先将随需而变的学习模式用于专业技能培训，但政府机构以及高等院校则倾向于将合规类培训变得随需而变、随时响应学习者的需要。

表 2　不同类型组织可能采用随时随地、随需而变的学习方式（交叉串联表）

单位：%

组织类型	新员工培训	产品培训	客户服务培训	销售或营销技能培训	管理技能培训	领导力培训	专业技能培训	职业技能培训	道德或合规培训	多元化或跨文化培训	质量管理培训
国有企业	42.74	34.5	38.2	49.1	52.7	49.1	82.7	47.3	50.7	23.6	18.2
民营企业	42.9	55.7	41.1	58.7	50.5	42.2	60.2	43.6	23.8	24.5	21.4
外资企业	47.4	34.2	42.1	47.4	39.5	23.7	63.2	52.6	18.4	23.7	23.7
政府机构	10.0	20.0	20.0	10.0	37.5	0.0	0.0	20.0	40.0	0.0	0.0
高等院校	35.0	25.0	8.3	33.3	33.3	8.3	25.0	16.7	66.7	8.3	0.0
行业协会	22.2	33.3	59.8	33.3	44.4	55.6	33.3	22.2	0.0	11.1	22.2
公共服务性机构、事业单位	27.9	42.9	57.1	42.9	42.9	28.6	14.3	42.9	0.0	14.3	28.6

针对中小企业新生代企业经营管理者的培养，“80 后”以及“90 后”的领导者倾向于采用移动化的、实战性的学习方式进行管理领导力的学习培养。调研结果表明（见图 12），61.84% 的新生代领导者倾向于采用移动学习的方式，将学习的内容进行线上和线下结合（OMO 模式）。此外，57.59% 的

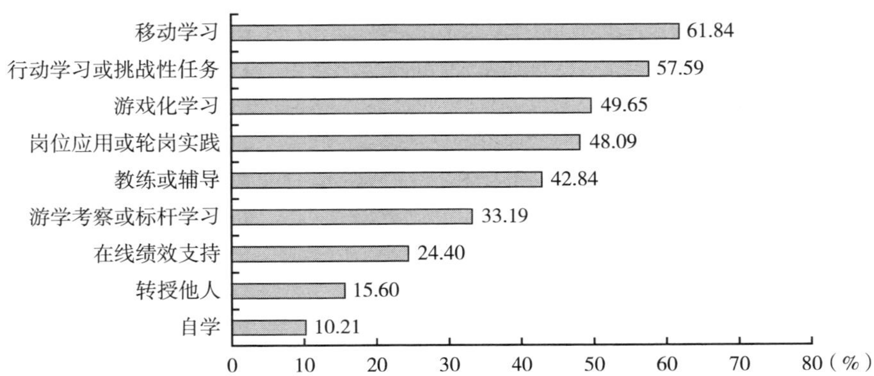

图 12　“80 后”“90 后”领导力培养模式

调研对象认为采用行动学习或者挑战性任务的方式，能够有利于“学以致用”，将所学的内容应用到实际工作中进行问题的分析与解决。为了降低学习的迁移难度，49.65%的新生代领导者喜欢采用游戏化学习的方式，比如沙盘模拟的方式进行高绩效团队打造、跨部门沟通与协作、决策与计划制订、财务敏锐度等管理领导力的训练。

四　中小企业培训发展的未来趋势

（一）中小企业培训将由“粗放型”向“精细化”转变

总体来看，中小企业的培训与发展仍处于初期阶段，即处于解决“有”或“没有”培训的阶段。与培训成熟度较高的大企业相比，从三个方面尤其凸显中小企业在当下所处的培训成熟度亟待提高：中小企业培训预算的数量较少，设置培训专职专岗的中小企业比例较低，培训主题和培训内容仅仅是为了满足岗位胜任所需要的必备技能。中小企业在未来的三年之内，基于外部人口红利的消失殆尽以及企业内部发展创新的需要，企业家以及中小企业核心高管对人才培养的重视度会逐步加强，企业对培训资源的投入度会加大。中小企业培训首先要突破的是“培训标准化”建设，重点体现在学习内容的准确性和一致性上。为达到这一目的，主要是通过加大学习内容原创开发的力度和加强外部学习资源的整合加以实现。此外，中小企业中有极少一部分的领军企业在实现培训的标准化阶段之后，将会着手推进企业培训的“系统性”建设，即开始关注企业培训的体系建设，包含但不仅限于课程体系建设、培训运营管理体系建设、培训质量管理与效果评估体系建设、内训师队伍建设以及培训管理者队伍建设。中小企业培训需要在未来3～5年的时间，才能逐步迈向培训的“绩效化”（通过培训支持业绩增长）和“战略性”（通过培训支撑甚至引领战略落地）发展阶段。

（二）敏捷学习将成为“必选项”

由于全球经济的变化，企业在“何处、用何种方式、为何人创造价值”

这一问题上也发生实质的转变。面对这样的转变，对大多数企业而言，从过去通过规模效益产生价值转变为通过产品、商业模式以及技术平台的组合创新来产生价值，并且这些创新会被迅速创造、快速评估，再快速淘汰更新。“速度”、“敏捷”与“快速复制”将成为商业世界的主流，同时成为中小企业组织力学习提升的必然选择。中小企业的培训与发展，从内容来源上更加注重企业组织经验的快速提炼总结并且设计开发成为可供员工学习传播的内容，其内容载体形式更加强调线上微课、案例学习、在岗辅导等方式，确保“学习”与“工作”融为一体。

（三）领导力提升将成为中小企业成长与发展的关键抓手

未来的商业环境需要企业具备新的战略决策能力，在新市场中参与激烈的竞争，着眼长远利益，转变现有的商业模式，能够在发展变化与保持稳定两个方面都灵活自如。未来的商业环境也需要新的领导模式来激励精英人才的业绩表现。因此，负责培训与发展的管理者和企业家需要重新思考企业的“领导力发展计划”和“继任计划”，以确保企业产生足以应对商业环境快速变化的领导者。关于领导力培养以及领导者梯队的打造，中小企业将着重加强三个方面的培训工作：第一，梳理和确定中小企业各层级管理者的胜任力标准，尤其需要建立中高层管理者的领导力模型；第二，建立适合各层级领导者学习与成长的课程体系和学习路径，并且将学习通道与职业发展通道打通，形成相互促进、相辅相成的关联性；第三，建立中小企业管理者测评与盘点的方法和机制，确保领导力培养与人才的选拔、任用、激励与保留相互关联，从而提升人才培养的成功率，使培训资源的应用最大化。

（四）互联网高科技将嵌入中小企业培训与发展中

1. 物联网

全球激增的移动终端，以及与此相关的产品和服务价格的迅速下降，使世界各地的人们只要有需求就能随时随地、随需而变地登录信息与学习平台。企业也将期望从社交网站上提取实时的信息，并输入复杂的算法系统，来实现有关商业与人才管理的信息化决策。这种信息化决策将大幅提升人与人之间的交互作用，使我们的工作环境发生颠覆性的变革。物联网技术的发展，将助力中小企业的培训与发展在实施的过程中灵活地采用多元化的终端介入设备进行学习内容的获取。

2. 大数据

大数据也会使人们的生活、工作与学习方式发生转变。这场大数据运动将使企业能够以低廉的成本采集、分析和应用海量的数据，轻松挖掘相关的数据，并找出事件之间的关联性。信息利用能力的提升可谓当今最伟大的生产驱动力之一，这不仅对市场适用，对中小企业内部的知识管理与学习成长也同样如此。未来的中小企业培训将实现培训活动开展的过程与培训数据的采集以及分析的过程同步进行，通过针对学习者本人到组织学习的过程性数据分析以及学习最终成果的分析进行培训质量的全过程管理，并根据数据分析结果进行及时调整与优化。

3. 机器学习

创新技术不仅可以教人学习，还可以教机器学习。受惠于机器学习，身处任何行业的企业都可以更为详细地检查大量的日常工作任务，并判断能否更好地分配资源、提高效率。人工智能的发展创造了令人难以置信的机会，让我们得以并且必须“重新发明”新型的工作场所和学习场所，从而让员工学习“源于工作并最终服务于工作”。中小企业的培训将不仅包含对人的培训，同时也需要进行相应的内容开发以及程序开发用于对机器的训练。为此，中小企业培训从业者需要分析和判断哪些工作任务适合机器完成，以及如何训练机器具备完成工作任务所需要的技能。

4. 机器人

未来，技术的发展脚步触及的将会是社会中的所有行业，而这很可能会产生一个考验现存社会结构与经济系统的就业缺口。如何将机器人的能力与生产力纳入培训与发展乃至人才管理的系统战略中，并且进行通盘考量，这是需要中小企业培训管理者认真思考的议题。同时，还应该思考，如何让机器人融入工作场所，如何培养和训练人与机器相互协同的生产能力。

参考文献

李子彬、郑文堂主编《中国中小企业蓝皮书：民营企业投资状况分析及对策建议》，经济管理出版社，2018。

张竞强、包月阳主编《中国中小企业蓝皮书：新时代中小企业高质量发展蓝皮书》，中国发展出版社，2019。

专题报告篇

B.6
中国科技人才培训创新报告

成瑶瑶　孙希昀　顾玲琍　杨耀武*

摘　要：科技人才培训事关科技人才队伍素质能力，保证创新驱动改革发展各项任务落实。报告梳理改革开放以来中国科技人才培训创新进程，展现了科技人才培训系统布局架构和各级主体供给格局，旨在发现和总结培训规律，把握培训创新发展方向。同时，重点分析2019年科技人才培训发展情况，针对目前科技人才培训存在的内涵建设需提升、培训内容需系统精准等问题，提出了突出战略地位、打造核心产品等有利于推进中国科技人才培训向创新化、科学化方向发展的思路建议，为进一步提高科技人才培训质量效果、完善科技人才培训制度等，提供决策参考。

* 成瑶瑶，上海科技管理干部学院助理研究员，研究方向为科技管理、人才培训；孙希昀，上海科技管理干部学院高级工程师，研究方向为科技人才、人才培训；顾玲琍，上海科技政策研究所副所长，研究员，研究方向为科技人才、科技政策；杨耀武，上海科技政策研究所所长，研究员，研究方向为科技政策、创新管理。

关键词： 科技人才 科技培训 培训体系

人才兴则科技兴，科技兴则国家兴。多年来，中国科技人才培训紧紧围绕党和国家的工作大局，依托科技创新布局资源，紧扣改革创新主线，建构了聚力助推科技创新的培训体系，走上了具有时代特征、中国特色、科技特点的培训创新发展之路，在中国人才培训格局中占据了重要位置。面对当前日益复杂的全球科技竞争新形势新变化，贯彻好党中央关于科技创新的决策部署，落实好创新驱动发展战略，把握好人才引领发展的战略要求，迫切需要“加强对新科学知识的学习，关注全球科技发展趋势”①。积极推进科技人才队伍能力素质提升，强化科技人才培训势在必行。面对新形势新任务新挑战，需要将科技人才培训摆放在更加突出的位置，同时树立“实践出人才”的人才培养观念，鼓励“走向国际化”，不断深化继续教育制度改革，完善全国科技人才培训体系，推进科技人才培训更高质量发展。

一 中国科技人才培训创新进程

随着经济、科技和教育体制改革的不断深化，中国科技人才工作经历了四个基本阶段：“放活”科技人才，拉开改革序幕；改革运行机制，引导科技人才面向经济主战场；强化体制创新，动员科技人才走自主创新的道路；营造良好创新生态，激励科技人才投身创新驱动发展事业②。不同阶段对科技人才培训工作提出了不同的要求，在培训政策体系构建、培训制度建设、培训实践等方面均有了不同程度的递进优化，体现了科技人才培训创新的阶段特征。

---

① 《习近平在科学家座谈会上的讲话》，2020 年 9 月 11 日。

② 秦全胜：《改革开放铸辉煌 人才发展谱新篇——改革开放 40 年来中国科技人才事业发展综述》，《中国科技人才》2018 年 12 月 29 日。

（一）“放活”科技人才，探索起步阶段（1978～1985年）

1978年3月全国科学大会在北京召开，邓小平作重要讲话，指出科技人员是劳动人民，知识分子是工人阶级的一部分，强调要加速培养年轻的科技人才，提出科学技术人才的培养基础在教育[①]。党的十一届三中全会后，把专业技术人才工作摆到了党的重要地位，提出建设“革命化、年轻化、知识化、专业化”的干部队伍，要求“尊重知识、尊重人才”，大规模开展继续教育和培训活动。以《1978～1985年全国科学技术发展规划纲要》《出国留学人员教育工作的暂行规定》《关于科学技术体制改革的决定》《关于积极开展在职科技人员专业培训工作的意见》[②] 为代表的政策相继出台。

鉴于当时科技人才极度贫乏，且人才培训缺乏体制保障，国家在科技人才的国外交流培训、科教体制改革等方面进行了积极的探索。重视青年科技人才的专业技术培训及国际交流外语培训，农民科技人才的培训的体系初步建立，同时逐步开展在职科技人员的培训。《1978～1985年全国科学技术发展规划纲要》提出，科研机构、厂矿企业、设计机构和高等学校等要制订科学合理的计划和办法，进一步提高科技人员尤其是青年科技人才的科学技术水平和外语水平。此阶段各科研院所、高等学校等单位重点开展了一定数量规模的科技外语培训，如四机部（科技局和标准化所）面向科技工作者、管理人员、企业开展3～4个月的短期脱产出国人员英语培训等，效果良好。

（二）改革运行机制，初步建立阶段（1986～2005年）

20世纪90年代前后，中国经济体制活力初现，民营企业开始萌生。随着科技园区建设力度的逐步加大，科技人才培训的基础设施建设速度明显加快，以园区为载体的科技人才培训体系初步建立。我国先后制订了一系列科

① 《“科学的春天”——1978年全国科学大会》，《中国科学院院刊》2018年第33（4）期。

② 于飞：《建国70年中国科技人才政策演变与发展》，《中国高校科技》2019年第8期。

技人才培养专项计划，如“星火计划”“863 计划”“火炬计划”等，为培养和造就科技人才提供了有效的载体。1987 年颁布的《企业科技人员继续教育暂行规定》是中国第一个全面系统的针对企业继续教育制定的行政法规，将企业科技人员的教育培训以制度的形式固定下来。1989 年的《农业专业技术人员继续教育暂行规定》为开展针对农村劳动者、乡镇企业管理人员、技术人员、农村科技管理人员的专项培训提供了法律保障。进入 21 世纪后，《关于全国专业技术人员继续教育“九五”规划纲要》《关于加强与科技有关的知识产权保护和管理工作的若干意见》《人事部关于印发〈人事人才发展“十五”规划纲要〉的通知》等文件相继出台，提出进一步加强面向专业技术人员的专项培训。

此阶段，中国科技人才培训主体逐渐明晰，载体平台开始建设。1986 年 2 月，国家自然科学基金委员会正式成立，随后，青年科学基金、博士后科学基金、留学生科研资助基金等主要针对青年科技人才的载体平台相继设立，对吸引、稳定和培养科技人才都起到了重要作用。“在职培训”“继续教育”成为此阶段培养科技人才的重要形式，且以青年科技人才为主，主要目标是提高综合素养。我国建立了科学技术部科技人才交流开发服务中心、中国科学院人才交流开发中心、科技部火炬高技术产业开发中心、科技管理干部学院、国家行政学院和地方行政学院等，为科技人才在职培训思想理论教育和专业技术培训开拓了更广泛的渠道，先后开展了面向科技人才的以社会主义市场经济理论和科技知识为主要内容的普遍培训，成效显著。

（三）强化体制创新，创新发展阶段（2006 ~ 2012年）

《国家中长期科学和技术发展规划和纲要》颁布以来，中国科技人才培养培训政策出现了“放”“管”“服”方面的三大积极变化，以科学发展观、科学人才观为指导思想，以“科教兴国”“人才强国”战略为发展方向，推动科技人才队伍建设全面协调发展。“全国人才工作会议”两次召开，作出了《关于进一步加强人才工作的决定》，对人才工作的具体目标和发展思路提出了要求。《专业技术人才队伍建设中长期规划（2010～2020年)》印发，提出通过科技培训基地建设、培训内容建设、教材建设、制度建设等，使科技人才培训工作进入多层次、多渠道、大规模培训期，从科技人才专项业务知识培训转变为科技人才自主创新能力培训。

此阶段，国家深化人才发展体制机制改革，重视科技人才自主创新能力培训制度建设。依托科技培训基地培训资源，制订自主创新能力培训教育方案和教学计划，编写系列教材和配套的案例分析教材，加强师资力量，科技人才培训逐渐呈现计划性、多样性、实用性、复杂性等基本特征。

（四）营造良好环境，优化完善阶段（2013年至今）

党的十八大以来，国家落实“创新驱动发展战略”，将科技人才提到前所未有的战略高度，要求系统化、专业性、多层次推进科技人才培训相关工作。《国家中长期科技人才发展规划（2010～2020 年)》《创新人才推进计划实施方案》等文件相继推出，要求根据各部门与行业特点和业务实际需要，统筹开展科技创业人才和科技管理人才相关培训，将培训普遍性和岗位特殊需求有效结合起来。充分开发现代培训方法，开发具有科技特色的专题讲座和培训活动，积极打造培训项目。强调重点人才群体、重点领域人才的专项培训开展。此外，在科技人才培训内涵建设方面，2018 年 2 月，《关于分类推进人才评价机制改革的指导意见》出台，提出要建立以创新能力、质量、贡献、绩效为导向的科技人才培训评价体系，培训管理更加科学化、规范化。

近年来，各地积极响应创新型国家建设，实行特定科技人才群体分类培训制度。根据因人施教、分类施教原则，在培训目标的制定、培训内容的设计、培训方法的选择、培训活动的组织等方面均采取了有针对性的措施，尤其是在培训内容的设计方面，既强调基本技能的培训，又突出特殊技能的培训。如，针对出国人员的外语培训，选择通用语种的学习，并采取短期、高强度的集中培训实现外语知识的全面掌握；星火计划培训重点抓农村科技人才，细分各类农村科技知识，开设专题培训班，在培训内容的设置上突出实践技能；创新培训和管理技能培训充分结合前沿学科知识，在内容上突出案例教学，在形式上以短期专题研讨班的形式居多。通过分类培训，科技培训供给与需求对接更加精准，科技培训目标更加具体明确，培训内容也更加具有针对性和有效性。

二 中国科技人才培训布局架构

近年来，中国科技人才培训主要围绕科技创新重点行业领域，面向专业技术人员、科技管理人员、重点产业人员以及科技系统公务员等几大重点群体，探索形成了相对成熟的培训产品模式，基本建立了条块结合、系统链接的科技培训体系架构。

（一）产品模式

科技人才培训区别于人才基础教育，其培训模式和产品主要为在职学习，旨在提升科技人才与实际工作相结合的专业技术能力和通识能力，分为短期的人才培训，时间不超过 3 个月，集中连续或分阶段培训；在职学位教育，完成相应学习内容可获取学位证书等。

1. 短期培训班

①岗位资格认证培训班。主要对象为科技管理领导干部，集中学习 3 个月，考核合格后由培训单位颁发岗位资格证书。②短期学习班。主要对象为在职干部，集中学习 15 天，学习内容以工作实用技能为主，考核合格后由培训单位颁发学习培训证书。③定向培训班。主要对象为高新技术企业研究与开发管理人员，集中学习 1 个月，学习内容以管理能力、管理技能为主，考核合格后由培训单位颁发相关技能证书。④专题培训班。主要对象不固定，集中学习 7 ~ 10 天，学习内容以当前热点形势、思想、精神等为主。⑤在岗培训班。主要对象为在岗职员，一般以部门和岗位为单位，集中学习 5 ~ 10 天，学习内容以岗位知识为主。⑥国际培训班。主要对象为定向选送人员，学习时长参考学期制，主要形式是国内外院校联合办班。

2. 学位教育

①学位班。主要对象为已取得技术创新相关方向学位的人员，考核需通过国家正规学位考试。②研究生课程教育，不受学位教育的限制，如“技术创新管理”（技术经济与管理）研究生课程教育班等。

（二）对象类型

科技人才培训的对象较为明确，主要为与科技创新相关的专业技术人员、管理服务人员等，也包括符合国家发展战略的相关科技产业领域人才等。

1. 科技管理人才

主要是面向政府机关、事业单位各级科技管理干部以及区、县分管科技工作的领导等开展的各类培训。科技管理人才的培训需求主要集中在科技政策、创新管理、创新方法、知识产权战略等模块的前沿理论，科技创新和科技发展规划的重要精神，国家科技重大专项，重点领域核心关键技术突破，科技创新基地和平台建设，创新型科技人才的培养等方面。科技管理人才培训对经验交流、案例教学等形式具有较高的需求。

2. 专业技术人才培训

主要是面向各行各业的专业技术人员、技术骨干人才开展的各类培训。专业技术人才的培训内容需求主要有专业基础理论、行业研究方法、分析工具使用、研究方向选择、科技论文与研究报告写作、社会调查方法、基本政策法规等①。专业技术人才培训形式以短期培训需求最旺盛，如专题学术研讨会、技能培训、上岗培训、学术会议、专题讲座等，其特点是时间短，一般半年以内结课，专业性和针对性强。此外，专业技术人才培训对学术考察、学术访问、深入科技型企业的体验式学习、中长期培训等形式也具有一定的需求。

① 闻增昌：《专业技术人员继续教育培训质量体系建设探究》，《陕西教育》（高教）2019 年第 5 期。

3. 重点产业人才

产业人才是指为产业发展服务的具有一定技能水平的高素质群体。从结构上来看，产业人才可以分为领军人才、拔尖人才和技术工人。产业人才的培训内容需求主要有经营者的管理培训、政策法规专项培训、行业发展与技术交流培训等。从培训类型来看，不同产业之间对于培训类型的需求相差不大。重点产业快速发展，对人员的数量、素质要求都会越来越高。未来，研发人员、管理人员依然会是企业最需要的，同时企业对人才的要求会更加专业化、多元化。

4. 科技系统公务员

现代科技培训是增强公务员素质与能力的时代需要。在培训内容方面，以政策法规和改革创新知识为主，强调对能力素质的培养。方法上突出创造性思维的训练，并注重知识面的扩大，坚持问题导向，致力于解决思想层面的方向问题和技术层面的技能问题[①]。科技系统公务员在能力建设和培训内容方面有如下需求。①任职培训中的领导能力建设。包括依法执政能力、改革创新能力、政治领导能力、群众工作能力、科学发展能力、驾驭风险能力、狠抓落实能力的提升和培训。②在职培训内容。包括政策法规、政治理论、优化营商环境、职业道德建设、科技创新等的强化培训。③专门业务培训。包括开展政策业务、通信写作等专业基础培训和技能培训。④公务员能力素养。包括创新知识储备能力、决策能力、政治能力、突发事件处理能力等方面的培训。

（三）行业区域

科技人才培训涉及科技重点领域、行业，自上而下纵向与地方区域横向综合分布。根据培训对象所处行业领域的不同，目前共涉及农业科技培训、科技管理人员和科技服务专业人员培训、企业科技人员职业技术培训、公安

① 汪继年：《公务员现代科技培训工作发展问题研究：学科与培训体系建设》，《成人教育》2010 年第 30（11）期。

科技培训体系、公务员现代科技培训、科技管理干部培训、科技情报人才培训、卓越职教师资人才培养培训、科普场馆科技辅导教师培训等9类，涵盖农业、行政管理、企业、公务员、教育、科普场馆等多个领域。在信息科技、海洋环保、能源管理、灾害预防、农业科技等12个重点领域，以继续教育为主要思路，以短期学习班、专题培训班为主要形式，开展高层次、急需紧缺和骨干专业技术人才的培训。此外，各地区积极建设国家级专业技术人员继续教育基地，充分调动高校、科研院所、企业的积极性，大规模开展岗位资格认证培训班、定向培训班等。

三　中国科技人才培训主体供给

中国科技人才培训基本形成了培训指导单位、培训机构、用人单位以及培训对象“四位一体”的供给需求机制，自上而下的计划培训与行业类市场化培训并存，培训指导单位和培训机构的主体供给与用人单位和科技人才本身的需求相互结合促进（见图1）。

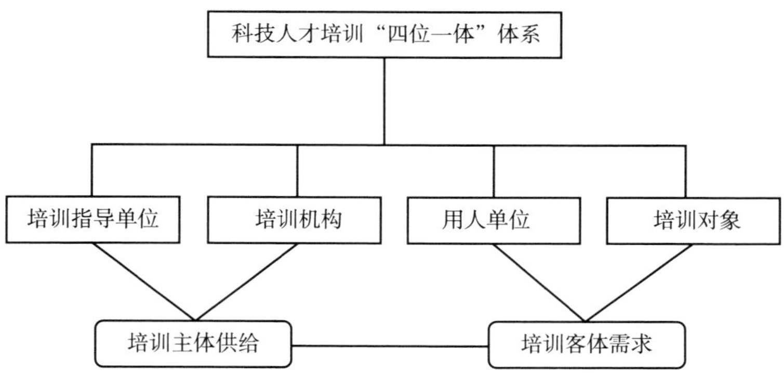

图1　科技人才培训体系

从科技人才培训主体供给上看，国家层面以科学技术部、中国科学院、中国科协等科技系统单位指导培训为主，其下属事业单位中心等负责培训落实。中央组织部、人力资源和社会保障部、国家发展改革委、教育部、工业和信息化部、农业农村部、国家知识产权局等在专业技术人才培训、行业领域科技人才培训、农村科技人才培训等方面也承担了重要的培训供给职能。

（一）国家科技系统

中国形成了自上而下的培训体系，以科技部为主的科技主管条线是科技人才培训的重要指导单位，同时也是主要的培训组织机构，某种程度上，科技部的科技人才培训供给也反映了国家的科技人才培训战略需求和发展导向（见表1）。

表1　国家科技系统科技人才培训供给

培训主要指导单位		培训机构
科学技术部	人事司	中国科学技术交流中心 科技部科技人才交流开发服务中心 中国国际人才交流中心 科学技术部上海培训中心 中国农村技术开发中心 科技部火炬中心 中国21世纪议程管理中心
	国际合作司	
	社会发展司	
	成果转化与区域创新司	
	政策法规与监督司	
	引智司	
中国科学技术协会	组织人事部	培训和人才服务中心 中国科协党校 中国科协乡村振兴科技党校
中国科学院		中国科学院人才交流开发中心
中国工程院		

资料来源：根据公开网站资料整理。

科技部各相关司局承担相应的科技人才培训指导组织工作，依托部属或地方事业单位以及高校、协会等开展培训。如人事司面向部内开展系统组织人事干部培训、“专业技术人员大讲堂”高层次专家授课活动等，面向部外开展驻外科技机构负责人回国参会培训、国际组织中高级人才能力提升培训班、主管社会组织管理提升培训班、国际组织及国际大科学计划人才能力建设研修班等；国际合作司开展“一带一路”国家系列专题国际培训班、“科技政策与管理国际研修班”等；社会发展司举办“国家可持续发展实验示范体系建设培训班”等；成果转化与区域创新司举办全国技术先进型服务企业高质量发展培训班等；政策法规与监督司举办全国科技管理系统推进科技改革与政策落实培训会议等；引智司举办全国科普能力建设培训班等。

部属事业单位相应承担科技人才培训落实开展工作，如科技部科技人才交流开发服务中心是科技部直属事业单位，专设科技人才培训岗位职能，从事科技管理人才、创新人才、创业人才等培训，开设专技人员大讲堂、科技创新 CEO 特训营等。中国国际人才交流中心设立了芬兰中国发展与交流中心、英伦国际有限公司等境外培训机构；中国农村技术开发中心开展农业科技创新管理、国家农业科技园区、星创天地、科技扶贫、科技特派员、农业科技计划等方面的专题培训；科技部火炬中心开展国家技术转移人才培养基地建设，举办国家高新区高质量发展培训班、国家技术转移机构主任培训班等；中国 21 世纪议程管理中心举办“应对气候变化培训”等。

中国科协面向中央地方协会指导组织开展科技人才培训相关工作，其培训和人才服务中心承担中国科协系统干部教育培训、科技奖项和人才举荐、高层次专家服务、科学道德建设等重点工作。近年来中国科协举办了高层次科技领军人才专题研修班、局级领导干部研修班和省市级新任科协主席培训班等。中国科协所属学会发挥智力人才密集优势，积极参与“专业技术人才知识更新工程”，2016 年中国纺织工程学会等近 20 个学会获得国家专业技术人才知识更新工程项目支持，培养培训专业技术人才 5000 余人①。2016 年中国电子学会获批国家级专业技术人员继续教育基地，不断探索完善产学研用相结合的继续教育模式，努力建成一流的国家级专业技术人员继续教育基地。

中国科学院人才交流开发中心为配合中国科学院人事制度改革和知识创新工程，以中高级人才为重点，开展科技人才高级研修班、人力资源高级研

① 中华人民共和国科学技术部：《中国科技人才报告（2018）》，科学技术文献出版社，2019，第 38 页。

修班、科研管理高级研修班、项目管理高级研修班、在职研究生教育等培训工作。

中国工程院“院士专家指导班”，组织院士专家赴贫困地区培训讲授科学生产技术和技能，帮助村民积极提升科学认知来改变目前贫穷落后的现状。

（二）相关国家部委单位

科技人才分布在各行各业，除了国家科技系统主要指导组织外，中国科技人才培训供给指导组织单位还有中央组织部、人力资源和社会保障部、教育部、国家发展和改革委员会、工业和信息化部、农业农村部、国家知识产权局、国家药品监督管理局等（见表2）。

表2　主要指导单位科技人才培训供给

<table>
<tr><th colspan="2">培训主要指导单位</th><th>培训机构</th></tr>
<tr><td colspan="2" rowspan="3">中央组织部</td><td>中共中央党校（国家行政学院）</td></tr>
<tr><td>中国浦东干部学院</td></tr>
<tr><td>中国延安干部学院</td></tr>
<tr><td rowspan="2">人力资源和社会保障部</td><td>职业能力建设司</td><td>人力资源和社会保障部教育培训中心</td></tr>
<tr><td>专业技术人员管理司</td><td>中国高级公务员培训中心
国家级专业技术人员继续教育基地</td></tr>
<tr><td rowspan="2">教育部</td><td>人事司</td><td>国家教育行政学院</td></tr>
<tr><td>职业教育与成人教育司</td><td>教育部职业技术教育中心研究所</td></tr>
<tr><td>国家发展和改革委员会</td><td>人事司</td><td>国家发展和改革委员会培训中心（宣传中心）
国家发展改革委党校</td></tr>
<tr><td rowspan="2">工业和信息化部</td><td rowspan="2">人事教育司</td><td>工业和信息化部人才交流中心</td></tr>
<tr><td>中国信息通信研究院</td></tr>
<tr><td rowspan="3">农业农村部</td><td rowspan="3">人事司</td><td>农村农业部管理干部学院（中共农业农村部党校）</td></tr>
<tr><td>农业农村部科技发展研究中心</td></tr>
<tr><td>中国农科院培训中心</td></tr>
<tr><td colspan="2">国家知识产权局</td><td>中国知识产权保护中心</td></tr>
<tr><td colspan="2">国家药品监督管理局</td><td></td></tr>
</table>

注：从事科技人才培训相关内容的高校院所未整理入此表。

资料来源：根据公开网站资料整理。

1. 人力资源和社会保障部

人力资源和社会保障部（简称“人社部”）是专业技术人才培养培训的主要指导组织单位，职业能力建设司和专业技术人员管理司负责组织实施专业技术人才知识更新工程、职业技能提升行动等人才培训，建设国家级专业技术人员继续教育基地，建立健全师资库、课程库和项目库等，打造若干资源共享服务平台。自2011年起实施专业技术人才知识更新工程，聚焦装备制造、生物技术等重点领域，广泛开展高级研修、急需紧缺人才培训和岗位培训等活动。部属教育培训中心九江培训基地、承德培训基地等承担相应培训任务。打造“中国国家人事人才培训网”“人社部教育培训网”等，依托中国职工教育和继续培训协会建设“全国职业培训教材网”，人社部中国工程继续教育协会建设一批继续教育基地，开展高级研修项目、紧缺急需人才培训、岗位培训项目等。

人社部研究建立终身职业技能培训制度，开展大规模就业技能培训、岗位技能提升培训和创业培训活动，年均政府补贴性职业培训近2000万人次。开展企业新型学徒制试点工作，推动企业和技工院校、培训机构建立长期稳定合作培养技能人才模式。截至2017年底，累计培养培训915万人次高层次和急需紧缺人才，建设140个国家级继续教育基地，带动全国参加继续教育超过2亿人次。

2. 教育部

中共教育部党组印发《关于贯彻落实〈2018～2022年全国干部教育培训规划〉的实施意见的通知》（教党〔2019〕20号），指导干部教育培训工作。国家教育行政学院是从事含科技人才在内的相关培训的机构，开展传统培训外的远程培训及国际合作培训项目等。国家开放大学开展农村电子商务人才培养项目，国家合作培训包括中英网络教育从业人员培训、中罗葡萄酒品酒师资格认证培训等。教育部建设了一批全国干部教育培训高校基地。

教育部共推荐成立了清华大学、北京大学、浙江大学、国家教育行政学院、国家开放大学、北京师范大学、华东师范大学等国家级专业技术人员继续教育基地，指导基地单位以高层次、急需紧缺和骨干专业技术人才培养为重点，开展了大规模、多层次的专业技术人才继续教育。

3. 国家发展和改革委员会

国家发展和改革委员会直属事业单位——国家发展和改革委员会培训中心（宣传中心），面向国家发改委公务员、委属单位部分干部、全国发展改革系统有关干部开展教育培训，指导全国发展改革系统干部培训工作，开展中高级英语培训班、科级干部能力提升专题培训班等。

4. 工业和信息化部

工业和信息化部面向具体产业领域的科技人才培训开展指导组织工作，如组织全国工业互联网系列培训等。为进一步加大对专业技术人员特别是科研领军人才、研究人员的培养力度，2014 年、2015 年与国家外专局联合组织实施“软件和集成电路人才培养计划”和“高端装备制造人才培养计划”，2017 年起组织实施“新材料人才培养计划”。截至 2017 年底，已培养软件集成电路高端装备制造和新材料领域人才共 987 人次，资助经费达 6034 万元[①]，大大提升了重点行业科研实力。

部属人才交流中心从事人才培养、人才交流、国际合作、智力引进、人力资源服务、人才领域研究咨询等工作，相继开展重点领域人才培养计划、新型工业化能力建设长风计划、企业经营管理人才素质提升工程等项目。建设制造业创新中心、中国数字经济人才集聚区，打造工业 4.0 在线学习平台，举办全国集成电路“创业之芯”大赛等。中国信息通信研究院打造“智能 +”学院，开展区块链系列培训活动等。

5. 农业农村部

农业科技人才培训体系是相对职能清晰、系统健全的培训体系，农业农村部是全国农业科技人才培训的主要指导组织部委，农业农村部管理干部学院（中共农业农村部党校）是主要培训机构，重点开展农业品牌建设专题培训班、农民合作社带头人能力提升研修班、科技推动农业转型与农技推广服务能力培训班，形成了一支包括现代农业建设、农业农村财务管理、农业

---

① 中华人民共和国科学技术部：《中国科技人才报告（2018）》，科学技术文献出版社，2019，第 38 页。

法律、农村合作社、农村改革、理论素质与能力建设等方向在内的专业培训师资队伍，开发了系列培训教材，建设了一批教学基地。中国农业科学院培训中心的培训课程和专题也相对成熟，包括党政干部培训、科研团队首席及骨干管理培训、国家农业科技创新联盟人才培训、现代农业技术推广培训、“院地合作”培训、科技创新工程绩效管理培训等。开展远程教育，打造“农科讲坛（中国农业科技报告会）”，形成系列精品课件。

6. 国家知识产权局

中国知识产权保护中心是国家知识产权局直属事业单位，是人力资源和社会保障部批准的国家继续教育基地，承担全国知识产权领域在职人员的继续教育和知识产权专门人才培养培训工作。举办了培训管理人员培训班、全国医药行业知识产权保护实务培训班等。

（三）地方科技系统及相关委办局

地方科技人才培训主体供给基本按照自上而下的体系，主要指导组织职能由地方科技主管部门承担，如科技厅、科协等部门单位。各地人社局、教育局、经信委等也指导组织相应领域的科技人才相关培训，科技人才培训实施主要依托各部门的直属事业单位，或依托所在地的高校教育资源或行业协会资源等。此外，各级党校（行政学院）中关于干部培训的知识类培训也涉及科技人才，但本研究未将这两类供给主体纳入（见表3）。

表3　部分地方科技系统及相关委办局科技人才培训主要供给

地方	培训主要指导单位	培训机构
北京	北京市科委	北京市科学技术委员会人才交流中心 北京科学技术开发交流中心 北京技术市场管理办公室
	北京市科协	北京市科技进修学院
	中关村管委会	
天津	天津市科技局	中共天津市委科学技术工作委员会党校（天津市科学技术委员会培训中心）
	天津市经信局	天津市工业和信息化人才交流服务中心
	天津市科协	

续表

地方	培训主要指导单位	培训机构
河北	河北省科技厅	河北省科技成果转化服务中心 河北省协同创新中心(科技大厦) 河北省山区科技创新中心 河北省对外科技交流中心
	河北省科协	
山西	山西省科技厅 山西省科协	山西省科技干部继续教育中心
上海	上海市科委 上海市科协 上海市经信委 上海市人保局 上海市教委 上海市委组织部	上海科技管理干部学院 上海市科技创业中心 上海科技交流中心 上海市业余科技学院 上海市中小企业发展服务中心 上海高技能人才培训基地 上海市师资培训中心 上海市干部培训中心
广东	广东省科技厅	广东省科技合作研究促进中心 广东省生产力促进中心 广东国际科技中心 广东南岭干部学院 广东省科技干部学院(更名为广东省科技职业学院) 广东科技人才基地
	广东省科协	
四川	四川省科技厅	四川科技职工大学(原四川省科技干部进修学校和四川省科学技术管理干部学院)
	四川省科协	
新疆	新疆维吾尔自治区科技厅	新疆维吾尔自治区科技人才开发中心(自治区科技特派员服务中心) 科学技术服务中心 新疆科技干部培训中心
	新疆维吾尔自治区科协	

注：各级党校（行政学院）和人社部门等的相关科技人才培训未进入此表，此表也未穷尽地方所有人才培训指导单位及相关培训机构。

资料来源：根据主要公开网站资料整理。

科技创新基础较好、进展较快的省市在科技人才培训方面的进展和供给也相对较强，如北京市科委发布“高精尖产业技能提升培训机构目录”，北京市委组织部会同市科委、市委党校联合举办区块链和人工智能科技专题培训班。北京市科委人才交流中心、北京科技开发交流中心皆是北京市科委直属事业单位，依托首都高校、科研院所、中央企业及高科技公司等创新资源优势，开展国际合作、院市合作、科技培训及科普交流，举办了科技金融赋能技术转移转化实务培训活动、科技金融赋能技术转移转化实务培训活动等；上海市科委依托事业单位上海科技管理干部学院、上海市科技创业中心、上海科技交流中心等开展面向科技管理干部、创新创业人才、国内外科技交流合作人才的培训，上海市经信委直属上海市中小企业发展服务中心，面向中小企业科技人才组织开展相应培训工作，上海市人保局建设上海高技能人才培训基地，共同推动科技人才培训；天津市科技局成功举办高层次科技人才创新创业能力培训班、高层次科技人才创新创业能力培训班等，天津市经信局首推国家标准“职业培训包”证书行业认可，举办《中国制造2025》专题培训班等。

另外，一些省市科技人才培训的主要内容、形式等主要依据国家科技系统的培训而实行，如开展科技创新政策宣讲、创新方法应用推广、技术经理人、技术合同认定登记、科技成果转移转化等基本内容相通的培训，培训机构除了少部分依托已有事业单位外，也有依托本地所在高校、行业协会等教育培训资源，如浙江省与上海交通大学深化战略合作，成立上海大学绍兴研究院，建立上海大学绍兴市干部培训基地；宁波打造新工科创新人才培养高地——宁波智能技术学院；建设西安交通大学 IKCEST 丝路培训基地等。各地科协也普遍开展科技场馆科技辅导员培训、创新方法培训、基层科技骨干教师培训、科技场馆科技辅导员培训等。

科技创新基础比较薄弱的地区，科技人才培训中脱贫、农业科技人才培训的内容相对较多，如西藏开展“三区”科技人才、科技特派员提升基层科技服务能力培训，县级农业农村部门负责人轮训等；青海省举办“三区三州”深度贫困地区“三区”人才集中培训班等。

此外，广东省与香港联合开展科技人才培训，共同促进粤港澳大湾区创新发展，广东省专业镇党委政府领导、公共技术创新服务平台负责人及市县科技管理干部在香港参加技术创新服务培训，并取得香港生产力促进局颁发的培训证书。

中国科技人才培训的主体供给除了政府部门机构等，还有分布在行业领域中的行业协会和其他社会化机构等，如中国国际贸易促进委员会（中国国际商会）培训中心与联合国教科文组织国际工程教育中心（ICEE）举办的国际工程教育工作坊，河北省枣产业技术创新战略联盟开展枣新品种新技术新模式培训班，京津冀技术转移协同创新联盟主办京津冀技术合同认定登记培训班等，共同构成层级多样、主体多元的培训供给体系。

四 中国科技人才培训现状问题

科技培训与科技创新相辅相成，创新驱动发展日新月异，科技人才培训水涨船高。2019 年，中国科技人才培训体系不断健全，围绕科技人才队伍能力素质提升，科技培训层次能级不断提高，培训内容和形式更趋多元化和实用性，培训制度环境持续优化。

（一）总体情况

1. 培训制度环境持续优化

培训制度建设是推进科技人才培训管理工作科学化、规范化的重要内容，2019 年，我国出台多个科技人才培训支持政策，针对劳动者职业技能培训、科技型中小企业专业技术人才培训、培训评价制度完善、职业院校培训基地建设、科技管理人才培训等方面提出了明确的实施要求。具体政策包括：5 月，国务院办公厅印发的《职业技能提升行动方案（2019 ~ 2021 年）》，8 月，科技部印发的《关于新时期支持科技型中小企业加快创新发展的若干政策措施》，9 月，人力资源和社会保障部印发的《关于改革完善技能人才评价制度的意见》，11 月，教育部办公厅、人力资源和社会保障部办公厅等14部门印发的《职业院校全面开展职业培训促进就业创业行动计划》，12月，中共中央组织部、人力资源和社会保障部印发的《事业单位工作人员培训规定》等。地方科技人才培训支持政策基于省内科技人才工作具体情况，各地出台相应的实施措施和培训目标。例如，9月20日，河南省人力资源社会保障厅出台了《河南省职业技能提升行动方案（2019～2021年）》，提出未来三年要面向职工、就业重点群体和建档立卡贫困劳动力等各类劳动者，大规模开展职业技能培训1000万人次以上。

2. 培训层次不断提高

在原有科技人才常规培训的基础上，2019年，科技部人才中心牵头，举办了多期科技人才高层次培训班，例如，科技创新CEO特训营共70余人参训，全部为高科技型企业的创办人、董事长或管理层人员，行业分布在生物医药、先进制造、节能环保、信息通信、新材料等战略性新兴产业领域；2019年科技人才评价与管理培训班，各省、自治区、直辖市及计划单列市科技厅（委、局），新疆生产建设兵团科技局，国务院有关部门、直属机构科技管理部门负责科技人才工作的同志60余人参加了培训；2019年科技部系统人事干部培训班，45名科技部系统人事干部参加了培训。地方层面，广东省实验室体系创新赋能计划正式启动，执行周期为3年，针对广东省400多家各类实验室的负责人和科研骨干，计划开展赋能培训和实操训练2000人次以上。

3. 培训内容多样性、实用性

科技人才培训内容呈现多样性、实用性的特征：一是讲授科技管理知识，二是新时期新阶段国家和省科技支持及资金投入的重点产业、重点技术，三是研讨科技经济项目策划与申报，四是国家科技及人才政策等。例如，2019年科技领军人才创新战略研修班，110名入选创新人才推进计划“中青年科技创新领军人才”和“重点领域创新团队”负责人参加了此次研修班。通过培训，科技领军人才充分了解了国家科技及人才政策，深刻理解了创新驱动发展战略。

（二）存在的问题

1. 培训内涵建设需提升

一是科技人才培训教材的更新与形势发展的同步存在错位，全国科技管理学、科技管理法规政策等培训教材，更新扩容缺乏时效性和针对性，培训教材编辑出版与科技创新发展形势不同步。二是科技人才培训传统方式缺乏时效性、精准性，培训方法创新性少、形式单一，理论教学多，实践操作少，一对多讲授多，多对多讨论少。三是科技人才培训师资队伍建设跟不上培训的发展需求，师资队伍自身的知识能力更新速度跟不上科技创新发展的频率，培训对象知识需求多样化与培训供给之间存在不匹配的矛盾。

2. 培训学习管理需健全

一是科技人才培训管理缺乏创新，管理机制需健全，对不同培训对象使用“公式化”的培训教材和培训内容，影响培训的质量。二是各地科技人才培训的过程和结果与干部选拔任用环节尚未有机结合起来，学与不学一个样，学好与学坏一个样，参训完训的积极性不高。三是科技人才本身对培训的主观认识和正视观念不够，既影响自身培训效果也影响系统组织效果。此外，从新时期人才成长提升的要求来看，现有的科技人才培训的频率不高，高层次、高学历、专业化的科技人才培训占比仍较低。

3. 培训评价反馈需完善

目前，各培训主体对培训评价认识不足，缺乏实质性的投入。科技人才培训评价体系尚未建立，培训效果评价指标体系内容不完善；与实际工作出现脱节，仅停留在学习层面，并没有深入参训者的行为改变和思想改变；对培训评价效果的应用不够重视，更多的是形式上的宣传而没有群体反馈。另外，在科技人才培训理论方法创新、科技人才培训案例开发、新科技手段应用培训、科技人才培训基地平台建设和行业管理服务等方面，也存在一些相对滞后的现象。

五　中国科技人才培训发展建议

2020 年 10 月 10 日，习近平总书记在中央党校（国家行政学院）中青年干部培训班开班式上发表重要讲话强调："提高解决实际问题能力是应对当前复杂形势、完成艰巨任务的迫切需要，也是年轻干部成长的必然要求"，"干部特别是年轻干部要提高政治能力、调查研究能力、科学决策能力、改革攻坚能力、应急处突能力、群众工作能力、抓落实能力"[①]。当前，科技创新竞争日趋激烈，科技人才素质能力日益凸显，科技人才培训的重要性也越发强化。科技人才培训亟须实现从供给推动向需求导向、从以职能为中心向以效果为中心、从面上规模培训向精准定向培训的发展转变。

（一）围绕中心，突出科技人才培训的战略地位

科技人才培训的生命力在于始终坚持为党和国家的创新中心工作与大局服务，为建设高素质的科技人才队伍服务。坚持科技人才是第一战略资源的位置，突出科技人才培训的重要战略地位和作用。从全局、长远角度出发，根据中国科技创新发展战略需求，强化科技人才前瞻布局。开展科技人才培训系统前瞻规划布局，立足实际情况和阶段性特征，着眼近期需求和长远战略需要，结合当前"十四五"和中长期科技创新规划编制落地，下好科技人才培训规划先手棋，确保培训工作有组织、有计划、有步骤地推进。进一步强化各级政府主要负责人的责任，形成责任部门统一领导，组织部门宏观指导、综合协调，有关部门各司其职、密切配合，主管部门具体负责的工作格局。

（二）聚焦重点，打造科技人才培训的核心产品

不同阶段的科技人才培训有其聚焦的重点培训对象和培训内容，着力推

① 《习近平总书记在中央党校（国家行政学院）中青年干部培训班开班式上的讲话》，2020 年 10 月 10 日。

进适合时代发展的培训专题、基地和师资等，始终保持科技人才培训的与时俱进。进一步突出科技创新的时代性、科学性和国际化，聚焦重点科技人才群体，坚持目标导向和问题导向，坚持培训的公共属性，重点打造科技人才培训的核心产品。培训内容应注重专业技能和政治理论学习相结合，坚持把深入学习贯彻习近平新时代中国特色社会主义思想作为重大任务，抓在经常、融入经常。分类组织实施专项人才培训计划，按照“抓什么训什么、管什么学什么、缺什么补什么”的要求，增加专业化培训的频度和深度，提升科技人才专业思维、专业素养、专业能力，努力培养思想过硬、业务精通的专长。

（三）多元精准，提高科技人才培训的质量效果

在科技人才培训中心只有始终注重培训质量效果提升，引导和推动科技人才在丰富生动的培训实践汇总学习实践本领，人才引领创新发展才会不断推进。因此，必须把是否能够提高科技人才专业水平、综合能力素质特别是解决实际问题能力作为检验培训工作成效好坏的标准。综合分析科技人才群体及其所属行业领域管理系统等，举办不同层面的精准培训，提升知识能力素质。培训课堂更多采用现场教学、案例教学、论坛式教学、情景模拟和行为训练、线下教学、行动学习和结构化研讨等教学方法，探索引入“互联网＋培训”、大数据等信息化方法，将科技创新重点工作和实际工作中存在的热点、难点问题，有机渗透到各类培训班的研究和讨论中，以研究解决实际问题为导向，把提高科技人才能力素质和研究解决工作中的实际问题有机结合起来，提升理论与实践有效转化的能力，以及学习研究、解决实际问题和掌握专业技能的能力，提高培训质量效果。

（四）夯实根基，建设科技人才培训的一流机构

实践证明，加强科技人才培训机构建设，不断完善科技人才培训格局，是科技人才培训工作可持续发展的重要保证。进一步梳理现有科技人才培训供给的优化调整和职能确定，继续强化已布局的培训机构、基地等建设，强化人才引领助推创新的培训主体功能，面向国内、国际培训行业机构建设标

准，打造符合时代特征、体现科技特色、结合本地化特点的一流科技人才培训机构，走专业化、社会化、国际化培训机构发展路径，形成科技人才培训核心课程、师资和品牌，健全科技人才培训系统理论方法。加强与高校、党校和职能部门的纵向联系，充分借助高校、党校等资源，借脑培训，借力培训，建立培训主体与国内知名高校、培训机构长效合作培训机制。

（五）规范协同，构建科技人才培训新发展格局

坚持以改革创新精神发展科技人才培训理论，丰富科技人才培训实践，完善科技人才培训制度。继续深化科技人才培训模式布局的创新发展，规范协同全国科技人才培训市场，探索以公共公益培训为主、市场社会培训充分发展的科技人才培训差异化布局，推进科技培训跨部门、跨行业、跨区域协同发展。探索引入国外科技人才培训机构或产品，科学规范科技人才培训流程。深化科技培训市场化配置改革，疏通国内外科技培训供给和需求的传导机制，促进科技培训、科技人才、科技创新协调发展，加快形成以国内大循环为主体、国内国际双循环相互促进的科技人才培训新发展格局。

参考文献

《习近平在科学家座谈会上的讲话》，2020 年 9 月 11 日。

秦全胜：《改革开放铸辉煌 人才发展谱新篇——改革开放 40 年来我国科技人才事业发展综述》，《中国科技人才》2018 年 12 月 29 日。

于飞：《建国 70 年中国科技人才政策演变与发展》，《中国高校科技》2019 年第 8 期。

汪继年：《公务员现代科技培训工作发展问题研究：学科与培训体系建设》，《成人教育》2010 年第 30（11）期。

闻增昌：《专业技术人员继续教育培训质量体系建设探究》，《陕西教育（高教）》2019 年第 5 期。

中华人民共和国科学技术部：《中国科技人才报告（2018）》，科学技术文献出版社，2019，第 38 页。

B.7

2019～2020年大型国有企业在线学习状况调查与分析报告

——基于知学云在线学习平台的调研报告

唐福国　黄观祯*

摘　要：国有企业在线学习的培训方式已获得大多数员工的认可,但是因资源聚焦性不强、缺乏互联互通等弊端，在线培训效果尚未达到预期目标。基于大数据分析技术的智能化服务系统将成为未来智慧学习的重要助力。企业应关注大数据、云计算、人工智能等新技术和场景应用对培训的助力；应重视体系构建和效果评估，聚焦反应层、学习层、行为层和效果层等四个层次的整体评估；短期内应侧重内容开发、效果转化和绩效支持。

关键词：在线学习　国有企业　服务系统　知学云

国有企业干部教育培训是国有企业干部队伍建设的先导性、基础性、战略性工程，在培养造就对党忠诚、勇于创新、治企有方、兴企有为、清正廉洁的国有企业干部队伍中具有不可替代的重要地位和作用。2018年，中共中央印发的《2018～2022年全国干部教育培训规划》提出：

* 唐福国，中共北京市丰台区委党校副教授；黄观祯，知学云（北京）科技有限公司研究院副院长。

“加强网络培训标准建设，2020 年前形成较为完备的干部网络培训标准体系，2022 年前实现各类各级干部网络培训平台资源共建共享、数据互联互通。”

在信息时代背景下，国有企业干部教育培训与互联网的融合现状如何？国有企业智慧化学习应实现什么样的图景？作为智慧学习的领先者，知学云联手中国大连高级经理学院自 2019 年 7 月至 2020 年 3 月开展中国国有企业在线学习调研，调研对象覆盖 13 个行业的 200 多家国有企业（包括中央企业、中管金融企业、地方国企等），通过在线问卷和现场渠道，共收集有效问卷 235 份。

本次调研采用问卷调查法、人物访谈法、抽样调查法、典型调查法、统计调查法等方法。通过线上问卷调研的方法获取国有企业（制造业、教育、互联网、金融业等行业）人员定量的数据，分析其在线学习的现状以及存在的问题；通过抽样调查获取 50 多家国企（包括中央企业、地方国企）在线学习平台数据、平台内容建设及运营管理情况；通过典型调查法剖析标杆案例，呈现实践经验，深度探寻问题产生的原因及解决方案。

一 调研对象分析

调研对象主要包括访谈的人物以及涉及的企业。

（一）人物访谈对象为主管培训工作的主要负责人

本次人物访谈调研中涉及的职务涵盖企业大学校长、培训总监、人力资源经理、培训经理、培训主管等职务（见图 1），他们都是直接从事企业内部员工及领导干部培训的主要负责人，他们对于在线学习和培训都有各自的心得和体会。

（二）行业问卷调查涉及领域广泛

调研期间，向制造业、科技/互联网、教育培训、电信通信、金融、专

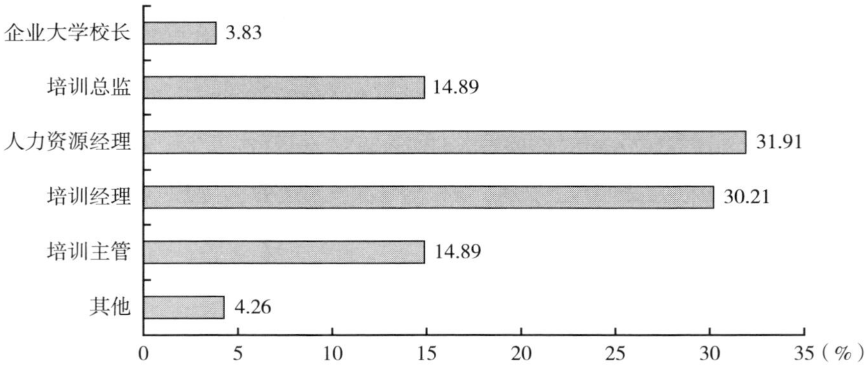

图1　人物访谈的职务分布

业服务、消费品、房地产、能源化工、文化传媒、交通运输、生命科学与医疗保健行业等发放问卷（见图2）。

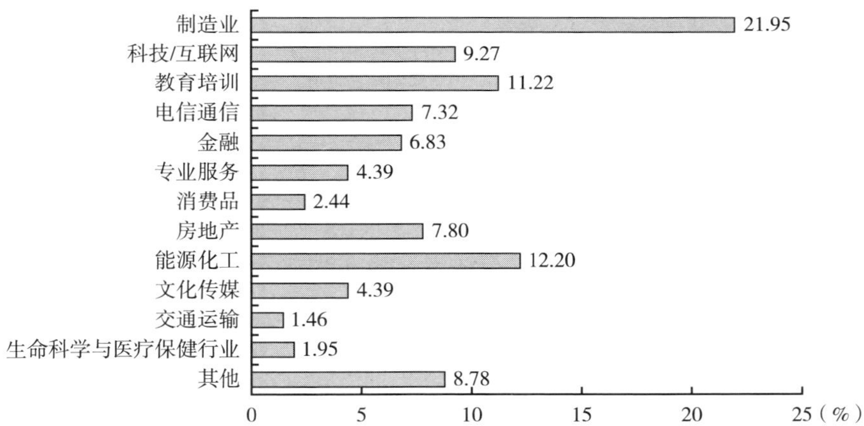

图2　参加调研用户所处行业分布

（三）调研企业规模涵盖大中小微型企业

参与调研的企业规模涵盖1000人以上直至100万人以上的大中小微型企业，确保数据及结论的广覆盖。其中规模在1万~5万人的企业，占调研对象企业总数的35.32%，这部分企业的在线学习情况更具代表性（见图3）。

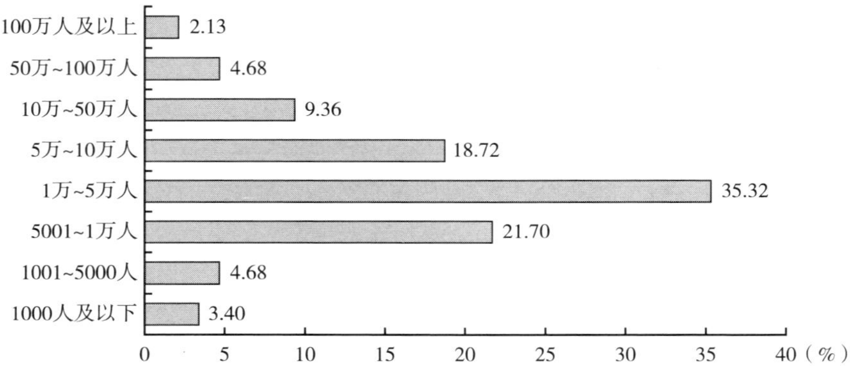

图3　调研企业规模分布

二　国有企业在线学习现状分析

通过对回收问卷的整理，可以分析国有企业员工和领导干部对于在线学习的整体认知。

（一）在线学习的学习方式获得大多数员工的认可

调查结果表明，超过1/2的受访者认为在线学习的学习方式顺应了时代的发展，有利于拓宽学习渠道，有利于增加培训的覆盖率，有利于降低企业的培训成本。67.65%的受访者认为在线培训可以扩大培训覆盖率；64.71%的受访者认为在线培训顺应了时代发展的需要；64.22%的受访者认为在线培训为企业员工拓展了新的学习方式，50.49%的受访者认为在线学习有助于降低培训成本。

此外，关于在线学习的动机和目的，认为是建设学习型组织需要的占39.22%，认为是高层管理者要求的占37.75%，认为是提升培训效果实现绩效支持的占35.78%，认为是企业员工自我提升需求的占34.80%，占比最低的为“业务部门需要”和“上下游合作伙伴的需要”，分别占26.96%与6.37%。

（二）在线学习的主体是新进员工和管理者

关于国有企业在线学习重点针对的人群，调研显示，73.53%的受访者认为主要针对新员工，67.65%的受访者认为是基层管理者，60.29%的受访者认为是中高层管理者，36.27%的受访者认为在线学习是行政、财务、人力资源等职能部门，34.80%的受访者认为是销售人员，33.33%的受访者认为是生产岗位人员，30.88%的受访者认为是市场人员，只有24.02%的受访者认为是技术研发人员。由此可知，国有企业针对管理者和新员工的在线培训比较重视，而对于一线销售市场人员，特别是生产和技术研发岗位人员的在线培训相对薄弱（见图4）。

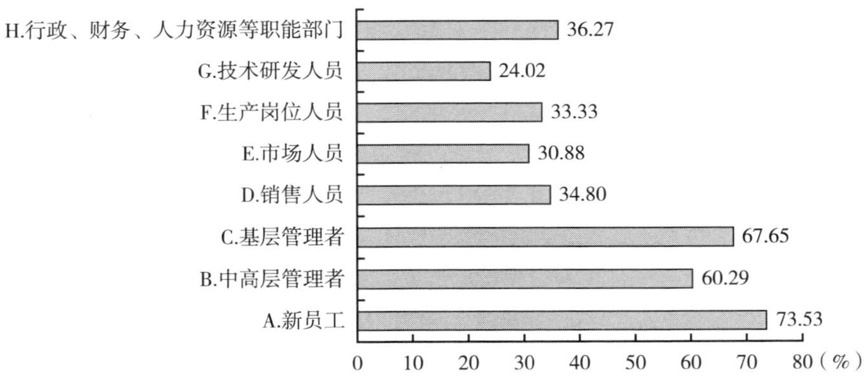

图4　在线学习的主体

（三）对在线学习整体效果的满意度一般

本次调研从在线学习整体效果、在线学习平台、在线学习课件资源、线上培训运营保障等四个维度进行满意度调查，各维度的满意度评价为一般的均超过5成。其中，57.84%的调研对象对在线学习整体效果评价一般，满意以上的只占28.43%，不满意的占13.72%（见图5）；54.41%的调研对象对所在企业的在线学习平台评价一般（见图6），50.98%的调研对象对在线学习课件资源评价一般（见图7），53.92%的调研对象对线上培训运营保障评价一般（见图8）。据此可知，多数国有企业在线培训效果未达到企业和员工的预期，尚存在较大的提升空间。

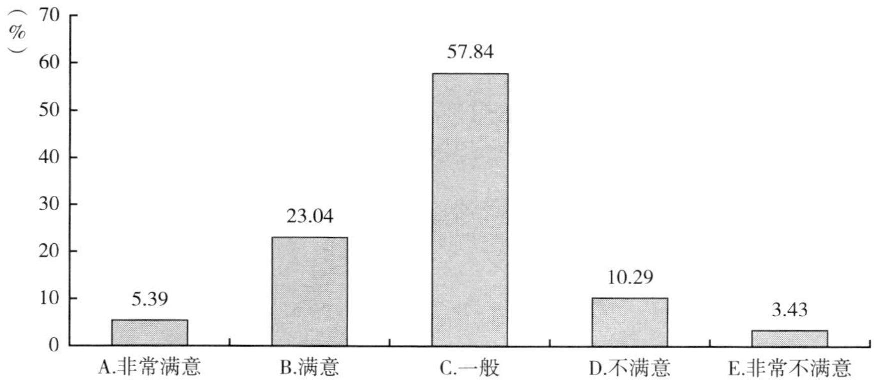

图5　对在线学习整体效果的评价

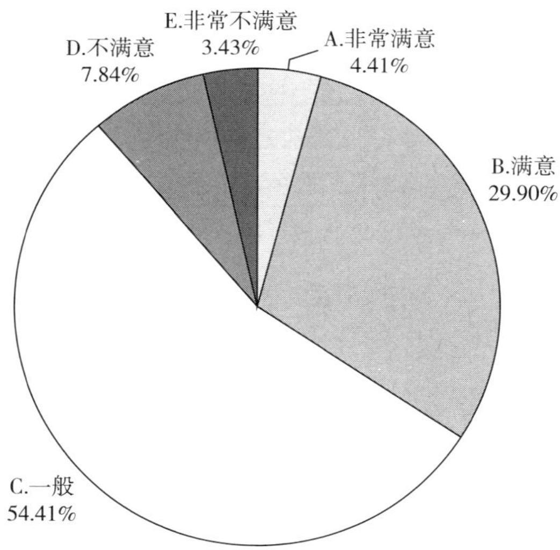

图6　对自己企业在线学习平台的评价

综上所述，从之前的远程教育到现在的慕课、移动端App软件的出现，人们已经可以随时随地在互联网上汲取自己所需要的知识。但是虚实结合环

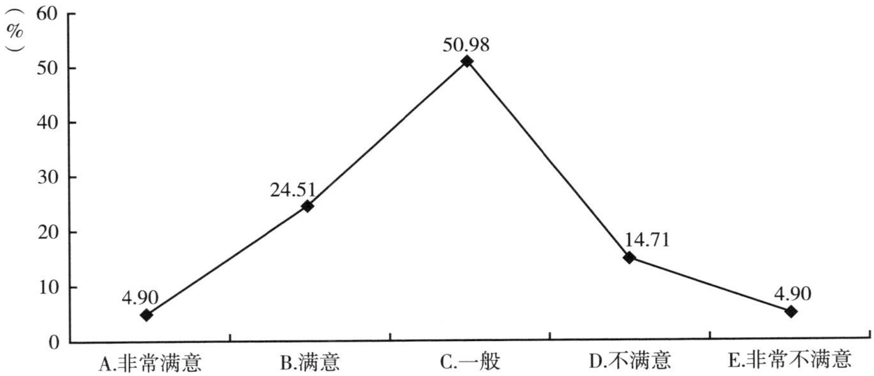

图 7　对在线学习课件资源的评价

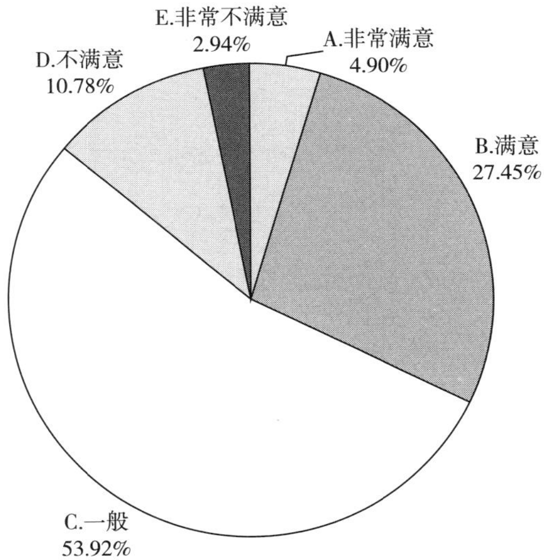

图 8　对线上培训运营保障的评价

境教育也引发了许多问题：如何明确学员是否掌握了知识点；网络课程是否有足够吸引力；在线学习过程中，如果学员处于自学状态，能否有效自我控制和持续进步，这些因素都影响着国有企业在线培训的效果和学员的评价与认可。就目前而言，国有企业线上培训仍需要继续提升学员黏性，提高课程质量与培训效果，在未来仍具有较大的进步空间。

（四）在线学习资源聚焦性不强，缺乏互联互通

针对国有企业干部网络培训的突出问题，78.26%的受访者认为是资源独立分散，缺乏互联互通；56.52%的受访者认为是学员积极性和参与度不高；56.52%的受访者认为是课件参差不齐，更新速度较慢；47.83%的受访者认为是制度建设滞后，激励约束乏力；47.83%的受访者认为是技术标准不统一，依托系统各异；较少人（17.39%）认为是建设维护昂贵，经费保障匮乏。由此可知，资源分散、学员积极性不高和课件参差不齐是国有企业在线学习面临的主要问题（见图9）。

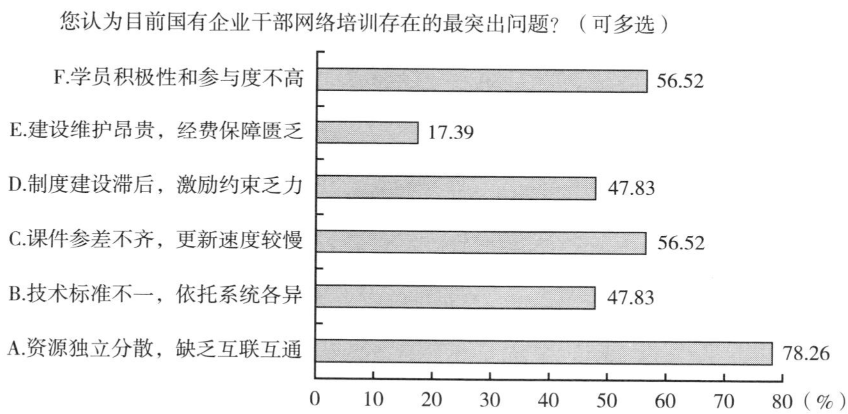

图9　在线学习的突出问题

由“针对企业实施在线学习面临的最大挑战”调研结果可知，在线学习面临的挑战主要是如下几个。第一，员工使用在线学习的积极性不高（57.84%）；第二，学习内容缺乏吸引力，针对性不强（56.37%）；第三，在线学习效果难以评估和转化（55.88%）；此外还有缺乏良好的学习机制和文化氛围（38.73%）、高层支持力度不够（25.00%）、从事培训和人才发展人员能力不足（17.16%）、担心信息安全（15.69%）、预算不足（12.75%）、业务部门不认可（8.33%）、找不到合适供应商（8.33%）、其他（2.45%）（见图10）。

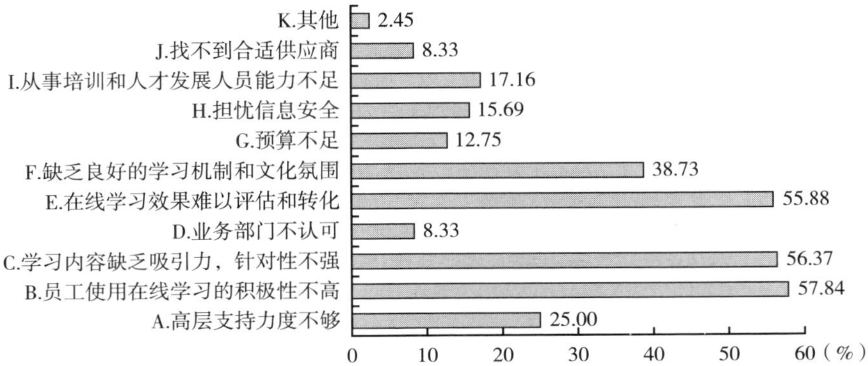

图10　在线学习面临的挑战

因此，在线培训必须加强内容创新与实效，加深细分化和针对性，提升效果转化率，创新评估模式，才能更好地提高国有企业员工学习的积极性和参与度。

调研显示，超过一半的人认为国有企业在线学习的应有场景为自主按需学习（66.67%）、实施混合式学习项目（56.86%）、辅助面授培训（52.45%），部分人认为是支持培训任务和计划实施（44.61%）、考试（40.20%）、支持高效的培训管理（38.73%）以及直播（35.78%）等（见图11）。

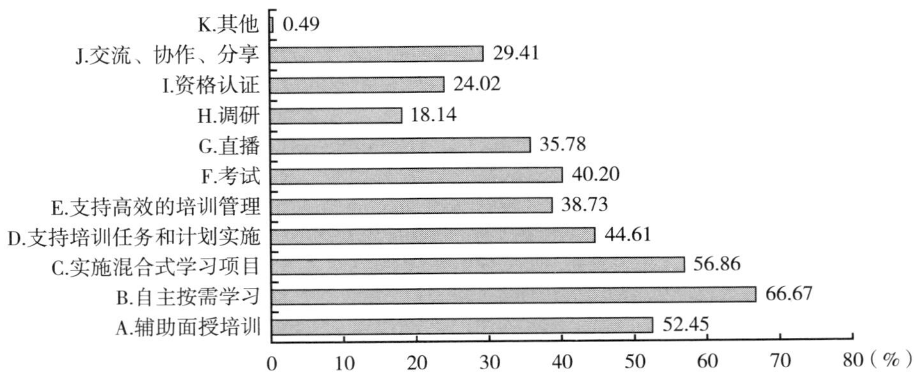

图11　在线学习的需求

虽然线上培训已经风靡多年，并逐步融入企业的人才培养、文化传承、技能传授等方方面面，如今越来越多的国有企业在不断引进线上培训，助力自身企业发展，但企业多数员工仍将此看作辅助性的工具和途径。

三　在线学习要有平台、内容和运营的合力驱动

在线学习的成功运作离不开平台、内容、运营的合力驱动。

（一）全面发挥技术平台的各项功能

图 12 显示，在已实现的平台功能中，使用频率最高的是“课程学习”功能，占 83.82%；其次是“在线考试”，占 66.18%、“培训辅助”占 54.41%。这说明未来的在线学习运营需要不断强化这三项功能。目前企业在线学习平台最不常用的三大功能分别是“游戏化学习”“积分兑换”“大数据分析”，侧面说明社交功能、大数据和云计算等新技术在国有企业内部还未全面推广，国有企业在线学习平台还未完全成熟。

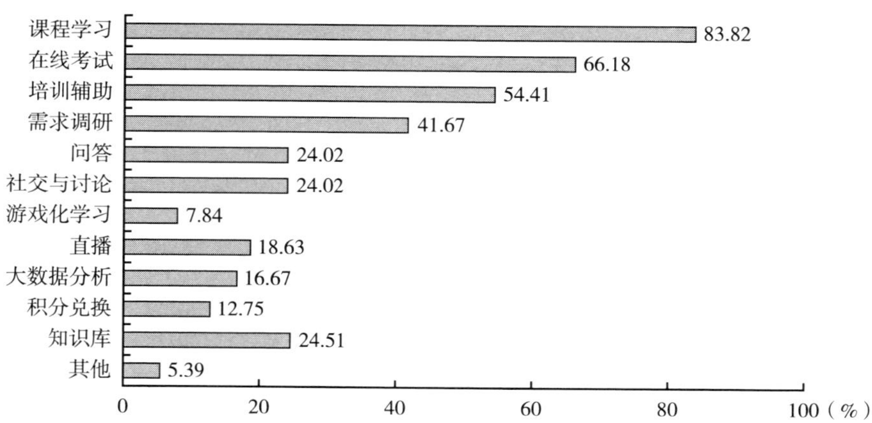

图 12　在线学习平台常用功能

通过对调研企业使用平台的大数据统计分析，企业的平台使用情况如下。

1. 不同规模企业的线上平台管理成熟度有差异

5 万 ~10 万人规模的企业，线上平台管理成熟度较高，其次是 20 万 ~50 万人规模的企业、50 万 ~100 万人规模的企业及 10 万 ~20 万人规模的企业，如图 13 所示。

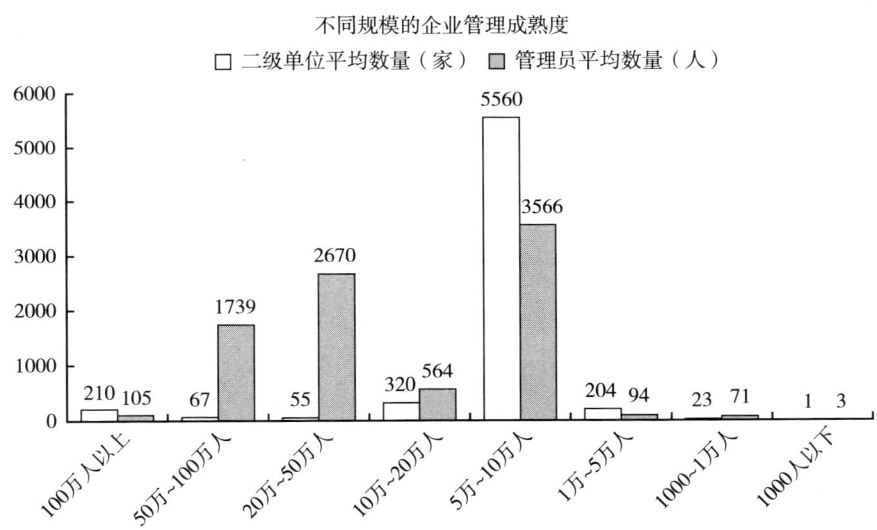

图 13　企业的平台使用情况

注：数据来源于企业所用线上平台后台统计。

2. 移动学习已成为趋势

在线学习的移动端登录人次略高于 PC 端登录人次，且平台人均最高登录次数为 11 ~30 次，占 50%；1 ~10 次与 101 ~300 次登录相同，占比均为 17%；51 ~100 次占 11%，31 ~50 次最少，占 5%（见图 14 和图 15）。

3. 平台整体学习时长

数据显示，0 ~2 小时的占 32%；2 ~5 小时和 10 ~20 小时，占比相等，均为 26%；5 ~10 小时占 11%；50 小时以上占 5%（见图 16）。

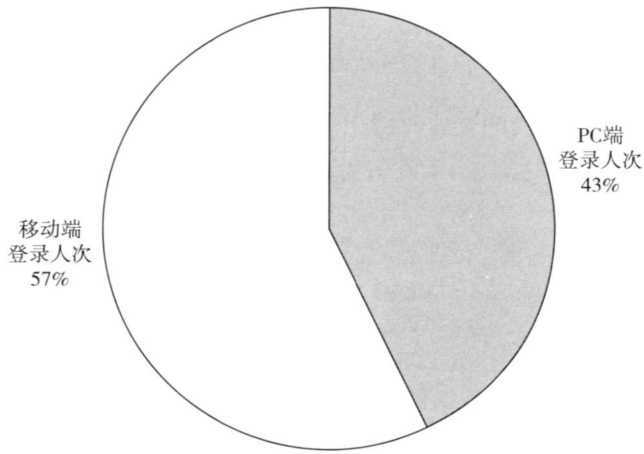

图 14　终端登录人次总占比分布

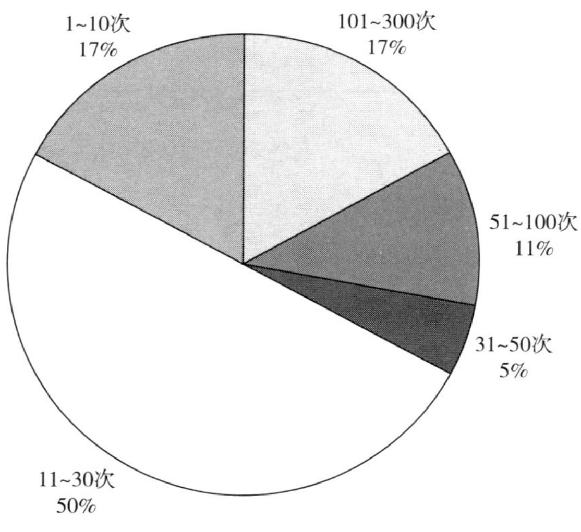

图 15　人均登录次数区间分布

注：数据来源于企业所用线上平台后台统计，统计周期为一年。

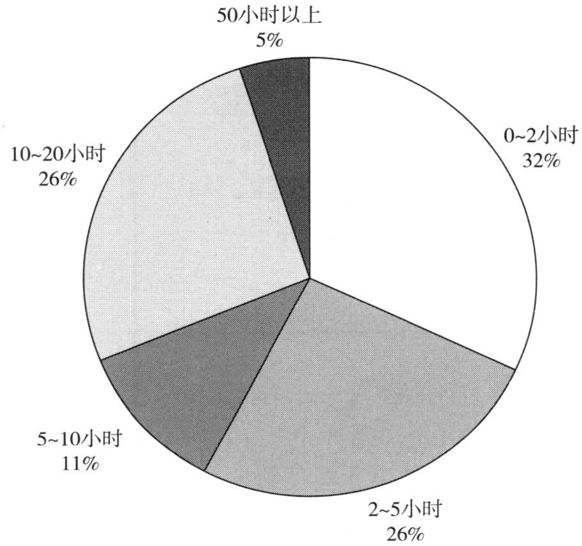

图 16　人均学习时长区间分布

注：数据来源于企业所用线上平台后台统计，统计周期为一年。

（二）在线学习内容资源注重实用性、时代性

84.31%的受访国有企业看重“课程内容实用性”，52.45%的受访企业看重“课程主题热度”，即在线学习内容为当期中央和国家宏观层面及国有企业关注的热点，51.96%的受访企业看重“讲师资质”，即授课讲师的授课水平是影响学员满意度的重要因素（见图17）。

与注重实用性相对应，目前企业在线学习课程中最受关注的类别是“业务能力”（占58.82%），由此可见适合企业自身发展的课程是最受企业重视的，企业领导和员工都希望能够通过在线学习提升各自的业务能力；其次是“领导力”（占56.37%），员工希望通过在线学习这方面的课程能够为自己职业生涯的晋升提供知识储备；国企党建类课程关注度占比为44.61%（见图18），随着十八大以来中央关于全面从严治党的战略部署以及2016年习近平总书记在全国国有企业党的建设工作会议上发表重要讲话，加强国有企业党的建设工作已成为国有企业的共识。从党的重大理论到国有

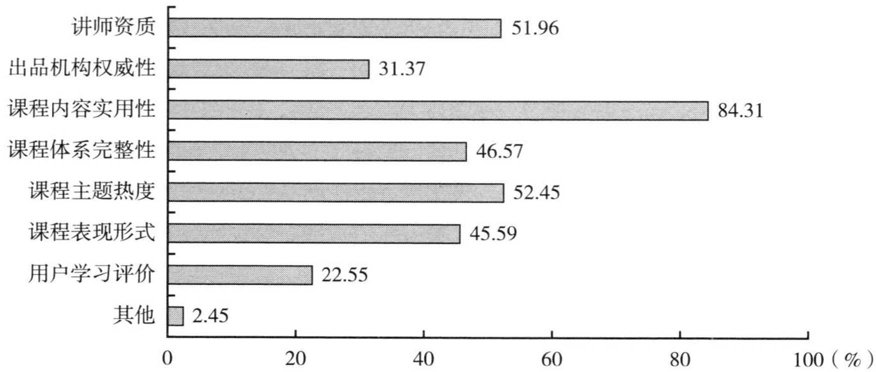

图 17　课程吸引用户的因素

企业基层党组织的建设，国有企业党员领导干部需要学习大量相关课程。此类理论讲授式课程具有普适性高的特点，最容易在 e-Learning 上实施，能够发挥在线学习“受众面广、单向传播快、可复制性高”的优势。

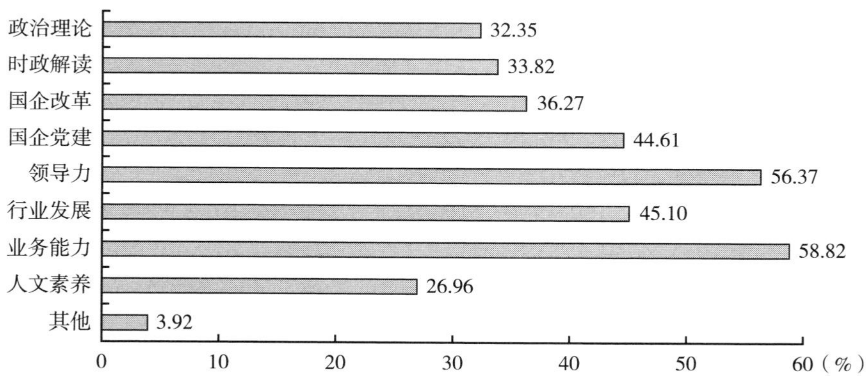

图 18　最受关注的网络课程

而对于一些需要大量互动、体验、演示的管理类和实操类课程，通过在线学习难以获得理想的效果。这与国有企业学习平台社交功能、大数据等技术不成熟有关。

通用课程能够短时间内帮助企业快速构建在线学习内容体系，大幅降低企业在线课程开发成本，是企业快速构建内容体系的重要来源，72. 55% 的企业选择从外部采购内容，一方面体现专业人做专业事的理念，另一方面可以节约企业的培训成本。虽然通用课程需求量很大，但是一个完整的在线学习内容体系必须包含针对企业自身特点的如业务流程、产品知识等个性化内容，这些内容无法从外部采购，只能内部自主研发，大多数企业也意识到这一点，所以 57.35% 的企业选择自主开发内部培训课程。另外，35.78% 的企业选择由外部供应商定制开发课程；26.96% 的企业选择与外部机构联合开发，这种模式不仅可以保证课程质量，还可以提升企业内部的开发力量，提高企业课程开发的管理能力；22.06% 的企业通过微课大赛等方式内部众筹课程（见图 19）。

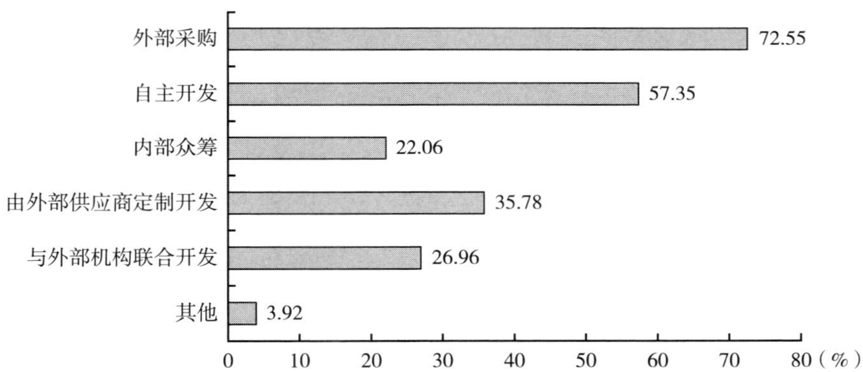

图 19　学习资源建设方式

通过对调研企业使用平台的大数据统计分析（统计周期为一年），企业的平台内容资源呈现如下特点。

一是，在各模块使用情况中，有自建课程的占 94%，使用最多的三项为培训班（占 81%）、专题（占 77%）、知识库（占 71%），如图 20 所示。

二是，就课程资源情况而言，在课程体系成熟度方面，仅有机构目录的占比 48%；10 套及以上共占 49%。在自建课程中，含视频的最多，占比为 75%；其余的如含文档占 34%；含 H5 占 13%，含音频占 3%。

三是，在专题内容数量方面（见图 21），内容数为 1 ~10 的专题数量最高，占比为 46%；其次是内容数为 11 ~30 的专题数量，占比为 31%。

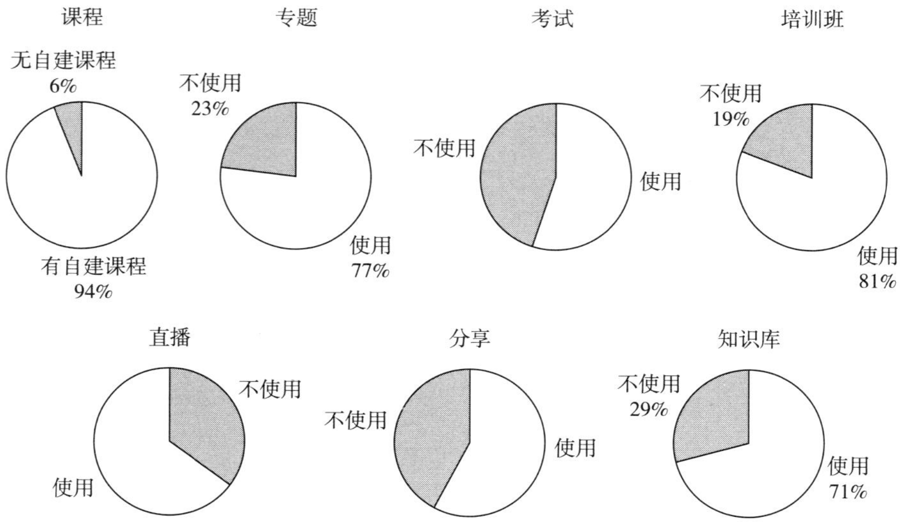

图 20　模块使用情况

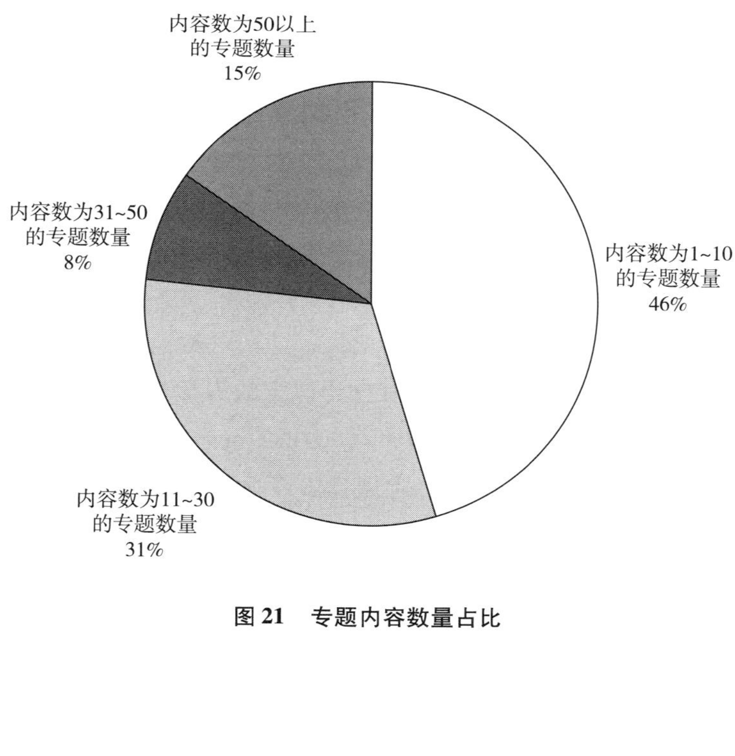

图 21　专题内容数量占比

四是，考试及直播模块中（见图22和图23），普通考试使用率占比高达90%，模拟练习使用率占29%，其中在普通考试中，能源与资源、烟草行业以及电信通信行业人数较多；而直播人数区间中（见图24），20人及以下占58%，100人以上占29%。

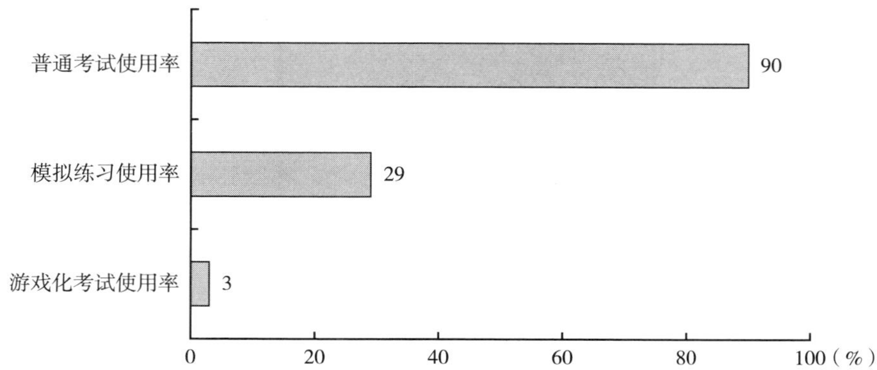

图22　考试模块使用情况

注：数据来源于企业所用线上平台后台统计，统计周期为一年。

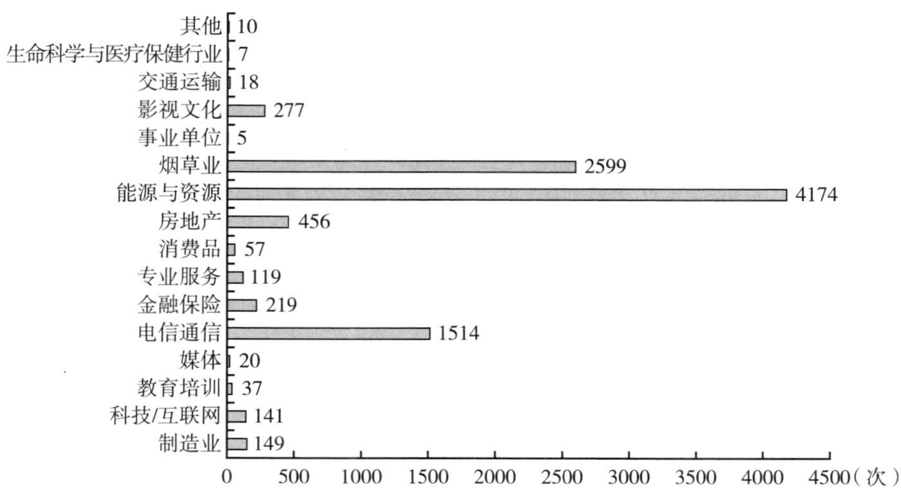

图23　各行业考试情况（行业内平均每家企业普通考试数量）

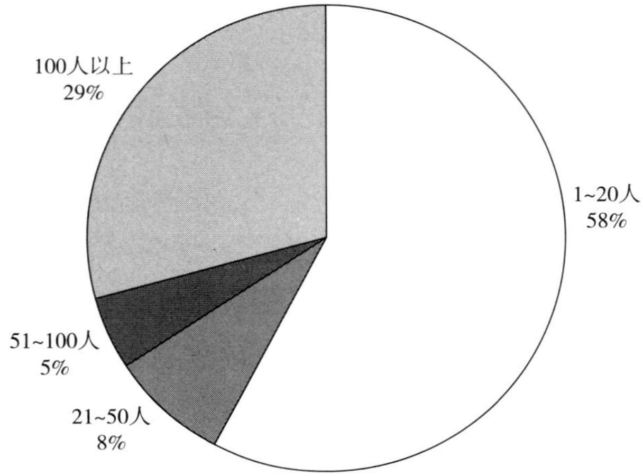

图 24　直播人数区间

由此可知，国有企业线上平台内容开发仍有较大的上升空间。

（三）运营管理大多数采取自上而下的强制性模式推广

通过调研企业在线学习平台的现有推广方式，统计出各个企业关注的网络培训的运营焦点。图 25 显示，微信、邮件、海报、宣传视频等手段最受企业欢迎，通过自上而下的强制性要求（如与绩效挂钩或线上必修课等）推广企业在线学习平台是企业目前常用的推广方式，而仅有 25.49% 的企业意识到通过活动激励员工从而增强员工自主学习意识的重要性。

运营推广只是向员工传递价值的一种手段，而非价值本身。培训管理者最应该在运营推广过程中抓住员工学习的内在动机，吸引员工的注意力。

成人的学习有着较为明显的功利性，需要不定期地开展行之有效的运营推广活动来“刺激”员工进行学习，变“要我学”为“我要学”。

66.67% 的受访企业认为在线学习运营的焦点应该落在学习内容资源建设上，57.84% 的受访企业认为要聚焦培训体系设计（见图 26）。

在企业使用在线学习平台的过程中，需要通过具体的评价指标来衡量运营效果，这是最后一步也是最关键的一步（见图 27）。在所有受访的企业

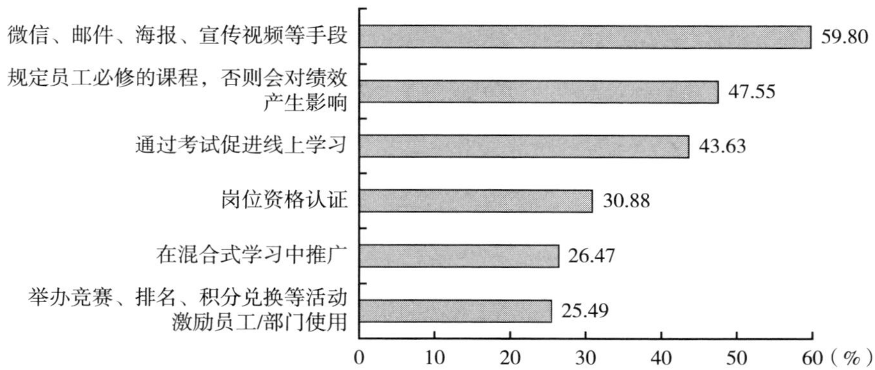

图 25　学习平台现有推广方式

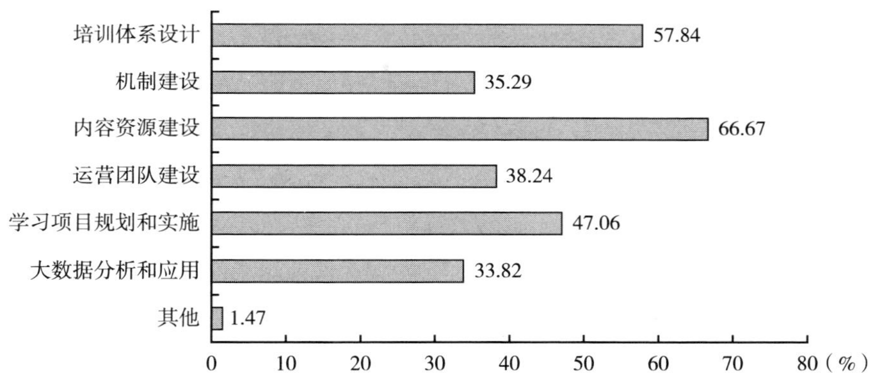

图 26　在线学习平台运营焦点

中，大部分国有企业认为显而易见的数据更能评估在线学习平台的效果。其中，72.06%的企业选择用户使用频率、时长、活跃度作为评估标准，64.71%的企业选择用户满意度（柯式一级评估）作为评估标准，41.18%的企业选择助力培训计划的有效实施（柯式三级评估）作为评估标准，29.90%的企业选择用户学习成绩（柯式二级评估）作为评估标准，32.84%的企业选择投入回报率（柯式四级评估）作为评估标准。

图 28 显示，现阶段企业中近七成的企业选择学习完成度作为评估在线学习平台的标准，其次是学员满意度，与期望值基本相符。

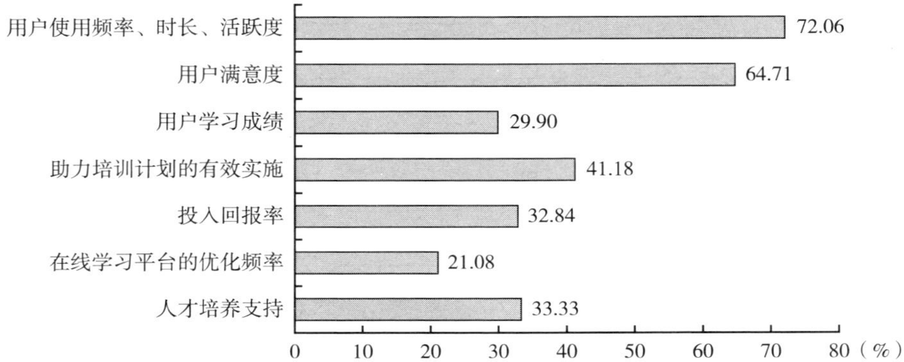

图 27　评估在线学习成功的要素

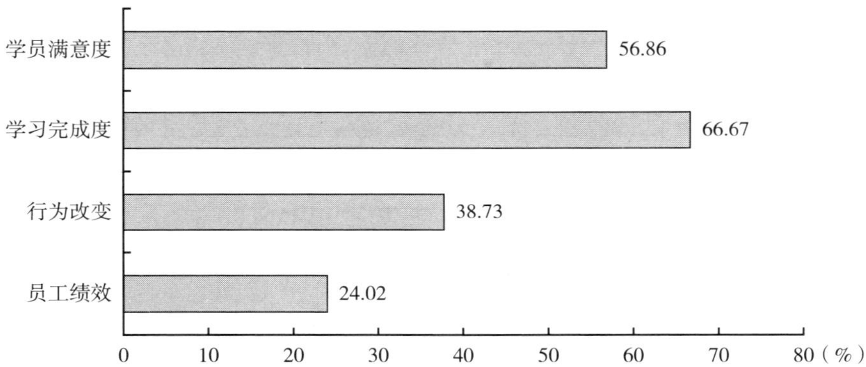

图 28　现有平台评估要素

需要指出的是，对于在线学习效果的评估，很多企业仍然停留在评估前两个层次上，即反应层和学习层，仅有三成企业能够推进到行为层和效果层，导致对培训后续效果的评估比较片面。

四　企业对未来智慧学习的图景充满期待

调研过程中，大多数企业认为，基于大数据分析技术的智能化服务系统必将成为未来智慧学习的重要助力。

1. 未来短期内在线学习要侧重内容开发、效果转化、绩效支持，要重视体系构建和效果评估

关于未来国有企业在线学习短期内应关注的问题，受访者普遍认为一是加强学习内容开发和传播（57.84%）；二是应侧重学习效果的转化和组织绩效支持（53.43%），此外加强在线学习效果评估（46.08%）以及设计或重构现有的培训体系（44.61%）也不可少。而对于“探索并应用新的在线学习技术”以及“加强企业知识管理”已经不是当前亟待解决或优化的问题（见图29）。

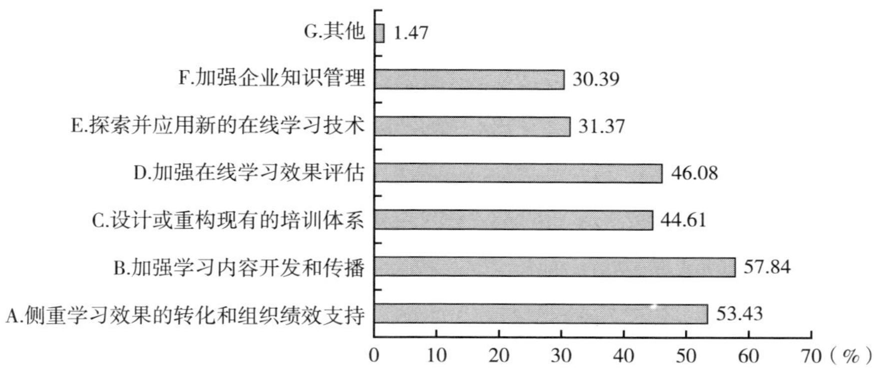

图29　未来在线学习的焦点问题

2. 关注大数据、云计算、人工智能等新技术和场景应用对培训的助力

79.90%的受访者认为大数据对未来的培训工作更有价值，其次是人工智能（65.69%）、云计算（54.90%）和5G（48.53%）（见图30）。据此可知，学员期盼未来新技术的发展对培训的助力和加持，通过新的场景应用，多元化、趣味化、细分化的在线学习更有利于提升培训效果。

3. 未来，企业更热衷于借助智能化技术的支持，将培训打造成智慧化的学习图景

调研显示，国有企业首选将大数据（69.12%）、人工智能（48.53%）、云计算（39.22%）等技术接入企业培训工作，技术创新驱动培训的发展可

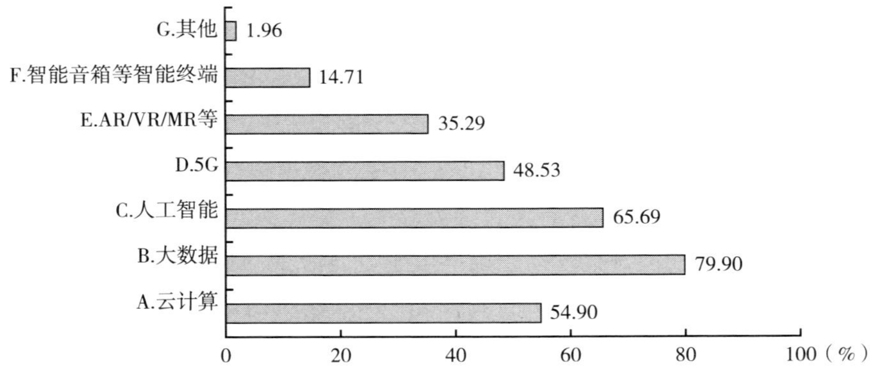

图 30　新技术对未来培训工作的价值

以对在线学习效果进行精准定位，通过推送定制化的资源、个性化的学习建议以及趣味化的教学，将培训升级为智慧学习、快乐学习（见图 31）。

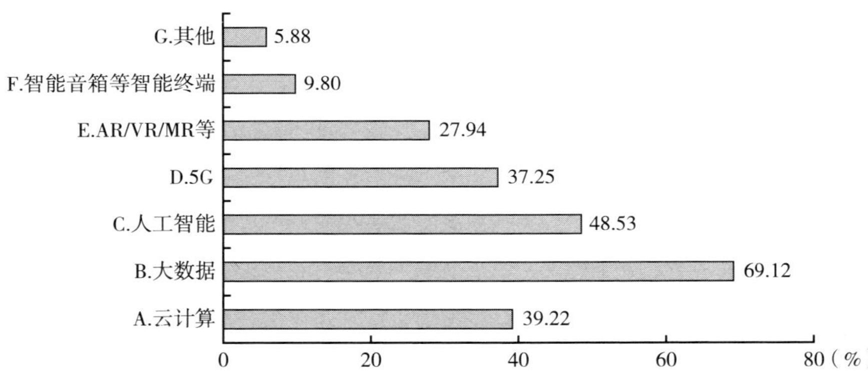

图 31　企业在未来培训工作中运用的技术

在信息技术的影响下，立足大数据时代，要发挥技术优势，充分利用数据分析软件，构建智能化管理体系，实现对学员的全面管理与教育。运用科学合理的手段建设在线学习课程，让每个学员都能适应以及找到合适自己的教学模式。

让人工智能逐渐走入培训课堂，在教师备课、个性化教学、学习监督、作业评价中逐一体现。应该从兴趣、驱动力、课堂、技术、挑战、创造、问题等七个方面将人工智能很好地与教学方式结合，培养出高层次人才。

五　大数据驱动未来在线学习革命

近年来，信息技术革命与经济社会发展的交融，带来了数据爆炸式增长。海量数据的收集和积累，在诸如金融、电子商务、军事、医疗、交通、气象、教育等行业领域均发挥了重要的作用，大数据越来越从“概念”走向“价值”，必将催生在线教育和在线学习的一场革命。

（一）大数据驱动教育变革：从线下到线上、从人工到智能

大教育大数据是指整个教育活动过程中产生的以及根据教育需要采集到的，一切用于教育发展并可创造巨大潜在价值的数据集合。数据为教育信息化、智能化注入新的活力。事实上，我国有非常好的教育大数据基础，《2016 年全国教育事业发展公报》显示，我国有超过 51 万所学校而且绝大部分都实现了互联网接入，拥有 2.6 亿以上的学生，在线教育用户超过 1.4 亿，数字化校园系统、在线学习平台以及智能教辅系统层出不穷，产生了大量的教育数据。在大数据的驱动下，教育发展正在迎来新的变革，2017 年发布的《中国基础教育大数据发展蓝皮书》认为，教育在大数据技术与理念的冲击下正在发生一场“静悄悄的革命”，即从计算辅助教学范式走向数据驱动教学范式。

相比较而言，数据驱动的教学范式具有“高效率”“有智慧”“产业化”等优点。首先，利用教育大数据，可以模拟优质老师做出决策，实现优质师资的快速、规模化“复制”。利用大数据技术进行资源收集存储、协同管理、开放获取，可以自动、高效地对教育资源进行整合。其次，通过对学生的性格、综合能力、知识状态等特征进行诊断量化，实现全面深度的学生精准画像，进而提供千人千面的个性化、自适应智能教育，真正实现“因材施教”。最后，有效协调各类教育资源，实现智能教育智能服务应用

的实际落地，为教育产业化的商业模式提供了可能，促使教育发展形成良性闭环。与此同时，我国各级政府和部门也十分重视，把大数据驱动的智慧教育作为国家信息化战略的重要组成部分。国务院印发的《新一代人工智能发展规划》中强调：要加快智能教育建设，利用智能技术加快推动人才培养模式、教学方法改革，构建包含智能学习、交互式学习的新型教育体系。在此背景下，教育正在渐渐从线下走向线上、从人工走向智能。

大数据驱动的智慧教育已经初步运用在教育领域的多个方面。对于教学者而言，可以帮助其调整教学方案、打造精准教学；对于学习者而言，可以帮助其制订个性化学习计划、选择学习路径；同时，智慧教育也可以运用到教学媒介与产品中，如教育机器人、智能教育平台等。教育大数据分析研究已经渗透至教育领域的各个环节，并发挥着重要的作用。

在“教”的环节，主要研究如何优化教学方式与提升质量，包括基于深度学习技术的智能搜题、基于深度增强学习的智能解题、基于脑科学的智能辅助学习系统以及针对不同教学情境和教学对象的个性化教学设计方案生成等。

在“学”的环节，主要针对深度理解和掌握学生的行为以及给学生推荐个性化的学习内容。

在“考”的环节，试题作为衡量学生学习水平、检验学生学习成果的工具，包含大量的可挖掘信息。目前，主要研究关注于试题知识点的自动标注、试题的难度预测以及试题的自动生成、智能组卷、智能批改等。

在“评”的环节，智能评测是重要的研究方向。

在“管”的环节，基于教育大数据可以生成各种管理平台，辅助学校以及机构完成各方面的管理。

从工业化时代的模仿经验教学范式，到信息化时代的计算辅助教学范式，再到数据驱动的教学范式，教育在不断发生变革，逐渐从线下走向线上、从人工走向智能、从千人一面的“照本宣科”走向千人千面的“因材施教”。无论是日常教学还是各类考试，大数据分析驱动的智慧教育都取得了很多令人惊叹的研究和应用成果。

（二）大数据驱动企业在线学习模式智能化变革

作为 21 世纪最具时代标志的技术之一，大数据技术已经渗透到社会生活的各个领域，大数据正在逐渐驱动企业学习模式的变革。

智能化体现在平台为用户和管理者提供便捷高效的服务体验上，智能化的程度与先进前沿的技术（如大数据、物联网和人工智能等）密切相关。学习平台作为企业内部的知识服务平台，其技术协同的优质体验回归是必然的。推进平台的智能化建设，必须通过推动资源的最大化利用和运营的高效快捷以最大限度满足用户、资源、管理的诉求。

目前，企业在线学习平台智能化具体体现在以下三个方面。

第一，内容学习智能化，包括内容推荐引擎智能化和内容搜索引擎智能化，方便资源的多维度送达。

第二，数据呈现智能化，数据呈现智能化、同步化，包括用户前端和管理后台的数据化呈现，利用大数据技术，进行平台核心运营数据的智能化输出呈现，满足用户和管理运营的需求。一般包括以下两个维度：后台大数据报表、看板和前端用户数据、管理数据看板。

①后台管理端数据报表智能化——基础数据经过收集、处理、建模、分析后转化为满足各业务数据需求的多维度可视化图表信息，同时数据智能匹配业务，从而指出业务问题、提供解决方案。

②前台用户端个性数据智能化——记录、筛选、组合用户各项行为数据后，在用户端合理呈现实时、动态的数据信息，如用户个性化学习记录模型、积分成长模型等。

第三，学习技术智能化，随着 5G 时代的到来，增强现实（AR）、虚拟现实（VR）、混合现实（MR）必将得到更大的商业发展和技术突破。随着工具使用模拟、工作场景流程模拟、工作技能演练等研究的不断深入，可以预见更多的场景将会被发掘运用于智能培训，为学员在不同的学习场景提供更真实、便捷、场景化的体验。

为迎接在线学习智能化大趋势，相关在线学习平台必须提前谋划、积极应对。

总之，在大数据和人工智能的浪潮下，智慧教育正在不断发展，不断快速变革，教育领域涉及的各种问题正在渐渐被解决。在教育变革的风口下，我们需要有发展的眼光、过硬的技术、交叉创新的思维以及坚定的决心，才能砥砺奋进，不断前行。

地方与区域篇

B.8
2019年广东职业培训发展报告

陈斯毅*

摘　要：改革开放40多年来，广东省职业培训事业历经建立、健全、大发展、扩大规模和提高质量并重的四个阶段，为提高劳动者整体素质和促进就业、推动经济社会快速发展发挥了重要作用。近五年来，广东省以扩大技能人才有效供给和促进就业创业为导向，以全面提高劳动者素质为目标，以就业困难群体为重点，推动建立终身职业技能培训制度，全面实施职业技能提升行动十大工程实施高技能人才振兴计划，组织开展职业技能竞赛等工作，大力弘扬工匠精神，开创了职业能力建设工作新局面。未来广东仍需继续全面实施职业技能提升行动，深入实施重点群体职业技能提升十大工程，弘扬工匠精神，着力提高培训质量，

* 陈斯毅，广东省人力资源和社会保障厅原副巡视员，广东省新时代职业开发研究院高级经济师、首席专家。

加快培育一支适应新时代经济发展需要的、结构合理、技艺精湛的高技能人才队伍。

关键词： 职业培训 广东 职业能力建设

一 改革开放以来广东职业培训发展历程

改革开放40多年来，广东在职业培训工作中，认真贯彻党中央、国务院的决策部署，围绕提高全社会劳动者职业素质、加快培养技能人才的发展目标，逐步建立了各项职业技能培训制度，形成职业培训政策体系和培训体系。据统计，至2019年，全省参加非学历性职业培训总人数从2010年的426万人次上升至631.7万人次。[①] 其中，职业技能培训约占60%以上，为提高劳动者整体素质和促进就业、推动经济社会快速发展发挥了重要作用。40多年来，广东省职业培训事业发展可分为四个阶段。

第一阶段从1978年至1991年，开始建立职业培训制度。为了适应对外开放、引进外资、发展经济的需要，1984年广东省劳动厅抓住贯彻劳动人事部《关于就业训练若干问题的暂行规定》的机遇，明确提出贯彻“先培训后就业”原则，要求社会待（失）业青年须经过职业技能培训才能应聘就业；技工学校要承担社会职业培训的任务；各市县劳动部门要争取在两三年内建立一个就业训练中心。同时允许社会力量采取多种形式开办职业培训机构。自此，全省拉开了对社会青年进行职业培训的序幕。1990年9月，广东省政府依据国务院《工人考核条例》，印发了《广东省工人技术业务培训管理办法》和《广东省工人技术业务考核办法》，明确规定“凡举办工人技术业务培训的企事业单位，均应报劳动部门审批，发给办学许可证，明确办学目标、学制、项目内容和管理制度；经培训考核合格者，发给相应的培

① 本文有关数据来源于广东省人力资源和社会保障厅。

训证书”。随着上述两个办法的深入实施，全省职业培训制度开始建立，培训机构从无到有，迅速发展，从而使广东省职业技能培训开始走上发展轨道。

第二阶段从 1992 年至 2002 年，进一步健全职业培训制度。根据党的十四大精神，广东省劳动厅印发了《关于深化工人技术培训制度改革的意见》和《广东省职业技术培训社会办学管理细则》等文件，坚持建立职业学校教育与职业培训并举的制度，鼓励企业和社会力量办学，扩大职业培训覆盖面，初步形成了公办与民办共同发展的多元化办学格局。在此期间，广东省于 1996 年在全国率先印发《广东省“九五”至 2010 年技能人才规划》，明确把技术工人中取得中级及以上职业资格证书的技术工人称为技能人才，列入人才范畴，有力地推动了职业培训事业的发展。至 2001 年，全省民办培训机构发展至 1528 所，年培训量达到 84.9 万人。

第三阶段从 2002 年至 2012 年，是职业培训大发展阶段。主要是着力扩大培训规模，提升培训层次。从 2002 年起，广东省相继启动“智力扶贫”工程、“百万农村青年技能培训”工程、退役士兵免费职业技能培训工程、产业和劳动力“双转移”战略、全民技能提升储备计划，不断扩大培训政策覆盖范围，提升劳动者技能素质。至 2010 年，全省有技工院校 245 所，每年承担短期职业培训 25 万多人，民办职业培训机构（不含企业）达 1260 所，年培训量达 426 万人。

第四阶段从 2012 年至今，是广东职业培训进入扩大规模与提高质量并重的新阶段。按照《广东省中长期人才发展规划纲要（2010 ~ 2020 年）》《关于进一步加强高技能人才工作的实施意见》《广东省职业技能提升行动实施方案（2019 ~ 2021 年）》等文件精神，围绕加快培养技能人才这个目标，以实施技工教育创新发展计划、职业培训创新发展计划、高技能人才培养行动计划、农村劳动力转移培训计划和创业培训计划为重点，组织开展大规模的职业技能培训，使培训规模不断扩大、培训质量不断提升。

二　近五年（2016 ~2020年）广东职业培训事业发展概况

自2016年以来，为深入贯彻落实广东省委、省政府关于发展职业培训，加快技能人才培养的决策部署，广东省陆续出台了一系列有关大力发展职业培训和加快技能人才培养的政策，以扩大技能人才有效供给和促进就业创业为导向，以全面提高劳动者素质为目标，以就业困难群体为重点，推动建立终身职业技能培训制度，全面实施职业技能提升行动十大工程，实施高技能人才振兴计划，组织开展职业技能竞赛等工作，大力弘扬工匠精神，开创了职业能力建设工作新局面。据省人社厅统计，2016年至2019年底，全省累计参加职业培训人数达到2500多万；技能人才总量从2016年的1088万人增加至2019年的1237万人，其中高技能人才从2016年的308万人增加至2019年的392万人，高技能人才占技能人才的比重为31.7%，比2015年的28.3%，提高了3.4个百分点。

近年来广东推进职业培训工作，主要采取如下政策措施。

（一）组织实施全民技能提升行动计划

自2016年以来，广东省根据新时代产业转型升级和劳动者就业需要，持续深入推进全民技能提升行动计划。

1. 实施新生代产业工人培养工程

近年来，广东省委办、省府办印发《关于强化广东省制造业高质量发展人才支撑的意见》等40多个文件，规划新时期产业工人培养工程。各地各部门根据经济发展新模式对技能人才的需求，重点组织开展新职业、新技术培训。各类培训机构根据人社部最新颁布的机器人系统操作员、大数据分析员、网络营销师、网络主播等新职业及其职业技能标准，实施新生代产业工人（含港澳青年）“圆梦计划”，开展职工技能提升培训。

2. 实施“粤菜师傅”工程

一是打造“粤菜师傅”培养平台。全省建有5个国家级“粤菜师傅”大师工作室、50个省级“粤菜师傅”培训基地和50个省级“粤菜师傅”大师工作室，发挥“以师带徒”作用，培养“粤菜师傅”。二是强化技工院校系统培训。全省与粤菜相关的特色专业在校生达5.6万人，分布在147所技工院校、职业院校。首创“新型学徒+行业研发”培训模式培养“粤菜师傅”。三是加强标准课程教材开发。组织编制《广东省“粤菜师傅”工程培训教材》系列及配套培训大纲。四是强化就业创业服务。广东省职业能力建设协会发动会员单位积极开展“粤菜师傅”培训和就业服务。五是组织贫困人员参加“粤菜师傅”培训，促进城乡脱贫户脱贫致富。推动省际对口帮扶。六是以举办全省粤菜师傅职业技能大赛和粤港澳大湾区粤菜师傅职业技能大赛为引领，举办“粤菜师傅”国际论坛，打响“粤菜师傅”国际化品牌。据统计，截至2019年底，广东省已累计开展相关培训6万多人次，直接带动就业创业20余万人次。

3. 大力实施“广东技工”工程

聚焦短板，对标国际一流，对应产业发展，以新担当推动技工教育高质量发展。一是大力推进10所高水平技师学院建设，引领全省技校内涵发展、高端发展。二是全面深化产教融合，在专业建设、课程改革、师资培养、生产实训、招生就业等方面，对接广东省产业布局，打造一批优势突出且特色鲜明的品牌专业。三是要推行企业新型学徒制。采取“企校双制、工学一体”的培养模式，由院校与企业共同培养中高级技术工人。四是充分发挥技工教育主阵地作用，深入开展精准技能扶贫工程，依托技工院校开展职业技能培训，以技能助脱贫，让有意愿的贫困家庭子女100%得到免费技工教育和技能晋升培训，100%推荐就业。

4. 实施“南粤家政”民生工程

按照省政府的实施方案，积极实施“南粤家政”工程，努力提升家政服务从业人员素质，推动家政服务业提质扩容。据统计，截至2019年7月，全省“南粤家政”工程培训28.41万人次，1.72万家家庭服务企业吸纳乡村劳动力就业100余万人。

5. 实施企业学徒制培养工程

根据《广东省职业技能提升行动实施方案（2019～2021年）》精神，广东出台《广东省全面推行企业新型学徒制实施方案》，确定到2021年全省开展企业新型学徒制培训8万人次。2019年，各地市企业积极落实新型学徒培训任务计划目标，开展企业新型学徒培训、备案工作，至2019年全省已完成2.5万新型学徒培训任务。

6. 实施企业职工转岗转业培训工程

发挥培训主体积极作用，针对困难企业职工开展专项培训，稳定职工队伍。对有意愿就业和参与培训的失业人员开展有针对性的职业技能培训。针对工学矛盾突出的问题，广东利用人社部部属职业技能培训平台，搭建各级各类线上职业技能培训平台，开放网络资源，开展“互联网+”职业技能培训。根据企业需要，开发符合企业实际生产需要的课程，实现定制化教学，提供咨询服务，针对岗位需求，匹配相应的工种课程，解决企业的实际问题。对新生代产业工人、农村劳动力、失业人员等重点群体开展各类互联网职业技能培训，并按规定给予相应补贴。

7. 实施农村劳动力精准培训工程

广泛开展各类专项培训，推行“新型职业农民培育工程”和“农村实用人才带头人素质提升计划”。通过省内省际结对帮扶机制和贫困劳动力建档立卡信息系统，对包括贫困家庭子女在内的农村贫困劳动力开展有针对性的职业技能培训，并给予补助。

8. 实施南粤首席技师培养工程

在全省普遍建立和推行企业首席技师制度，加强高技能领军人才服务保障。全面采集广东省获得中华技能大奖、全国技术能手、享受国务院政府特殊津贴的高技能人才等的信息，构建省高技能领军人才库，为落实高技能领军人才各项待遇提供支撑。加强宣传引导。围绕备战参加第45届世界技能大赛、全面推行企业新型学徒制等重点活动，结合《技行天下》品牌节目，多形式加强对技能人才工作和优秀技能人才的宣传，打造更多的首席技师品牌，营造尊重劳动、崇尚技能的浓厚氛围。

9. 实施城乡未继续升学初高中毕业生教育培训工程

掌握城乡未继续升学初高中毕业生（以下称“两后生”）生源情况，根据各地需求和“两后生”意愿，分类组织“两后生”精准对接职业技能院校，通过长、中、短相结合的方法，加强“两后生”职业技能培训，基本实现“两后生”通过技能提升实现初步就业。

10. 实施退役军人精准培训工程

贯彻省政府印发的《广东省促进退役军人就业创业的若干政策措施》，建立健全退役军人就业创业政策体系，广泛开展适应性培训、职业技能培训与就业创业培训，促进退役军人充分就业和实现成功创业。

（二）全面建立普惠化的职业技能培训补贴制度

各地加大资金投入，凡是在广东务工的劳动者，不区分产业和省内省外，也不区分城镇、农村户籍，从初级工到高级技师，每提升一级职业技能等级，均可按照省的统一标准，享受一次培训补贴，从而鼓励各类劳动者终身参加技能培训。据省人社厅统计，近4年来全省每年累计享受培训补贴人数有100多万人次。

（三）夯实高技能人才培养基础，深入实施高技能人才振兴计划

深入实施高技能人才振兴计划，在完善技能人才培养、评价、使用、激励机制方面，重点抓了以下工作。一是加强高技能人才培养平台建设。广东深入贯彻实施国家高技能人才振兴计划，开展国家级高技能人才培训基地建设，大力推动各地加强高技能人才公共实训基地、产教融合实训基地、技能大师工作室建设，充分发挥公共实训和服务职能。经过多年发展，目前全省共建成高技能人才培训基地66个、高技能人才公共实训基地57个、技能大师工作室61家。其中，国家级高技能人才培训基地和技能大师工作室各34个，均居全国首位。二是实施“扬帆计划”，鼓励粤东西北地区培养高技能人才。提高粤东西北地区高级技师的补助

标准，推动珠三角与粤东西北地区一体化发展。加大对优秀技能人才的表彰和奖励力度，组织开展第四届“南粤技术能手”评选表彰活动，激励社会有关方面加强高技能人才培养。自“扬帆计划”实施以来，粤东西北地区新培养高级技师349人，累计培养了2115名高级技师，带动了当地技能人才队伍的整体发展。

（四）充分发挥世界技能大赛的引领作用，选拔培养高技能人才

自2016年以来，广东充分发挥世界技能大赛在培养高技能人才方面的引领作用，积极参加第44届和第45届世界技能大赛，并取得了令人瞩目的优异成绩。主要措施如下。

1. 集中精力抓好选手选拔和集训工作

一是强化世界技能大赛中国集训基地建设，全省建设了10个第44届世界技能大赛国家级集训主基地和10个集训副基地。二是大力开展各级各类职业技能竞赛活动，层层选拔优秀选手。组织开展省级职业技能竞赛，参加各类岗位技能培训和技能竞赛等活动的人数达到150万。三是成功举办2017年中国技能大赛——“第44届世界技能大赛全国选拔赛暨中国（深圳）国际技能邀请赛”，广东省选手取得了12个项目的第一名，有86名选手进入39个项目的国家集训队。四是成功参加第44届世界技能大赛，广东省选手共获得5金4银6铜2优胜奖，金牌数和奖牌数均居全国第一，实现了重大突破。

2. 着力抓好世界技能大赛成果转化，继续全力备战参加第45届世界技能大赛

在全面总结第44届世界技能大赛备战参赛工作经验的基础上，广东及早抓好世界技能大赛成果转化工作，研究建立世界技能大赛长效激励机制，对标世界技能大赛动向、标准、规则、规范，全力备战第45届世界技能大赛。一是深入组织开展各级各类职业技能竞赛，选拔培养高技能人才。成功承办第45届世界技能大赛广东赛区全国选拔赛和省级职业技能竞赛，带动各级各类职业技能竞赛广泛开展，遴选优秀选手入选国家集训队。二是启动

第45届世界技能大赛集训备战工作。全省共有107名选手入选43个项目国家集训队，占全国的1/5。三是强化选手选拔和集训指导管理工作。借鉴世界技能大赛先进标准和竞赛形式，制定第45届世界技能大赛广东省集训参赛组织工作方案，成立由厅主要负责同志挂帅的集训参赛工作领导小组，承担了全国13个项目的选手集训任务，建设13个国家集训主基地和20个国家集训辅基地，指导各集训基地配套制定13个牵头项目的集训框架方案；科学组织选手集训。四是加强集训工作的综合管理和监督检查，统筹人力、物力、财力等资源，着力协调解决集训工作中出现的问题，确保集训工作协调、高效运转，为我国选手在第45届世界技能大赛上再创佳绩打好基础。

（五）加强宣传，营造有利于高技能人才成长的社会氛围

党的十九大以来，为了营造有利于高技能人才成长的社会氛围，进一步加快培养高技能人才，广东结合实际，采取多种措施，大力宣传国家新近出台的技能人才培养、评价、使用的相关政策，弘扬工匠精神，积极营造良好的技能人才成长社会氛围。一是广泛开展世界青年技能日系列宣传活动。围绕第44届世界技能大赛的备战和参赛，集中宣传广东省参赛选手、获奖情况和技能人才队伍建设成果，激发广大青年技能报国的热情。二是与广东电视台继续联合制播新一季《技行天下》技能人才节目，以“弘扬工匠精神，谱写南粤新篇”为主题，连续5年高质量摄制《技行天下》，深度解读广东优秀高能人才的“匠人故事”，勾勒新时代的“工匠精神”，提升社会影响力，营造尊重劳动、崇尚技能的浓厚氛围，引起社会广泛关注和好评。三是开展高技能人才评选表彰。做好我国第十四届高技能人才表彰名单的评选推荐工作，落实高技能领军人才政治待遇。鼓励各地大力选树南粤工匠典型，开展“鹏城工匠”“大城工匠”“珠海工匠”“东江工匠”“莞邑工匠”等评选活动。

（六）推进职业资格改革，完善技能人才评价办法

贯彻落实国家关于改革职业资格制度的部署，按照人社部《进一步减

少和规范职业资格许可和认定事项的改革方案》，进一步加大减少取消职业资格和许可认定事项工作力度，加强后续管理工作；组织开展减少职业资格许可和认定工作“回头看”，加强跟踪督查，确保清理到位，防止反弹或变相恢复；贯彻落实职业资格目录清单管理制度，清理鉴定所（站）鉴定职业（工种）许可项目，严格按照国家职业分类大典和职业资格目录清单开展职业资格认定。

推进企业技能人才自主评价扩面提质，鼓励企业采用“一企一案”模式自主评价技能人才，完善技能人才评价体系，建立符合企业实际的人才评价机制。近年来，全省累计有1009家企业（行业协会）组织开展了技能人才评价工作，约5.9万名职工参加企业技能人才评价，3.9万人获得相应职业（工种）的职业资格（专项能力）证书。

三　推进广东职业培训事业的发展建议

广东职业培训工作虽然取得了长足发展，积累了丰富经验，但也存在一些突出问题，主要是职业培训跟不上新兴产业发展需要，重点就业群体参加职业培训意愿不高，终身职业培训制度尚未健全，扶持发展民办职业培训的力度不够；职业培训师资整体素质不高；行业企业在职业培训中尚未充分发挥主体作用，新职业及其标准的开发跟不上新兴产业发展需要，技能人才培养与质量监管评价体系不健全，严重影响了职业培训事业的健康发展。今后广东要继续实施职业技能提升行动，以重点群体职业技能提升十大工程为抓手，大力弘扬工匠精神，加快培育一支适应新时代经济发展需要的、结构合理、技艺精湛的高技能人才队伍。

（一）实施新兴产业新生代产业工人培养工程

要紧密结合新一代战略性新兴产业、先进制造业发展和现代化经济体系建设需求，依据人社部颁布的新职业及职业技能标准，开展前沿技术知识更新培训和行业信息技术人才培训，加强新职业技能人才培养，大力发展移动互联网职业技能培训，积极发挥中小微企业的作用，深入实施新生代产业工人（含港澳青年）“圆梦计划”，建设一支适应现代产业发展需要的南粤工匠队伍。大力推广先进的数字培训方式，提高新时代培训的便利度和可及性。此外，还要瞄准新兴产业发展需要，开发新职业和职业技能标准或专项能力标准，为扩大培训范围奠定基础。

（二）实施重点群体职业技能提升十大工程

按照省政府确定的培训目标，继续推进“粤菜师傅”工程、“南粤家政”工程、企业学徒培养工程、企业职工转岗转业培训工程、农村劳动力培训工程、退役军人精准培训工程、城乡未继续升学初高中毕业生教育培训工程、安全技能提升工程、残疾人职业技能提升工程等十大培训工程，着力提升各类重点群体职业技能和就业创业能力。

（三）建立完善终身职业培训制度

结合实施技能提升行动计划，进一步完善终身职业培训制度，面向全社会劳动者，面向劳动者职业生涯全过程，全面开展职业技能培训。充分发挥企业主体作用，面向在职职工开展岗位技能培训和技能提升培训。按照中共中央、国务院《深化新时代教育评价改革总体方案》要求，支持职业院校针对新城镇劳动者开展有针对性的培训。鼓励职业院校积极承担职业培训任务，并将其纳入核定教师绩效工资总量的影响因素。鼓励民办职业培训机构开展形式多样的职业技能培训。行业主管部门要履行相关职责，制定并完善支持职业院校、培训机构开展职业培训的相关政策，鼓励开展职业培训。

（四）全力以赴抓好各级各类职业技能竞赛

一是加强世界技能大赛成果转化，全力备战第46届世界技能大赛。全面总结第45届世界技能大赛备战参赛工作，推动建立完善世界技能大赛长效激励机制，完善备战规范、集训基地建设、专家教练聘请、选手选拔培养机制，着力强化优势、补足短板、创新机制，力争在第46届世界技能大赛上再创佳绩。二是瞄准第46届世界技能大赛国家参赛项目，全面组织开展广东选拔赛，遴选优秀选手参与全国选拔；强化选拔、集训工作，力争让更多国家集训基地落户广东，让更多广东选手入选国家集训队。三是积极组织选手参加第46届世界技能大赛。按照第46届世界技能大赛新项目规定，积极做好新项目推荐工作，围绕新项目遴选优秀选手参加世界技能大赛，力争继续在世界技能大赛上取得优异成绩。

（五）强化培训质量监管，确保培训质量

在全省范围内开展职业培训与技能评价的专项检查，落实《加强职业技能鉴定质量管理整改工作方案》，以问题为导向，对报名鉴定发证全过程进行全面梳理排查，扎实开展质量管理专项整治，强化规范管理，提高培训质量。

B.9
2019年重庆市职业培训发展报告

兰云鹏　陈志军　范　骞*

摘　要： 改革开放以来，重庆市职业培训经历了三个发展阶段，取得了巨大成就。2019年，重庆市开始开展职业技能提升行动，在职业技能专项培训、技能扶贫培训、职业技能终身培训政策制定、培训补贴政策完善、培训体系建设等多个方面，都取得了良好的进展。本文建议，做大做强重庆市的职业培训事业，要转变传统观念，加大职业培训宣传力度；明确政府定位，加强职业培训统筹规划；促进产教融合，实现校企一体化培训；优化培训师资结构，打造“双师型”教师队伍；加强品牌建设，彰显重庆职业培训特色；完善终身学习制度，面向全体劳动者开展职业技能培训；建立培训评价体系，确保培训质量稳步提升，等等。

关键词： 职业培训　终身学习　产教融合　培训评价

改革开放以来，重庆市认真贯彻党中央、国务院的决策部署，坚持将职业培训作为服务经济社会发展、促进劳动者就业、提升劳动者技能水平和加强技能人才队伍建设的重要举措，紧紧围绕重庆各个时期经济社会对技能人才队伍的需求，以提高全社会劳动者职业素质、培养人岗相适技能人才为发

---

* 兰云鹏，重庆市人力资源和社会保障局职业能力建设处处长；陈志军，重庆电子工程职业学院培训与继续教育中心主任、教授；范骞，重庆电子工程职业学院培训与继续教育中心讲师。

展目标，不断完善重庆职业培训各项政策措施，着力构建各项职业培训制度，优化布局职业培训供给，大力打造高素质的培训师资，推动职业培训深化发展，逐步形成现代职业培训政策体系、管理体系。

一　改革开放以来重庆市职业培训发展历程

改革开放以来，重庆市职业培训工作可分为恢复发展、蓬勃推进、内涵深化三个发展阶段。

（一）恢复发展阶段（1978～1996年）

党的十一届三中全会以来，国家提出大力发展职业教育和职业培训，重庆积极响应国家政策，职业培训工作的复苏紧随职业教育的恢复节奏。改革开放之初，大量知青返城，重庆市创办大量劳动服务公司，为增强就业能力，针对待业人员广泛进行就业培训。从 1979 年起，重庆市认真贯彻中共中央、国务院关于“调整、改革、整顿、提高”的方针，积极发展职业技术教育和职业培训。1979 年 4 月，重庆市政府决定，调整中等教育，试办职业教育，推进职业培训。1994 年，重庆市政府提出要加大改革开放的力度，倡导职业技术教育建立新的办学模式——校企合作办学，进而实现校企合一、供需一体。在这一阶段，重庆职业教育得到恢复，重庆市职业培训工作也得到恢复和发展，为此后重庆市职业培训工作的正常开展打下了坚实的基础，并有了良好的开端。

（二）蓬勃推进阶段（1997～2015年）

1997 年，重庆市升为中央直辖市，重庆职业培训工作迎来了新的发展机遇。1997 年，中共重庆市委、重庆市人民政府印发《关于加快实施再就业工程的意见》。为配合企业兼并破产和职工再就业工作计划的实施，1998 年 2 月，重庆市劳动局发布《关于印发〈重庆市下岗失业职工再就业培训试行办法〉的通知》，专门安排部署下岗再就业培训工作。主要对当时因企业改革而下岗的职工进行了再就业培训，通过方式灵活、方法多样的职业技能培训，让绝大多数下岗工人实现了再就业，对社会稳定和职工安居乐业都起到了极大的促进作用。同一时期，重庆市按照国务院颁布的《社会力量办学条例》，积极鼓励和推进民办职业培训机构发展，为这一时期职业培训工作的蓬勃发展提供了重要的基础。2004 年，重庆市按照劳动和社会保障部颁布的《民办职业培训机构设置标准（试行）》，逐步加强民办职业培训机构的规范管理，提高了培训质量和培训服务就业的能力。至 2007 年，重庆全市有民办职业培训机构 560 余个，年培训 44 万余人，其中农村劳动力 13 万余人。

2013 年，《关于重庆市职业培训统筹工作联席会议制度的通知》出台，由副市长担任总召集人，市发改委、财政局、人社局等 18 个部门为联席会议成员单位，进一步加强全市职业培训工作的领导和协调推进。

为进一步规范全市培训行业发展，2014 年，重庆市人民政府发布第 281 号令，颁布《重庆市民办非学历培训机构管理办法》，对民办非学历培训机构的设立、变更、终止，监督管理，法律责任等进一步做出明确规范和要求。至 2014 年底，全市民办职业培训机构达 620 余个，开展了 250 余个工种的培训，年培训人数达 127 万人次，职业培训在促进就业和经济社会发展中的作用日益显露。

（三）内涵深化阶段（2016年至今）

2016 年以来，重庆坚持以习近平新时代中国特色社会主义思想为指导，全面贯彻党的十八大、十九大精神，全面贯彻落实重庆市委、市政府关于加快发展职业培训、加强技能人才培养的决策部署，制定实施了《关于提高技术工人待遇的实施意见》《关于推行终身职业技能培训制度的实施意见》《重庆市职业技能提升行动实施方案（2019～2021 年）》等一系列职业培训和技能人才培养的政策措施。重庆市人社局按照市委、市政府的部署要求，研究制定了一系列政策与制度。

1. 以提升职业素质和职业技能为核心，实施高技能人才培养计划

重庆市近几年在实施高技能人才培养计划时，以提升职业素质和职业技能为核心，深入实施“巴渝工匠 2020”计划。主要做了以下工作。

一是优化发展环境。设立高技能人才工作联席会议制度，出台高技能人才专项发展规划，推行“巴渝工匠 2020”计划。二是夯实培养基础。加大投入保障，整合各类政策，争取多方支持，累计投入经费 50 亿元。建成中国·重庆公共实训中心，创建国家职业训练院 3 个，新建技工院校国家示范校 10 所、市级示范校 42 所，创建国家级重点学校 56 所、市级重点学校 48 所，建立实训基地 322 个，新开设重点特色专业 100 个，毕业生就业率达到 95% 以上，高于全国 2 个百分点。实施技师培训，年培养 5000 人以上。三是深化交流合作。坚持“请进来”，引进 400 名国际职业技术专家和高技能专家来渝开展交流合作，组织开展“巴渝工匠”绝技绝活交流活动，展示创新创优成果，传承工匠精神和巴渝文化。坚持“走出去”，每年选拔 20 名优秀中青年技能人才赴美国、德国等国开展短期培训。四是加强宣传引导。组织开展高技能领军人才休假疗养、“寻找最美巴渝工匠”、青年技能营等活动，唱响《技创未来》主题曲，录制《为你喝彩》电视节目，推动技能进农村进社区进家庭，广泛宣传典型人物、先进事迹、政策法规，点燃技能成才、技能报国梦想。

2. 构建终身职业技能培训体系，优化职业技能培训环境

2017 年，重庆市人社局印发《重庆市民办职业培训机构管理办法》，对重庆市民办职业培训机构的设立、变更、终止、延续，内部管理、监督检查等做出明确规定。2018 年，重庆市响应《国务院关于推行终身职业技能培训制度的意见》精神，结合本地实际，出台《重庆市政府关于推行终身职业技能培训制度的实施意见》，文件提出“建立并推行覆盖城乡全体劳动者、贯穿劳动者学习工作终身、适应就业创业和人才成长需要以及经济社会发展需求的终身职业技能培训制度，开展大规模、高质量、全覆盖的职业技能培训，力争 2020 年后基本满足劳动者培训需要和更高质量更充分就业需求，培养造就数量充足、结构合理、技艺精湛的高素质劳动者队伍”。主要做法如下。一是建立健全政策制度和组织实施体系；二是广泛开展重点群体

就业创业技能培训；三是全面加强企业职工岗位技能提升培训；四是着力加强高技能人才培训，扩大人才供给；五是深入推进创业创新培训；六是大力培育弘扬工匠精神。

3. 多维协同推动职业技能培训，确保面向需求精准施策

自2016年以来，重庆根据经济转型升级和劳动者就业需求，不断深入推进职业技能培训，重点抓好以企业职工为主的职业技能培训。主要措施如下。一是健全规章制度，在职业技能培训领域形成“1+5”制度体系。二是加强工作统筹，建立全市职业培训统筹工作联席会议制度。三是强化常态监管，在培训机构监管中提高准入门槛、推行信息披露、加强风险控制、实施自律机制。四是建设信息平台，建立全市职业培训信息管理平台。五是服务区域需求，实施“技能兴业”职业培训计划。六是创新培训方式，以精准服务和就业为导向，通过订单式组织、菜单式教学等创新培训方式，进行职业技能培训的创新。

4. 健全技能培训补贴政策，发挥资金投入的正向激励效用

为发挥培训主体积极性，切实增加培训供给，重庆市加大政策激励和支持力度。2019年，重庆市人社局办公室印发《关于支持职业培训机构参与政府补贴性职业技能培训项目的通知》，将各类吸纳就业人数多的企业、实训人数多的职业培训机构纳入资金补贴范围。鼓励企业实行内部职业技能培训计划，发挥资质合格的社会培训机构的积极作用，切实扩大培训供给，扩大培训规模。此外，加强资金监管，提高资金安全度，让技能培训补贴资金真正落到实处。

经过40余年的努力，重庆市职业培训规模不断扩大，办学模式不断创新，办学层次不断提高，办学质量不断提升，在提高劳动者整体素质、促进高质量就业、服务经济社会转型发展等方面，较好地发挥了助推作用。2019年，全市职业院校、技工院校、民办职业培训机构等主要培训载体开展各类职业技能培训180余万人次，全市政府补贴性职业技能培训50.3万人次。全市技能人才规模已达到375万人，其中，高技能人才102.5万人，占比达27.3%，高于全国平均水平0.3个百分点。

二　2019年重庆职业培训主要工作情况

2019 年，重庆职业培训工作紧紧围绕“技高行天下、能强走世界”主题，按照国务院关于推行终身职业技能培训制度、开展职业技能提升行动等重大部署，创新实施“巴渝工匠 2020”计划，大力加强全体社会劳动者职业培训工作。

为贯彻落实国务院关于职业技能提升的文件精神，2019 年 7 月，重庆市人民政府办公厅结合本地实际，出台《重庆市职业技能提升行动实施方案（2019～2021 年）》（以下简称“《实施方案》”）、《重庆市职业技能提升行动实施方案（2019～2021 重点任务分工）》、《关于支持职业培训机构参与政府补贴性职业技能培训项目的通知》、《关于做好技能人才评价工作支持职业技能提升行动的通知》和《关于做好职业技能提升行动线上培训工作的通知》，重庆市人社局、财政局印发《关于全面推行企业新兴学徒制的通知》等重要文件，对推进全市职业培训工作做出新部署。重庆市围绕《实施方案》，以高技能人才建设、技工教育发展、培训主体积极性激发、职业技能精准和标准化提升、职业技能竞赛开放和职业资格改革授技等方面的工作为抓手，全面落实《实施方案》各项行动计划，大力提升全市职业技能培训水平。

（一）《重庆市职业技能提升行动实施方案（2019～2021年）》落地实施

2019 年，重庆市职业技能提升行动培训 50.3 万人次，超人社部任务（21 万人次）1.4 倍，超市政府任务（40 万人次）10.3 万人次，其中，人社部门开展培训 33.3 万人次，占 66.2%，其他市级部门培训 17 万人次。全市计划筹集资金 6.32 亿元，实际支出 3.38 亿元，其中，来源于提升行动专账资金 1.99 亿元、就业补助资金 1.39 亿元。

健全工作机制，推动提升行动高效实施。成立市就业工作领导小组，理顺职业技能提升行动工作协调机制，实现市级统筹、部门参与、区县实施。

人力社保局成立职业技能提升行动领导小组，市人社局局长担任组长，局内相关处室和办公室，设立综合协调、督查指导、宣传统计三个专门工作组，建立任务目标制、目录清单制、实名管理制、定期统计制、督查责任制五项制度。每月召开一次领导小组全体会议或办公室会议，定期召开市级部门协调会，细化工作措施，分类制定退役军人、残疾人、高危行业职工等群体职业技能提升的具体工作措施。

完善政策措施，推动提升行动有序开展。《实施方案》发布后，重庆市人社局先后会同市财政局等部门印发一系列配套文件，初步实现七个全覆盖。一是培训项目全覆盖。印发《关于进一步做好职业技能提升行动专账资金使用管理的通知》，将《国家职业资格目录》、《中华人民共和国职业分类大典》第三至第六大类的技能类工种、人社部发布的新职业、重庆市开发的专项职业能力、各区县开发的特色工种以及创业培训全部纳入培训范围，专门实施人力资源机构从业人员培训计划，各类技能劳动者都能选择适合自身需求的培训项目。二是补贴标准全覆盖。印发《职业技能提升行动培训成本及市场需求程度目录》，区分非常紧缺、紧缺、一般职业，建立差异化补贴标准（864～4875元）。目录外的工种，初级工至高级技师的补贴标准分别为1000元、1500元、2500元、3500元、5000元，未开展鉴定的取得培训合格证书的补贴1500元。三是培训人员全覆盖。发布企业职工、农村转移就业劳动者、高校毕业生（含技工院校）、两后生、失业人员、建档立卡贫困劳动力、家庭服务业、高危企业职工、人力资源从业人员等专项培训计划，印发专账资金使用管理的通知，将超龄人员纳入政策范围。四是培训机构全覆盖。发布全市培训机构目录，将全市具备资质的826所职业培训机构及时向公众公布。五是培训评价全覆盖。加强技能人才评价工作，全面推行企业自主评价，开展第三方培训评价机构遴选认定，发布144项专项职业能力。建立培训合格证书制度，制定《培训合格证书编码规则和印制标准》，对于没有职业资格评价、职业技能等级认定、专项职业能力考核和特种作业操作考核项目的职业（工种），通过考核发放培训合格证书。六是培训渠道全覆盖。坚持线上与线下、集中与分散、理论与实操三个结合，鼓励将培训班办到乡镇、村社，方便群众就地培训，鼓励企业职工采取跟班见习、岗位实训、顶岗作业等方式，完成实操课程，解决工学矛盾问题。七是线上培训全覆盖。

加强宣传引导，推动提升行动广泛参与。2019 年 8 月 7 ~9 日，市人社局在重庆市南川区召开全市职业技能提升行动工作部署会和培训班，区县人力社保局、技工院校、部分培训机构和重点企业相关负责人共 260 余人参加。制定了专项宣传方案，汇编政策文件集、宣传册、口袋书、电子书和宣传海报。采取“十个集中”的方式，即集中宣传政策、开展咨询业务、发布培训机构目录、发布培训工种目录、办理审批、受理申请、签订培养协议、发放培训补贴、发放等级证书、办理技工院校招生。开展职业技能提升行动服务周活动，将政策、资金、服务送到劳动者手上，送到企业、院校和培训机构，共开展现场宣传 270 余场次，接受群众现场咨询和现场办理 16 万余人次，编印、发放宣传海报、宣传手册 3 万份，重庆新闻联播进行了专题报道，新华网、中新网、华龙网等媒体点击量达 10 万余次。

（二）以建设高素质技能人才队伍为目标开展专项职业技能培训

根据《实施方案》的总体部署，市人社局认真梳理《实施方案》，把开展专项职业培训工作，作为实施职业技能提升行动计划、打造高素质人才队伍和增收脱贫的重要抓手，充分发挥专项培训在决战决胜脱贫攻坚、提升职业技能、稳岗促就业、助力经济转型升级和高质量发展中的积极作用。

从 2019 年开始，重庆市开始在高危行业领域开展安全技能提升行动。为认真贯彻落实 2019 年应急管理部、人力资源和社会保障部等部委印发的《关于高危行业领域安全技能提升行动计划的实施意见》和《重庆市人民政府办公厅关于印发重庆市职业技能提升行动实施方案（2019 ~2021 年）的通知》等文件，市人社局联合重庆市应急管理局、重庆市教委、重庆市财政局、重庆煤矿安全监察局等四部门出台了《关于印发高危行业领域安全技能提升行动计划通知》，以防范遏制高危行业企业从业人员重特大事故为导向，以落实安全技能培训合格后上岗制度为核心，深入开展全覆盖、多手段、高质量的安全技能提升培训教育，为重庆市打造高危行业领域高素质产业工人队伍和全市安全生产形势持续稳定好转提供了有力支撑。

重庆市计划通过此项行动计划，力争在三年内达到以下目标。一是确保高危企业主要负责人、安全生产管理人员和特种作业人员（以下简称“三项岗位人员”）100%持证上岗；进一步提升相关从业人员的职业资格等级（学历）素质以及规范培训考核和职业资格证书要求。二是培育具有辐射引领作用的安全技能实训示范基地。遴选5个以上市级安全技能实训示范基地、5个以上市级特种作业实操考试示范基地、5所以上市级安全生产教育培训示范职业院校、5家以上产教融合型市级示范企业。鼓励各区县结合自身产业结构实际，合理布局建设一批安全技能实训基地、培训和考核示范单位。三是完善安全技能培训制度机制。以企业为主体、各类机构积极参与、劳动者踊跃参加、部门协调配合、政府极力推动的高危行业领域安全技能培训体系初步形成。

此项行动计划将针对重点对象开展安全技能培训和提升安全技能培训基础支撑能力等两方面的工作作为重要举措。在重点对象方面，将加强在岗人员、新上岗员工、特种作业人员、班组长、主要负责人和安全生产管理人员的安全技能培训。加强基础能力建设、提高安全技能培训考试机构能力建设；支持大中型企业开展安全技能培训；推动和支持职业院校与民办职业培训机构开展安全技能培训；搭建高危企业安全技能培训网络平台；建设高素质专兼职师资队伍，完善培训考核标准和教材体系。

另外，为保证安全技能培训行动计划的顺利实施，重庆市人社局、市财政局出台《关于发布重庆市职业技能提升行动（2019～2021）培训成本及市场需求程度目录的通知》、《关于做好职业技能提升行动培训有关工作的通知》和《关于进一步做好职业技能提升行动专账资金使用管理工作的通知》等文件，落实了安全技能培训补贴政策，对各种人员培训类资金、实训基地建设类和培训项目补贴等方面的资金使用和补贴进行了规范和支持。

（三）技工教育发展破题开路

破政策壁垒，技师学院在编制部门成功挂牌，第四及以上学年生均补助落地开花。下指标、周报告、月通报，全年招生3.26万人。循开放之道，组织25名师资赴新加坡培训，签订“中国重庆·新加坡技能人才培养协议”，两年互培450人次。组织32名校长书记赴井冈山开展思想政治课特色教学教研学习考察。兴创新之风，组织开展教学教研和专业建设任务18项，组织参加第一届全国技工院校学生创业创新大赛，“纺间重庆”项目荣获一等奖，综合成绩排全国第四名。

（四）职业技能提升精准上路

市人社局印发《关于推行终身职业技能培训制度的实施意见》和《关于全面推行企业新兴学徒制的通知》，搭专班、建专账、分专项，全年共培训50.3万人次。精准分类，按培训对象群体不同特点，制定出台“1+12”系列方案，建立企校双师联合培养制度；精准管理，全面实现市、区两级对劳动者培训需求、培训过程、培训结果实名制管理；精准补贴，开展培训成本及市场需求调研，围绕企业所盼、劳动者所需，根据紧缺程度、技能等级、培训成本分类制定补贴标准；精准扶贫，实施订单式组织、菜单式教学、工单式就业“三单式”扶贫培训，培训贫困劳动力近7万人次；精准宣传，召开新闻通气会、政策培训班，开展政策宣讲100余次，发放海报单、口袋书，发布公益广告牌，开展“十个集中”服务周活动；精准服务，学徒培养实行弹性学制和学分制，培训结合企业生产和学徒工作生活实际，采取弹性学制和学分制的教学质量评价体系，减材料、压流程、降周期，围绕企业需求大力推进新型学徒制，实现理论学习与生产实训的工学“双融”，共有473家企业8.35万名职工参与。

（五）深入推动职业技能扶贫培训

2019年，重庆市加强技能扶贫，采用“订单式组织”“菜单式培训”“工单式就业”等方式，培训贫困人员8.6万人次。推动技能“进农村进社区进家庭”，让更多的人致富有术、就业有路。

市人社局发挥人力资源社会保障基层工作平台的作用，及时对建档立卡贫困家庭情况进行摸底，了解家庭成员状况，全面了解贫困劳动力数据信息、就业情况和培训需求，建立台账制度，出台培训总体规划和年度计划，引导组织进行培训。加大政策宣传力度，及时公布职业技能培训信息。指导贫困劳动力，以青壮年为重点，广泛动员贫困劳动力参加职业培训。优化贫困劳动力职业培训的方式方法，组织符合资质的职业培训机构对重庆市贫困人员进行职业技能培训，使重庆市大量贫困人员通过职业培训掌握了职业技能，实现了脱贫致富，在脱贫攻坚战略中贡献了自己的力量。

（六）全面推进终身职业技能培训

为全面提高重庆市劳动者的素质，促进就业创业和经济社会发展，重庆市以《重庆市职业技能提升行动实施方案（2019～2021）》为抓手，明确2019～2021年职业培训建设工作的目标、任务。一是针对重点群体开展职业技能培训，激发培训主体积极性，从有效增加培训供给、完善职业培训补贴政策、加强政府引导激励、强化保障措施四方面着手，全面建立健全终身职业技能培训制度。二是从职业培训市场化社会化发展机制、技能人才多元评价机制、培训质量评估监管机制和技能提升激励机制等四个方面，不断完善职业技能培训机制。三是全面推行企业新型学徒制培训，市人社局联合市财政局研究制定《重庆市人力资源和社会保障局重庆市财政局关于全面推行企业新型学徒制的通知》等文件，通过政府引导、企业为主、院校参与，在重庆市全面推行企业新型学徒制，进一步发挥企业主体作用，促进企业的技能人才培养，壮大产业工人队伍。2019年，全市共组织473家企业8.35万名职工和142所院校参与培训，涉及八大类财产范畴共123个专业工种。2019年至2021年底，全市共培训10万名企业新型学徒，2022年后，根据全市产业发展和企业需求，合理确定培训规模。

（七）完善职业培训补贴政策，加强政府引导激励

目前，重庆市涉及政府补贴培训项目的部门较多，主要有人力社保局、

建委、农委、移民局、扶贫办和中华职教社等，已设立了创业培训、岗前培训、技能提升培训、惠农转移培训工程、阳光培训工程、移民培训工程、雨露计划培训（半年期劳动力转移培训）、雨露计划培训（海外劳务培训）和温暖培训工程等9个项目，已形成了“九龙吐水”的政府补贴职业培训局面。进一步推进职业技能培训规范化、市场化发展，促进职业培训机构精准服务重庆市就业创业和技能人才队伍建设，深入开展职业技能提升行动。

2019年，全市政府补贴性职业技能培训50.3万人次，其中，人社部门开展培训33.3万人次，占66.2%，其他市级部门培训17万人次，支出补贴资金3.4亿元（其中，专账资金2亿元，就业补助资金1.4亿元）。

为保障大规模职业技能培训规模化、规范化发展，重庆市根据《职业技能提升行动实施方案（2019～2021年）》、《重庆市职业技能提升行动（2019～2021年）培训成本及市场需求程度目录》（以下简称“《目录》”）以及《关于支持职业培训机构参与政府补贴性职业技能培训项目的通知》等文件对培训补贴项目种类、条件、标准、期限和流程等做出明确规定。一是明确补贴适用人群，包括贫困家庭子女、贫困劳动力、城乡未继续升学的初高中毕业生、农村转移就业劳动者、下岗失业人员、退役军人、残疾人、高校毕业生（适用时间为毕业前一年7月1日起至毕业后两年的6月30日止，含技工院校毕业生和特殊教育院校职业教育类毕业生）。二是明确补贴条件，组织开展职业（工种）在《目录》或区县特色职业（工种）目录范围内的培训。三是明确了补贴标准和期限，按照不同类别的职业（工种）技能培训实施不同的补贴政策，补贴期限为一次性。四是明确补贴申请流程。个人参加职业技能培训并缴纳培训费用的，由本人持社会保障卡（或居民身份证）、培训机构开具的税务发票，向批准参加培训的公共就业和人才服务机构申报；培训机构垫付培训费用的，按“先垫后补”原则，由培训机构代个人申请培训补贴，机构持“重庆市职业技能提升培训学员花名册”、税务发票，向批准开班的公共就业和人才服务机构申报。

同时，《重庆市人力资源和社会保障局关于支持职业培训机构参与政府补贴性职业技能培训项目的通知》还对《目录》以外的技能类职业进行补充，对于《目录》以外的技能类职业（工种），需按照《中华人民共和国职业分类大典》（2015 年版）第三至第六大类中职业技能类职业（工种）的规范名称组织培训，并参照特色职业（工种）管理办法，由区县人力社保部门商财政部门同意后，报县政府批准和市人力社保局备案后实施培训，培训补贴按照特色职业（工种）标准执行。

（八）加强职业技能培训教学资源建设

根据党中央、国务院印发的《关于全面深化新时代教师队伍建设改革的意见》和国务院印发的《国家职业教育改革实施方案》，重庆市多措并举加强培训师资队伍建设。加强师资队伍扶植，重庆市组织开展讲授教研和专业扶植项目 18 项，组织 25 名教师赴新加坡开展为期 14 天的培训，并会同新加坡工艺教育局拟制《中国重庆新加坡技强人才培育和谈》，两年内共互培 450 人次。

同时人社局印发《关于进一步做好职业技能提升行动线上培训工作的通知》和《关于公布第三方线上职业技能培训平台的通知》，方便劳动者就近就地参加培训，提高培训的便利度和可及性。

（九）进一步规范职业技能培训机构市场

提升职业技能培训规范化、市场化程度，促进职业培训机构精准服务重庆市就业创业和技能人才队伍建设，深入开展职业技能提升行动，市人社局印发《关于支持职业培训机构参与政府补贴性职业技能培训项目的通知》，对各类培训机构开展政府补贴性职业技能培训，并对职业培训机构实施目录管理制度，开展信息实名制管理和培训对象多元化评价工作，加强职业机构监督管理和规范建设工作。

建立“双随机”检查制度和举报投诉必查制度，由其所在的区县人力社保部门会同有关部门进行日常监督检查和举报投诉调查，对违反规定的培训机构，依法督促整改、追究责任，并将其纳入“职业培训机构黑名单”；涉嫌违法犯罪的，依法移送司法机关处理。对于违反有关规定的补贴（参训）对象，应责令其退出政府补贴性培训项目，追回培训补贴资金，并按照有关规定通过相关部门录入信用记录。

三　加强重庆职业培训工作的对策建议

重庆职业培训工作近年来虽然取得了一些成绩，积累了一些经验，但也存在一些问题，主要是职业培训与国家发展战略结合不紧密，培训生态运行不畅，职业培训跟不上新兴产业发展需要，重点就业群体参加职业培训的意愿不高；全民培训制度尚未建立，终身职业培训制度尚未完全健全；民办职业培训的监管力度不够，职业培训师资整体素质不高；企业在职业培训中尚未充分发挥主体作用，新职业及其标准开发跟不上新兴产业的发展速度，技能人才培养与质量监管评价体系不健全。这些已影响了职业培训事业的健康发展。

今后，重庆要坚持以习近平新时代中国特色社会主义思想为指导，深入学习领会习近平总书记视察重庆重要讲话和国务院相关文件重要精神，深入贯彻落实重庆市职业培训重要文件安排，继续实施职业技能提升行动，弘扬“巴渝工匠”精神，着力提高培训质量，加快培育一支适应新时代经济发展需要、结构合理、技艺精湛的高技能人才队伍。同时，要与国家和重庆市发展战略紧密结合，在符合国家发展战略的基础上，突出地方特色和需要，让职业培训工作真正符合重庆市经济社会发展需要，做大做强重庆市的职业培训事业。具体而言，要在如下几方面发力。

（一）转变传统观念，加大职业培训宣传力度

发展职业培训需要与重庆社会经济发展相适应，营造适合职业培训发展的社会环境。积极开展职业培训活动周等活动，使民众认识到职业培训对培养国家技能型人才的重要意义，认识到职业培训对于我国经济社会发展的重

要作用，推动全社会全面认识和普遍重视职业培训，营造尊重技能型人才的良好环境。对社会大众进行积极舆论引导，注意报道正向性，使民众对职业培训有正确认识，学校和企业通过加强文化建设向学生和职工传递职业培训的重要性，营造积极学习的良好氛围。

（二）明确政府定位，加强职业培训统筹规划

政府充分履行自身宏观管理职责，在中高等职业院校、企业、行业协会、学生等多方主体中充当协调者角色，对培训机构和企业持续合作发展进行管理，同时对培训机构和企业对于学生的培养执行行为进行监督。积极履行政府的财政支持和投入职能，不断完善对职业培训的投入机制，政府合理利用财政收入，依据现实情况对相关培训机构进行资金支持，统筹规划重庆市职业培训的整体发展。

（三）促进产教融合，实现校企一体化培训

建构产教融合体系，促使校企合作、产教融合、工学结合顺利实施，打造产教融合的良好制度环境。参与职业培训的学校、企业、政府三个主体间形成三位一体合作协调机制，促使职业培训产教融合主体形成共同行为规则和标准，规范学校与企业合作内容。提高产教融合社会认同度，职业培训是深入学习一个行业全部工作进而实现人自身社会化的新职业观的过程，形成职业培训产教融合的内外合力，不断提高社会对产教融合的认同度。完善校企合作政策制度，为培训机构与企业合作提供制度保障，规范校企合作秩序。丰富校企合作的形式，培训机构与企业的合作形式和途径多种多样，需要培训机构和企业进行灵活选择，根据培训机构的实际情况和人才培养模式确定具体的校企合作方式。深化校企合作配合，加大对重庆市各区、县的职业培训中心与学校合作的统筹力度，尤其重视武陵山区城镇群、三峡库区城镇群的中等职业学校与社会上部分知名企业进行长期合作，形成长效合作机制。优化资源配置，最大限度利用相关教学设备，实现资源共享，进而强强联合，促进重庆职业培训的优化发展。强化政府

在职业培训产教融合机制创新中的带动作用，促进政府、行业、企业与培训机构协调合作，形成联动机制，拓宽产教融合途径，丰富产教融合形式，为职业培训产教融合实践提供强有力的支撑，推进以企业为主体的科研成果转化和技术方面的协同创新。

（四）优化培训师资结构，打造“双师型”教师队伍

立足实际对教师进行专业培训，提高教师综合素质。“十四五”期间的职业院校教师“国培”和“省培”指标要注意向重庆市比较落后和发展不充分的培训机构倾斜，准确识别培训对象。构建青年骨干教师成长通道，通过政策倾斜、平台推荐、海外研修、校企共育等多种方式，激发青年教师的积极性，培养一批后备骨干人才，以解决职业教师紧缺的问题。做好“双师型”教师认定工作，优化师资队伍结构。“双师型”教师队伍建设应结合重庆产业发展的实际需求，针对区域和学校两者对职业培训专业建设的需要进行统筹。一方面，分析职业培训专业教师队伍结构，对现有专业教师进行分工，对“双师型”教师进行选拔。另一方面，组织专业教师到一线、入车间、进企业，重视重庆区域内职业院校教师和企业人员进行互派交流学习，提高教师实践技能和能力。采用刚柔并济的教师聘用方式，打造专兼结合的“双师型”教学团队。在教师聘请方面，通过向社会公开招聘方式招聘急缺岗位的教师，做到针对不同岗位采用不同考试方式。挂职方面，建立教师到企业进行挂职锻炼的运行机制，提高教师业务能力，加强产学研相结合，利用教师丰富的专业知识和科研经验，参与企业产品创新和技术革新，在提高服务的质量和层次的同时，也促进教师实践专业技能的提升。

（五）加强品牌建设，彰显重庆职业培训特色

随着社会快速发展和产业升级转型，打造具有重庆特色的职业培训品牌已经成为重庆职业培训机构获得生存和发展的一个关键环节。职业培训发展不能只重视速度和数量的发展，更要注重职业培训的内涵式发展，重视职业

培训质量和效益的提升，发展和实施职业培训品牌战略。其一，明确培训机构培训理念，在人才培养目标、课程建设、办学模式、校园文化建设等方面形成特色，提高培训机构认可度和知名度，增强培训机构核心竞争力。培养目标方面，培训机构要结合国家政策和培训机构自身的发展，制定具有自身特色的培养目标，培养高技能技术型人才；课程建设方面，要根据培训机构的培养目标，注重职业培训课程特色建设；在办学模式方面，积极与企业进行合作，共同制定具有品牌特色的方案与标准，打造具有特色的现代学徒制。其二，以模范式专业建设为切入口，打造具有重庆特色的专业品牌。专业设置方面，实现职业培训专业的差异化和优质化发展。同时加强职业培训机构专业能力建设，建立培训行业、企业和培训机构联系制度，促进产业链与教育链深度融合，积极开发新的专业方向，培养促进现代化发展的服务型专业。专业内涵建设方面，根据重庆市经济社会和职业培训发展的特点，针对专业课程建设、专业设置建设、专业管理建设、专业教师队伍建设等方面进行内外部治理体系优化改善。专业评估方面，对培训机构专业建设定位和要求，专业建设可执行性、达成度、质量保障等多方面进行综合评测，促进重庆市职业培训以品牌特色专业带出品牌特色职业学校的道路的发展。

（六）完善终身学习制度，面向全体劳动者开展职业技能培训

结合实施技能提升行动计划，进一步完善终身学习制度，面向全社会劳动者，面向劳动者职业生涯全过程，全面开展职业技能培训。充分发挥企业的主体作用，面向在职职工开展岗位技能培训和技能提升培训；支持培训机构以新城镇劳动者为重点进行职业技能培训。鼓励职业院校把承担职业培训情况作为核定职业学校教师绩效工资总量的重要依据，承担职业培训、服务区域和行业发展任务；鼓励民办职业培训机构开展形式多样的职业技能培训，健全终身学习制度。县级以上相关行业主管部门履行好本行业职业培训协调和业务指导职责，通过政府购买服务、授权委托等方式，推动社会培训机构积极参与职业培训。制定完善职业培训相关政策，鼓励社会培训机构开展职业培训。

（七）建立培训评价体系，确保培训质量稳步提升

在全市范围开展职业培训与技能评价的专项检查，以问题为导向，对报名培训鉴定发证全过程进行全面梳理排查，扎实开展质量管理专项整治，强化规范管理，提高培训质量。全面梳理现有培训补贴政策，确保按规定将各类劳动者参加职业培训列入补贴范围。加大对资金筹集整合的力度，对各类培训资金和项目进行优化整合，统筹用于职业技能提升行动；鼓励通过政府购买服务方式，对培训机构提高自身能力建设给予资金支持与奖励补助；鼓励各地将财政补助资金与培训工作绩效挂钩，加大激励力度，形成激励机制。同时加强资金监督检查、专项审计和风险防控，定期向社会公开职业培训的各项进展情况，确保职业培训工作有序进行。通过以上各项工作最终保障职业培训工作顺利完成并形成职业培训评价体系，使重庆市职业培训事业在接下来的时间里发展得更好，为我国经济社会发展注入新动力，为中华民族伟大复兴贡献大力量。

B.10 山西职业技能培训创新报告

何林深　高凤鸣*

摘　要： 素质是立身之基，技能是立业之本。随着综合国力竞争日趋激烈，人才日益成为综合国力竞争的决胜因素。本报告将通过简述山西省职业技能培训创新的发展历程，总结过去实践的经验优势，并结合山西省发展需求提出创新职业技能培训模式的可行性建议，以便完善职业技能培训体系，培养出更多适应转型发展的高素质技能人才。

关键词： 职业技能　人才培训　山西

引　言

人才是实现民族振兴、赢得国际竞争主动的战略资源。大国重器离不开大国工匠，技能人才作为我国人力资源的重要组成部分，是产业发展的基石。“十三五”期间，山西省认真贯彻习近平总书记关于技能人才工作的重要指示，坚持以人民为中心的发展思想，坚持把“人人持证、技能社会”建设作为提高劳动力素质、促进人的全面发展的战略民生工程，持续发力。2017年，时任山西省省长的楼阳生同志首次提出以“人人持证、技能社会”建设统领全省“全民职业技能培训工程”。“人人持证、技能社

* 何林深，山西省人力资源和社会保障科学研究所副所长（主持工作）；高凤鸣，山西省人力资源和社会保障科学研究所综合科负责人。

会”建设，以提高劳动者就业率、持证率、增收率为目标，突出“全劳动周期、全工种门类”职业技能培训体系建设、分层分类政策体系及工作机制建设和“尊重劳动、崇尚技能”社会生态建设，形成了立足山西实际且行之有效的全面职业技能提升的山西实践经验。[①] 截至2019年底，全省共组织215.6万人次参加各种技能提升培训，各类劳动者的持证率、就业率、增收率明显提升，人民群众的幸福感、获得感、安全感显著提高，为山西省高质量转型发展提供了技能人才保证和创新动力源泉，在更高层次上保障和改善了民生。

一　实施背景和意义

当前，山西正处于转型发展的关键期、全面建成小康社会的攻坚期。全省上下正在深入学习贯彻习近平总书记视察山西的重要讲话、重要指示，重温习近平总书记的“三篇光辉文献”，努力建设资源型经济综合配套改革试验区。2019年12月召开的山西省委经济工作会议，明确提出“四为四高两同步”的总体思路和要求，为全省经济转型发展指明了目标，明确了发展路径。[②] 要实现高质量发展，必须完善人才发展体制机制，优化人才发展环境，促进人才创新创造活力充分释放；要实现高水平崛起，必须完善技能人才培训、评价和使用等制度，推动全省经济发展和产业核心竞争力、区域创新能力和整体形象不断提升；要实现高标准保护，必须大力实施高技能人才开发工程，为全方位、全地域、全过程加强生态环境保护提供人才保障；要实现高品质生活，必须多措并举抓好全社会成员的就业增收，在更高层次上保障和改善民生。

山西省认真贯彻落实习近平总书记关于技能人才的重要指示和党的十八大、十九大精神，站在新时代山西发展的战略高度，创造性地提出了

① 高建华：《打造知识型技能型创新型劳动者大军》，《山西日报》2020年5月27日。

② 徐广国：《凝心聚力 同心同向 为“四为四高两同步”作出积极贡献》，《前进》2020年第4期。

"人人持证、技能社会"的总体目标和思路，旨在从根本上提高全省劳动力素质，促进持续稳定就业。经过两三年的实践探索，"人人持证、技能社会"建设已形成较为完整的政策体系和工作机制，在稳就业、增收入方面发挥了积极作用，为山西经济和社会发展提供了有力的技能人才支持，为全民职业技能提升工作贡献了山西智慧，对保障和改善民生、培养更多适应转型发展的高素质技能人才、决胜全面建成小康社会，具有十分重要的现实意义。

二 主要做法和经验

在山西省委、省政府坚强领导下，山西省"人人持证、技能社会"建设实施三年以来，经过调查论证阶段、起步实施阶段、推进完善阶段、提质增效阶段四个阶段，由一个战略构想，演变为一项各级政府机构、千家培训单位、百万培训人员积极参与的重大战略举措，山西省印发了《山西省全民技能提升工程实施方案的通知》，使山西省职业技能培训工作走在全国前列，并逐步形成"山西经验""山西模式"，得到人社部的充分肯定。

2018 年以来，山西省围绕"技能社会"建设总要求，坚持政府主导、制度保证、市场调配、目标导向等原则，通过健全职业技能培训体系、完善职业能力评价体系、创新政策支持保障激励制度、打造职业技能竞赛、实现技能提升与促进就业的联动机制等措施，初步形成了以就业需求为导向，省市县及各部门齐抓共管、政府企业社会积极参与的工作格局，积累形成了"山西经验"，为山西省加快脱贫攻坚、实现转型发展提供人力资源保障。

（一）培训发展职业院校、企业、社会培训机构三位一体的培训机构体系

培训机构是职业技能培训组织实施的主体，是开展职业技能提升培训的组织机构。省、市、县将具备培训条件和能力的各类人力资源服务

机构纳入政府补贴的“人人持证、技能社会”职业技能培训范围，充分发挥各自特点和优势。改变过去由人社、财政等部门认定的方式，转换为公开招投标、竞争性谈判、竞争性磋商等方式在全省范围内择优确定，充分调动和发挥各类培训资源参与培训的积极性，最大化地体现公平、公开、公正。

（二）建立覆盖各类劳动者群体的培训对象体系

“人人持证、技能社会”建设实践中，注重根据劳动者具体情况提供差别化、针对性培训。针对城镇失业人员，重点通过创业培训和技能培训，提升其再就业、自主择业、灵活就业能力。对贫困劳动力、贫困家庭子女重点开展技能扶贫。针对农村进城务工人员，结合地区产业发展需求，开展针对性技能培训，努力实现农民工由普通劳动者向产业工人的转型。针对企业在岗职工，即被企业招用并在岗工作、领取劳动报酬的人员，对其进行技能提升和转岗转业培训。

（三）建立健全职业技能培训内容体系

1. 丰富的培训工种

培训机构所开展的职业技能培训职业（工种）名称，应以国家有关部门发布的目录为准。开展的具有地方特色的传统技艺（技能）培训项目，可参照与其接近的职业（工种）确定名称。注重急需紧缺职业（工种）、新职业、新工种、新技能的培训，侧重先进制造业、战略性新兴产业、现代服务业等，同时涉及非遗传承培训。

2. 科学的教学内容

教学内容主要为专业内容和公共知识。专业培训内容围绕人力资源市场的急需岗位进行设置，通过分析山西省人才市场不同产业、不同行业的求人倍数，将培训重点放在制造业、餐饮服务业、家政服务业等领域。同时结合山西省产业转型发展趋势，加大了人工智能、云计算、大数据等新职业新技能培训力度。在加强职业技能培训的同时，将职业道德、法律法规、工匠精神、质量意识、安全意识等贯穿培训课程中，形成与专业培训相辅相成的公共知识培训内容。

（四）创新职业技能培训组织方式

1. 以企业为主体开展的新型学徒制

在企业（含拥有技能人才的其他用人单位）全面推行以“招工即招生、入企即入校、企校双师联合培养”为主要内容的企业新型学徒制。即由企业与技工院校、职业院校、职业培训机构、企业培训中心等教育培训机构合作，以发挥企业主体作用为主，采取“企校双制、工学一体、产教融合”的培养模式。

2. 以新型农民为主体的灵活培训方式

“十三五”时期，山西省将新型职业农民培训作为人才开发与教育培训工作的重点，积极鼓励高校、科研院所、三农服务机构开展各类涉农专业培训。大力推广送教下乡、田间课堂、流动课堂车等培训新模式。积极开展“送培训下乡”活动，采取“田间地头”培训、“农户 + 企业（农民合作社）”培训、居家手工技能培训、“职业技能 + 外出务工体验”、课时积分制等培训使农民就地就近获取职业教育培训。依托各类新型农业经营主体，探索各种有特色的扶贫模式。

3. 以就业需求为导向的“订单式、菜单式、项目制”培训

“人人持证、技能社会”建设注重充分发挥不同培训主题的积极性，形成了多样化、多层次的培训体系。在职业院校、技工院校实行“先培训、后就业”模式与“订单培训”“项目培训”相结合的模式，同时加强“1 + X”证书试点工作，为未继续升学的应届初高中毕业生提供完备的职业技能教育。充分发挥人力资源服务企业连通人力资源需求端和供给端的桥梁作用，实施“边培训、边就业”模式，强调“干中学”“做中学”，对有就业意向的劳动者开展针对性培训。其他类型培训机构实行“需求储备式培训”模式，重点对有就业需求人员开展市场需求集中度较高的职业（工种）定

向培训。同时，鼓励各类培训机构开展广泛合作，以市场需求为导向，不断提高职业技能培训实效。①

（五）建立多层次职业技能培训标准体系

2019 年 11 月 13 日，山西省在全国率先发布《山西省职业技能培训规范》，制定出台 8 项省级地方标准。按照“人人持证、技能社会”总体思路，对职业技能培训的相关术语和定义、目标要求、培训主体、培训内容、培训实施、培训监督、能力评价、培训补贴、技能竞赛等做出了详细的规定。内容既各自独立，又相互呼应，为谁培训、培训什么、怎么培训以及培训的监督评价等方面提供了基础规范。

（六）加快构建科学的职业技能评价体系

1. 改革技能人才评价制度

按照“先立后破”“一进一退”的原则，建立并推行职业技能等级制度，由社会培训评价组织和用人单位开展职业技能等级认定。在国家职业资格目录以外的职业（工种），以职业标准和岗位规范要求为基础来开展职业技能等级评价，合格后颁发国家统一的职业技能证书。开展专项职业能力考核工作，结合山西省新兴产业发展、地方特色产业需要和就业创业需求开展全民技能提升培训项目。同时选择市场需求大、可就业创业的最小技能单元进行专项职业能力考核，作为技能人才评价的重要补充。

2. 完善技能人才评价内容和方式

（1）突出品德、能力和业绩综合评价

坚持把品德作为技能人才评价的首要内容，全面考察技能人才的工匠精神、职业道德、职业操守和从业行为。克服唯学历、唯职称、唯资历、

① 何林深：《山西省资源型经济转型背景下全民职业技能培训需求变化与对策研究》，《中国人事科学》2021 年第 1 期。

唯论文倾向，破除专业技术人才成长的羁绊，打破户籍、地域、身份、档案等制约。

（2）实行分类评价

将差异化评价策略作为提高职业技能评价水平的突破口。技术技能型人才评价以实际操作为基础，以解决关键技术难题、改进重点工序为延伸。知识技能型人才评价以知识掌握的系统性、全面性为重点，突出知识应用能力和创新解决问题能力。复合型人才评价强调新技术、新技能的应用能力，解决复杂问题的能力和胜任多工种多岗位复杂工作的能力。

（3）多种评价方式并行

按照国家职业技能评价制度改革的精神，推动多种评价方式并行。鼓励用人单位和社会培训评价组织根据职业技能实际，采用理论知识考试、技能实际操作考察、过程性评价考核、结果或业绩界定、竞赛选拔等多种职业技能方式进行评价。在职业技能评价的实施方式上，用人单位和社会培训评价组织可以自主开展职业技能等认定，也可以与第三方合作，委托具有职业技能鉴定能力的社会组织、人才评价机构开展职业技能等级评价。

（七）加强职业技能培训基础能力建设

1. 加强职业技能培训基地建设

全省持续加大技能人才项目支持力度，积极开展国家级、省级高技能人才培训基地和技能大师工作室的评选工作，充分发挥技能人才的积极性和创造性。同时，积极推动省级示范技工院校建设和启动公共实训基地建设，打造了一批技能人才重点平台。鼓励各类技能人才培养基地、平台开展合作，围绕“现代学徒制”、“双师型”师资队伍建设开展校企合作。积极建设培育一批产教融合型企业，加强高危企业集中的地区建设安全生产和技能实训基地，支持世界技能大赛集训基地建设。不断提升创新创业基地服务、孵化能力，为创业者提供更加有力的软硬件支持。加强职业技能培训教学资源建设。

2. 规范培训教材体系

在“人人持证、技能社会”建设实施过程中，高度重视职业技能培训教材的开发工作。分别针对重点企业岗位技能培训、职业技能提升培训及创新培训、技能扶贫培训开展教材开发，形成一批紧跟时代变化、体现市场需求的优秀教材。同时，从职业技能的科学性、通用知识的普及性、求职能力的重要性三方面规范教材内容。激励教材编写者，注重经济社会发展趋势和产业变革方向，紧盯新技术、新业态、新模式产生的新知识、新技能，体现教材的前瞻性和时代性。

3. 强化培训师资力量建设

一是根据文化课教师、技术理论课教师和生产实习课指导教师的不同特点，分类施策。二是围绕用好用活人才，使职称制度与技工院校教师聘用制度和岗位管理制度相配套，充分发挥广大教师工作的积极性。三是创新人才评价机制，促进人才评价与使用相结合，激励技工院校教师提高教育教学水平，提高创新创业能力。四是下放评审权限，逐步将中级和高级职称评审权限下放至符合条件的市地人力资源社会保障部门和开办技工院校的大型企业。

（八）建立职业技能提升与促进就业的联动机制

1. 秉持“产教融合、供需对接”的原则

全民技工提升工程实施以来，各地依托公共就业服务、人力资源服务机构积极与培训机构对接，加大省内外各类用工信息收集、整合力度，针对性开展岗位信息征集发布工作，每月至少集中发布一次市场供求信息。对有就业需求的，及时提供岗位信息，至少提供3次职业介绍服务。充分发挥“市场导向”“就业导向”引领培训的作用。通过网上招聘、现场招聘、成建制对接等方式，帮助培训学员尽快就业。

2. 鼓励创业带动就业

山西省大力推动以创业带动就业，建立了创业培训、创业服务、政策扶持“三位一体”工作机制，鼓励高校毕业生、农民工、复转军人等群体返乡创业，支持创业孵化基地、创业园区建设。将有意愿开展创业活动和处于创业初期的农民工、高校毕业生等劳动群体全部纳入创业培训服务范围，开展创业培训服务。对已具备创新条件、准备开始创业的人员加强创新方法、产品开发、营销技巧等创业技能培训。对已创业人员，开展以企业经营管理能力提升为主的培训，提供创业公共服务，提升经营管理能力。

3. 鼓励开发区招商引资项目吸纳就业

各级人社部门会同当地商务部门成立开发区招商引资项目用工招聘、技能培训工作协调机构，定期召开会议通报交流招商引资信息、项目建设进展等情况，研究制定支持落地项目用工招聘、技能培训工作方案，并协调组织落实。各级人社部门与各地开发区保持良好的工作互动，便于及时掌握开发区产业布局、新建项目、生产经营等情况，能够及时了解开发区企业用工需求、培训需求，人社部门可根据需求组织职业技能培训机构开展技术技能通用培训与“订单式”培训。“提前培训”可由招商引资项目、入驻企业自行组织，也可由其委托社会培训机构实施培训。

（九）将职业技能培训与扶贫紧密结合

1. 建档立卡摸清底数

山西省对所有未就业贫困劳动力、易地扶贫搬迁劳动力，组织开展一次全面的摸底排查，率先实现贫困劳动力建档立卡，及时掌握劳动力的个人信息，为精准掌握劳动力的培训就业需求、分类提供针对性的培训和就业服务提供帮助。

2. 技能培训助力产业振兴

农村产业振兴是农民脱贫致富的根本。一方面，积极开展贫困劳动力技能培训，送切实管用的培训到田间地头、到家门口，确保贫困家庭的劳动力至少掌握一门实用技能。另一方面，依托实名制系统，对全省农村劳动力建档立卡，通过考证持证推进技能培训全覆盖，通过订单培训、菜单培训增强实用性、实效性，满足山西省转型发展需求，让农民群众实现技能就业、技能增收。

3. 聚焦重点人群助力脱贫

大力开展农民工职业技能培训。采取订单式、菜单式、项目制培训，实施滚动培训、等级提升培训，不断提高农民工的素质和技能，提升农民工的就业能力和增收水平。鼓励符合条件的有意愿的新生代农民工就读职业院校，实现技能就业。组织技工院校开展技能扶贫“千校行动”，面向建档立卡贫困家庭未就业子女和学生开展技工教育与职业培训，建档立卡贫困家庭子女就读技工学校，可享受减免学费、发放奖学金（助学金）、生活补贴等帮扶政策。

（十）健全职业技能培训保障措施

1. 构建省级统筹、部门参与、市县实施的工作格局

在“人人持证、技能社会”建设过程中，山西省委、省政府高度重视，楼阳生书记指挥督战，形成了由省人社厅牵头，教育、财政、工信、国资等部门齐抓共管、协作推进的良好工作机制。同时，各市县成立职业技能提升专项工作领导小组，由领导工作小组和专项工作办公室组成，加强对职业技能培训工作的组织领导，主要工作如下：一是落实山西省职业技能提升培训实施方案；二是研究工作措施；三是组织开展调研督导；四是加强宣传统计工作；五是结合当地实际情况，创造性地开展全民职业技能培训工作，总结推广地方特色、地方品牌、地方经验。

2. 加大培训资金投入

为了保障全民技能提升工程的顺利实施，除省级财政直接投入外，各地市也加大资金整合与投入力度。重点将一定比例的人才开发经费、就业补助资金和产业发展资金用于开展职业技能培训。同时，积极发挥失业保险防失业、保就业的兜底作用，将失业基金结余部分统筹用于职业技能培训。

3. 强化政策解读和舆论宣传

全民技能提升工程开展以来，全省上下各有关部门通过多种媒体和多种方式，大力宣传全民技能提升工程富民增收的重要意义，深入解读各项惠及农民工、培训机构、用人单位的政策措施，深度挖掘和推广了一批技能就

业、技能增收、技能成才的先进典型，弘扬了“劳模精神”和“工匠精神”，为全民技能提升工程的深入推进创造了良好的社会环境。

三　展望

“十四五”期间，山西省要把“人人持证、技能社会”这项基础性、战略性民生工程推向深入。进一步加大培训力度，推进考证持证，力争今后五年从业人员持证率从现在的20%提升到30%，中高级以上持证技能人才从现在的75%提升到80%。

（一）构建多元化工作格局

随着山西省进入转型综改的攻坚期，完善各方共同参与的协商机制，形成“省级统筹、部门参与、市县实施”的工作格局，构建全民技能提升体系，提供全程高质量的职业技能提升培训，不断提高广大劳动者就业质量和收入水平显得至关重要。

1. 建立“1 + X”工作责任机制

将全民技能提升工程纳入经济社会发展总体布局，按照“条块结合、分工负责”原则，建立人力资源社会保障部门统筹协调、其他部门各司其职，以及人民团体广泛参与的“1 + X”工作责任机制，充分发挥各部门职能优势，形成强大工作合力。

2. 打造网格化管理模式

政府要加强对职业技能培训工作的组织领导，建立职业技能提升行动工作协调机制。成立职业技能提升专项工作办公室，负责谋划、组织、指导、督促、监督本地区的培训，充分协调相关行业开展培训。管理要由人社部门内部向系统整体运转转变，形成网格化管理模式。

3. 完善应急管理系统

建立健全职业技能提升行动公共危机管理制度，发挥整体功能，向可持续发展方向转变。加强职业技能就业形势监测预警，健全完善就业风险预警、报告和处理机制，防范化解群体性事件和突发事件。统一技能提升安全管理目标，确保责任落实，形成源头治理、动态管理、应急处置相结合的工作机制，建立规范有序、公正合理的职业技能培训关系。

（二）加强培训基础平台建设

1. 推进培训基地建设

以技能大师工作室、高技能人才培养基地、公共技能实训基地、职业农民培养基地和创新创业孵化基地为节点，打造覆盖全省地域、囊括各类技能、涵盖全职业周期的技能实训和创业实训网络。加快建设重点群体创业孵化载体，为创业者提供低成本场地支持、指导服务和政策扶持，根据入驻实体数量、孵化服务效果、带动就业成效等给予一定奖补。发挥企事业单位、社会组织和专业化服务团队等各方面的积极性，规范和加强创业服务指导工作。支持稳定就业压力较大的地区为失业人员自主创业免费提供经营场地。积极参与“走出去”战略和“一带一路”建设中的技能合作与交流。

2. 推进地方标准落实

严格按照《山西省职业技能培训规范》，明确目标要求，择优选择培训机构。统筹利用多方培训资源，精准对接培训对象，合理设定培训内容。加强对世界技能大赛标准的学习和研究，按照世界技能大赛标准提高省级职业技能竞赛组织工作的标准化、科学化程度。推进高标准职业技能竞赛集训基地建设，持续提高全省职业技能竞赛参赛水平，发挥好技能竞赛以赛促练、梳理标杆、营造氛围的积极作用。创新能力评价体系，落实培训监督及补贴政策，认真组织职业技能培训，保障培训工作稳步实施，提高培训质量，提升培训效果。

3. 加强服务能力建设

搭建好全省职业技能培训信息发布平台，及时发布培训机构、培训项目信息，方便劳动者根据自身需求及时、合理选择培训项目。及时收集人力资源供给与需求信息，发挥好职业技能培训在调整人力资源结构中的积极作用。以数字经济、新个体经济等为重点，创新培训内容。结合大数据、互联网技术，开展线上职业技能培训、线上线下混合职业技能培训，创新培训模式。

（三）打造多元化培训模式

1. 创新培训模式

积极探索“互联网＋”培训模式，大力推行“互联网＋”职业技能培训计划。充分利用门户网站、移动App、人社部推荐的54个职业技能培训平台等多种渠道，积极建设职业技能提升培训服务云平台，开展免费在线课堂云培训。根据职业（工种）的培训标准和学时要求开发数字培训资源，制定线上培训实施方案，通过直播授课、线上互动等多种形式开展线上教学活动，引导各类劳动者通过网络参加职业技能提升培训。实现线上理论培训考核成绩同职业资格证书等级理论考试成绩互认。

2. 丰富培训主体

坚持“人人持证、技能社会”建设多方参与、市场主导的工作机制，广泛利用社会各界力量，形成全民职业技能培训工作新格局。认真总结前期工作经验，详细梳理政府、社会、企业参与情况，进一步优化、整合培训资源。支持企业（特别是行业龙头企业）发挥产业优势、技术优势，兴办职工培训中心、职业技能培训中心。鼓励企业加强与职业院校、社会培训机构、产业链伙伴开展合作，深入推进产教融合。按照公正、公平、公开的原则，采用竞争性谈判、竞争性磋商、公开招标等方式，做好政府补贴职业培训项目的选择和采购工作，鼓励更多具备培训资格和条件的企业、社会组织参与到“人人持证、技能社会”建设中。

（四）加强政策解读和宣传

1. 政策解读分众化

要梳理政策点，突出宣传内容精准化。根据不同受众需求，分类归集针对人社部门、企业、技工（职业）院校、培训机构、培训对象等层面的政策点，形成条目清晰、内容明细、文字简练的“政策包”，真正使政策“看得懂、记得住、用得好”。

2. 宣传手段精准化

要充分利用“报、刊、网、微”、宣传橱窗、电子显示屏、服务窗口、12333 咨询平台等，采用图画、动漫、短视频等通俗易懂的形式，全媒体持续宣传。在省市县各级人力资源社会保障部门官网、政务微博、微信公众号开设专题专栏，持续跟进报道职业技能提升行动实施情况。积极与用户量大、受众面广的新媒体合作，开展公益宣传。同时，要加强政策业务培训，帮助基层单位工作人员准确把握培训政策和相关要求。

（五）加快健全劳务市场体系

1. 加强人力资源市场建设

健全人力资源市场法规体系。重点培育一批有核心产品、成长性好、具有竞争力的综合性人力资源服务骨干企业。积极引进一批国内外知名人力资源服务企业，引进先进理念、项目、技术、标准和经营模式。推动人力资源服务与互联网深度融合，积极运用大数据、云计算、移动互联网、人工智能等新技术，促进人力资源服务业创新发展。加快流动人员人事档案信息化建设，构建省级人力资源信息库，实现数据互联互通。

2. 积极开拓海外就业市场

坚持“政府引导、市场运作、社会组织参与、个人自愿”的原则，激发各类人力资源市场主体活力，加强与有经验的省市沟通合作，引入优质对外劳务输出机构作为合作伙伴，选择普通高校、高职院校、中等学校以及经营性人力资源机构广泛参与对外劳务输出工作。按照海外就业项目，组织好语言、技能和适应性培训。劳动者的培训费用和出国费用由政府承担，落实对相关机构的资金奖补。

3. 建设人力资源服务产业园

建设一批特色鲜明、功能完善的人力资源服务园，发挥产业园区培育、孵化、展示、交易功能，推动人力资源服务业服务上台阶、发展上规模，为人力资源供求双方提供全方位服务。把“中国太原人力资源服务产业园”建设成有规模、有辐射力、有影响力的国家级人力资源服务产业园。进一步提升省综改示范区人力资源服务产业园服务标准，在大同、临汾、长治三个副中心城市率先建设产业园。积极运用大数据、云计算、移动互联网等技术，促进山西省人力资源服务业创新发展、融合发展。

B.11

江苏省返乡创业培训效果研究

杨素慧　葛继红　丁 进　耿献辉　钟延红　孟上飞*

摘　要：　提升返乡创业培训效果是推动“大众创业、万众创新”的有效途径。为了解江苏省返乡创业培训效果，课题组选取无锡市、南通市和连云港市作为调研地点，运用问卷调查和实地访谈等方法对江苏省返乡创业培训效果进行评估。结果如下。第一，基于柯氏模型分析得到江苏省返乡创业培训整体效果偏中上水平。第二，江苏省返乡创业培训存在如下问题：创业培训教材质量、课程内容和日程安排有待改进；创业培训课程形式发展滞后；创业培训师资专业性不足；创业培训与创业孵化环节割裂；创业培训后续跟踪服务工作不到位。第三，提出相关对策建议，包括改革课程内容，加强师资队伍建设，创新创业培训综合评分制，优化后续跟踪服务等。

关键词：　返乡创业　创业培训　培训效果

2017 年党的十九大报告提出“鼓励更多社会主体投身创新创业”，要求到 2020 年后，基本形成“要素聚集、载体多元、服务专业、活动持续、资

* 杨素慧，江苏省行政管理科学研究所所长；葛继红，南京农业大学经济管理学院教授；丁进，江苏省行政管理科学研究所副所长；耿献辉，南京农业大学经济管理学院副院长，教授；钟延红，江苏省行政管理科学研究所副主任科员；孟上飞，江苏省行政管理科学研究所副主任科员。南京农业大学经济管理学院硕士研究生张海燕、刘晨、蒋璐怿、王猛、孔阿敬、叶贝也参与了本课题的研究工作，为报告的形成作出了贡献。

源共享”的“大众创业、万众创新”的生态体系。作为“双创”的重要组成部分，返乡创业尤其受重视。为进一步落实优化双创生态环境，江苏省积极响应党和国家的号召，出台多项返乡创业扶持政策，优化了创业培训体系，有效地改善了江苏省创业者创新创业的软硬件环境，推动区域内形成了返乡创业的热潮。

经过江苏省各级政府部门与创业培训机构的共同努力，江苏省返乡创业培训取得了一定成效。2019 年江苏省组织 23.77 万人参加创业培训，为 23.63 万新生代农民工提供具有针对性的岗前、提升、转岗和创业培训。支持 31.6 万人成功自主创业并带动就业 127.65 万人，基本实现了“创业带动就业比达 1∶4”的目标，其中引领大学生创业 4.43 万人，扶持农民创业 10.4 万人。然而，江苏省返乡创业培训虽然取得了一定成效，但是返乡创业培训具体效果如何仍然很不明确。

为了回答上述问题，课题组基于对江苏省无锡市、南通市和连云港市三地的实地调研，摸清江苏省及代表市（县）返乡创业培训开展基本情况，结合江苏省返乡创业人员创业培训效果，基于参训者视角分析江苏省返乡创业培训体系存在的问题，为优化升级江苏省返乡创业培训体系提出政策建议。

一　数据、模型及方法

（一）数据来源

课题组于 2020 年 8 月对无锡市（惠山区、江阴市、宜兴市）、南通市（启东市、如皋市、海安市）、连云港市（赣榆区、灌南县、灌云县）三个返乡创业培训典型地区开展了实地抽样调查，并同时在线上开展了问卷调查。样本地选择的原因是：第一，三个市在地域分布上涉及苏南、苏中、苏北三个区域，经济发展水平不同；第二，三个市创业培训成效存在显著差异。

本次课题组共发放 478 份返乡创业培训参训者调研问卷，剔除无效问卷后共获得401个有效样本，有效率达到83.89%，其中182份来自实地调研，219份来自电子问卷调研。总体样本地区分布情况如图1所示，具体包括无锡市110份、南通市131份、连云港市160份。共发放22份专家意见征询表，剔除无效问卷后共获得20个有效样本，有效率达90.90%，具体包括无锡市6份、南通市9份、连云港市5份。

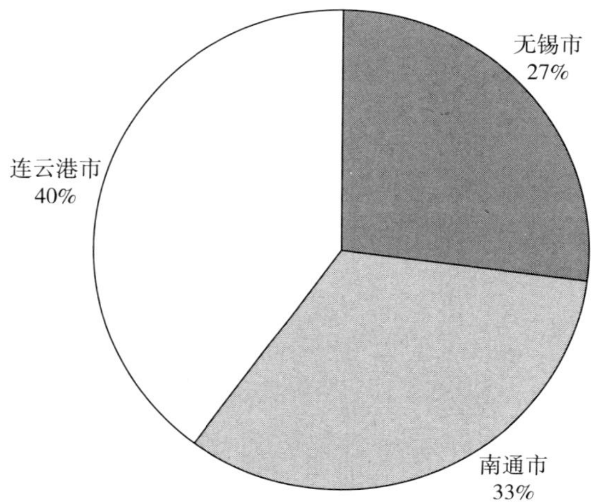

图1　江苏省返乡创业培训样本来源分布

资料来源：课题组调研数据。

（二）返乡创业培训参训人员个人特征

本次调研的返乡创业培训参训人员男性女性人数基本持平，其中55.11%的受访者为女性，44.89%的受访者为男性；返乡创业培训参训人员以中青年为主，其中受访者年龄在20～30岁（含30岁）占比高达36.16%，受访者年龄在50岁以上的占比仅3.24%；返乡创业培训参训人员呈现“高学历化”的特征，仅有0.50%的返乡创业培训参训人员学历为小学及以下，大学（大专）及以上的返乡创业主体占比高达46.63%；参与培训的返乡创业人员身体健康状况良好，占比达96.76%；风险偏好多为中间型（57.36%）和保守型（33.42%），如表1所示。

表1　江苏省返乡创业培训参训人员个人特征

单位：人，%

个人特征	分类	样本数	比例
性别	男	180	44.89
	女	221	55.11
年龄	年龄≤20	19	4.74
	20＜年龄≤30	145	36.16
	30＜年龄≤40	120	29.93
	40＜年龄≤50	104	25.93
	50＜年龄≤60	13	3.24
	年龄＞60	0	0.00
文化程度	小学及以下	2	0.50
	初中	80	19.95
	高中（中专）	132	32.92
	大学（大专）以及上	187	46.63
健康程度	良好	388	96.76
	一般（有疾病但不影响生活工作）	10	2.49
	较差（有疾病但对生活工作影响较大）	3	0.75
	差（多病需要修养）	0	0.00
风险偏好	冒险型	37	9.22
	中间型	229	57.36
	保守型	134	33.42

资料来源：课题组调研数据。

（三）评估模型和指标体系

依据柯克帕特里克培训效果评估模型，将返乡创业培训效果分为四个层级。第一层是培训反应评估，考察参训者对培训内容、培训师资、培训组织和培训保障的看法和满意度。第二层是学习效果评估，考察参训者培训后知识和技能的提高。第三层是行为转化评估，考察参训者培训后是否能够将所学知识应用到实际工作中和工作行为的变化。第四层是结果绩效评估，主要评估培训后企业或个人的绩效变化。指标体系内容分别如表2、表3、表4、表5所示。

表 2　培训反应层指标

一级指标	二级指标	三级指标
培训反应评估	培训内容	课程内容系统连续
		课程内容难度适中
		课程内容有针对性
		培训教材质量
	培训师资	培训教学水平
		培训师教学方法和技巧
		培训师与学员互动
	培训组织	培训方式多样合理化
		培训日程安排
	培训保障	教学场所及设施
		虚拟创业实训平台
		培训后续跟踪服务

资料来源：课题组调研资料。

表 3　学习效果评估层指标

一级指标	二级指标	三级指标
学习效果评估	理论知识	掌握政策法规知识
		掌握经营管理类知识
		掌握财务管理知识
		掌握市场营销知识
		掌握互联网电商知识
	实践技能	掌握口才和沟通技能
		掌握生产技术类技能
		掌握企业经营管理技能
		掌握财务管理技能
		掌握市场营销技能

资料来源：课题组调研资料。

表 4　行为转化评估层指标

一级指标	二级指标	三级指标
行为转化评估	工作过程	能在日常学习中运用所学技能
		能在创业中应对不利条件、把握有利条件
		能及时发现和处理经营问题
	职业道德	团队合作意识增强
		对同事和客户态度改善
		责任心增强
	发展能力	人际交往与沟通能力提高
		创新能力提高
		组织协调能力提高

资料来源：课题组调研资料。

表 5　结果绩效评估层指标

一级指标	二级指标	三级指标
结果绩效评估	情形 1:创业者个人绩效	工作态度更积极
		工作效率提高
		升职机会增加
		加薪机会增加
		创业意愿增强
	情形 2:就业者个人绩效	就业人员工作态度
		就业人员工作效率
		就业人员升职机会
		就业人员加薪机会
		就业人员创业意愿
	情形 3:待业者个人绩效	待业人员对未来职业规划
		待业人员创业意愿

资料来源：课题组调研资料。

（四）评估方法

本研究主要采用德尔菲法、层次分析法和加权平均计算法对江苏省返乡创业人员创业培训进行效果评估。

德尔菲法是通过函询方式征求专家意见的一种定性分析与定量分析相结合的研究方法。本研究选取了人社部门、创业培训部门、创业指导部门等领域的专家进行了两轮专家咨询，通过问卷方式向专家征询江苏省返乡创业培训效果评估指标的筛选及指标重要性。综合分析和整理专家意见，最终得出江苏省返乡创业培训效果评估指标得分。

层次分析法是目前应用最广泛的一种综合评价方法。将复杂的多目标的项目排列成一个有序的递阶层次结构的整体，然后对各个评价指标进行两两比较，从而计算出各个指标的相对重要性程度，即权重。首先，把江苏省返乡创业培训效果评估指标体系作为总目标，对江苏省返乡创业培训效果评估指标体系进行层层分解，构建层次结构模型。其次，建立两两比较判断矩阵，计算各指标权重。最后，检验指标一致性，得出综合权重。

基于上述方法，最终得到江苏省返乡创业培训效果评估指标的综合权重，结果如表6所示。

表6　综合权重

目标层	一级指标	二级指标	三级指标	综合权重
AA	A1(0.3077)	B1(0.280)	C1(0.123)	0.0106
			C2(0.205)	0.0176
			C3(0.592)	0.0510
			C4(0.080)	0.0069
		B2(0.544)	C5(0.540)	0.0904
			C6(0.297)	0.0497
			C7(0.163)	0.0274
		B3(0.103)	C8(0.800)	0.0253
			C9(0.200)	0.0063
		B4(0.073)	C10(0.196)	0.0044
			C11(0.311)	0.0070
			C12(0.493)	0.0111

续表

目标层	一级指标	二级指标	三级指标	综合权重
AA	A2(0.3077)	B5(0.333)	C13(0.323)	0.0331
			C14(0.185)	0.0190
			C15(0.141)	0.0144
			C16(0.245)	0.0251
			C17(0.107)	0.0109
		B6(0.667)	C18(0.239)	0.0491
			C19(0.108)	0.0221
			C20(0.180)	0.0370
			C21(0.108)	0.0221
			C22(0.365)	0.0749
	A3(0.3077)	B7(0.297)	C23(0.311)	0.0284
			C24(0.493)	0.0451
			C25(0.196)	0.0179
		B8(0.163)	C26(0.311)	0.0156
			C27(0.196)	0.0098
			C28(0.493)	0.02248
		B9(0.540)	C29(0.163)	0.0271
			C30(0.540)	0.0896
			C31(0.297)	0.0493
	A4(0.0769)	B10(1.000)	C32(0.057)	0.0044
			C33(0.101)	0.0078
			C34(0.156)	0.0120
			C35(0.276)	0.0212
			C36(0.411)	0.0316

注：表6呈现的是创业者综合权重。

资料来源：课题组调研数据。

加权平均计算方法，按1分、2分、3分、4分、5分对每个三级指标赋分，将每个三级指标的分值乘以该指标的频数，再把各乘积求和除以总频数，即得该指标的加权平均分，将得到的加权平均分与权重相乘就得到综合得分。再计算四项一级指标和各项二级指标的综合得分，计算方法为：一级指标是将该层评估中所有三级指标的综合得分加总；二级指标是其分类下三级指标综合得分的加总。结果见表7。

表 7 培训反应评估层综合得分

二级指标	三级指标	满意程度								
			非常不满意	比较不满意	一般	比较满意	非常满意	加权平均	专家权重	综合得分(分)
培训内容	课程内容系统连续	人数(人)	13	20	81	166	121			
		百分比(%)	3.24	4.99	20.20	41.40	30.17	3.903	0.011	0.043
	课程内容难度适中	人数(人)	11	20	75	175	120			
		百分比(%)	2.74	4.99	18.70	43.64	29.93	3.930	0.018	0.069
	课程内容有针对性	人数(人)	13	16	75	161	136			
		百分比(%)	3.24	3.99	18.70	40.15	33.92	3.975	0.051	0.203
	培训教材质量	人数(人)	13	16	61	164	147			
		百分比(%)	3.24	3.99	15.21	40.90	36.66	4.037	0.007	0.028
培训师资	培训教学水平	人数(人)	15	17	46	162	161			
		百分比(%)	3.74	4.24	11.47	40.40	40.15	4.090	0.090	0.370
	培训师教学方法技巧	人数(人)	14	17	51	162	157			
		百分比(%)	3.49	4.24	12.72	40.40	39.15	4.075	0.050	0.203
	培训师与学员互动	人数(人)	14	17	56	148	166			
		百分比(%)	3.49	4.24	13.97	36.90	41.40	4.085	0.027	0.112
培训组织	培训方式多样合理化	人数(人)	12	17	82	150	140			
		百分比(%)	2.99	4.24	20.45	37.41	34.91	3.970	0.025	0.100
	培训日程安排	人数(人)	13	15	83	140	150			
		百分比(%)	3.24	3.74	20.70	34.91	37.41	3.995	0.006	0.025

续表

二级指标	三级指标	满意程度								
			非常不满意	比较不满意	一般	比较满意	非常满意	加权平均	专家权重	综合得分(分)
培训保障	教学场所及设施	人数(人)	11	19	63	135	173			
		百分比(%)	2.74	4.74	15.71	33.67	43.14	4.097	0.004	0.018
	虚拟创业实训平台	人数(人)	10	18	88	152	133			
		百分比(%)	2.49	4.49	21.94	37.91	33.17	3.948	0.007	0.028
	培训后续跟踪服务	人数(人)	9	22	104	133	133			
		百分比(%)	2.24	5.49	25.93	33.17	33.17	3.895	0.011	0.043

资料来源：课题组调研数据。

二　江苏省返乡创业培训效果评估

（一）返乡创业培训反应评估分析

课题组分别从培训内容、培训师资、培训组织、培训保障四个方面对受访者进行培训反应评估分析。如表 7 所示，首先计算受访者在培训反应层中对一级指标和各项二级指标的满意程度，计算结果为：一级指标中培训反应评估 1.242 分；二级指标中培训内容 0.343 分，培训师资 0.685 分，培训组织 0.125 分，培训保障 0.089 分。由此得到受访者在培训反应层中对各项二级指标的满意程度的排序，从高到低依次为培训师资 > 培训内容 > 培训组织 > 培训保障。可见，培训者最满意的是培训师资，最不满意的是培训保障。具体如下。

在培训内容上，受访者对培训内容整体满意度较高，但培训教材质量和课程内容系统连续性还需提升。从问卷中也不难看出，部分受访者觉得培训讲授太枯燥，内容不实用，培训模式僵化，缺少实操环节。教材枯燥单一，且没有贴合参训者的实际需求，难以提升其参加返乡创业培训的积极性。

在培训组织上，受访者对培训日程安排满意度较低。创业培训是一个连续性的过程，持续时间较长，影响参训者正常的工作和生活。例如，返乡农民工等人员长期在外务工，只有节假日返回家乡，因此培训动员组织难度较大，这种工学矛盾严重影响了返乡创业培训的大规模开展。

在培训保障上，培训保障三项指标得分总体偏低，现实中培训保障工作整体开展不佳。对于虚拟创业实训平台和教学场所及设施，受访者满意度较低。实地走访中也发现目前创业培训课程教具的配备和使用确实存在不足，有些培训讲师不会使用创业培训课程相关的教具。在新媒体应用日趋广泛的形势下，创业培训的相关内容和形式却没有紧跟时代步伐。

综上所述，在返乡创业培训中，受访者对培训保障和培训组织满意度较低，尤其是教学场所及设施、培训日程安排和虚拟创业实训平台这三项。目前，返乡创业人员对实训需求较高，但现有的培训体系日程安排较为死板，不仅持续时间长而且仍然以理论课程为主导，教学设施不完备，缺乏模拟创业实训，无法满足返乡创业人员的实训需求。

（二）返乡创业培训学习效果评估分析

课题组分别从理论知识和实践技能两个方面对受访者进行培训掌握程度的评估分析。如表8所示，首先计算受访者在学习效果评估层中对一级指标和各项二级指标的掌握程度，计算结果为：一级指标中学习效果评估1.179分；二级指标中理论知识0.394分，实践技能0.785分。由此得到受访者在学习效果层中对各项二级指标的掌握程度的排序，从高到低依次为实践技能>理论知识。可见，受访者对实践技能的掌握程度明显高于对理论知识的掌握程度。具体如下。

在理论知识部分，综合得分最高的指标是掌握政策法规知识，说明返乡创业人员对返乡创业相关扶持政策较为重视。综合得分最低的指标是掌握互联网电商相关知识。在实践技能部分，综合得分最高的指标是掌握市场营销技能，综合得分最低的指标是掌握财务管理技能。

综合数据结果分析，返乡创业培训相关知识技能中，受访者对于实践技能的掌握优于理论知识，说明返乡创业人员更关注能够提高实践技能的创业培训，未来创业培训课程安排中应该提高实践技能类内容的比例。受访者对于返乡创业相关扶持政策掌握程度较高，可见其对政策的重视程度。受访者在理论知识中的互联网电商知识、财务管理知识和经营管理类知识等方面的掌握程度较低。可见，部分返乡创业人员对互联网电商相关知识不够重视。此外，实训课程缺乏以及自身经验不足等因素也使参训者对于财务管理知识和经营管理知识的掌握不佳。

（三）返乡创业培训行为转化评估分析

课题组分别从工作过程、职业道德和发展能力三个方面对受访者进行培

表 8　学习效果评估层综合得分

二级指标	三级指标	掌握程度								
			没有掌握或没学过	20%以上	40%以上	60%以上	80%以上	加权平均	专家权重	综合得分(分)
理论知识	掌握政策法规知识	人数(人)	12	24	88	150	127			
		百分比(%)	2.99	5.99	21.95	37.40	31.67	3.888	0.033	0.129
	掌握经营管理类知识	人数(人)	12	22	91	161	115			
		百分比(%)	2.99	5.49	22.69	40.15	28.68	3.860	0.019	0.073
	掌握财务管理知识	人数(人)	16	28	92	163	102			
		百分比(%)	3.99	6.98	22.94	40.65	25.44	3.766	0.014	0.054
	掌握市场营销知识	人数(人)	12	30	86	148	125			
		百分比(%)	2.99	7.48	21.45	36.91	31.17	3.858	0.025	0.097
	掌握互联网电商知识	人数(人)	18	23	97	157	106			
		百分比(%)	4.49	5.74	24.19	39.15	26.43	3.773	0.011	0.041
实践技能	掌握口才和沟通技能	人数(人)	13	21	76	164	127			
		百分比(%)	3.24	5.24	18.95	40.90	31.67	3.925	0.049	0.193
	掌握生产技术类技能	人数(人)	27	33	75	153	113			
		百分比(%)	6.73	8.23	18.70	38.15	28.19	3.728	0.022	0.082
	掌握企业经营管理技能	人数(人)	16	29	88	154	114			
		百分比(%)	3.99	7.23	21.95	38.40	28.43	3.800	0.037	0.141
	掌握财务管理技能	人数(人)	19	33	96	145	108			
		百分比(%)	4.74	8.23	23.94	36.16	26.93	3.723	0.022	0.082
	掌握市场营销技能	人数(人)	16	25	92	148	120			
		百分比(%)	3.99	6.23	22.94	36.91	29.93	3.825	0.075	0.287

资料来源：课题组调研数据。

训赞成程度评估分析。如表 9 所示，首先计算受访者在行为转化评估层中对一级指标和各项二级指标的赞成程度，计算方法为各个二级指标中三级指标综合得分的加总。计算结果为：一级指标中行为转化评估 1.27 分；二级指标中工作过程 0.367 分，职业道德 0.200 分，发展能力 0.703 分。由此得到受访者在行为转化评估层中对各项二级指标的赞成程度的排序，从高到低依次为发展能力 > 工作过程 > 职业道德。可见，受访者对培训可以提升发展能力的赞成程度明显高于提升工作能力和职业道德行为的赞成程度。说明目前江苏省的创业培训能够在一定程度上提高参训人员的发展能力，而未来创业培训课程也应着重提升职业道德和工作能力方面的培训。

综上所述，创业培训可以提升参训者的发展能力，特别是创业培训后，受访者创新能力和组织协调能力均有提升。同时，在职业道德和工作过程方面，未来培训在改善对同事和客户态度、增强团队合作意识与及时发现和处理经营问题这三个方面仍需加强。由此可见，目前的返乡创业培训确实提升了参训者创业就业的能力，但课程体系较为单一，无法兼顾参训人员多样化的需求，有关工作能力和职业道德方面的特殊培训也有待完善。

（四）返乡创业培训结果绩效评估分析

课题组将返乡创业培训参训人员分为创业人员、就业人员、待业人员三类进行绩效评估，计算结果为：创业者结果绩效评估 0.321 分，就业者结果绩效评估 0.187 分，待业者结果绩效评估 0.302 分，得到目前江苏省返乡创业人员创业培训的总体效果。表 10 展示的是返乡创业者在培训后对各类项目的赞成程度，结果由高到低依次为客户满意度 > 企业利润率 > 企业生产率 > 企业市场份额 > 新产品开发速度。表 11 展示的是就业者在培训后对各类项目的赞成程度，结果由高到低依次为就业人员工作效率 > 就业人员工作态度 > 就业人员加薪机会 > 就业人员升职机会 > 就业人员创业意愿。表 12 展示的是待业者在培训后对各类项目的赞成程度，结果由高到低依次为对待业人员未来职业规划 > 待业人员创业意愿。

表 9　行为转化评估层的综合得分

二级指标	三级指标	赞成程度								
			强烈反对	比较反对	一般	比较赞同	非常赞同	加权平均	专家权重	综合得分(分)
工作过程	能在日常工作中运用所学技能	人数(人)	0	3	105	173	120			
		百分比(%)	0.00	0.75	26.18	43.14	29.93	4.022	0.028	0.114
	能在创业中应对不利条件、把握有利条件	人数(人)	0	6	104	171	120			
		百分比(%)	0.00	1.50	25.94	42.63	29.93	4.010	0.045	0.181
	能及时发现和处理经营问题	人数(人)	0	6	96	173	126			
		百分比(%)	0.00	1.50	23.94	43.14	31.42	4.045	0.018	0.072
职业道德	团队合作意识增强	人数(人)	1	2	70	182	146			
		百分比(%)	0.25	0.50	17.46	45.39	36.40	4.172	0.016	0.065
	对同事和客户态度改善	人数(人)	0	2	65	193	141			
		百分比(%)	0.00	0.50	16.21	48.13	35.16	4.180	0.010	0.041
	责任心增强	人数(人)	0	2	69	179	151			
		百分比(%)	0.00	0.50	17.21	44.64	37.65	4.195	0.022	0.094
发展能力	人际交往与沟通能力提高	人数(人)	0	1	71	180	149			
		百分比(%)	0.00	0.25	17.71	44.89	37.15	4.190	0.027	0.114
	创新能力提高	人数(人)	0	5	91	161	144			
		百分比(%)	0	1.25	22.69	40.15	35.91	4.107	0.090	0.386
	组织协调能力提高	人数(人)	0	3	93	155	150			
		百分比(%)	0.00	0.75	23.19	38.65	37.41	4.127	0.049	0.203

资料来源：课题组调研数据。

从表10中不难看出，对于创业企业而言，对创业培训提高企业客户满意度和企业利润率的赞成程度综合得分较高，说明创业培训对企业创办确有扶持作用。但是，目前创业人员已不满足于SYB（创办你的企业）课程，对IYB（改善你的企业）和GYB（扩大你的企业）课程需求越来越大，而目前江苏省人社部门开展的创业培训以SYB课程为主，GYB和IYB课程仅部分市县开展，供需矛盾较大。

从表11、表12中可以得知，对于未创业者来说，参加创业培训之后其创业意愿并没有显著增强。调研过程中发现，很多参加过创业培训的人不创业，由此可见目前的创业培训课程在培训对象选择方面可以进一步精细化，让有创业意愿的人有更多机会走入创业培训的课堂。

表10　创业者结果绩效评估层的综合得分

三级指标	赞成程度								
		强烈反对	比较反对	一般	比较赞同	非常赞同	加权平均	专家权重	综合得分(分)
新产品开发速度	人数(人)	0	2	34	71	59			
	百分比(%)	0.00	1.20	20.48	42.78	35.54	4.127	0.004	0.018
企业市场份额	人数(人)	0	4	29	78	55			
	百分比(%)	0.00	2.41	17.47	46.99	33.13	4.108	0.008	0.032
企业生产率	人数(人)	0	1	34	72	59			
	百分比(%)	0.00	0.60	20.48	43.38	35.54	4.139	0.012	0.050
企业利润率	人数(人)	0	0	33	74	59			
	百分比(%)	0.00	0.00	19.88	44.58	35.54	4.157	0.021	0.088
客户满意度	人数(人)	0	0	28	76	62			
	百分比(%)	0.00	0.00	16.87	45.78	37.35	4.205	0.032	0.133

资料来源：课题组调研数据。

表 11 就业者结果绩效评估层综合得分

三级指标		赞成程度							
		强烈反对	比较反对	一般	比较赞同	非常赞同	加权平均	专家权重	综合得分(分)
就业人员工作态度	人数(人)	0	1	34	46	37			
	百分比(%)	0.00	0.85	28.81	38.98	31.36	4.008	0.013	0.050
就业人员工作效率	人数(人)	0	0	35	49	34			
	百分比(%)	0.00	0.00	29.66	41.53	28.81	3.992	0.018	0.071
就业人员升职机会	人数(人)	0	0	42	41	35			
	百分比(%)	0.00	0.00	35.59	34.75	29.66	3.941	0.005	0.020
就业人员加薪机会	人数(人)	0	0	41	46	31			
	百分比(%)	0.00	0.00	34.75	38.98	26.27	3.915	0.008	0.031
就业人员创业意愿	人数(人)	0	1	31	48	38			
	百分比(%)	0.00	0.85	26.27	40.68	32.20	4.042	0.004	0.015

资料来源：课题组调研数据。

表 12 待业者结果绩效评估层综合得分

三级指标		赞成程度							
		强烈反对	比较反对	一般	比较赞同	非常赞同	加权平均	专家权重	综合得分(分)
待业人员对未来职业规划	人数(人)	0	1	32	56	28			
	百分比(%)	0.00	0.85	27.35	47.87	23.93	3.949	0.039	0.152
待业人员创业意愿	人数(人)	0	2	33	57	25			
	百分比(%)	0.00	1.71	28.21	48.72	21.36	3.897	0.039	0.150

资料来源：课题组调研数据。

（五）返乡创业培训效果评估小结

以柯氏四层次评估模型为基础，利用德尔菲法、层次分析法和加权平均法对江苏省返乡创业培训效果进行多方评估。目标层满分为 5 分，4 个一级指标的综合得分分别为培训反应评估 1.242 分，学习效果评估 1.179 分，行为转化评估 1.27 分，结果绩效评估中创业者结果绩效综合得分 0.321 分，就业者结果绩效综合得分0.187分，待业者结果绩效综合得分0.302分。即受访者中创业者整体得分为4.012分，就业者整体得分为3.878分，待业者整体得分为3.993分。整体得分偏“中上”水平。江苏省自返乡创业培训开办以来投入大量人力、物力、财力，大力支持返乡创业培训的开展，那么是什么导致参训者对江苏省返乡创业培训效果评估仅处于“中上”水平，下文将进一步基于参训者视角剖析江苏省返乡创业培训中存在的这一问题。

三　江苏省返乡创业培训存在的问题

以上调研样本和江苏省返乡创业培训效果评估数据均反映了江苏省返乡创业培训中存在的一系列问题，比如创业培训信息的渠道较为狭隘，返乡创业培训师资、地点、参培方式及考核方式等方面也存在提升空间。进一步结合对参训者的深度访谈，调研组发现创业者或者参训者实质上对江苏省返乡创业培训需求并不高，原因如下。

（一）创业培训教材质量、课程内容和日程安排有待改进

由于江苏省仍然沿用旧有的创业培训课程体系，在培训课程内容及教材大纲设计等方面较为单薄。从反应层对培训满意度的分析也能看到，受访者对培训教材质量和培训日程安排满意度不高。枯燥的讲授、不实用的内容、僵化的培训模式以及不合理的日程安排等种种原因，使返乡人员参加创业培训的意愿不强烈。

（二）创业培训课程形式发展滞后

分析显示，目前受访者对于创业培训教学场所设施及虚拟创业实训平台的实践较不满意。创业培训教学设施不完备及课程备案时间较长等，导致创业培训课程新项目少、进度慢，课程形式发展远远落后于返乡创业人员的实际需求。在移动互联网蓬勃发展的时代，创业培训项目没有抓住时机积极改革。线上课堂发展缓慢，直播、视频教学等新的讲课方式也很少运用到实际

中去。疫情的出现使线下培训停滞，又促使线上云课堂进一步发展，但是监管和后续跟踪又成为其发展壮大的阻碍。

（三）创业培训师资专业性不足

分析表明，返乡创业培训的讲师以培训机构老师、政府相关职能部门干部和创业人士为主。培训机构老师相对而言具有一定的专业性，但是并不是每个讲师都具有创业经历，难以保证创业培训效果；政府相关职能部门干部的工作重心并不是讲授创业知识，因此培训教学效果也较为一般；创业人士作为亲身经历者，实战经验丰富，更能带动学员的热情，但是这部分人很难找。因此，总体来看，创业培训的师资队伍专业性较低。对于返乡创业人员来说，缺少专业的创业导师，难以获得相关的实战技能。

（四）创业培训与创业孵化环节割裂

分析表明，返乡创业培训地点主要集中在线下的培训机构、高等职业院校和政府管理的创业培训中心。课题组在进一步交流过程中也发现，目前大部分地区的创业培训和创业孵化存在脱节的现象。正如上文所说，受访者在参加创业培训后不知道如何将所学知识运用到实际创业中。参训者在完成创业培训之后，没有合适的创业项目可供选择，也没有专门的创业孵化渠道，导致学员在参加培训之后创业成功率依然很低，甚至有人选择不创业，不仅影响其他返乡创业人员参与创业培训的积极性，还导致参训者在培训之后的创业意愿减弱。

（五）创业培训后续跟踪服务工作不到位

按照规定在创业培训结束后 6 个月内，应根据学员的实际创业需求，采取电话咨询、上门走访、结对帮扶等服务方式，为培训学员提供创业项目推介、创业咨询、跟踪指导等后续服务。但根据问卷结果和实地调研，受访者普遍反映培训结束后，专业的后续跟踪服务较少，以电话跟踪服务为主，创业项目推介和后续专业指导较少，说明目前各地在后续跟踪指导及培训效果跟踪方面存在一定的空白。由于后续跟踪工作复杂、难度较大，并且经费支持少，有些地区的创业培训部门宁愿放弃补贴也不愿意做后续跟踪服务工作。

四　江苏省返乡创业培训对策建议

（一）改革课程内容

首先，更新创业培训课程大纲、教材和内容。按照时代发展，结合各地产业发展现状、结合职业技能，更新已沿用近20年的劳工组织编撰的SIYB大纲，在现实背景下，开发新的培训教材和培训课程。例如，探索“1+X”创业培训模式（1是创业培训，X是各种技能培训），将创业培训与技能培训相结合，为返乡创业人员提供更多创业思路。特别是在互联网创业新形势下，未来培训大纲中需要提高互联网电商创业的培训地位，开发有针对性的教材，创新实用性课程。

其次，创新课程形式。一方面，加快发展“互联网+”云课堂，破解返乡创业培训工学矛盾。这是适合返乡创业人员非全日制学习的一种学习方式。疫情倒逼创业培训线上云课堂快速发展，加快线上线下创业培训教学融合。线上教学带来的监管问题可以通过IP监控或视频播放过程中跳出问题来解决。另一方面，创新培训方式，调研发现返乡创业人员对培训内容中的创业政策宣讲比较感兴趣，可以开展科普式讲座，专门宣讲国家创业扶持政策，委派人社部门窗口工作人员提供现场一对一咨询。必要时，可在讲座中增加创业风险课程，宣讲创业风险，防止因创致贫。创业培训除了知识讲授外，经验交流也非常重要。依托社交场所，定期开展创业沙龙，让学员能够及时与其他创业者和导师交流困惑与经验。对重点地区的返乡创业培训工作还要“送教下乡”。将创业培训下沉到一线，在乡镇依托成人教育学校开展创业培训，送教到田头。

最后，加强项目支撑。将创业培训与创业孵化相结合，提高创业成功率。一是建立创业项目库，为有创业意愿的返乡创业人员提供3万~5万元的小额创业项目。二是推广创业实习，创业实习是创业者进入真实创业的最后一环，旨在为创业者提供专业实战平台，提升其创新创业能力。

（二）加强师资队伍建设

首先，完善师资队伍管理，要求从事创业培训一线教学的培训讲师必须拥有讲师合格证，其他从事创业培训管理、创业指导、创业咨询和创业孵化的创业服务工作人员也需要持有讲师合格证。其次，建立专家资源库，按照专业大类设置，形成专家导师团，团队中增加体制外导师比例。实行竞争上岗、末位淘汰制，动态管理专家导师队伍，返乡创业人员就创业培训或创业问题可及时与专家导师沟通交流。最后，举办师资技能大赛。通过开展创业培训师资技能比武，优化师资队伍，每年邀请优秀的国家创业培训师给当地培训讲师授课，提高其业务能力。

（三）创新创业培训综合评分制

学员成绩由创业培训教学环境评分（10分）、创业培训考试（20分）、教学考勤（30分）、“创业计划书”评审（40分）构成。综合考评法改变简单笔试的考核方式，以创业能力提升为核心组织开展培训。

（四）优化后续跟踪服务

对走出课堂的创业培训对象，进行动态跟踪和持续服务。一方面，各级政府工作人员与走出课堂的返乡创业人员要保持联系，为他们提供持续的创业指导和服务，提供创业前、创业中、创业后一条龙服务。另一方面，培训机构要完善返乡创业人员跟踪服务平台。培训师团队对创业初期返乡创业人员主要提供一些技术咨询，降低创业风险，提高创业成功率。

B.12 广西民族大学面向东盟技能人才培训报告

卢妹莲*

摘　要： 广西民族大学面向东盟技能人才培训在十几年的历程里，发挥地缘和学科优势，取得了丰硕成果。自2008年起，学校各基地、平台通过摸索建立健全培训机制、充分利用和发挥平台优势、研发创新培训内容、加大宣传力度等举措，承办面向东盟技能人才的培训共75期，受训人员达2000余人，覆盖旅游、法律、科技、党政干部、国际产能等领域。但目前学校各基地、平台的功能发挥仍然面临问题，主要表现为机制不完善、管理缺乏持续性和周全性、师资译员匮乏等。本报告整理了广西民族大学面向东盟技能人才培训的总体概况，分析了培训举措与成效，认为面向东盟技能人才培训应该加强中国与东盟国家之间的技能人才培训合作意识，完善师资、管理队伍建设，打造具有鲜明特色的课程，加大宣传力度，进一步发挥好平台资源优势。

关键词： 人才培训　技能人才　培训举措

中国－东盟战略伙伴关系已经走过了辉煌的17年，双方在政治互信、经贸合作与人文交流等方面取得了令人瞩目的成就。广西民族大学发挥学校的地缘优势和东南亚语言学科优势，开展各类面向东盟技能人才培训，为广西乃至中国与东盟的国际合作交流搭建平台，拓展合作渠道，深化双边或多

* 卢妹莲，广西民族大学东盟学院教师，主要研究方向为泰国政治、经济、文化，非学历教育等。

边在旅游、法律、科技、党政干部短期培训工作等领域的合作，为面向东盟技能人才培训做出积极贡献。

一 面向东盟技能人才培训总体情况

广西民族大学坚持"民族性、区域性、国际性"的办学特色，围绕服务国家战略、服务地方发展的光荣使命，充分发挥学校学科、人才综合优势，立足广西，面向全国，对接东南亚。学校具有"国家外语非通用语种本科人才基地""广西东南亚非通用语种翻译人才培养基地""广西促进中国－东盟自由贸易区建设人才小高地"等资质。现设有越南语、老挝语、泰国语、柬埔寨语、缅甸语、印尼语和马来西亚语等专业。学校充分整合校内外资源，打造资源对接和服务保障平台，积极开展面向东盟技能人才的培训。广西民族大学面向东盟技能人才的培训始于2008年，迄今已成功举办了75期相关培训，共有2166名学员参加培训。

广西民族大学面向东盟技能人才的技能培训主要分为两大类，即面向东盟国家技能人才的专题培训和面向中国技能人才的东盟课程专题培训。前者包括中国－东盟旅游人才培训基地的培训项目、中国－东盟法律基地的培训项目、越共中央组织部165计划项目党政干部培训项目、东盟国家（老挝）科技人文交流合作项目（见表1）；后者包括国家级和区级专业技术人才知识更新工程高级研修班项目、"一带一路"专题研修项目。

表1　广西民族大学面向东盟技能人才培训项目情况一览

序号	项目名称	培训期数（期）	培训总人数（人）	培训对象	国家和人数	主要课程
1	中国－东盟旅游人才基地培训项目	20	646	东盟国家旅游管理人员及从事旅游行业相关人员	老挝277人 越南169人 柬埔寨137人 缅甸40人 印尼6人 泰国6人 中国11人	涉及中国东盟自由贸易区发展、合作、管理，中国旅游管理、信息化、发展模式、发展趋势等

续表

序号	项目名称	培训期数（期）	培训总人数（人）	培训对象	国家和人数	主要课程
2	中国－东盟法律基地培训项目	5	97	法官、检察官、警察、律师、仲裁人员及司法行政工作者	文莱11人 柬埔寨10人 印尼11人 老挝10人 马来西亚13人 缅甸10人 菲律宾9人 泰国10人 越南10人 新加坡3人	涉及中国－东盟自由贸易区的法治建设、广西的涉外民商事审判、中国司法制度、对外贸易法、法治建设、合同法、金融法、物权法、企业法、知识产权法、律师实务、中国－东盟自由贸易区法律制度，泰国、越南、新加坡和马来西亚相关法律等
3	越共中央组织部165计划项目党政干部培训项目	42	965	越南河内市委组织部、谅山省委组织部等地方派出的领导干部	越南965人	涉及党的建设、城市管理、行政管理、新农村建设、人事制度改革、干部管理、农业规划、林业规划、纪律监察、办公室工作、群众工作、宣传工作、统一战线等

续表

序号	项目名称	培训期数（期）	培训总人数（人）	培训对象	国家和人数	主要课程
4	东盟国家（老挝）科技人文交流合作项目	1	11	老挝各省科技厅管理人员、老挝科技部管理人员	老挝11人	涉及中国东盟科技政策、机制，与东盟科技合作，科技园区建设与高新技术产业发展，质量标准化与知识产权保护体系构建，工业科技与产业链构建等
5	（专业技术人才知识更新工程）中国东盟农业科技合作高研班、广西参与国际产能和装备制造合作政策研究专题研讨班、面向东盟的科技合作与技术转移高级研修班	3	210	政府机构、企业相关管理、技术人员和其他从业人员	中国210人	涉及中国东盟科技、农业、企业、产能发展的政策、发展现状、问题以及发展趋势等
6	“一带一路”专题研修项目	4	237	广西区内各市区级科级管理人员、从事“一带一路”倡议工作人员	中国237人	涉及中国－东盟合作背景下的南宁发展战略，广西与东盟的旅游合作，南海问题与当前中国－东盟关系解读，中国－东盟合作与自贸区建设：发展历程与现状，广西的自由贸易园区战略，东盟商务接待礼仪，南新走廊与21世纪海上丝绸之路建设等

资料来源：广西民族大学档案馆、中国－东盟旅游人才培训基地、中国－东盟法律基地、越共中央组织部165计划项目党政干部培训项目提供材料整理。

表 1 可以反映以下内容。

一是参加东盟旅游人才教育培训人数最多的国家为老挝，其次是越南、柬埔寨。其中印尼和泰国的人数最少，仅各 6 人。老挝学员中厅级以上旅游管理者 20 人，处级旅游管理者 84 人，处级及以上旅游管理者占比约 38%；越南学员处级以上旅游管理者 16 人，占比约 9%；柬埔寨学员中处级旅游管理者 21 人，占比约 15%；缅甸学员 40 人，缅甸导游协会 17 人，缅甸旅游协会 21 人，旅游公司 2 人；印尼学员 6 人，其中导游 4 人，留学生 2 人；泰国学员 6 人均为导游；中国学员 11 人均为广西区内导游。老挝对中国旅游业最为重视，双方在旅游人才培训上切实合作，《旅游区（点）质量等级的划分与评定》（GB/T17775—2003）国家标准被老挝采用。其他国家因为旅游业发展程度的不同，对旅游人才技能培训的重视亦不相同。为使培训项目得以持续发展，我们在除老挝之外其他国家的宣传和招生上需下功夫，特别是具备潜在市场资源的印尼和越南。

二是中国 - 东盟法律人才培训在广西民族大学承办 5 期，受训人员不足 100 人。

三是越共中央组织部 165 计划项目党政干部培训是目前做得最好的项目，不仅持续性好，受训面广，还得到越南方的肯定。但是随着培训成本越来越高，培训也将面临资金问题。

四是国际级和自治区级专业技术人才知识更新工程，是广西民族大学依托学校特色课程自主申报的面向东盟技能人才的培训，项目起步晚，但近两年已经出现无单位申报现象，主要归咎于申报和结算手续烦琐、机制不完善等。

五是“一带一路”专题研修项目，总共举办了 4 期，因为课程内容得不到及时更新，选派学员结构参差不齐，效果达不到预期值。

二　面向东盟技能人才培训的主要举措

（一）健全机制，上下协心

广西民族大学领导高度重视面向东盟的培训项目，每一个项目专门成立学校领导担任负责人的工作领导小组，成员由学校组织部、党校办、宣传部、国际交流处、财务处、后勤管理处、保卫处和相关二级学院等部门组成，专设办公室负责日常的教学、管理、服务工作。工作领导小组亲自指导，多次听取项目情况汇报，了解项目实施情况。为做好课程设计和安排，工作领导小组会召开协调会，讨论培训方案和培训内容。相关领导出席开班、结业仪式，并与学员座谈交流。

（二）依托平台，把握资源

广西民族大学依托外语非通用语种本科人才基地，打造多个中国－东盟交流与合作的平台。各平台积极发挥其功能作用，积极承办相关培训，中国－东盟旅游人才培训基地举办的培训班加强了中国－东盟旅游教育培训实质性交流，促进了中国与东南亚国家之间的旅游业健康、有序发展。中国－东盟法律基地为东盟各国法学、法律界人士、政府官员和中国学员提供交流学习平台。东盟研究中心深入研究东南亚国家的政治、经济、文化，为面向东盟的培训提供了专业的师资和专业顾问。学校审时度势，积极把握现有资源，主动申报国家级和区级专业技术人才知识更新工程高级研修项目，自2011年起，每年申报成功1～2项中国东盟专业技术人才知识更新工程高级研修项目。

（三）研发特色，创新课程

广西民族大学在课程设计和创新方面，做到通过电话、Email、微信等方式与主办方充分沟通，了解学员构成、岗位需求并摸清当期学员“想什么、问什么、要什么”，在沟通中达成共识，做到课程设计心中有数、胸有成竹。以越共中央组织部165计划项目党政干部培训项目为例，该项目围绕“讲好中国故事”设计课程，突出治国理政经验的传授与交流，突出经验和做法，把“学习考察化、考察学习化”的培训理念贯穿课程设计全过程。在培训过程中不断总结经验，研发了具有广西民族大学办学特色的“4＋X”培训模块，“4”即越南主办方要求的“党的建设、城市管理、行政管理、新农村建设”4个“规定动作”的教学内容，“X”即根据学员特点和越南河内市主办单位需求研发的“自选动作”特色课程，主要是围绕学员关心的新农村建设、社会管理创新、文化体制改革等方面的热点、难点、疑点问题。

（四）遴选师资，严把翻译

为达到课程要求的针对性和专业性，广西民族大学在师资筛选方面下了很大功夫。首先，上课老师应当有东南亚研究背景，包括国内外、区内外老师。其次，优先邀请掌握东南亚语种师资，尽量做到内容和语言皆专业。最后，邀请的师资不仅限于高校，还会根据课程要求邀请相关部门的领导或者专家。遴选翻译时优先考虑有东南亚研究背景的，同时翻译会提前介入培训前期的对接工作，熟悉学员和课程内容，翻译尽量做到信、达、雅，以保证课程质量。经过多年的评估总结，民大建立东南亚师资库、译员库和资料库，为学校面向东盟技能人才培训提供了一定师资及翻译保障。

（五）强化细节，提高服务

外事无小事，细节决定成败。在培训过程中，任何一件小事，都有可能造成大影响，为此广西民族大学十分注重细节，努力把小事做细，把细节做精，力争做到每一件事，时时有标准，处处有标准，人人有标准，防止因细节影响全局。培训服务团队不断总结带班经验，不定期分享与交流个人想法，注重细节，不断提升服务效率。

（六）密切互动，形成常态

培训资源可以一传十，十传百，量化的资源需要有一个原生资源，不断产生新的资源。广西民族大学经过多年的经验总结，成立了校友委员会，充分发挥校友能动性，盘活资源，加强学校与校友的互动、校友与身边资源的合作，让资源生资源成为常态化，使广西民族大学面向东盟技能人才培训得到可持续发展。

（七）完善考核，优胜劣汰

面向东盟的科技人才合作要求课程、师资、翻译、服务都达到专业和高效，广西民族大学执行严格的考核制度，对每一次的课程、师资、翻译及服务做评估，不断完善评估系统，优胜劣汰，不断提升培训质量。

三　面向东盟技能人才培训的成效

（一）意义深

广西民族大学面向东盟技能人才培训已经成为中国与东南亚国家之间技能人才培养和经验交流的平台，为深化合作伙伴关系、共建亚洲美好家园搭建了桥梁，促进了中国－东盟技能人才的合作与发展。例如《旅游区（点）质量等级的划分与评定》（GB/T17775—2003）国家标准被老挝采用，夯实了中国－东盟技能人才培训切实产生积极作用的基础。

（二）规模大

广西民族大学面向东盟技能人才培训是我国举办外国政党培训和旅游人才培训人数最多的。2012 年 1 月 11 日，中共中央对外联络部、国际交流中心主任武树民率调研组到广西民族大学调研，认为过去几年在全国举办外国党政干部培训工作与交流的机构或高校中，广西民族大学举办的期数最多，人数最多，持续性最久，在东南亚特别是越南产生了较大影响。

（三）模式新

十几年来，广西民族大学立足广西培训资源，依托学校办学特色，根据中国与东南亚国家之间山水相连、血脉相通、文化相融、习俗相近等特点，探索了一条具有广西本土特点、民大办学特色的面向东盟技能人才培训模式。培训除了相关理论知识，更重要的是“学习考察化，考察学习化”，让学员在现场教学中切实学习到有用的经验知识，为此，学校还打造精品现场教学线路。比如在党政干部培训中，民大从全区 51 个教学点中，精心挑选并重点打造了“点、线、面”相结合的四条精品考察线路，供开展特色教学使用，例如，南宁—田阳百育镇那戈屯、那生屯—田阳县万亩连片现代农业示范基地—百色市华润希望小镇—百色市右江区阳圩镇民族村。在东盟旅游人才培养中，广西民族大学与桂林旅游专科学校合作，深挖广西的旅游资源现场教学点，通过合作模式，打破原先单一城市现场教学方式，让学员确实做到学中游、游中学。

（四）带动强

推进面向东盟技能人才培训国际化提升了广西民族大学服务广西新发展的能力和水平。一花引来百花香，十几年来，广西民族大学在学校领导小组的大力支持和帮助下，各单位部门密切合作，举全校之力，聚全校之智，紧紧把握面向东盟技能人才培训项目带来的机遇，不畏艰难，趁势而上，推进东盟旅游人才和干部培训发展的同时，带动了其他领域技能人才项目的有序开展。东盟国家（老挝）科技人文交流合作项目就是在中国－东盟旅游人才培训中衍生的新领域培训，提升了广西科技能力国际化水平。学校自主申报国家级和区级专业技术人才知识更新工程高级研修班项目、“一带一路”专题研修项目，极大地提升了广西面向东盟技能人才的业务国际化水平，为广西面向东盟、走向世界，打下了人才储备的基础。

四　面向东盟技能人才培训面临的问题

（一）意识不强，认识不到位

中国与东南亚国家之间合作不断深化，经贸、科技、旅游、人文、教育等方面都取得了引人瞩目的成就，但是部分国家，或者国内有些部门对中国－东盟相关培训的认识不到位，造成招生难或选派学员不符合培训对象等现象产生。

（二）“师资难请”“译员难请”“教学点难定”三难问题日渐突出

1. 师资难请

面向东盟技能人才培训要求师资不仅有一定的理论水平和语言表达能力，有的甚至需要掌握一门小语种，而且更重要的是要有丰富的实践经验。参训学员不管是国外的还是国内的，都有重在交流做法和经验的需求，这就需要邀请的师资除了具备理论的传授能力之外，还必须有丰富的工作阅历和实践的经验，才能与学员互动交流，广西民族大学目前具备东南亚相关理论知识和实践经验的师资甚少，师资库中校外师资因为时间和工作的关系，也越来越难请。

2. 译员难请

一堂好的对外培训课，不仅需要好的老师，而且需要好的翻译，如果没有翻译准确流畅地译出，授课的精彩程度就会大打折扣。多年来，广西民族大学面向东盟技能人才培训之所以赢得学员的口碑，关键在于学校有一支水平和质量都较高的硕士以上小语种专业教师团队，特别是老挝语、越南语、印尼语、泰语的师资。但由于学校硕士以上小语种教师承担的本科和硕士研究生教学任务较多，以致能胜任课堂翻译的教师越来越难请，影响了培训的质量。

3. 教学点难定

广西民族大学在面向东盟技能人才培训课程设计中安排了具有典型学习意义的现场教学点，尽管学校在全区各地建立了近 100 个现场教学点，但涉及的内容方方面面，难免顾此失彼，特别是能展示广西形象和窗口的教学点不多。一些教学点一个月都要去 2～3 次，教学点也感到压力很大。教学点也出现了内容讲解模式陈旧、接待服务怠慢现象。

（三）平台建设及功能发挥待改进

广西民族大学目前面向东盟技能人才培训的平台虽然取得了较好的成果，但是不少平台已经出现无人管理状态，平台功能也在日渐弱化，平台作用不能进一步发挥，没有实际的合作项目，平台的持续发展遇到瓶颈期。

（四）学员水平参差不齐，对接工作繁重

面向东盟技能人才培训因为有一部分是面对东南亚国家招生，因为国情、语言、各单位对培训认识等的差异，培训前期工作量繁重。学员构成参差不齐也是培训工作遇到的老大难，学员构成差异大，造成课程内容难设计，培训效果不明显等问题。

随着经济发展，培训投入的成本越来越高，但培训经费预算没有跟上，甚至出现缩减现象。有的培训经费预算不变或者减少，但是仍旧要求课程和行程安排较之以前更多更好，造成入不敷出问题，也影响了培训效果。有的培训专项资金项目，特别是经费来源依靠政府投入为主的，报账程序十分烦琐，加大了报账难度。

五　面向东盟技能人才培训策略建议

（一）加强中国与东南亚国家之间的全面关系，深化技能人才培训合作

中国－东盟技能人才培训属于国家政策制定层面具有外交性质的工作，中国－东盟各领域技能人才培训受到国家之间政治、经济、文化等诸多方面关系的影响和制约。在深化技能人才合作中，国家各方面要树立合作共赢、人才决定发展的理念，尤其是科技、旅游、法律、党政相关人员，在与外国有关方面交流时有意识地宣传推介中国的科技、旅游、法律及党政干部的应用成果。

（二）打造特色品牌课程，着力大力宣传

广西民族大学面向东盟技能人才培训要走出一条具有自身特色的道路，首先要投入成本，开发品牌课程，创新培训模式，比如增加“送教上门”培训模式，即将课程或师资派到有需求的东南亚国家，或者在东南亚国家建立教学点。其次要提升师资库、译员库和资料库的内涵，打造一流水平的课程，最后要将面向东盟技能人才培训品牌宣传做到及时、到位，使之能够市场化地持续发展。

（三）完善队伍建设，进一步发挥平台作用，盘活资源

一支强有力的培训队伍，是广西民族大学面向东盟技能人才培训的坚强后盾，要建立健全培训队伍，明确工作职责，做到项目有人管、事情有人做。每一个平台功能不同，涉及领域不同，为进一步发挥平台作用，要做到平台有相关知识背景的人员专管，专管人员要求不断学习相关领域文件知识，研究培训的成果，提升服务意识，充分发挥平台的作用，促进资源的可持续发展。

结　语

总的来说，广西民族大学面向东盟技能人才培训取得一定成果，迈出了面向东盟技能培训的坚实一步。我国有关方面要及时跟进面向东盟的培训情况，总结经验，加大力度宣传推广培训模式，研究面向东盟技能人才培训需求，有针对性地采取策略措施，促进面向东盟技能人才培训健康良好发展，切实贯彻落实习近平总书记关于推进“一带一路”倡议的精神。

实践与探索篇

B.13
林业和草原干部教育培训的新发展新挑战与新举措

——以国家林业和草原局管理干部学院为例

王 宁*

摘 要： 为进一步做好林业和草原干部教育培训工作，推动林业和草原干部教育培训高质量发展。本文以国家林业和草原局管理干部学院为例，梳理了其近年来在干部教育培训工作中所获得的培训规模、培训质量、培训成效、改革创新等方面的新发展，分析了其在开展党的创新理论和党性教育、能力培养和知识补充教育、软硬件条件建设以及改革创新等方面面临的新挑战，总结了其在全面提升治理效能、推进林业草原干部教育培训事业高质量发展方面采取的新举措，对于我们分析和研究林草系统干部教育培训工作具有一定的指导意义。

* 王宁，国家林业和草原局管理干部学院副研究员，研究方向为干部教育培训。

关键词： 林业和草原 干部教育培训 林草系统

林业和草原干部教育培训是国家行业干部教育培训体系的重要组成部分，国家林业和草原局管理干部学院是承担林草系统管理干部和各类专业技术人才培养的主渠道和主阵地。以国家林业和草原局管理干部学院为研究对象，梳理其近年来在干部教育培训工作中所取得的新发展、面临的新挑战以及采取的新举措，对于分析和研究林草系统干部教育培训工作具有一定的指导意义。

一 林业和草原干部教育培训的新发展

（一）培训规模不断扩大

进入新时代，林业草原事业发展已站到新的历史起点，赋予林业草原干部教育培训更重大的职责和使命。国家林业和草原局党组高度重视干部教育培训工作，国家林业和草原局管理干部学院狠抓落实，对学院的中长期发展做了系统思考、精心谋划和顶层设计。学院牢固树立以干部教育培训为中心的发展理念，聚焦主责主业，层层动员部署，周密安排组织，集中各种资源要素，全面推动培训工作发展，全力落实国家林业和草原局的培训规划与年度培训计划，以培训为中心、全员参与、全员服务的理念和格局已经形成。

党的十八大至十九大期间，国家林业和草原局管理干部学院共举办各类培训班 869 期，培训林业干部 7.6 万余人次，是十七大至十八大期间培训规模的 2.2 倍。十九大以来，学院培训规模连年攀升：2017 年，学院共举办各类班次 235 期，培训林业干部 1.96 万人次；2018 年，学院共举办各类班次 248 期，培训林业草原干部 2.09 万人次；2019 年，学院共举办各类班次 305 期，培训规模达到 2.86 万人次。十九大至二十大时间刚过半，学院已经举办各类班次788期，培训林业草原领导干部6.91万人次。①

（二）培训质量稳步提升

国家林业和草原局管理干部学院始终将培训质量作为重中之重。学院牢固树立以学员为主体的施训理念，构建分级分类培训项目体系，构建行业特色课程体系，创新教学方式方法，全面推进培训质量管理，实施高质量的干部教育培训，包括国家林业和草原局党校领导干部进修班、公务员任职培训班、县级领导干部研修班、基层林业关键岗位干部能力提升培训班等各类班次，培训品牌效应已经初步形成。林业草原领导干部通过培训补充了知识，提升了履职尽责的能力和水平。

对于主业主课，学院始终强化其政治属性，较大幅度提升理论武装和党性教育在重点班次课程中所占比例，深入推动习近平新时代中国特色社会主义思想走进干部培训课堂、融入干部培训教材、深入领导干部头脑。坚持突出理论教育和党性教育，把学习贯彻习近平新时代中国特色社会主义思想作为重中之重。紧紧围绕生态文明建设和林业草原现代化建设，精心安排林业草原特色课程，着力提升学员专业素养。加强教学创新，综合运用讲座、研讨、论坛和现场教学等方式方法，切实提高教学质量。注重学习成果转化，以林业草原事业发展为中心，以问题为导向，组织学员研讨和交流，促使学员不断提高运用马克思主义基本原理分析解决问题的能力。

近年来，学院各类培训班学员综合满意率均超过96%。培训班得到广大学员和上级组织人事部门的充分认可与高度评价。

（三）服务林业草原事业成效显著

学院始终坚持服务林业中心工作、服务机关能力建设、服务地方林业发展等“三个服务”的培训理念，大力开展林业草原干部教育培训。围绕林

① 本部分数据来源于本单位统计数据，特此说明。

业草原发展的重点难点以及前沿问题，学院精心组织开展培训，始终做到国家林草局重点工作部署到哪里、干部教育培训工作就服务到哪里。建立了干部培训、党校教育、国际培训、网络培训、专业技术人员培训“五位一体”的培训新格局。结合国有林场和国有林区改革、集体林权制度改革等林业重大改革，全力跟进干部教育培训，精心策划和实施全国国有林场场长轮训、国有林场改革系列培训、集体林权制度改革配套培训。结合天然林资源保护、退耕还林、“三北”防护林等林业重点工程，依法治林、野生动植物保护、林业灾害防控、林业产业、林业信息化等林业重点工作，面向领导干部和专业技术人才，分层分类开展富有针对性和实效性的业务专题培训，为全面完成林业草原改革发展任务提供了有力支撑。

（四）改革创新不断取得实效

改革创新是提高培训质量的不竭动力。学院始终坚持深入需求调研，寻找培训堵点，向其他院校学习干部教育培训的好经验好做法，召开专家座谈会、研讨会以及定期的工作会议，围绕干部教育培训改革创新进行大讨论，逐步形成改革创新的思想共识，有力地推动了培训理念、培训设计、培训方案、教学方式方法和服务管理的创新发展。

培训理念指导培训实践。如果培训理念比较落后，培训的方式和方法等必定是比较落后的。近年来，学院不断强化培训理念的改革创新，逐步形成了以问题为导向、以学员为主体、以新方式方法为支撑的培训理念，并将这种新理念不断贯彻和落实。

针对培训方案，学院既坚持需求导向、能力本位的要求，同时根据各级各类干部的职责要求，以学员能力为主线，打破学科界限，精心策划培训方案，突出课程设计的针对性。同时，学院还建立培训审查制度，成立了培训工作审查委员会，逐月逐班次审查培训方案和教学内容，严把干部教育培训政治关、内容关、师资关。

根据培训内容和干部特点，学院已经形成了以讲授式教学为主，以结构化研讨、行动学习、现场教学、案例教学、模拟教学为辅，多种教学方法相结合的教学模式。在教学过程中形成了专题讲座、互动式教学和参与式教学相结合的教学方法。在教师配置上形成了领导干部、专家教授和一线干部相结合的师资结构，有效地增强了培训的感染力和吸引力。

另外，为了有效提升培训服务科学化和规范化水平，学院在行业干部教育培训机构内率先通过了ISO9000培训服务质量管理体系认证，培训的各项管理制度和组织实施流程不断科学、规范和完善，培训的策划、实施、管理和评估能力进一步提升。

（五）事业发展的空间不断拓宽

近年来，学院不断深化院地合作，事业发展的空间越来越大。截至2019年，学院已在北京和北戴河建立了两个教学院区，在陕西、新疆、井冈山和原山等地设立了4个分院，还与国家林业和草原局业务司局和地方林草局等38个机构签订了全方位的战略合作协议，在塞罕坝、原山、福建古田、浙江安吉、内蒙古喀喇沁旗、秦皇岛等地建立了6个培训基地20个现场教育基地。①

网络教育培训初具规模。中国林业教育培训网在2003年开始运行，已经开通了全国乡镇林业工作站岗位培训在线学习平台、全国林木种苗质检员网络培训平台、全国林业调查规划设计人员在线学习平台。面向国家公园、国有林场、种苗管理以及地方林业的网络课程培训也在稳步推进中。2019年，学院又开通了援疆、援藏林业草原干部网络培训平台和全国森林公园森林旅游网络培训平台，特色课程不断丰富，在线注册人数快速增加，服务林业草原领导干部线上学习的能力不断增强。

二　林业和草原干部教育培训的新挑战

当前，林业草原工作的内外部环境、各方面条件都在发生深刻变化，林业草原工作面临千载难逢的发展机遇，同时面临的压力和挑战也不容忽视，

① 本部分数据来源于本单位统计数据，特此说明。

需要各级林业草原领导干部始终保持战略定力，化挑战为机遇，变压力为动力，积极面对，迎难而上，全力推动林业草原事业高质量发展，为决胜全面建成小康社会、建设生态文明和美丽中国做出更大贡献。

学院作为国家级林业和草原管理干部与各类专业技术人才培养的主阵地，肩负着干部和人才培养的重大政治责任，如何更好地为林业和草原事业发展提供人才保障，建设一流的国家级行业培训基地，学院还面临诸多挑战。

（一）党的创新理论教育还不够透彻，党性教育还不够走心

党校姓党，干部学院也姓党。干部学院必须坚持党性原则，以党的旗帜为旗帜。用习近平新时代中国特色社会主义思想教育干部，是干部教育培训的头等大事。领导干部不是生活在真空中，思想上的病菌随时可能滋生，怎样帮助干部提高“免疫力”、练就“金刚不坏之身”，是个重大考验。干部只有理论清醒，才能政治上坚定、行动上自觉。

学院曾对2039名林业草原干部进行了网上问卷调查，党的创新理论的学习需求占到培训内容需求的61.2%，分别有40.07%和38.89%的干部希望加强经典理论解读和最新政治理论学习；在党性教育方面，67.48%的干部希望能加强林草特色的党性教育课程体系建设，64.35%的干部希望能深入挖掘林草典型人物事迹来加强案例教学，51.25%的干部希望能够到党性教育基地实地去开展教学活动①。由此可见，学院在创新理论教育和党性教育方面还需要不断提升和完善。

一些林业草原领导干部身体进入新时代，脑袋还停留在过去时。有些领导干部学习了习近平总书记的讲话，但是没学到总书记思想的真谛。没有从根子上补好“钙”，以致失“魂”落“魄”、“魂”不附体。在林业草原干部教育培训中，有时开展的理论教育还不透彻，难以解开学员理论上的困惑、

① 陈立桥、李云华：《林业和草原干部教育培训现状及需求调查分析》，《国家林业和草原局管理干部学院学报》2020年第2期。

思想上的“疙瘩”。有时党性教育还缺乏吸引力、说服力，距离入脑入心、刻骨铭心的要求还有一定的差距。一些党性教育培训课程存在同质化、程式化、简单化现象，不能直抵人心、触及灵魂，“心学”还没有完全“走心”。

（二）能力培养和知识补充还没有很好地聚焦行业发展和干部履职尽责的需要

干部教育培训的主要任务除了增强理论修养和加强党性教育，还要研究变革、研究创新，补充履职尽责的知识，提高履职尽责的能力，让学员通过培训更好地解决实际工作中遇到的问题。

通过开展网络问卷调查得知，88.97%的林草干部希望提高培训内容的针对性，69.54%的干部希望改进教学方式方法，以此来提高培训的积极性。林草干部对能力培养的需求主要体现在分析解决问题能力（70.87%）、政策把握和决策能力（60.96%）、创新能力（48.85%）、组织管理能力和团队领导能力（38.99%）上。林草干部最想补充的知识集中在林地、林权、林木管理（45.95%）、森林营造和经营（36.49%）、依法行政（30.41%）、资源调查监测（29.57%）等方面。[①]

林业草原干部教育培训虽然在规模和质量上取得了一定的成绩，但是距离干部教育培训规划中提出的专业化能力培训更加精准、知识培训更加有效的要求还有一定的差距。学院亟须实现从“大水漫灌”向“精准滴灌”转变，粗放式、“大波轰”的培训还比较多，培训还存在“白菜萝卜一锅煮，长的短的一刀切”以及“训非其人、训非其需”的现象。在突出以问题和实践为导向，紧紧围绕行业发展和履职尽责能力需要方面还存在不少短板。

（三）软硬件条件相对滞后的状况还需要加快扭转

当前，学院各院区资源实行教育培训一体化管理，通过统筹安排和科学

---

① 陈立桥、李云华：《林业和草原干部教育培训现状及需求调查分析》，《国家林业和草原局管理干部学院学报》2020年第2期。

调配，有效增加了培训容量，基本满足了当前干部教育培训事业发展的迫切需要。但是，从整体上来说，培训的基础设施还比较简陋，不能适应新形势下干部教育培训高质量发展的需要。未来还需要将基础设施建设作为一件大事来抓，更新设施，美化环境，不断改善办学条件，建设现代化、信息化的干部教育培训场所。尤其是保障培训实施场所的物质条件和技术手段，像多媒体教室、多功能研讨室、专业实验室、图书馆、各种实践教学基地的建设等，学院还难以满足大规模高质量对干部开展新知识、新技能培训等方面的需要。同时，学院的网络培训基础设施建设还需要进一步提升，以便更好地满足领导干部线上学习以及后疫情时代创新干部教育培训模式的需要。

在品牌项目和品牌课程方面，学院也存在一些不足，与学员期待存在一定的差距。当前，学院虽然已经基本建立了以需求为导向的培训方案设计体系，形成了一些具有行业特色的培训课程模块。但是，品牌培训项目和品牌课程在整个培训规模中的比例还不太高，未来还需要不断加强培训需求调研，优化培训方案设计，精心打磨培训课程，形成更多的行业品牌项目和品牌课程。

在师资方面，当前学院干部教育培训的师资主要来自兼职教师。兼职教师主要是高校教师、其他干部教育培训机构的专家学者、党政机关领导干部等。有些时候会出现授课任务与他们本职工作发生冲突的情况，这就给学院的教学管理带来了一些隐患。还有一些高校教师和党政机关领导干部虽然理论经验或者实践经验非常丰富，但是缺乏干部教育培训的教学经验，导致授课效果难以满足学员的要求和期待。同时，在现有的师资库中，各种学科领域的优质师资力量的收集和存储还非常不足，难以满足当前大规模高质量培训干部的需求。

（四）管理过程相对粗放，改革创新仍需持续发力

干部教育培训事业的蓬勃发展，离不开校风、教风、学风的持续建设。几年来，学院始终保持力度，保持韧劲，推动干部教育培训不断呈现新气象。学院近年来校风、教风、学风的不断改进，得到了所有委托办班单位和

参训学员的一致好评。

但是，学院的培训项目管理过程相对来说还比较粗放，在严格教师管理和学员管理、严格教学活动和追求培训实效等方面还存在一些不足，比如，存在要求严格而落实宽松，只讲完成项目任务而忽视质量效果等；在校风和学风上，只要求学员守纪律、讲规矩，却很少对学员提出解决思想和工作难题的学习任务；在教风上，教师还缺乏结合学员思想和认识实际进行备课和讲课的自觉。学院各级管理人员推动创新发展的本领能力还需要进一步提高，干部教育培训的科学性、精准性、实效性还需要进一步加强，以学员为主体的施训理念还需要进一步强化，改革创新狠抓落实还需要持续发力。

三 林业和草原干部教育培训的新举措

2015 年，中共中央组织部出台《干部教育培训工作条例》，为推进干部教育培训的科学化、制度化和规范化提供了根本遵循。2018 年，中共中央出台了《2018～2022 全国干部教育培训工作规划》，为未来五年推动干部教育培训工作高质量发展做出了规划。党的十九届四中全会把提高治理能力作为新时代干部队伍建设的重大任务，对干部教育培训工作提出了新的更高要求。国家林业和草原局局党组认真学习贯彻党中央关于干部教育培训工作的方针政策，认真学习贯彻落实习近平总书记关于干部教育培训的重要论述，多次召开专门会议，为学院开展干部教育培训工作做出周密部署和安排。

这些重大决策部署和工作安排为学院的改革发展指明了前进方向，学院也将站在全面提升林草领导干部的治理能力、推进林业草原事业现代化建设的战略高度，紧扣时代要求和行业发展需要，大力推进林业草原干部教育培训事业高质量发展。

（一）创新理论教育和党性教育将更加联系实际

理论创新每前进一步，理论武装就要跟进一步。各级林业草原干部和人才是实现林业草原事业现代化的重要依靠力量，必须对他们加强党的创新理论的教育，让他们做到真学真懂真信真用。理论上的清醒才能换来政治上的坚定，只有通过理论学习和党性教育，才能增强领导干部的政治判断力、领悟力和执行力，才能担当时代赋予的历史使命。

以往的干部教育培训中，学院在领导干部知识的补充、技能的提升等方面给予了更多重视，但是对领导干部最核心的素质——理想信念、理论素养、党性修养等方面的教育还重视不够。十八大之后，学院把学习贯彻习近平新时代中国特色社会主义思想作为政治任务和根本要求，采取多种措施，切实做好党的创新理论“进课堂、进教材、进头脑”工作。在党校进修、司局级干部任职、公务员进修、地方林草机关干部专题研修等主体班次中，习近平新时代中国特色社会主义思想等创新理论和党性教育的比重超过总课时的70%。但是，学院的创新理论的教育和党性教育的系统性、针对性、吸引力、感染力还明显不足。创新理论教育中，“是什么”讲得多而“为什么”讲得少，零碎讲得多而系统讲得少，泛泛而谈的多、深入阐释的少，“空对空”多而联系实际少。很多时候是从概念到概念、从文本到文本，用现象解释现象，用理论阐释理论，用学术讲政治还没有成为学院的风尚，因此造成对习近平新时代中国特色社会主义思想的理论研究阐释不深入，很难把这一光辉思想的理论渊源、时代背景、精神实质、实践要求、内在逻辑等讲明白、讲透彻。同时学院的师资库中也缺少能够讲好这一思想的大专家和好师资。

未来学院将紧紧抓住学习贯彻习近平新时代中国特色社会主义思想这条主线，引导领导干部读原著、学原文、悟原理。一是安排一定的干部自学时间，列出一批书目，让学员研读原著、研究问题。二是组织学员围绕林草发展热点重点难点问题进行深入研讨，安排专业教师进行导读。三是加强师资库建设，邀请理论大家和名师为学员授课，着力提高创新理论教育的针对性和有效性，使理论教育更加深入生动地进课堂、更加刻骨铭心地进头脑，推动这一光辉思想学习教育往深里走、往实里走、往心里走，真正转化为林业草原领导干部改造主观世界和客观世界的实践伟力。

在党性教育中学院将更大力弘扬马克思主义学风，突出问题导向、实践导向，教育引导领导干部把思想摆进去、把职责摆进去、把工作摆进去，回应林业草原现实问题。同时，也将尽量避免党性教育和别的行业的党性教学相互复制，缺乏自身特色，尽快开发和建设具有林业草原特色的党性教育的专题课程和现场教学基地。

（二）能力提升和知识补充将更加精准有效

干部教育培训的目标是培养造就忠诚干净担当的高素质专业化干部队伍。通过深入开展培训需求调研，策划和实施务实管用的专题培训项目，引导和帮助领导干部丰富专业知识，提升专业化水平。对于林业草原干部教育培训来说，未来学院需要在培训项目的精准有效上不断发力。

以前，干部教育培训规划中每年办什么班，围绕什么主题，要解决什么问题，抽调哪些干部来学习，开设什么样的课程，这些方面相对来说学院做得比较粗放；在培训项目的设计和实施中如何通过培训内容和培训方式方法的设计更好地实现培训目标，还存在针对性、专业性和科学性还不够的问题。为了更好地帮助干部补充完善履职尽责的知识，提升履职尽责的能力，未来学院将在以下三方面加强建设。

一是紧紧围绕林业草原事业面临的新形势与新任务，紧紧贴和林业草原领导干部的岗位职责要求，抓住林业草原干部人才个人知识能力现状与岗位要求之间的差距来设计培训专题，安排培训内容，优化培训课程，学院既要关注组织需求和岗位需求，也要关注领导干部的个人需求，在三种需求的协调中抓住精准培训的关键。

二是加强问卷调查、访谈调研、科研、总结评估及教材编写等工作，不断提升培训内容的精准性。利用学院现有的各种类型的培训班次，针对学员类型开展相应的培训需求的问卷调查；在培训项目的实施过程中，选择有代表性的学员进行访谈，就培训需求的相关问题进行比较深入的调研；在现有的科研工作的基础上，更多地开展关于培训需求调研和需求分析的课题研究，更好地把握林业草原领导干部的培训需求；在每个培训项目结束时，深入开展培训的评估和总结，从中总结和梳理学员未被满足的培训需求，帮助学院更好地完善培训方案。另外，学院将持续加大培训教材的研究和编写力度，更好地满足林业草原干部教育培训的需要。

三是在实现培训内容精准化的同时，学院也将不断提升培训方式方法的创新性。培训方式方法和培训内容的选择对于培训的有效性同等重要。未来，学院还将在培训方式方法的创新上不断发力。什么样的培训内容需要什么样的培训方式来呈现，这既需要授课教师具备相应的能力和水平，比如研讨式教学、案例式教学等对教师水平有比较高的要求，有些时候也需要满足一定的硬件条件，比如模拟式教学、体验式教学等就对教学设备或者教学环境的要求比较高。这些方面学院都将在未来的培训发展中予以充分的重视，通过不断地吸收优秀的师资力量加入和不断地加大优秀师资的培养力度，以及不断地改善教学基础设施和教学基地建设，林业草原干部教育培训的能力提升和知识补充将更加精准有效。

（三）软硬件办学设施将全面提升和加强

培训机构、培训师资以及培训管理者都是干部教育培训的重要资源，是影响培训质量的核心要素。如果缺乏高水平的办学机构，优秀的师资队伍和管理者队伍就很难做好干部教育培训。近年来，学院在培训软硬件力量建设上的力度不断加大，培训管理水平不断提升。但是，距离党和国家以及局党组的要求，还存在一些差距。未来，学院将加强以下几方面的建设。

一是加快机构建设。改善学员学习、住宿及用餐条件，不断提高培训基础设施服务保障专业化水平。整合林业教育培训网与各类远程教育学习平台，加快建设进程，尽快开通运行林业草原干部网络学院。加强科研咨询、教材读本编写和课题研究，创新科研服务和管理，加大资金投入，激励中青年干部职工积极参与课题研究、学术研究、教材编写和课程开发，不断增长才干，提升专业化水平。加强科研咨询成果的转化应用，促进干部教育培训与科研咨询相互促进、协同发展。

二是加快师资库和师资建设。多年来，学院已经积累了一批政治素质高、业务水平过硬、教学作风优良的兼职师资资源。但是，随着林业草原培训事业的发展，兼职师资力量已经捉襟见肘，难以满足林业草原培训事业快速发展的需要。未来学院将聚焦提高培训质量、加大名师的吸收力度，将在学科领域有影响力的专家和学者纳入学院师资库，也将大力支持理论和实践经验丰富的各级领导干部走上讲台。同时加大对学院内年轻教师的培养力度，全面推进结构化研讨、现场教学和案例教学创新团队建设，通过专题内训、实地调研、集中备课、实战锻炼，力推一批年轻教师登上培训讲台。

三是加大培训管理者培养。干部教育培训是一门专业性很强的工作，需要具备一定的专业能力才能做好。十八大以来，学院投入了大量的资源用于培训管理者的能力建设，先后多次聘请了国内外相关领域的专家和学者来传经送宝。每年定期组织相关业务培训，围绕培训管理者应该具备的各项能力开展理论学习、交流研讨以及实践演练，大大提升了培训管理者的工作能力和业务水平。着眼于提升培训管理效能，未来学院将更加重视培训管理者培训。首先，对培训管理者进行培训新理念和新方法的不断塑造，经常为培训管理者提供进修深造的机会，提高他们促进干部教育培训创新与发展的能力。其次，鼓励培训管理者向专职班主任和培训师角色转变。学院将通过培训管理者深度参与培训导学、交流研讨、现场教学等环节，鼓励培训管理者从幕后走上讲台，激发培训管理者在培训策划及组织实施中提升更多能力，发挥更大作用，获得更多认可，体现更高价值，实现更大成就感。最后，制定培训班主任和培训师聘用管理办法，修订干部职工进修培训、调查研究、学术交流和实践锻炼等办法，激励培训管理者成长成才。

（四）管理过程将更加严、细和实

大力弘扬马克思主义学风，做到学以致用、用以促学、知行合一。把讲政治贯穿教学、科研、管理全过程，严以治校、严以治教、严以治学。作为林业草原干部教育培训工作者，需要发扬“安专迷”精神，为林业草原干部和人才培训营造更好的学习氛围。学院未来将会进一步采取有效措施，解决校风教风学风中存在的问题，具体如下。

一是持续弘扬理论联系实际的马克思主义优良学风。引导学员带着工作中解决不了或解决不好的现实问题来参加培训，在培训中密切联系工作实际、思想实际来进行反思和总结，努力做到学与用、知与行的统一；严格要求教师必须把理论联系实际贯穿教学全过程，提前审查教师课件，安排每堂课都留出解决学员实际问题的互动时间；把是否联系了实际作为考核学员学习成绩和考核教师授课效果的重要依据。

二是更加从严管理教与学活动，在学院内部营造良好的文化氛围和学习氛围。在贯彻落实中组部《关于在干部教育中进一步加强学员管理的规定》的同时，制定学院内部细化的关于授课教师和学员的各项管理规定，落实意识形态责任制，做到从严治校、从严治教、从严治学。

三是将干部参加培训学习的成效显性化。把领导干部在学院的学习态度、学习参与程度、交流互动效果和学习成果等作为学员学风考核的重要内容，把理论素养和学习绩效记入学员在学院的学习档案中，并将其反馈给参训学员单位及相关管理部门，作为干部任职、晋升、管理的重要参考。

参考文献

王宁：《把催化技术运用于干部教育培训的实践探索（上）——以林业系统干部教育培训为例》，《中国培训》2016 年第 21 期。

王宁：《把催化技术运用于干部教育培训的实践探索（下）——以林业系统干部教育培训为例》，《中国培训》2016 年第 23 期。

王宁、余翔：《服务大局　锐意改革　培养德才兼备林业人才——十八大以来林业干部教育培训迈上新台阶》，《中国培训》2017 年第 19 期。

王宁、朱谐汉：《我国干部教育培训的新发展与新趋势》，《中国培训》2016 年第 4 期。

张利明：《林业和草原干部教育培训理论与实践》，中国林业出版社，2019。

朱谐汉：《干部教育培训精准化探索》，国家行政学院出版社，2018。

中共中央：《2018 ~ 2022 全国干部教育培训规划》，人民出版社，2018。

中共中央组织部干部教育局：《干部教育培训工作条例学习辅导》，党建读物出版社，2015。

B.14
上海科技管理干部学院科技人才培训创新的探索与实践

蔺志琦　张晓青　徐　清　王丽丽　杨耀武*

摘　要： 科技培训赋能科技人才，科技人才驱动创新发展。加强科技人才教育培训，科技培训机构建设发展至关重要。报告总结了上海科技管理干部学院作为全国科技系统培训机构在科技人才培训创新方面的典型实践，揭示了学院“科技创新管理”培训品牌所蕴含的时代特征、科技特色、上海特点，分析了学院科技培训项目管理“立足实际、注重实用、突出实效”的经验做法，阐释了学院聚焦主责主业，推进“智库+培训”，坚持走“专业化、社会化、国际化”发展道路的战略思考。同时，面向未来，围绕科技培训机构进一步改革创新发展，提出了培训项目产品化开发，培训业态数字化转型，培训生态体系化建设等思路建议，以供参考借鉴。

关键词： 科技人才　培训品牌　培训创新　培训机构

上海科技管理干部学院1980年在“科学的春天”诞生，作为全国最早成立的科技管理培训机构，也是全国现存唯一全建制科技管理干部学院，40

---

* 蔺志琦，上海科技管理干部学院教务处副处长、助理研究员；张晓青，上海科技管理干部学院科研管理处处长；徐清，上海科技管理干部学院教务处处长；王丽丽，上海科技政策研究所助理研究员；杨耀武，上海科技政策研究所所长、研究员。

年来，学院秉承“崇德、求实、创新”的办学精神，深耕厚植科技管理培训领域，紧紧围绕科技创新中心工作，与人才成长携手同行，与科技创新同频共振，与改革开放休戚与共。40 年来，特别是近几年，学院在如何以时代使命、科技特色、上海实践打造科技创新培训品牌，如何立足实际、注重实用、突出实效，把握科技培训实际需求，提高解决实际问题能力，如何与时俱进，追求卓越，走科技培训机构“专业化、社会化、国际化”发展之路，如何在培训体系、培训模式、培训生态实现转型升级等方面，进行了诸多探索与实践，这既为学院在新时期建设成为全国一流科技管理培训机构奠定了良好基础，也对全国科技人才培训行业领跑发展具有参考价值。

一　科以载道，打造科技创新管理培训品牌

培训品牌的树立和打造是学院核心竞争力的集中体现，是支撑学院干部培训主责主业发展的核心动力。实施干部教育培训品牌化战略是新时期科技系统提高干部教育培训工作科学化水平的必然选择。推进干部教育培训品牌建设，必须围绕品牌建设革新干部教育培训理念，以时代需求为主体，以科技特色为核心，以上海城市优势为支撑，努力提升干部教育培训改革创新度与优化组合度，不断打造和深化“科技创新管理”培训品牌内涵特征。

（一）深刻把握科技工作的时代使命

任何教育培训都要与其所处时代的政治、经济、文化诸多方面相适应与协调，干部教育培训也不例外。开展干部教育培训，首要任务就是要认识我们处于什么样的历史阶段、它有什么样的时代特点、面临怎样的新的挑战和机遇，然后站在时代的历史起点上开展培训，这是干部教育培训的基本立足点和出发点。实践证明，只有将干部培训的工作重心与党的指导思想和经济社会发展同步，才能提高干部培训的影响力和推动力。

针对不同历史时期科技工作所承担的时代使命，学院积极贯彻改革开放、科教兴国、建设创新型国家以及西部大开发和上海科创中心建设国家战

略，在改革开放初期以科技管理系统理论和外语培训拓展干部视野；西部大开发时期大力实施科技帮扶培训；新时代深入开展科技人才科技创新能力提升培训，打造“科技创新”培训内涵。学院通过把握科技管理干部培训的时代特征，围绕中心、服务大局，培养了大批科技管理领导干部，为科技事业发展提供了队伍保障。

（二）始终坚持科技创新管理特色

科技管理的目的在于通过引导要素、规范行为、鼓励创新、保护产权、激励成功等手段，促进科技进步、经济成长和增进人类福祉。科技管理具有知识更新快、能力要求高、影响要素多、工作实践性强等特点。科技创新管理培训就是围绕科技人才科技创新素质能力的提升这一核心来开展培训，牢牢把握科技特色、助推科技创新事业是科技人才干部教育培训的重要使命。

学院作为上海市唯一的“创新知识公需科目高级研修班培训基地”，至今已开设创新知识高研班 50 多期，培训副高级专业技术人员近 3500 名。凭借扎实的科技创新培训理论支撑，学院持续开展科技创新能力和科技管理能力等系列培训（见图 1），突出政治引领，以新理论、新知识、新技术、新

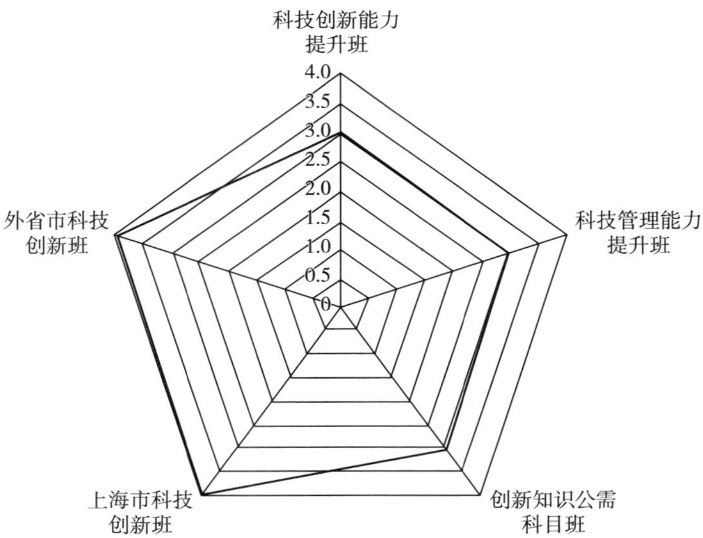

图 1　2019 年科技创新类干部培训班次雷达图

方法为主要内容，拓宽渠道，使其全面掌握创新的相关基本知识，增强创新意识，从而达到提高创新能力的培训目标，为提升干部胜任能力、增强人才队伍素质奠定了良好的基础。

（三）深度解码上海科技创新实践成果

近年来，上海建设具有全球影响力的科技创新中心取得了显著成效，“四梁八柱”初步建成，基本框架体系加快形成。上海科技发展的成果积累和先进经验是上海科技人才培训的重要支撑与依靠，也是上海服务中西部、开展全国性科技管理干部培训的重要条件和资源。

挖掘上海院所、政府、企业、高校专家资源建立师资库。上海科技管理与服务创新一直走在全国前列，科技创新政策逐步系统化，人才政策服务实现全层次覆盖，国际化科技创新人才加速集聚，顶尖人才团队进一步集聚。学院依托上海科技政策和科技体制改革的宝贵经验，充分挖掘专家资源，建立了由科研院所专家、领导干部、党校教师、高校学者和企业中高层管理人员组成的师资队伍，常用师资 400 多位，累计师资 1000 多位，积累并滚动更新近五年的 5000 多个培训专题的课程总库，为培训内容的选择提供了全面丰富的专业性选择。

充分利用上海科技成果和资源平台设立现场教学点。上海科技基础设施与公共服务平台构架加快建成，张江综合性国家科学中心加快集聚高端创新资源，市级科技专项和国际大科学计划获得实质性进展。学院依托上海重点科技项目和大科学装置，设立上海光源、上海微小卫星研究院、上海科技馆、国家技术转移东部中心、上海数据交易中心等 50 多个科技特色现场教学点，注重完善和细化教学环节，明确教学方案、规范教学流程、充实教学内容，为培训内容的直观性和培训形式的多样化提供了有力支撑。

二　向实而行，推进科技人才培训高质量发展

科技培训，重在务实。为认真贯彻落实中央和本市《2018—2022 年全

国干部教育培训规划》，根据全市干部教育培训工作会议部署和科技党委的要求，上海科技管理干部学院充分发挥科技系统干部培训主阵地和主渠道作用，充分调动科技系统各单位积极主动性，以科技创新管理人才培训为中心，紧扣主责主业，加强干部培训内涵建设，加快推进干部培训工作创新发展，精进主体班，打造品牌班，办好示范班，推动优质培训资源共享，不断提高培训办学质量。

（一）立足实际，把握上海科技人才队伍发展趋势

《2018—2022 年全国干部教育培训规划》中强调："牢固树立按需培训理念，突出组织需求和岗位需求，把需求调研贯穿训前、训中、训后全过程。"需求导向是干部教育培训的基本要求，坚持"需要什么培训什么"、干部履职"缺什么补什么"的有效方针，紧紧围绕上海科技事业发展对干部履职提出的客观需求开展培训，是牢牢抓住科技人才培训的重要抓手。

学院坚持"科研 + 培训"的发展思路，持续跟踪上海科技人才队伍现状和发展需求，以上海建设具有全球影响力的科技创新中心为导向，以上海科技创新管理人才队伍建设为主线，以增强科技人才创新活力、发展科技创新管理人才胜任力为重点（见表 1），聚焦宏观发展趋势，综合运用前瞻研究、政策分析、问卷调查、比较研究等理论方法，科学研判科技人才发展形势，系统分析现状问题，连续 4 年出版《上海科技人才发展研究报告》（年度报告）。通过对上海科研事业单位高精尖科技人才、上海留学回国科技人才、上海专业技术人才、科技女性、科普人才、人工智能人才、数字人才、科技后备干部队伍等科技人才发展状况和培养策略进行深入分类跟踪研究，学院梳理借鉴国际和国内部分省市科技管理人才发展的经验做法，结合科技政策环境和长三角科技人才区域一体化发展需求进行深入研究，为上海科技人才培训提供了理论支撑，为培训方案的设计提供了科学指引，极大地提高了科技人才培训的科学性和针对性。

表 1　上海科技管理干部胜任力探索因子分析负荷汇总

名称	知识技能			能力			个性特征		
	直接知识	辅助知识	操作技能	基础能力	专业能力	管理能力	探索倾向	良好品德	创新思维
专业基础知识	0.891								
岗位基础知识	0.797								
科技知识		0.824							
心理健康知识		0.789							
历史知识		0.713							
科研设备使用技能			0.893						
科研软件操作技能			0.876						
信息化电子设备使用技能			0.837						
理解判断能力				0.876					
沟通协调能力				0.837					
语言表达能力				0.815					
执行能力				0.775					
知识更新能力				0.748					
国际交流能力					0.820				
网络信息技术运用能力					0.802				
信息收集处理能力					0.786				
战略思维能力						0.816			
决策能力						0.788			
团队建设能力						0.767			
独立性							0.812		
质疑精神							0.807		
好奇心							0.790		
诚实正直								0.895	
吃苦耐劳								0.856	
想象力									0.822
发散思维									0.757

资料来源：上海科技管理干部学院《上海科技人才发展研究报告》，上海交通大学出版社，2018。

（二）注重实用，围绕科技人才发展需求开展教育培训

把握培训需求是科学制订实施干部培训培养计划的基础和前提。针对具体问题细化培训的规划和安排，有助于保障培训工作的高质量，切实提升管理干部人员的胜任力水平。学院始终坚持将干部的需求调研放在首要和关键位置，提前对培训需求进行问卷的设计和编排，利用科学化、新型化、合理化的方式对管理干部进行需求实际调查。

《全国干部教育培训规划》在2006年提出“分级分类”培训原则，发展到2018年提出“优化分类分级培训体系”。分级分类培训是上海科技人才培训创新的显著特点和成功实践。学院在分级分类培训方面走出了自己的道路，即按照科技管理的部门职能条线，围绕科技系统重点工作组织，精准培训推进工作所需的理论知识、基本方法和综合能力。分级分类培训能有效实现科技人才培训的统一性与差异性、系统性和针对性的有机结合。

对于科技系统高层次领导干部开设专题研修班（2 + X 班）、科研院所党委书记研修班、高层次科技人才专题研修班，为高层次领导干部提供发展模式、方向和思路的有益指引；对于中青年干部开设市科技系统中青班、青年英才培训班、青年骨干培训班，坚定中青年干部的理想信念，提高服务全局、支撑科技核心工作的能力；针对基层干部开设新闻宣传培训班、人事业务能力提升班、纪检监察干部培训班等专题班次，提升继承干部解决实际问题的能力；另外，学院还针对妇女干部、少数民族干部、统战干部、离退休干部开设符合专门群体需求和特点的培训班次，通过系统性的分级分类，全面提升上海科技人才政策学习、党建、统战宣传和业务工作等实际能力。

（三）突出实效，加大培训知识向实践能力的转化力度

培训的最终目的在于运用，培训就是为了更好地运用理论指导实践，推进工作，促进参训人员的知识、心理和行为的改变，从而提升组织绩效。学院坚持“学有所思、学以致用”的培训理念，旨在促进“学、思、践、悟、行”的有机结合，加快学习内容的消化吸收，把所学知识转化为做好科技系统中心工作的本领，使学习培训真正取得实效。

培训形式的多样实效是将培训知识向实践能力转化的有效途径。随着干部教育培训的重要性凸显，国家采用多种政策引导干部培训院校利用新型培训方式开展课堂教学。学院围绕提高干部素质和能力，积极尝试用不同教学方式创新培训模式，取得了初步成效，教学方式创新已经成为提高干部培训实效的关键环节，并出现了多种教学方式融合的态势，成为提高培训质量的有效途径。我们坚持以专题讲座为主体，积极开展案例教学和现场教学，在

部分班次开展结构化研讨和研究式培训（调研），通过研讨式、案例式、体验式、考察式和现场教学等多种教学方法，进一步激发干部学员们的学习热情，实现了教学相长、学学相长的良好培训效果，如图2所示。

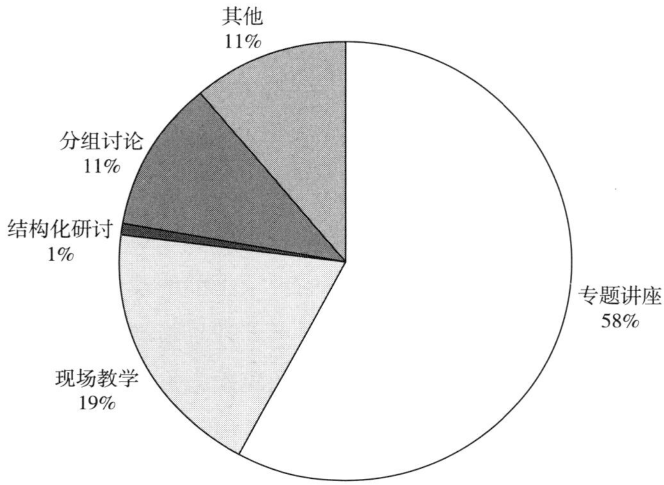

图2　干部培训教学形式分布

三　追求卓越，走专业化、社会化、国际化发展之路

学院始终坚持科技管理培训主阵地，不忘初心、与时俱进，聚焦培训内涵建设，紧扣主责主业，推进干部培训工作创新发展。注重专业化，围绕主业、练好内功，增强核心竞争力；注重社会化，走出校园、融入市场、增强协同创新力；坚持国际化，与时俱进、扩大开放，增强全球影响力。

（一）教育培训专业化能力建设

1. 专业课程

学院初步建立科技特色明显的课程体系，特别是在科技管理、科技创新、科技政策解读、知识产权、创新与区域经济等领域，形成自己的特色，积累了丰富的课程设计经验。现已形成科技创新、区域创新管理、创新与区域经济发展、企业创新管理、党史党建和通用模块五部分共九个方向的干部培训课程体系，建立了由主干课、拓展课、案例教学、结构化研讨、现场教学组成的课程菜单。以科技创新管理模块——科技创新环境与政策方向课程菜单为例，目前已经形成结构科学、形式多样的培训课程和与之匹配的现场教学点，如图 3 所示。

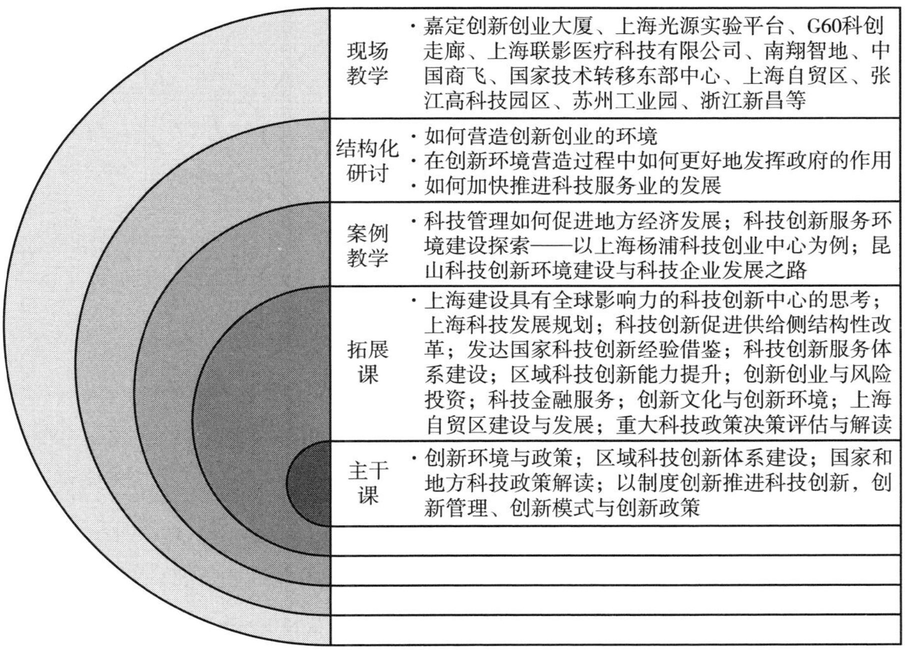

图 3　科技创新管理模块——科技创新环境与政策方向课程菜单

2. 专业师资

学院注重科技系统专业化师资培养引进，把干部教育培训师资纳入人才政策支持范畴（见图 4），建立健全专职教师知识更新机制和实践锻炼制度，加强和改进兼职教师选聘和管理，通过实行对青年教师的“带教”制度，充分发挥老带新的“传帮带”作用，根据市委组织部领导干部上讲台相关规定要求，支持各级领导干部上讲台，鼓励退休干部返聘任教。

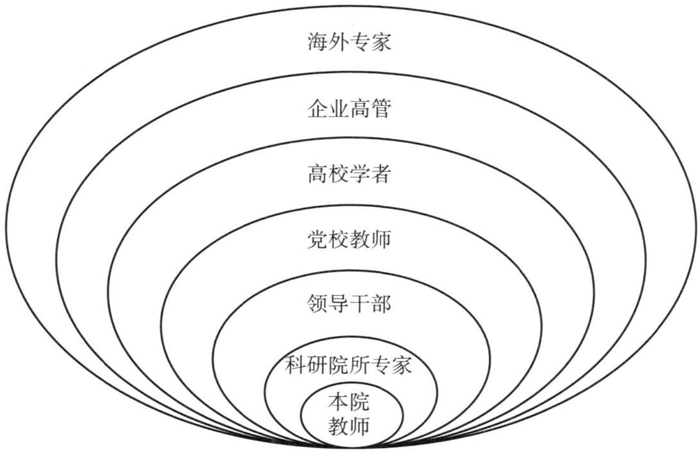

图 4　干部培训师资队伍建设示意

3. 专业管理

通过健全科学管理体制，建立开放竞争、优化统筹的办学体制，逐步深化干部教育培训教学改革，开展干部培训教学质量评估，加强干部培训全流程精细化管理，不断提高干部教育专业化水平。例如，推行培训项目负责制，实行关键环节和重要事项清单化管理；完善干部管理部门跟班管理制度，强化学员自我管理；加强干部教育培训工作队伍建设，根据班次管理需要选优配强组织员、联络员、管理班主任和教学班主任，建立健全培训管理者培训制度；在干部培训流程上制定了教务管理流程、学员管理流程，将培训过程分为培训前、培训中、培训后三个节点，培训管理制度和培训管理流程日趋科学合理，如图 5 所示。

教育培训专业化能力建设赢得了社会认可，使学员满意，形成了良好的社会效益。学院先后获得“国家西部大开发突出贡献集体”、全国“星火计划”人才培训先进集体、“上海市人才开发服务全国先进集体”、“上海市合作交流与对口支援工作先进集体”、上海市“三五”法制教育先进集体等荣

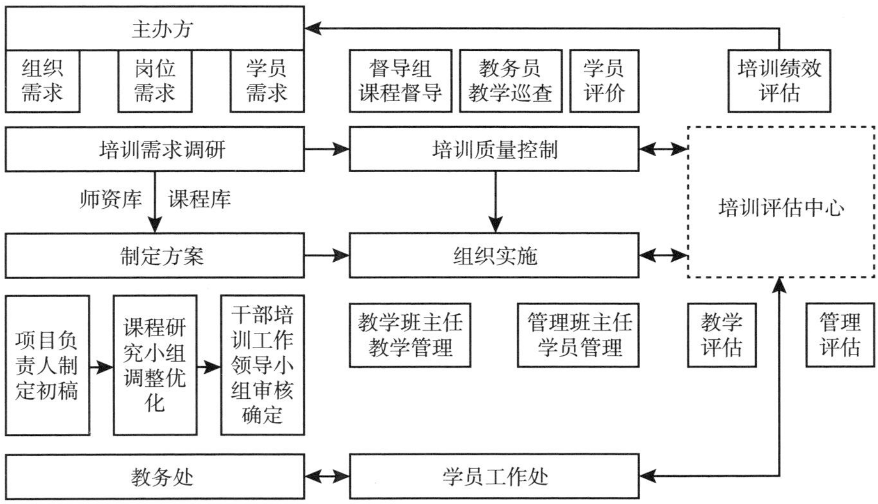

图 5　干部培训工作流程

誉。以 2019 年计划内干部培训质量评估为例：培训学员对上海科技系统 35 期培训班进行评价，课程设置、教学管理、服务接待等综合满意度平均达 92.98%；专家督导组对 24 个培训班的 49 个专题进行督导评价，平均分达 4.87 分（5 分制）。

（二）“智库 + 培训”融合发展

院属上海科学技术政策研究所主要从事科技人才、创新管理、区域创新等领域软科学研究，是为政府决策提供科学依据、为科技发展提供思想智慧、为干部培训提供智力支撑的科技智库。学院依托科研平台促进培训业务专业化，鼓励教师、培训部门开展相关课题研究，通过联组教研活动、课题合作、研究成果入课程、科研人员上讲台、培训资源助力研究等多种形式，促进研究成果在培训教学和管理实际工作中得到应用，从而提升教学培训质量。

智库对科技政策前沿热点的关注、跟踪，为高水平培训提供支撑。以“研究型培训”为例，这是以实际问题为导向，以课题研究为主线，以掌握利用理论解决实际问题为目标的培训模式。在“科技中青班”等重点班次中，智库人员以专业性、前沿性深度参与，在“设计调研主题，确定调研单位，查阅文献资料，撰写调研报告，点评调研成果”等各环节进行策划辅导，取得了很好的成效。

以政策研究为基础开展课程设计、开设培训课程或培训班，进行宣讲推广。基于研究开设科技管理人才、上海科创中心建设的难点与对策、科技政策与智慧政务、科技创新案例等课程，把大量一手资料和最新研究成果带给学员；持续跟踪智库发展，举办“科技智库核心能力建设高级研修班”，为全国科技智库搭建学习、研究、交流、发展平台，已初步形成品牌，例如，“专业技术岗位设置及引入因素评价系统”研究处于国内领先水平，通过面向市场的培训推广研究成果，举办系列高研班，培训大批应用人才，实现了科研成果与市场的对接。

学院在“智库+培训”的融合发展中进一步深化国际合作交流。接待国际组织、智库、大学及政府的专家学者来院进行学术交流，邀请多名外国专家到培训班授课或开展讲座；出访法国、美国、韩国、日本等国培训院校、科技智库等机构；加入“一带一路”科技创新联盟；和法国科学与技术高等学院、韩国科学技术政策研究院、美国亚洲文化学院签订合作协议，推进各方科技创新联合研究与培训交流合作。

（三）“三园”创新文化营造和谐培训环境

学院立足发展定位，努力打造“学习乐园、智慧校园、温馨家园”，连续20年获“上海市文明单位”称号。坚持从严治党，深入思想教育，着力丰富理想道德实践；推进文化创新，着力营造学院向上风气；科学规范管理，着力打造和谐内部关系；践行社会责任，着力形成优良公众评价。

利用信息化系统平台助力智慧培训工作高效开展。2018年学院和法国科学与技术高等学院合作在线举办“人工智能对未来社会的影响”中法视频学术研讨培训会，两国“政、产、学、研”各界专家参加，是一次跨国线上培训的成功实践。在培训管理方面，学院引入在线培训教学管理理念，通过 OA 系统嵌入培训管理、教务管理、学员管理、培训评估等培训相关模块，极大地提升了培训工作效率。

以学员为本，打造服务品牌，营造温馨氛围。将社会主义核心价值观和科学精神融入校园，增强文化渗透力；在中西部培训中，坚持“全心全意为学员服务”的窗口服务意识，从细节入手，不断完善培训“吃、住、行”后勤保障体系，把真诚、友爱、耐心、周到、敬业的精神落实到学员管理和生活服务的每一个环节，体现上海真诚帮扶之心，得到学员“情系西部传知识，科技帮扶谱新章”的满意评价。

（四）立足上海，服务全国

上海科技管理干部学院以科技人才培训的组织实施和创新实践为载体，立足上海，面向长三角，服务全国。20 世纪 80 年代建院初期，以全国科技管理岗位培训和科技人员外语培训助力科技战线改革开放，促进科技干部解放思想、转变观念。20 世纪 90 年代，随着科技工作面向经济建设主战场，开展科研机构经营管理、技术创新、知识产权、星火计划等培训，培养了一批懂业务懂市场、通法制通外语的高层次科技领导干部。进入 21 世纪，以中西部科技帮扶和对口支援培训为抓手，服务国家西部大开发和建设创新型国家战略，把提升科技人才自主创新能力与强化科技干部政治理论素养相结合，编写科技管理系列教材，在全国和跨区域科技创新管理培训方面发挥了示范带头作用。近 10 年，聚焦国家创新驱动发展战略和上海科创中心建设，突出科技培训主业，注重培训品牌和平台载体建设，强化教学、科研“两翼”支撑，开展科技创新管理、企业自主创新、科技创新能力提升等培训，营造良好创新生态。

根据 2015 ~2019 年科技人才培训班次统计，上海本地科技人才培训班次占总数的 77% ，非上海科技人才培训班次占 23% ，涉及新疆、云南、陕西、贵州、内蒙古、北京、福建、青海等 25 个省区市，充分体现了上海在科技人才培训方面对全国的辐射作用。

四　科技管理人才培训创新展望

习近平总书记指出，创新驱动实质上是人才驱动。《“十三五”国家科技创新规划》提出：要深入实施人才优先发展战略，坚持把人才资源开发放在科技创新最优先位置，培育造就规模宏大、结构合理、素质优良的创新型科技人才队伍。2020 年 9 月 11 日，习近平总书记在科学家座谈会上指出，国家科技创新力的根本源泉在于人，要加强创新人才教育培养；2020 年 10 月 10 日，习近平总书记在中央党校（国家行政学院）中青年干部培训班开班式上强调：“提高解决实际问题能力是应对当前复杂形势、完成艰巨任务的迫切需要，也是年轻干部成长的必然要求”，“干部特别是年轻干部要提高政治能力、调查研究能力、科学决策能力、改革攻坚能力、应急处突能力、群众工作能力、抓落实能力”。这对科技管理人才的胜任力提出了更高的挑战目标，也为科技管理人才培训提出了新的发展方向和要求。科技管理人才教育培训的发展必须以培训实效为中心，坚持目标导向和问题导向相结合，以专业化、职业化深化特色培训品牌建设。围绕创新理念，挖潜发展活力；围绕协调理念，强化职能作用；围绕开放理念，提升工作实效；围绕共享理念，促进互助共赢，建构良好生态。

（一）培训功能产品化设计

科技管理人才培训坚持为科技创新中心工作服务，为建设高素质的科技管理人才队伍服务，以时代使命、科技特色、上海实践打造科技创新管理培训品牌，提供科技培训公共产品服务。国家《关于分类推进人才评价机制改革的指导意见》提出，要建立以创新能力、质量、贡献、绩效为导向的科技人才培训评价体系，培训管理更加科学化、规范化。因此，科技管理培训的发展必须以培训实效为中心，从面上规模培训向多元精准定向转变；坚持目标导向和问题导向相结合，进一步下沉培训内容，从通用能力培训向专业能力培养迈进，注重专业技能和政治理论学习相结合，补齐知识能力素质短板，提高科技管理人才专业、综合能力素质，特别要提高解决科技管理实际问题的能力。

以专业化、职业化发展增强干部教育培训核心竞争力。加强培训内涵建设，形成科技管理人才培训核心课程、师资、教材和品牌；健全科技人才培训系统理论方法，创新培训方式，深入参训者的行为改变和思想，建立培训评价体系；解决科技管理干部知识需求多样化与干部培训供给相对不足之间的矛盾，提高培训质量效果；制订中长期专项教育培训规划，进一步拓展科技管理人才培训体系的广度和深度。

（二）培训模式数字化转型

教育信息技术的迅猛发展为科技人才培训提供了智能化和多样化选择，运用大数据进行培训需求实施监测和科学分析，对培训学员进行精准学情分析，对培训效果进行深度评估，打造干部教育培训大数据平台。运用现代信息技术推动干部教育培训线下培训和互联网融合发展，开发形式多样的“互联网＋”培训形式，建设科技创新模拟实训室；推动干部教育朝着个性化、差异化和系统化的方向发展，推动培训模式向数字化、智能化、网络化转型，确保干部教育培训科学性、系统性、连贯性、针对性和有效性的一体化推进。

（三）培训生态体系化建设

科技人才教育培训需要平台和联盟的有效支撑，同时可以延伸生成众多赋能赋智公共平台，引领科技创新生态、经济和社会协调发展。立足上海，面向长三角，服务全国，依托培训行业联盟和智库联盟搭建更具内涵的科技干部教育培训平台，打造科技培训论坛、科技培训年度报告、科技培训大讲堂、公众号、科技人才峰会等公共产品，联结培训链、人才链、创新链；加强与高校、党校和职能部门的纵向联系，建立长效合作培训机制；总结培训成效，树立行业标准，提炼培训经验，输出培训模式；探索以公共公益培训为主、社会培训充分发展的培训格局；紧扣新时代科技发展定位，打造科技特色培训品牌，引领地方科技人才培训创新，探索引入国外科技人才培训机构或产品，向全国一流科技管理培训机构迈进，推动全国科技培训行业领跑发展。

参考文献

陈超、罗恩东：《突出特色 打造品牌 不断提升干部教育培训基地建设水平》，《中共南宁市委党校学报》2014 年第 2 期。

陈家刚、周永杰：《新时代干部教育培训的针对性和有效性分析——基于 G 省 1009 名干部的问卷调查》，《岭南学刊》2020 年第 1 期。

黄峰：《中国共产党干部教育培训科学化研究》，中国社会科学出版社，2019。

黄卓、黄丁、高雅静、李相良：《中国科技管理实践的主要问题与对策研究》，《领导科学论坛》2020 年第 5 期。

卢威：《关于运用行动学习理念方法提高干部教育培训针对性有效性的思路》，《传承》2019 年第 2 期。

梅黎明：《加强教学体系建设 增强干部教育的时代性、针对性和有效性——学习〈2018～2022 年全国干部教育培训规划〉的思考》，《中国井冈山干部学院学报》2019 年第 1 期。

潘坤坤：《党校干部教育培训工作核心内涵的构成及分析》，《课程教育研究》2017 年第 48 期。

潘晓燕：《人才培养助力区域科技创新实力提升的成效分析——以上海专业技术人才公需项目培训十年统计数据为基础》，《科技中国》2019 年第 6 期。

钱智、史晓琛：《上海科技创新中心建设成效与对策》，《科学发展》2020 年第 1 期。

王建平：《上海科技人才发展研究报告》，上海交通大学出版社，2018。

王建平：《上海科技人才发展研究报告》，上海交通大学出版社，2019。

朱谐汉：《干部教育培训精准化探索》，国家行政学院出版社，2018。

B.15
中国工商银行：国际化人才培训创新报告

中国工商银行企业文化部

摘　要：近年来，中国经济地位提升和深度全球化为中国工商银行国际化发展提供了强劲内生动力，“一带一路”倡议、粤港澳大湾区建设等战略实施，为中国工商银行国际化经营创造了广阔发展空间。随着中国工商银行国际化发展战略深入推进，国际国内形势变化对全球化经营和竞争的影响越来越大，也越来越考验经营管理能力和水平。面对这种新形势、新变化、新挑战，中国工商银行深刻把握时代特征和发展趋势，通过“国际化人才培训项目”十年精耕细作，创新开发一套“境内 + 境外”“教学 + 研讨”“学习 + 实践”等多维度的培训模式，为中国工商银行国际化经营发展提供了智力支持和人才保障。

关键词：中国工商银行　全球化经营　国际化人才

引　言

随着世界经济一体化、全球化进程不断加快，面对激烈的国际市场竞争环境和复杂的国际监管规则，提高国际化经营管理能力成为现代企业实现可持续发展的必然选择。中国工商银行（简称“工商银行”）作为全球资产规模最大的商业银行，其国际化发展程度，不仅事关集团经营格局，还关系到国家金融安全稳定，影响国际对中国经济金融的判断和对外形象。

近年来，工商银行国际化布局不断完善，境外服务网络已覆盖六大洲和全球重要国际金融中心。同时，境内国际化业务的创新、发展速度之快，已远远超出传统国际业务领域范畴。境内外国际化业务发展对国际化人才的迫切需求，与原有国际化人才存量形成了巨大缺口，迫切需要建立一支与集团发展相适应的素质一流、规模适度的高层次国际化人才队伍，持续提升工商银行在国际、国内金融市场的竞争力。培养储备一批具有国际一流知识结构的人才队伍既是服务国家对外开放战略需要，也是工商银行集团战略发展的需要。

为做好国际化人才培养和储备工作，中国工商银行秉持“开放、多元、融合、共赢”建设原则，立足服务战略和经营发展需要。面对全球化经营的新形势、新变化、新挑战，工银大学深刻把握时代特征和发展趋势，创新开创了国际化人才培训项目。

国际化人才培训项目是中国工商银行对国际化高端人才培养机制和模式的有益探索和尝试。项目对人才选拔、培养和使用的系列制度安排，是应对全球竞争形势下对人才培养模式的变革和创新。项目参考“人才成长 721 规律”① 设计，坚持“实时、实战和实用”原则，格外注重在实践中学习，综合运用“高校联培”“以工代训”“轮岗培养”“境外实践”等方式，鼓励学员沉浸式学习，在实践中成长为行家里手。通过系统培训，学员的国际化适应能力得到明显增强，实现了综合素质、专业能力和实践经验的全方位提升。

一　项目背景

为持续深入推进国际化发展战略，前瞻性地做好人才储备，更好地服务国家对外开放，中国工商银行在 2010 年提出了国际化人才培训项目的构想，

① 人才成长往往遵循下列定律，70% 来自实践中学习（主要是岗位成长，在岗位锻炼中成才）；20% 来自有经验者的指导（主要指师傅的“传帮带”）；只有 10% 的知识是从课堂教学中获得。

计划用10年左右的时间，培养一批具有国际视野、战略思维、管理能力和专业水平的国际化人才，学习全球最先进的理念、方法、技术，并结合工商银行实际加以创新和应用。2011年，中国工商银行在业界首创并率先启动国际化人才培训项目，经过近10年不断实践，它成为全集团教育培训史上受重视程度最高、资源投入最大、学员选拔最严格、时间跨度最长的项目。项目开始以来，已先后分18批41个班次对全球13所院校培训学员654人，为工商银行国际化发展战略提供了有力的人才支撑。

二　培训对象

项目紧贴工商银行境外机构外派需求和国际化人才结构化短缺方向，培训对象为具有培养潜力的管理人员和专业人才，分为初、中、高三个层级。每年根据不同的业务重点和培养方向，进行培训专题和班次的灵活设计与安排，逐年迭代升级形成国际化人才全专业梯队。

学员选拔范围：坚持“训用结合”的原则，初级学员采取公开报名方式选拔，将部分基本符合境外机构具体岗位需要的人员作为项目初级学员，突出公司、信贷、内控、财会、资金资负等境外机构急需专业要求。中高级学员采取“组织推荐”方式，由各机构结合本单位人才队伍建设和国际化人才培训项目培养要求，推荐副处级、高级经理及以上人员参训，同时向优秀中青年干部倾斜，重点从境外机构副职后备干部中直接选调。

学员选拔方式：坚持“数量服从质量”的原则，从学员年龄、教育背景、外派意愿、语言能力、工作表现和综合素质等方面，科学拟定选拔条件，综合运用职业性格测评、专业能力考察、综合素质面试等多种方式，严把学员准入关。

三　国际化人才画像

项目按照国际化人才培养需求，搭建国际化人才能力素质模型（见图

1），国际化人才的基本素质要求是语言能力达标、政治能力过关，专业素质要求可以分为业务知识、领导能力和综合应对三个维度。

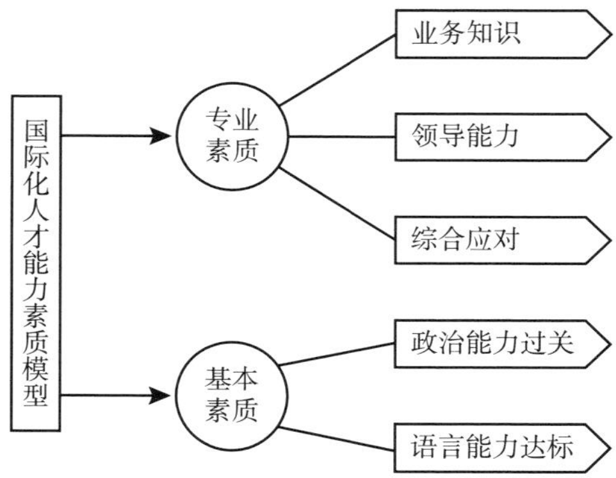

图 1　国际化人才能力素质模型

基于国际化人才基本素质和专业素质培养要求，结合学员不同发展阶段、不同职务层级以及不同培养方向上的差异，项目因材施教形成既全面系统又兼顾个性化需求的阶段性培训方案和课程体系，明确每一阶段需要学习的重点内容、培训时长和方式，在保障能力素质达标的基础上，缩短优秀人才成长周期，加快胜任岗位需求，确保人员的能力与素质得到持续、系统、全面的提升。

四　培训模式

项目按照"分阶段推进、各有侧重、循序渐进"的培训思路，创新开发设计了一套"境内培训 + 境外研修 + 实践锻炼"三阶段培训模式，充分利用境内、境外和实践不同阶段优质培训资源进行有针对性的提升训练和靶向培养。

境内培训阶段模拟境外课堂和生活情景，力求短期内迅速提高语言运用能力，派出前组织工商银行内部专家进行综合授课，传导国际化战略、境外干部选拔任用相关要求，更加注重目标性和导向性；境外研修阶段科学设计培训课程，既夯实了金融专业能力，又因地制宜地学习国际监管和内控合规相关要求，把管理能力的提升贯穿培训始终；实践环节突出训用结合，根据初、中、高级培训对象培养使用差别，设置境外实践和集团内部岗位交流不同方案，项目的针对性得到明显提升。项目通过三阶段差异化的培训设计，帮助学员深入了解境内外文化、工作理念、互动模式的不同，有效提升语言沟通、独立思考、开拓创新、市场拓展、信息分析等专业素养，夯实学员境外工作的软实力和硬实力。三阶段培训方案具体如下。

境内培训以英语强化学习为主，辅以政治理论和理想信念教育、国际化发展战略、经济金融基础、境外干部培养使用、外事纪律等内容。

境外研修采取“定制课＋选修课＋公开课”组合方式，辅以“会议论坛＋商务拜访＋社会活动”等形式，主要包括国际化视野、跨文化交流和管理、金融创新与变革、风险监管与合规、银行经营管理等多个模块内容。其中，“定制课”由境外合作院校按照专题学习需求进行量身定制；“选修课”由学员自主选修学校 MBA 或其他专业类课程，与在校生一起完成（或部分完成）课程学习；“公开课”是学校利用最优师资或邀请政商界知名人士公开开设的短期课程或讲座，帮助学员了解最前沿的理论动态和最佳实践，并与社会各界人士互动交流。

境外实践为可选项（部分参训学员在境外研修结束后直接外派至工商银行境外分行工作），主要有三种模式：一是由境外合作院校安排学员到金融同业、政府、企业等部门，以“顶岗”方式工作，学习当地机构的管理、运作经验；二是短期外派至工商银行境外分支机构进行实践锻炼；三是在工商银行集团内部（境内）相关专业部门深化实践和学习。

五　项目特色

项目紧紧围绕国家发展战略及工商银行国际化人才需求，逐年迭代更新，经过数十年的沉淀和发展，逐步形成了“四维”和“四化”运营模式（见图2），从优化项目运营、整合境外资源、立促训用结合、提升团队意识四个关键点出发，实现工作流程模块化、指标测评因果化、培训师资名录化和蜕变展示可视化的全流程闭环管理。在“四维”和“四化”之外，项目严格采取“四个结合”，优选参训人员，差异化培养，严格全流程管理，强化考核及成果转化，取得了较好的培训效果。

图2 “四维”和“四化”运营模式

（一）将着眼未来与兼顾当前相结合，严格选拔人员

项目紧贴外派需求和国际化人才短缺方向，灵活运用组织推荐和公开报名两种方式，以“德才兼备、以德为先”的标准，拓宽学员选拔范围；将培训划分为“管理人员班”和“专业人员班”，有针对性地选拔学员；同时，将英语听说读写能力测试前移到境内培训前，从严把控选拔标准。既有效补充了境外和国际化专业岗位空缺，又为工商银行全球化经营培育了一支精英团队。

（二）将专业培训与管理提升相结合，实施差异培养

从境外机构人才缺口出发，针对管理人员和专业人才的不同培养需求，开设“宏观战略分析和解读”“全球经济形势”“领导力发展”等综合类课程，以及“财务会计”“银行业风险与合规”“公司金融与新兴业务”等专业类课程，有针对性地优化培训方案。境内培训增加经济金融专业课程，更加注重实用性和导向性，英语集训模拟境外课堂和生活情景，力求短期内迅速提高学员境外学习和生活能力；境外研修在定制化上下功夫，围绕特定业

务专题，加强对课程内容的梳理和把关，严格审核每位授课教师的学术背景和工作经历，确保定制内容的实用性和针对性。选修课采取插班学习方式，既保障了课程选择的多样性，又提高了对学员的学习要求；实践部分突出训用结合，严格考察实习单位品质与学用结合程度，项目的针对性和实效性都得到明显提升。

（三）将学员自治与跟班管理相结合，进行严格管理

强化“跟班督导”制度，选派具有培训管理经验的干部赴境外进行跟班管理。一方面，强化制度建设，严格落实《工商银行境外培训管理办法》《工商银行因公出国（境）外事纪律》，组织学员结合班级实际情况制定“班级自律公约”，将制度要求内化于心、外化于行；另一方面，强化组织建设，选举成立班委及组长，定期召开班级会议，对班级学习、生活、纪律、活动等情况进行总结，将会议纪要、周总结、课堂日志、考勤情况等向全班公开，并定期向项目主办方报告。

（四）将定性评价与定量考核相结合，强化结果运用

研究制定了覆盖项目全过程、“定量为主、定性为辅”的考核方案，涵盖境内外培训表现、学习成绩、回国汇报表现、回国口语测试成绩、实习表现等多个方面，设置了加减分项目，并以班级为单位对学员考核成绩实行“综合排名、强制分布”，直线反馈给学员所在单位，将考核结果与学员职业生涯发展挂钩，进一步提升了学员的获得感以及对金融事业的使命感，有力地保障了培训实效与质量。

六　培训成效

通过项目十年精耕细作，一方面培养储备了一批具有国际视野和全球经营管理能力的国际化人才，提高了从“两个大局”把握重要战略机遇期新变化的能力和意识，为工商银行应对国际化经营发展提供了智力支持和人才

保障；另一方面也在集团内部搭建了年轻干部学习成长交流的平台，将重视人才培养的企业文化厚植于心，培育了员工的忠诚度和归属感。

（一）在专业培养中拓展了学员的国际视野

项目最大的特点是“走出去”与名校“联合培养”，围绕国际化战略、境外工作要求、学员自身需求三个方面量体裁衣地“定制课程”；采用“公开课程”模式加强学员与当地学界、政界、商界及全球学生互动交流；广泛组织适合学员专业背景的“选修课程”，并穿插安排商务拜访和实地学习，让学员深入实地感受境内外文化、工作理念、互动模式的差异。通过培训，引导学员主动学习掌握了国际金融知识和运行规则，用全球化的视野分析经营形势，把握发展趋势，学员们拓展了国际化视野，强化了专业素养，提升了主动适应境内境外两个市场发展的能力。

（二）在服务战略中储备了专业人才及管理人才

项目紧贴外派需求和行内国际化人才结构化短缺方向，因需选才、因材施教，持续跟进学员训后情况，综合采用外派、实践锻炼、上下交流等方式，切实转化培训成果与产出。在结训学员中，长短期外派工作占比超过40%，在原单位提拔使用或调整到国际化相关岗位占比超过20%，为全行国际化发展夯实了人才基础。

（三）在聚焦重点中提高了学员的综合素质

通过培训有效地提升了学员的专业能力与政治能力。在专业能力提升上，通过科学系统的项目设计，有效提升了学员语言沟通、独立思考、开拓创新、市场拓展、信息分析等专业能力。在政治能力提升上，聚焦“高水平对外开放”、“一带一路”建设、“走出去”等国家战略和重点任务开展研究讨论，提高了学员的政治站位，强化了对初心使命的感悟，增强“四个意识”，坚定“四个自信”，做到“两个维护”，既实现了政治过硬，又锤炼了高强本领。

B.16

创新多层次规范化教育培训体系 打造高素质专业化干部人才队伍

——交通银行管理人员培训创新报告

张　瑜*

摘　要：人才是企业最宝贵的资产，管理人员是做好企业经营管理的核心要素，教育培训则是建立高素质专业化干部队伍的先导性、基础性、战略性工程。当前国内外经济形势不断发展变化，对国有金融企业管理人员的视野格局、思维方式、决策水平和管理能力都提出了新的更高的要求，对管理人员培训工作也提出了新的挑战。本文以案例分析的形式，分享交通银行在教育培训体系建设和管理人员培训创新方面的经验，为国有金融企业在新形势下结合自身特点开展管理人员培训、服务改革发展提供有益借鉴。

关键词：交通银行　培训体系　高管培训　汇丰银行

交通银行始建于1908年，是中国历史最悠久的银行之一。1987年4月1日交通银行重新组建，先后于2005年6月和2007年5月在香港联交所、上海证交所挂牌上市。交通银行自重组以来特别是党的十八大以来，始终全面贯彻中央关于教育培训的方针政策，以科学人才观为指导，依托上海建设

* 张瑜，交通银行人力资源部（党委组织部）培训管理处副处长、经济师。

国际金融中心的优势，着力构建服务全行发展战略、服务经营管理需要、服务干部成长的具有交通银行特色的教育培训体系，在管理人员和专业人才培训的创新实践中做出了很多有益探索。

一　构建层次完备的教育培训体系

交通银行党委和高管层高度重视教育培训，强调要持续推进人才与员工队伍建设，搭建完善的培养培训体系和职业发展平台，打造覆盖老中青少的教育培训项目体系。交通银行新型教育培训体系具体包括：职责明晰、制度完善的组织管理体系，流程规范、组织高效的运行管理体系，专业完备、统筹集约的基础管理体系和科学有效、分类分层的项目管理体系。

（一）健全培训组织管理体系

组织管理体系是交通银行教育培训体系的核心，重点包括培训的组织领导、管理架构、职责分工、规章制度、考核监督等。一是建立党委议训机制、教育培训联席会议机制。每年初总行党委会专门研究教育培训工作，专题审议教育培训计划，同时，对中央关于教育培训工作的重要部署及时组织学习、对总行教育培训的重要制度开展专题研究。二是健全教育培训管理机构。在总行人力资源部（党委组织部）内设立培训管理处，加强全行教育培训统筹化、一体化管理；专设交银金融学院（党校），由党委副书记、监事长任院长（校长）。三是强化各业务部门教育培训工作职责。在各部门设立教育培训专员，形成党委统一领导、管理部门（人力资源部）牵头抓总、需求部门（业务部门）专项推进、实施部门（交银金融学院及分院）组织实施、各直属机构分级管理的教育培训模式。四是制订教育培训五年规划、全流程管理意见、加强党校工作意见、兼职师资管理办法、经费管理细则、推进领导干部上讲台意见、网络培训意见等制度，完善培训项目管理、学员管理、师资管理、经费管理、渠道管理、学风建设、评估考核等规章，促使教育培训管理有制可依。

（二）完善培训运行管理体系

运行管理体系是交通银行教育培训体系的基本保证，重点包括培训的需求调研、计划制订、组织实施、质量评估等。一是全方位多层次的需求调研机制。通过高层访谈、学员座谈、工作交流、问卷调研等多种形式，把握企业的组织需求、岗位的履职需求和员工的成长需求，为计划制订提供科学依据。二是以问题为导向的计划生成机制。在深入调研和科学分析培训需求的基础上，着眼解决干部员工能力素质短板和经营管理中的突出问题，制订年度培训项目和计划。三是务实严谨、规范有序的组织实施机制。建立以组织调训为主、以自主选学为辅的参训制度，加强学风建设，坚持从严治校、从严治教、从严治学。加强重点项目跟班管理，将学习态度、参与程度、学习实效作为学风评价的重要内容，完善培训情况考核、登记、跟踪管理等制度。四是科学有效、简便易行的质量评估机制。制定直观量化的评估办法，健全项目设计、实施、管理和效果指标体系，客观评价内外部培训机构、师资、课程及教学保障水平，将学员能力提升、行为改变和有效解决实际问题作为检验培训质量的关键依据，提高培训的针对性、有效性。

（三）夯实培训基础管理体系

基础管理体系是交通银行教育培训体系的重要支撑，重点包括培训的师资、课程、案例、渠道、经费和系统建设等。一是师资方面。拥有专职培训师 81 人、认证兼职培训师 2316 人，并将 580 名行内专兼职培训师、近 5000 名行外培训师纳入共享师资库。二是课程方面。拥有各类网络课程近 1 万门，制定党性教育课程体系大纲，启动领导力课程体系大纲建设，并开发了一系列精品课程。三是案例方面。自 2015 年起，已连续 5 年开展“精品培训项目（课程）、经典教学案例、金牌培训师”评选，已有 40 门精品课程、80 篇经典案例、80 篇最佳课题、100 位金牌（最佳）培训师脱颖而出、获得表彰，沉淀了一大批优质教育培训资源。四是渠道方面。积极推进银校（地方高校）合作、银企（标杆企业）合作、银基（党性教育基地）合作，建立合作渠道库，拥有境外培训合作渠道20余个、党性教育基地合作渠道近10个。五是经费方面。印发《交通银行教育培训经费管理细则》，鼓励员工自学，加大全员培训、终身培训力度，提高培训经费使用效益。六是系统建设方面。优化完善e校园学习平台和新培训管理系统，上线微信图书馆等新功能，将e校园打造成全行员工的“线上职业家园”，推动网络培训高质量发展。

（四）优化培训项目管理体系

项目管理体系是交通银行教育培训体系的主要内容。近年来，交通银行在持续推进管理干部、专题人才、业务培训、其他培训分类分层培训项目的基础上，精心打造了一系列重点培训项目。一是管理干部培训。通过组织调训方式，每年组织一次直属机构一把手专题研究班、一次D职等正职管理人员境外培训班。同时与战略合作伙伴汇丰银行合作，选派D职等副职管理人员赴汇丰伦敦总部学习。举办省辖分行党委书记轮训、大型支行行长和高级经理任职培训等项目。二是优秀年轻干部培训。在全行范围内筛选思想素质高、经营业绩好、发展潜力大的优秀年轻干部，参加“中青班”等重点培训。以储备管理后备人才为目标，每年优选40名综合素质突出的高级经理级骨干，实施“英才计划”培养。通过全行统考，选拔优秀C职等中青年管理干部赴美国开展“领航计划”学习。每年选拔100名优秀基层网点青年骨干作为“精英计划”培养对象，开展“境内+境外”综合培训。三是专题人才培训。通过专业培训、轮岗锻炼、导师带教、项目实践、资质认证等方式，提高各类专家人才的专业素养和业务技能。为顺应金融科技发展趋势，启动金融科技万人计划、Fintech管培生等项目。四是离退休老干部培训。针对离退休人员开展“银松计划”培训，为他们提供忆往昔、谈发展、话改革、献良策的平台，增强离退休干部的政治理论素养，加强离退休党支部建设。五是海外当地员工培训。每年从海外机构中选派海外当地员工来总行参加“归巢培训”，体验中国文化，感受总行关怀，增强企业自豪感和文化向心力。

二　加强直属机构主要负责人培训

为深入学习贯彻习近平总书记关于干部教育培训的一系列指示精神，交通银行将干部教育培训作为建设高素质干部队伍的先导性、基础性、战略性工程，将直属机构主要负责人培训作为“一把手能力提升工程”的重要抓手，以政治理论、经营管理、领导力提升为主要内容，不断提高培训的针对性和实效性，培养造就一支“对党忠诚、勇于创新、治企有方、兴企有为、清正廉洁”的优秀国有金融企业管理干部队伍，为交通银行改革发展提供有力的政治保证、人才支撑和智力支持。

（一）主要做法

自 2013 年以来，交通银行共举办一把手培训班 14 期，其中境内专题研修班 8 期、赴境外培训 6 期，培训一把手 1000 余人次，如表 1 所示。培训内容突出全面从严治党、现代公司治理、银行经营模式转型、全面风险管理、互联网金融创新、领导力提升等领域，并通过狠抓培训管理、丰富培训形式、扩大培训成果，取得了良好的成效。

表 1　交通银行直属机构一把手培训情况

培训时间	培训机构	培训主题	培训时长	参与人数
2013 年	中欧国际工商学院	新思维・新视点・新路径——金融新业态与商业模式创新	5 天	105 人
2014 年	厦门大学、台湾金融研训院	加强风险管理，保障转型发展	5 天	116 人
2014 年	汇丰集团伦敦总部	商业银行经营管理	21 天	28 人
2015 年	清华大学	新常态・新策略・新发展——经济新常态与领导力提升	5 天	110 人
2015 年	汇丰集团伦敦总部	商业银行经营管理	21 天	25 人
2016 年	交通银行党校	学习贯彻五大发展理念，规划交通银行“十三五”发展蓝图	5 天	110 人

续表

培训时间	培训机构	培训主题	培训时长	参与人数
2016 年	美国沃顿商学院	领导力建设	15 天	19 人
2017 年	江西干部学院	弘扬井冈山精神,推进交通银行深化改革、转型发展、从严治党	5 天	110 人
2017 年	美国沃顿商学院	战略思维与决策	15 天	24 人
2018 年	交通银行党校	学习贯彻党的十九大精神	5 天	120 人
2018 年	美国耶鲁大学	领导力提升	15 天	23 人
2019 年	北京大学深圳研究生院	探索改革之路·创造共同价值 ——改革创新与领导力提升	5 天	120 人
2019 年	美国耶鲁大学	领导力专题	15 天	16 人
2020 年	交通银行党校	学习贯彻党的十九届四中全会精神	3 天	93 人

1. 狠抓培训管理

直属机构主要负责人培训，对项目规划、实施要求较高，经过多年的经验积累，已逐步形成了标准化、规范化的培训管理模式。一是充分开展需求调研。在方案设计前期，通过调查问卷、会议沟通等形式，准确把握培训需求，在此基础上选择合作方、设计课程、聘请师资，做好前期准备。二是扎实推进项目实施。每期培训都选派专人跟班管理，在培训尤其是境外培训过程中，始终坚持严密组织、严格规范、严肃纪律。三是坚持做好效果跟踪。培训后及时收集意见反馈，评估办学效果，并请学员填写“行动计划”，做好长期跟踪。

2. 丰富培训形式

结合先进的培训理念，在方式上不断改革创新。每期培训既有“请进来”，邀请专家、高管进课堂进行面授教学，鼓励学员与讲师面对面沟通，并组织小组讨论，围绕讨论主题现场“PK”；又有“走出去”，安排学员走进同业金融机构，体验现场教学。例如，2017 年集中组织交通银行高管走进红色圣地，通过形式灵活、特色鲜明的培训方式，使党性教育“活”起来，充分发挥红色基地的震撼作用、先进典型的示范作用。2020 年考虑疫情实际，充分利用自有在线学习平台，组织开展线上培训，在规避疫情风险的同时实现良好的培训效果。

3. 扩大培训成果

每期培训结束后，一方面通过交通银行内网、内部学习平台、行内报纸杂志等进行宣传，将总行党委领导的要求、学习的收获、创新的理念、先进的工具传导给各个条线、各级干部；另一方面要求学员通过所在单位党委中心组学习等多种方式，传递培训的主要内容和精神，并努力把学习成果转化到实际工作中去，促进本单位党的建设和经营管理不断实现新突破。

（二）培训特色

1. “两个高度”

一是领导高度重视。交通银行党委高度重视直属机构主要负责人培训工作，每期培训均专题讨论审议方案，党委书记确定主题，设计主要课程，并多次对办好研修班作出指示，每年准备课件为大家讲第一课，内容涉及探索中国特色的公司治理模式、新常态下交通银行的改革与发展、加强班子建设和队伍建设等。每期境外培训均有一名行领导带队出行，出行前后均有行领导班子成员做动员和听取总结汇报。

二是定位高度准确。培训主题紧紧围绕交通银行战略发展方向，结合干部人才岗位职责和健康成长需要，尤其是直属机构负责人岗位职责特点，在政治理论方面侧重班子建设和队伍建设，在经营管理方面侧重宏观思维和战略思维，同时注重强化领导力提升方面的课程及与合作机构高管层面的交流，主题鲜明、定位准确、针对性强，致力于培养和造就一批讲政治、懂经营、善管理的优秀干部队伍。

2. “三个结合”

一是党性教育与经营管理相结合。培训坚持以理论武装为根本、党性教育为核心，并注重与经营管理相结合，坚持学原文、悟原理，联系实际，讲求实效。通过国家经济金融发展、交行改革发展创新、党员干部思想工作实际、持续加强党的建设、落实新发展理念、改善工作作风等主题学习，学员们紧密结合所在区域、岗位和经营管理工作实际开展在线讨论，积极思考，建言献策，学学相长，把贯彻落实全会精神与推动交行改革发展紧密结合，取得了良好的效果。

二是境内资源与境外资源相结合。为确保交通银行培养的干部既熟悉国内经济又具备国际视野，培训一方面依托境内知名院校，邀请了一批包括著名经济学家厉以宁、许小年、钱颖一、魏杰、陈志武等在内的理论功底深厚、实践经验丰富、教学水平高超的专家学者，并充分发掘行内资源，邀请行领导亲自授课，受到学员普遍欢迎；另一方面积极“走出去”，与交通银行战略合作伙伴及国际一流商学院密切合作，组织高管经验分享、现场教学等，聚焦领导力提升，学习国际先进金融机构的成功经验，博采众长，为我所用。

三是前沿理论与交行实际相结合。培训始终贯穿工作性、研究性、实践性的要求，注重把拓展思路、解决交通银行转型发展中的重点问题作为出发点和落脚点。学员们在课堂上学习供给侧改革、商业模式创新、数字金融、博弈论、管理心理学等前沿热点理论，在课堂下探讨这些理论在交通银行转型发展、加强风险管理、强化队伍建设等工作中的有效运用，实现了培训以解决问题为导向的目的，提升了解决经营管理中的实际问题的能力。

（三）培训成效

1. 坚定理想信念，筑牢党性根基

通过突出党性教育，坚定了学员对中国特色社会主义的道路自信、理论自信、制度自信、文化自信，强化了政治意识、大局意识、核心意识、看齐意识。明确了作为直属机构主要负责人，要始终发挥政治核心作用，坚持民主集中制，把纪律和规矩挺在前面，加强作风建设和廉政建设，抓好班子建设和队伍建设，统领交通银行改革发展与风险管理全局，确保交通银行各项目标的顺利实现。

2. 明确发展思路，探索转型创新

通过培训，学员得以从更高的层面、更广的视角，审视全球经济金融发展趋势，分析大型商业银行转型发展的基本模式和主要特征，创新经营管理思路和方法，进一步厘清发展思路，明确转型创新方向，凝聚面对新常态、迎接新挑战、实施新战略、管控新风险、形成新优势、攀登新高峰的共识。

3. 开阔视野，提升管理水平

通过对前沿管理理论和国际同业先进做法的学习，学员开阔了视野，掌握了运用现代化的管理理念提升领导力水平的方法。不少干部积极运用培训的学习成果，提出了许多适合本单位本部门的对策和建议，并运用到实际工作中，带领团队实现了经营管理效益的有效提升。

（四）基本经验

交通银行的干部培训工作经过多年的实践探索和经验积累，有以下三点启示。一是要确保培训内容契合自身发展需求。培训工作应紧紧围绕企业自身发展战略开展，强化需求导向，思路清晰、有的放矢，提高培训工作的针对性和有效性。二是要实现培训组织过程标准化、规范化。要强化主办部门职责，组织部与党校要建立良好的沟通协调机制，不断优化培训项目开发、组织实施、效果评估等流程，提升培训工作的科学化水平。三是要推动培训成果向经营成果有效转换。要倡导学员学以致用，紧密结合本单位、本部门实际，把学习收获转化为推动工作、改进工作的具体措施，最大限度发挥培训的价值。

三　开展与汇丰银行的高管人员双向培训

2004 年，交通银行与汇丰银行缔结了战略合作协议，开创了国内大型银行引进外资合作之先河，16 年来，双方战略合作基础始终稳固。2015 年，国务院批准同意《交通银行深化改革方案》，将加强交通银行与汇丰银行的战略合作作为深化改革的重要内容。两行“资源与经验共享”（RES）计划是战略合作的重要平台，这个计划通过推进双方专家指导、授课培训和工作交流，特别是近年来的高管人员双向培训，为推进双方业务发展与战略合作发挥了重要作用。

（一）主要做法

1. 巩固战略合作

汇丰银行入股交通银行后，为帮助交通银行尽快实现现代商业银行转型，与交通银行签订了“技术支持与协助”协议，重点在风险管理、公司治理和内部控制、财务管理、资产负债管理、人力资源管理等领域，提供智力支持和制度服务。随着中国银行业实力不断增强，特别是近年来交通银行在深化改革、转型发展、风险防控等方面取得了积极成效，汇丰提出双向交流的需求，希望学习中国经济特色和交通银行管理实践经验。随后双方按照“一方有需求，另一方有资源和能力，双方就合作”的原则，实现了多方面的智力资源与技术经验整合共享。

2. 实现双向培训

多年来，汇丰银行在伦敦全球总部和香港亚太总部，先后为交通银行举办了 18 期共 398 名交通银行高管人员参加的培训交流项目。自 2015 年起，交通银行正式为汇丰银行高管举办“中国市场经验交流”专题培训。培训以“国家战略”、“国企改革”和“两行合作”为重点，至今已举办 8 期。参训人员包括汇丰伦敦总部、亚太区总部的高管人员，汇丰新加坡、马来西亚、英国等国家分支机构的负责人，以及汇丰中国大陆和港澳台地区等机构及子公司的负责人，先后共有 381 人自愿报名参训。双向交流的培训机制延续至今，为两行的密切合作搭建了高管层面的坚实平台。

3. 制定特色方案

为展示中国经济金融发展成果，对于面向汇丰高管的培训制定了有针对性的方案。在内容上，贯穿国家宏观经济政策在交通银行实施落地这条主线，凸显了中国经济稳中求进的良好态势和交通银行改革发展的亮点特色。在师资上，安排交通银行首席经济学家和风险管理、国际业务、互联网金融、个金业务等方面的专家，探讨中国国家治理和国企运行机制、“一带一路”倡议、人民币国际化、互联网金融创新、自贸区发展等热点话题。还邀请了交通银行部分分行负责人，分享在有效防控风险的前提下，服务小微企业等实体经济的经验做法。在方法上，采用现场演示、互动问答、案例分析等方式，介绍了国家供给侧结构性改革下交通银行信贷投向政策和资产保全措施，演示了交通银行互联网金融服务的创新成果，传递了国有银行通过政治思想工作提高员工幸福指数的独特魅力。

（二）培训成效

1. 传递中国声音

交通银行为汇丰银行高管培训，在汇丰银行引起了极大反响。参训的汇丰高管反映，这是他们工作 20 多年来参加过的最好的培训之一，交通银行发展实践的成功案例，也为汇丰银行的经营和发展提供了新的视角。通过培训，交通银行向汇丰银行宣传了国家战略、传递了中国声音、提供了交通银行经验，加深了汇丰银行对中国经济金融政策的理解和对交通银行改革成果的认同，提升了交通银行在国际金融市场上的影响力，也将两行战略合作与交流推上了新的高度。

2. 推进合作深入

通过高管培训，两行加快实现了全方位、多层次的定期交流合作机制。在高层层面，交通银行高管和汇丰集团主席、行长和汇丰集团总裁及执行主席等保持密切沟通，强化了合作共识，完善了战略合作的顶层设计。自 2016 年起，两行建立了全球监管趋势交流机制，多次分享了风险与合规管理、IT 系统与运营管理等经验。在工作层面，两行不断创新与优化业务合作协调机制，进一步在公司治理、战略转型、经营效率、人才培养等方面，深化合作交流，有效推动了合作项目的落地。

3. 探索发展共赢

通过高管培训，有效展示了交通银行近年来转型发展成果和经营管理实力，交通银行对外形象也大大提升了。汇丰进一步坚定了深化战略合作的信心与决心。双方计划，让更多的汇丰集团高管参加交通银行培训，亲身感受中国的变化和交通银行的发展，共同抓住中国全面深化改革这一难得的历史机遇，继续探索中外资银行“共存共赢”的合作新路径，为中国金融业改革发展作出积极贡献。

B.17
"远航计划"人才培养项目
——中信银行人才培养创新与思考

梁希雷　文方园*

摘　要：面对百年未有之大变局，中信银行在转型突破时期亟须提升组织韧性，培养一批具有远见卓识的高层管理者，推动企业高质量发展。为此，总行启动了"远航计划"人才培养项目，针对高管后备干部，构建了建模、测评、盘点、培养、评估的领导力发展闭环，并创新设计了涵盖"长期主义""从心开始""闭环体系""刻意练习"四大培养理念的系统化培养方案。"远航计划"滚动多期开展，每期一年，培养围绕"修心"与"赋能"配置资源，培养方式融合了戈壁行走、跨界参访、线上学习等多元形式。通过践行创新培养理念，项目不仅提升了干部能力，满足了组织用人需求，同时形成了贯彻领导力语言文化的社群力量，最终达到了影响领导力生态的效果。

关键词：领导力　人才生态建设　人才培养　中信银行

"政治路线确定之后，干部就是决定的因素。"中信银行始终坚持"人才立行"的管理理念，不断加速人才引进和培养进度，健全人才梯队建设。

---

* 梁希雷，中信银行股份有限公司人力资源部、经济师；文方园，中信银行股份有限公司人力资源部。

为满足战略落地与组织能力建设的需求，总行启动了“双百双千”人才培养工程，即打造200个高级管理人才、200个国际化人才、2000个专业人才和2000个青年骨干人才。“远航计划”是培养高级管理人才的一项重要举措。该项目以高管副职为培养对象，旨在为落实新三年规划、助力战略转型储备人才。项目培养周期为1年，分为洞察、创新、突破、远航四个阶段，融合多元培养手段，比如“导师辅导”机制与外部教练形式、行动学习、一人一课等，通过系统提升领导能力与综合素养，促进学员多点修炼、知行合一。项目创新提出四大培养理念，包括“长期主义”、“从心开始”、“闭环体系”与“刻意练习”，并围绕创新理念设计系统化培养方案。通过三期项目，共培养了49名学员，覆盖总行24个部门、25家分行，其中21人已走上总行部门或一级分行“一把手”岗位。项目不仅提升了干部能力，满足了组织用人需求，同时通过多期项目品牌建设，推动了中信银行领导力文化的持续建设，为构建良性人才生态循环奠定了基础。本文旨在通过呈现融合了创新理念与实践情况总结而成的“远航计划”案例为企业领导力培养提供启发。

一　项目背景分析

（一）面对百年未有之大变局，银行业亟须提升组织韧性，着力打造领导能力

近年来，世界正经历百年未有之大变局，世界不确定性指数（World Uncertainty Index）显著提升，银行业也正面临外部环境和行业自身的剧烈变化。从外部经济环境来看，“资金慌”和“资产慌”并存，杠杆率和储蓄率“双降”；从银行业自身来看，过去银行业快速发展的五大红利（改革红利、经济增长红利、投资红利、金融结构红利、利差红利）逐步消退，商业银行的“内涵式”发展能力缺失。面对百年未有之大变局，银行业亟须修炼内功，提升组织韧性，才能突出重围、实现破局。

银行业要想实现变革、提升组织韧性，首先需要发挥“关键少数”的

决定性作用，培养一批具有远见卓识的高层管理者。对于这些高管而言，最重要的是领导能力而非管理技能（见图 1）。管理技能侧重实现计划与预期，包括计划与预算、资源配置以及控制推动，本质都是以任务为导向。而领导能力的本质则是以人为本，包括确立激动人心的愿景、以愿景动员员工、激励员工克服困难并实现愿景，从而助推组织变革。此前，诸多组织聚焦提升管理技能，而在充斥着不确定性的当下，打造领导力在这一过程中发挥着至关重要的作用，领导力的培养迫在眉睫。

管理三要素	领导三要素
· 计划与预算	· 设定方向
· 组织与人事	· 协同人员
· 控制与问题解决	· 激励与鼓舞

图 1　管理三要素与领导三要素

资料来源：约翰 · P. 科特《领导变革》，机械工业出版社，2014，第 26 页。

（二）加强领导力培养，助力中信银行行稳致远

中信银行自成立以来，紧抓改革开放时代机遇，努力实现战略转型，顺利度过了创立期和变革期，并在巨变时代进入突破期。在中信银行看来，每一个发展阶段都是一次新的“远航”。“行船靠掌舵”，每一次远航自然也少不了人才的支撑。然而，中信银行转型突破期面临干部老龄化凸显、核心高管一把手储备不足等问题，而通过市场获取人才又存在获取成本高、人才留不住、人才融入困难等问题。因此，在内部甄别、遴选、培养一批具有前瞻性和应变力的高层干部是中信银行重要、紧迫的工作任务，是推动企业持续转型的重要抓手。

为此，2017 年 10 月，中信银行正式启动了“远航计划”。“远航计划”由中信银行董事长李庆萍发起，总行人力资源部承办，主要面向高管副职人群（总行一级部门副职、一级分行副职）。通过多期滚动开展、每期一年的

培养，学员实现了由管理到领导、由将才到帅才的转变。截至2020年10月，“远航计划”已成功举办三期，第四期即将启动。通过三年多期滚动培养，项目有力补充了高管储备人才，明显提升了干部多方面的能力，逐步形成了领导力文化。

二 项目设计理念

（一）中信银行领导力培养所面临的问题

领导力这一话题已经成为企业能否在浪潮中取胜、行稳致远的关键，但领导力的培养一直是企业中人才发展的难点。根据德勤的全球调查①，超过90%的人力资源工作者和企业领袖将领导力列为最紧迫的问题。尽管如此，领导力培养改进仍旧缓慢，只有32%的公司有稳定向高层输送领导者的渠道。领导力培养所面临的困境同样也是困扰业界多年的普遍性困局。

（二）缺乏持续投资，人才发展文化土壤贫瘠

通常，很多企业认为领导力培养是一种短期行为，而非长期投入。调查显示，那些在领导力培训上的投入是同类公司1.5～2倍的公司往往表现更优异，这些公司的年终利润通常是竞争对手的3～4倍。②因此，企业持续地投资于领导力培养有助于实现商业目的。相反，缺乏长期投入，公司就不可能建立强劲有效的领导人才输送线，更难以形成人才发展的肥沃土壤。

（三）思维模式固化，缺少反馈与指导

高管经过漫长的成长，往往拥有很多成功的实践经验，并且常常持有坚

① 德勤大学：《全球人力资本趋势——引领新时代工作风尚》，2015，第16页。

② Todd Tauber and Dani Johnson, “The Next Evolution of Learning Content”, *Bersin by Deloitte*, 2014, p. 16.

定的观点，不会轻易被改变。管理者认知的固化会导致其领导力发展受到局限，例如，有些高管缺少参与公司战略方向制定的锤炼，长期依赖董事长的战略决策，导致缺乏战略思维。事实上，领导者与每个人一样，认识自我、认识事物的视角难免有局限，思维固化使其很难有空杯心态。如果不能让高管学员打开自我防备，则难以唤醒高管学员的自我感知，激发其改变动力，提升其对领导力学习的投入程度。

（四）领导力标准模糊，难以跟上外部市场变化

巨变时代，市场环境的加速变化对于高管的能力需求不断改变。很多企业在高管的发展培养上，人才画像相对模糊，发展目标并不明朗，这严重影响了培养发展过程中选拔、评价和培养等方面的有效性。通过调研数据发现：34%的企业对于高管的"胜任力能力要求一直随业务要求变化而变化"；62%的企业高管的胜任力是"部分能力要求固定不变，另一部分能力要求随组织内外部变化而变化"。在这些变化中，许多组织对其领导力机制并不满意。因此，领导力培养，如果不能构建一套关注人才底层潜力的领导力标准，而盲目追求技能的提升，则难以避免"人才发展体系割裂，头痛医头、脚痛医脚"的问题。

（五）忽视持续性的跟踪与评估，培训效果较难衡量

培训效果评估一直是困扰企业培训的难题，很多企业只注重对培训输入端的管理（学习内容、讲师质量等），而忽视对培训输出端的管理（学员训后能力提升和绩效改进的评估）。根据调查（见图2），89.6%的企业能够在学员对课程满意度上有追踪，但仅有41.6%和44.8%接受调查的企业能够通过观察、上级反馈和个人自我评估的方式对员工训后工作行为转变进行评估[①]。因此，缺乏体系性的跟踪和评估，导致企业无法准确掌握人才能力现状，大大降低了培养效果。

① 凯洛格人才发展咨询中心：《企业大学白皮书6.0》，2012，第44页。

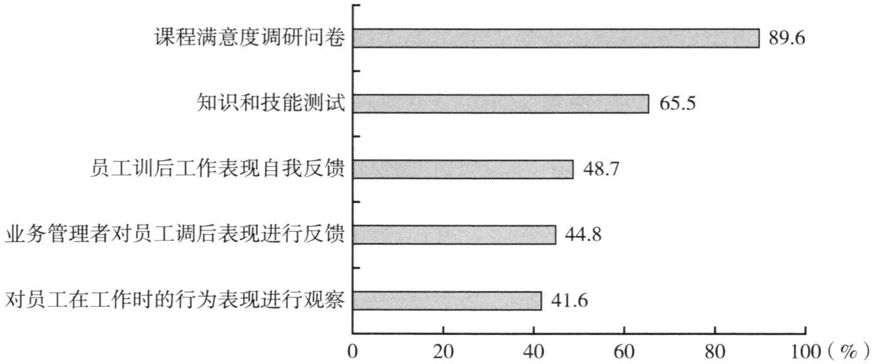

图 2　培训评估方式分布

（六）“远航计划”项目设计理念

针对以上困境，“远航计划”项目组经过调研探讨、摸索实践，创新性地提出以下四个培养理念，并以此为中心设计开发了一套领导力发展方案。

1. 长期主义，投资未来

与行业中常见的短期领导力项目不同，本项目为期一年，坚持长期主义。短期的培养往往应势，但效果有限；长期的培养虽不容易坚持，但能够润育组织能力，制胜未来。对于高管培养，要成长为领导者需要不断挖掘深层次的想法和信念，这些往往是领导力项目中最难解决的，唯有长期地坚持，才能帮助高管洞察内心，突破局限。

另外一个体现长期主义价值的方面是持续开展多期项目。领导力的培训是统一思想、统一语言的重要方法，是久久为功的过程。虽然人才短缺问题已在“远航计划”一期和二期启动后得到很大程度地解决，但项目仍持续开展三期、四期，拓展领导力“板凳深度”，旨在培育组织统一的领导力文化，从根本上提升组织能力。

此外，培养重点上也体现着“长期主义”，“远航计划”更注重投资学员的底层能力。为解决企业领导力模型因行业变革而持续变化这一问题，项目聚焦识别和培养学员们相对稳定的底层潜力。在一个迫切需要越来越多的新技能、应对不断更迭的市场中，最重要的不是技能本身，而是底层潜力，正如冰山模型，水面之下的能力是相对稳定且具有一贯性的。因此，领导力培养重点在于投资学员的底层能力，聚焦引导其认知模式和行为方式的转变升级。

2. 从心出发，以人为本

根据培养底层能力的理念，项目旨在帮助学员通过领导力培养项目引导其从心出发，从本质入手触发自我改变，提升以人为本的领导能力。

“从心出发”意味着引导学员追求纯粹的内心，在反求诸己的过程中破除私心、保持初心，从而提升心量、开阔视野。领导者的行为是对其价值观的展现，高层领导者所面对的事大部分是复杂的，不仅要完成眼前的业绩，还要关注发展方向，对组织的现在与未来负责。在各种复杂情形下，管理者的应对与其人格成熟度和价值观相关。正如稻盛和夫在《心》一书中指出，心构建了想法，而想法决定了行动。[①] 所以高管领导力的培养，应该从心入手，通过修心帮助其思考人生的本质。

“以人为本”意味着培养学员在管理中更多以“人”为出发点。“以人为本”是领导力修炼的基石。构成领导力的三要素，即确立激动人心的愿景、联合群众建立同盟、激励鼓舞员工推动组织发展，均以洞悉人性为核心，去调动、鼓舞和改变他人。在瞬息万变的外部环境以及颠覆性技术的巨大冲击下，唯有以人为本，才能让人充分发挥潜力，敏捷应对变革。

3. 闭环设计，一以贯之

“远航计划”项目从顶层入手，形成了一套由建模、测评、盘点、培养、评估五个模块组成的领导力发展闭环体系。项目以组织能力分析为起点，构建领导力模型，建立注重挖掘人才底层潜力的能力评价标准；通过测评与盘点找出高潜人才，形成继任者人才库，并基于测评结果分析人才优劣势，经过共性与个性分析形成培养方案；组织学员经过长期的领导力培养，项目最后开展综合性的训后领导力评估。在这样的过程中，项目把各个要素

---

① 稻盛和夫：《心》，人民邮电出版社，2020，第 90 页。

更加有机地连接起来，比如，结合能力标准与测评结果，项目发现学员群体体现了较为明显的优劣势，在业务策略落地上娴熟，但战略思维不足；擅长执行落地，但不太关注激励与授权，这些都为培养方案提供了有效输入。

4. 刻意练习，精准反馈

领导力的修炼没有捷径，提升领导力的核心秘诀之一就是长期坚持不懈的强化练习。[①]“刻意练习理论”是通过持续强化地练习改变学员大脑搜集和处理信息的方式，把需要思考的行为固化成直觉和本能。项目组认为领导者的培养应秉持“刻意练习”理念，在学习环节中通过行动学习、在线学习、一人一课等环节体现。只有加强在每个层次的重复训练，才可能激发学员迈向更高层次的认知和应用。

此外，针对练习的精准反馈同样重要。项目通过设置内外部导师辅导的学习形式，让高层密切关注学员的成长，从而提供精准的反馈与辅导。学员在领导力修炼过程中，得到及时、明确并具有建设性的反馈，他们的历练将更加有效。通过具备丰富商业经验和人生阅历的导师与教练的反馈辅导，项目能够从更综合的视角帮助领导者审视其领导效力，打破思维定式，唤醒自我认知，激发改变动力，提升对领导力学习的投入程度。

三　项目方案设计

（一）项目框架

“远航计划”基于创新设计理念，构建了包含建模、测评、盘点、培养、评估五个模块的领导力发展闭环体系。

第一，项目组通过调研分析，绘制了中信银行未来5～10年的高管人才画像，建立了“4个维度、8个能力项”的领导力胜任模型，包含了战略领导力、经验领导力、关系领导力和团队领导力四个方面的能力与潜力标准。

---

① 拉姆·查兰：《高管路径：卓越领导者的成长模式》，机械工业出版社，2016，第46页。

第二，以领导力胜任模型为依据，运用“文件筐” + 商业案例分析、履历分析、行为事件访谈等多种工具，对全行高管副职逐一进行能力测评。

第三，通过对测评结果的深入分析与盘点，选取绩效与能力双高的高潜人才进入培养清单。同时分析中信银行高管副职这一群体的能力优劣势，将分析出的学员个性与共性特征作为后续培养方案的前导输入，帮助其扩大优势、补足短板。

第四，基于能力分析结果，以长期主义、以人为本、闭环设计、刻意练习等四大创新理念为指导思想，按照“缺什么补什么”的原则进行方案设计，全面提升学员应变的韧性。培养内容上有两大特色：“修心”和“赋能”。“修心”是体现“从心出发、以人为本”的理念，比如，在线上学习上不断反求诸己，进行行为调试；同时，在培养内容匹配上注重深化对人的洞察理解。“赋能”是开阔视野，全面赋能，为学员输入国际局势、行业热点、前沿趋势等内容，弥补学员在战略研判、突破创新等方面的不足。在培养方式上，项目混合了 8 种培养方式，全面刺激学习体验，助推学习内容的理解深化与学习迁移，构建了教学相长、学学相长的学习社区。具体培养方案将在下一部分详细展开。

第五，一年期的培养结束后，项目组和外部教练对当期学员的整体表现、提升项和待提升项等进行综合评估，形成测评报告，为组织任用人才与培训优化设计提供重要参考。

（二）培养方案

主题授课，全面赋能：在一年期的培养中，进行 4 次集中面授，共 15 门课程。其中，既有 1 ~2 天的工作坊，也有半天的线上直播。课程内容的选择充分考虑了中信高管副职的能力现状与理想状态的差距，既匹配了党政理论研读、金融科技创新等主题，又补充了战略思维、自我认知、影响他人等内容。

跨界学习，开阔视野：带领学员走进以创新见长的企业进行跨界交流，如互联网公司腾讯、阿里巴巴，科技公司华为、小米，以及传统企业故宫文创、同仁堂等，帮助学员开阔视野、打开思路、博采众长，激发学员创新意识。

戈壁远征，修“心”之旅：戈壁远征是诸多商学院的重要环节。学员们在两天时间内徒步56公里，是意志品质的磨炼和自我认知的修行，带给学员深层次的内心触动，成为突破自我的关键点。

行动学习，团队共创：学员以小组为单位针对某一业务课题进行一年期的研究。选题由行领导指定方向，涉及可持续发展模式、理财子公司的业务模式、如何实现存款可持续增长等议题，与未来业务发展密切相关。其间，根据专业教练的方法指导，学员们进行反复多次的刻意练习，实践所学所思，促进了课堂知识的内化。同时，小组学员间共同交流碰撞，促进协同与共创，经历选题、破题、问题分析、制定解决方案、行动实践及优化、成果汇报等阶段后，最终将解决方案进行试点推行与落地。

导师辅导，真诚反馈：内部导师团队由总行行领导组成，在培养期内对学员进行了至少四次辅导，辅导形式多样，包括面谈、随行调研、列席会议等。通过多次深入辅导，导师在业务推动、经营管理等方面对学员进行长期观察并提供精准反馈，学员在得到反馈后持续刻意练习、积极改变，大大提升了学习效果。

教练辅导，外部引导：外部教练由资深领导力专家组成，在培养过程中深度参与多个环节，对学员有多方面了解。外部教练既担任项目前期测评师，又与学员进行了多次一对一辅导，帮助其反思工作方法，还在个人发展计划方面给予指导和反馈，为学员提供了珍贵的外部视角。

线上学习，知行合一：学员每周在微信群里进行党政理论、传统文化的浸润式学习并撰写心得体会。同时，董事长每周批阅心得汇编，并进行1～2小时语音点评与反馈。持续的刻意练习和接受反馈使学员的党性意识和心性气度得到很大提升。

一人一课，影响他人：每位学员从三大主题（领导力实践、业务实践、“心”的力量）中任选其一进行授课，通过总结提炼，学习效果得以深化，个人隐性知识转化成宝贵的组织财富，为学员提供了提高个人影响力的实践机会。

（三）项目保障

“远航计划”项目周期长、学习环节多，需要调动多方重要资源，如此复杂的项目能够成功举办三期离不开动力系统和支持系统的双重保障。

动力系统：第一，以董事长为引领的行领导们深度参与了全过程。董事长在线上学习中高度投入，每周批阅学员的心得并点评，一年期的培养从未缺席；总行行领导在内部导师辅导环节给予学员丰富的经验分享和反馈意见。行领导们的辛勤付出和持续关注对学员影响深刻，这既是压力，也是动力，促使学员投入大量时间学习，不断反思自我、践行改变。第二，“远航计划”通过三年的沉淀，已经在行内形成了品牌效应。学员进入“远航计划”时受到诸多关注，这激励他们在培养期间全情投入，完成工作的同时兼顾学习，克服了诸多困难，只为获得更多成长与收获。

支持系统：“远航计划”项目组在培养期间投入大量人力物力，在运营管理方面需要具有较强的专业性、稳定性和灵活性。第一，项目组对各学习环节进行了细致深入的跟进管理和动态监控，确保各项学习活动顺利进行。项目组不仅通过正式环节收集学员反馈，而且通过非正式渠道的沟通，学习活动过程中的观察，学员与教练、导师的交流等多种渠道充分了解学员需求，并基于这些反馈和需求对学习内容进行优化与更新，从而全面提升学员体验。第二，项目组将专业经验沉淀成规范的全流程管理手册，内容翔实、全面细致，具有很强的指导性，并在项目开展期间持续进行复盘与手册内容的更新完善。第三，项目组具有灵活应变的能力。在疫情期间，开展线上直播，将导师辅导、行动学习等环节转移到线上进行，还以“线下＋线上”相结合的方式成功开展了一次为期两天的主题授课，实现了“云”培训。

四　项目价值

“远航计划”领导力发展项目不仅追求单个项目成功，坚持追求长期价值。通过项目的多期滚动开展，中信银行领导力培养体系持续优化发展，打造了领导力生态，实现了“鱼与鱼塘”交互影响、共荣共生的过程。

领导力的开发不是在培训中实现，而是实现于组织环境中①。组织环境是领导力发展的主要发生地。企业通常会花费主要精力清洗“鱼”（领导者），却忽视了清洗“池塘”（组织环境）。干净的“鱼”回归污浊的“鱼塘”将会不复洁净，“清洗”（培训）自然也丧失了效果。根据研究，领导力成熟度更高的公司不仅注重领导力培训，还能够将领导者的成长嵌入日常工作和文化中，创造一种强大的身份认同与统一的领导语言。相较于低成熟度的企业，高成熟度的企业人均收入增加了37%；在有效识别和发展领导力方面增加了10倍的可能性。因此，拥有更成熟的领导力发展体系的组织认为“清洗鱼本身”（培训学员）与“清洗鱼塘”（培育组织文化）二者相辅相成，同等重要，一个个培养项目就是打造领导力生态的助推器，“远航计划”作为其中之一，助力中信银行实现了“清洗鱼”“壮大鱼群”“辐射鱼塘”三部曲。

（一）“清洗鱼”

“远航计划”充分锻炼、提升了干部能力，实现了“清洗鱼”的目标。经过系统培养，学员能力提升效果显著。通过前后的测评对比分析，学员不仅短板上有明显提升，原有优势也得到强化。经统计，70%以上的学员薄弱项（如建立方向、影响力等）得到充分提升；78%以上的学员原有优势项（如商业判断、推动执行等）获得进一步强化，项目的开展切实提升了学员的领导能力。

同时，项目扩充了高管人才队伍储备，满足了组织用人的需求。项目累计三期，共培养了49名学员，覆盖总行24个部门、25家分行，其中21人已走上总行部门或一级分行“一把手”岗位。

---

① Andrea Derler, Anthony Abbatiello and Stacia Sherman Garr: Better Pond Bigger Fish, *Bersin by Deloitte*, 2017, pp. 32 – 33.

（二）“壮大鱼群”

经过三期的积累，学员人数越来越多，“鱼群”日渐壮大。“鱼群”使总行各部门、总分行、各地区分行间交流与协同越发密切顺畅，从而达到依托“远航计划”、贯彻执行组织战略问题的效果。

一方面，同期学员收获了友谊。经过培训，即使在平日中最独立的学员也喜爱上和团队在一起的时光，他在采访中曾表达，“远航班”真正让他懂得了领导力的修行是在相遇相知、互相提携之中成就彼此。另一方面，往届学员身为学长，与学弟学妹通过“远航学员”这一共同的身份，增加了彼此的认同与归属感。在行动学习课题研究中，三期学员在课题难以突破阶段，主动向二期的师兄请教经验，邀请他们共同参与研讨，针对理财子公司的业务模式课题，师兄作为理财子公司的总裁，不仅为三期学弟学妹提供了一手学习资料，还分享了其在子公司筹建和经营过程中的经验，切实保障了课题研究成果的落地，助推了中信银行的高质量业务发展。

（三）“辐射鱼塘”

“远航计划”将以人为本的育人理念深入传导、贯彻，孕育了有利于人才发展的清澈“鱼塘”。

首先，项目通过层层传导育人理念，建立了尊重知识、尊重学习，以心领导、以才领导的领导力文化。浸润式的学习环境帮助学员逐渐深刻地领悟到高层精神，统一了领导力语言，而“鱼群”的逐渐壮大使这种语言在更大的环境中扩散传播，从而让中信银行的领导力文化深入人心。其次，领导力发展“池塘”的一个重要属性是信息的自由交流，“远航计划”支持知识共享，通过自上而下地层层赋能，形成了领导者共享文化。三期学员自发地将学习材料、领导力理念和所学到的优秀管理工具在下属中赋能传导，无形中强化了中信银行所倡导的文化理念中的领导行为。同时，研究显示，创造有利于领导层成长的“池塘”的企业更容易养殖“大鱼”——更强大的领导，并取得更强劲的商业成果。换句话说，组织环境就是领导发展的发生地。“远航计划”通过建模、测评、培养实施等一系列举措，形成了一套科学适用、切实有效的高级管理人才发展模式。其中，领导力模型作为培训内容输入源、训后效果的衡量尺以及任用指导的着力点，系统地应用于人才培养体系的各个模块，从而帮助中信银行的领导者画像逐渐清晰，并在组织中借助“鱼群”的力量，形成集体共识。

综上所述，“远航计划”人才培养项目通过“清洗鱼”“壮大鱼群”“辐射鱼塘”三部曲，逐步形成了中信银行“鱼”与“鱼塘”互动共生的正向循环。值得强调的是，领导人才的培养是一项系统工程，绝非朝夕之功，“远航计划”已经成为中信银行人才培养的一个重要载体和品牌，将持续举办，打造良好生态，从而为中信银行的行稳致远、基业长青保驾护航。

B.18 中国石化基于“智库作用发挥”的领军人才培训模式

盛　湘*

摘　要：为适应国家人才发展和能源革命的要求、构建集团公司人才引领发展的战略格局，中国石化于2010年启动领军人才培训。十年间，领军人才培训始终以集团战略为出发点，从“服务于绩效改进、服务于生产经营”，发展到“服务于创新驱动、服务于战略转型”，创新性地走出一条基于“智库作用发挥”的领军人才培训模式，赋能人才成长，支撑业务发展，助力组织变革，实现了培训价值的最大化。该模式始于“基于战略的问题”,创新性应用“创新工作坊”架构培训设计，运用“创新工作坊”开展问题研究，并最终带来富有洞见和创新的成果，满足了集团在不同发展时期的战略要求。高质量的培训使领军人才成为集团发展进程中的“智库”。

关键词：智库作用　领军人才　中国石化　创新工作坊

引　言

“智库”，从基本释义上讲，就是指汇聚高级人才，能为政府机构和企

* 盛湘，石油化工管理干部学院高级专家，正高级经济师，国家一级培训师，国际注册培训师，国际注册行动学习促动师。

业等提供咨询服务的组织或团队。“智库”已经成为现代领导管理体制中一个不可或缺的重要组成部分，是一个企业思想创新的源泉，也是一个企业软实力的重要标志。“智库”的主要任务是将各学科专家学者聚集起来，运用他们的智慧和才能，提供咨询，为决策者献计献策。

中国石化基于“智库作用发挥”的领军人才培训模式是指借助集团公司领军人才“高、精、尖”这一独特优势，将领军人才培训聚焦于关系组织发展的战略性问题，遵循“以终为始”的培训理念，创新性地应用“创新工作坊”来架构培训，运用先进的培训工具和方法，激发潜能，催化思考，实现群策群力、学思践悟，使学习者将经验、反思与新知充分融合发酵，带来创新性成果。长期以来，领军人才培训致力于为集团公司战略制定、战略推进建言献策、判断运筹；分析能源行业发展趋势，审视集团内外部环境，为集团公司核心业务板块高质量发展提供优化方案；诊断集团创新发展的瓶颈问题，提供解决问题的方案和策略。高质量培训使领军人才成为集团发展进程中的“智库”。

自2010年以来，领军人才培训通过解决疑难杂症促进企业提质增效，通过探索转型方向引领集团创新发展，实现了从“服务于绩效改进、服务于生产经营”向“服务于创新驱动、服务于战略转型”的历史使命的转变。领军人才培训通过赋能人才成长，支撑业务发展，助力组织变革，实现了培训价值的最大化。

一　中国石化领军人才培训模式的形成背景

（一）适应国家人才发展和能源革命的要求

2010年，党中央、国务院制定了《国家中长期人才发展规划纲要（2010—2020年）》，提出到2020年“确立国家人才竞争比较优势，进入世界人才强国行列”战略目标，重点培养各领域拔尖人才，特别是掌握关键技术、带动新兴科学和产业发展急需的战略科学家和领军人物。中国石化领军人才培训也就此拉开了序幕，致力于重点解决影响和制约企业生产发展的关键技术和难点、热点问题。

2014 年 6 月 13 日，习近平总书记在中央财经领导小组第六次会议上明确提出"四个革命、一个合作"的重大能源战略思想。面对经济和行业的大调整、大变革，中国石化深刻认识到自身在党和国家事业发展中的地位和作用，牢记初心和使命，积极服从和服务于国家战略，决定用"两个三年"和"两个十年左右"，分步推进世界一流能源化工公司建设，把握大势、顺应大势，拥抱"四大革命"（即"电动革命""市场革命""数字革命""绿色革命"）。领军人才培训也由专注于解决生产技术难题，转向加快推进"四大革命"，积极探索集团转型路径。

2016 年，集团公司召开科技创新驱动大会，就此奏响了集团科技创新的新篇章。2020 年，集团提出"打造世界领先洁净能源化工公司"的新愿景，要形成以创新引领和支撑的发展模式，推进科技创新、管理创新、产品创新和商业模式创新，使中国石化成为行业重要的创新策源地，"全面发挥科技支撑产业发展、引领产业发展，推进自主创新，助力集团实现可持续发展"成为领军人才培训的光荣使命。

十年来，集团公司领军人才培训在组织发展的不同时期被赋予了不同的历时使命，他们是解决疑难杂症的先锋、促进能源转型的先锋、引领创新发展的先锋。

（二）满足中国石化领军人才战略布局的要求

2011 年，中国石化颁布了《关于加强人才通道建设的实施意见》，建立规范统一的中国石化职位序列和科学的选才、育才、用才、聚才工作机制，畅通各类人才成长通道。其中，"领军专家"位于专业技术序列的顶端，并进一步自下而上划分为直属单位首席专家、集团公司高级专家、集团公司首席专家三个层级（见图 1）。

2015 年，中国石化再次颁布《关于完善人才通道建设的意见》，适度调整队伍序列划分，合理确定层级关系，配套完善管理运营机制，形成了纵向畅

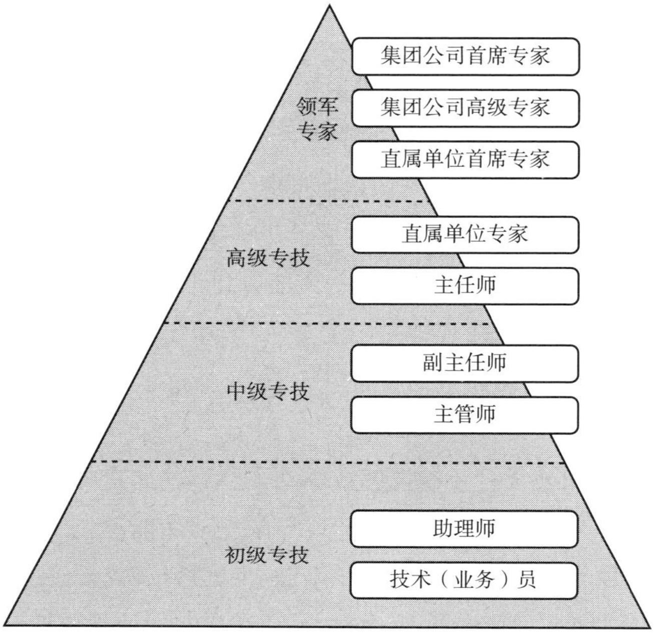

图 1　中国石化人才通道序列（2011 年）

通、横向贯通的成长通道体系。将原专业技术序列“领军专家”调整为“高层专业技术人才”，但仍保留自下而上直属单位首席专家、集团公司高级专家、集团公司首席专家三个层级（见图 2）。

领军人才是人才队伍的“宝塔尖”，是企业创新发展的“领跑者”。早在 2014 年 6 月的两院院士大会上，习总书记就强调“我们在科技队伍上面对着严峻挑战，就是创新型科技人才结构性不足矛盾突出，世界级科技大师缺乏，领军人才、尖子人才不足，工程技术人才培养同生产和创新实践脱节”。面对科技人才结构性矛盾，2016 年，中国石化开始大力实施“十百千万”科技人才计划，依托国家、中国石化重大科研和工程项目等平台搭建科技人才培养梯队。2018 年，集团公司部署“人才强企工程”，创新性地提出“用工程理念和模式抓好人才工作”，在全系统吹响了打造中国石化人才高地的号角。坚持高端引领，将领军人才队伍建设作为人才强企先导工程和

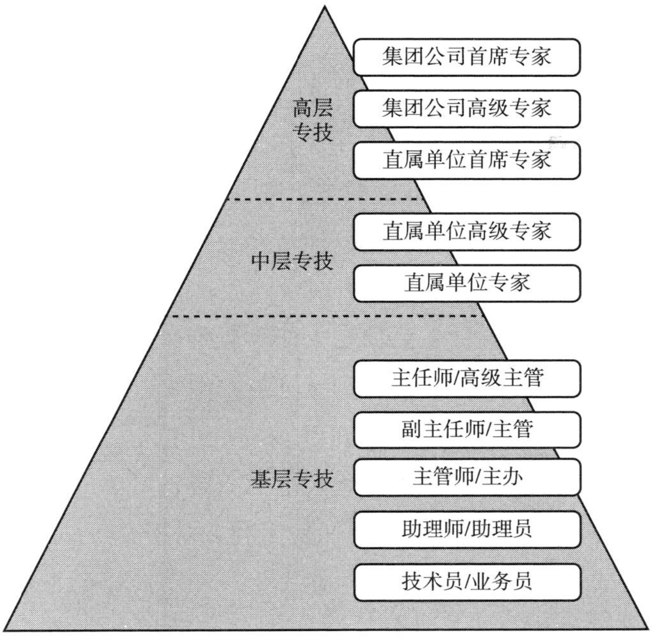

图 2　中国石化人才通道序列（2015 年）

战略重点，以领军人才队伍建设为核心，逐步构建了集团公司人才引领发展的战略格局。

二　中国石化领军人才培训发展历程及面临的挑战

（一）中国石化领军人才培训发展历程

培训，作为人才队伍建设的有力手段之一，为集团领军人才队伍建设提供了强有力的支撑。2010 年之前，在专业技术领域，集团也开展了包括领军后备人才、学术带头人在内的，区别于一般性技术培训的高层次专业技术人才培训。2010 年之后，集团按照人才通道建设要求，严格以专业技术序列为标准，正式将领军人才培训常态化。十年来，领军人才培训始终以集团战略为出发点，经历了两个明显的发展阶段。

1. 服务于绩效改进、服务于生产经营

2010 年，集团公司积极贯彻党中央、国务院印发的《国家中长期人才发展规划纲要（2010—2020 年）》，率先在油田板块启动直属单位首席专家培训，聚焦各领域关键技术和企业热点、难点问题，助力改善企业绩效，提高集团生产经营效率。在培训设计上创新性地提出“双赢”指导思想，在培训内容上一方面安排学员学习掌握国内外先进技术，另一方面选择集团内部正面临重大生产突破或正处于生产任务瓶颈的企业组织学员开展现场调研，进行难题诊断。以油田板块为例，起初围绕专业相对单一的地质问题、开发问题或钻井问题等，每个班级规模仅 15 人左右；后期培训班对象逐步扩展到包括勘探、开发、工程在内的所有直属单位首席专家，这一发展趋势顺应集团当时推进“勘探开发工程一体化”的战略要求。这一时期的领军人才培训解决了诸多影响集团生产和绩效的企业难题，满足了集团在“效率式创新”时期持续扩大生产经营的战略要求，培训价值可评估、可衡量。

虽然都是领军人才梯队，但相比集团首席专家和集团高级专家的职能定位，直属单位首席专家更专注于负责本企业的科研攻关，更擅长解决生产性难题。以“双赢”为指导思想的教学设计思路为后续集团公司各业务板块开展的专家培训、复合能力培训起到了很好的指导示范作用。

2. 服务于创新驱动、服务于转型发展

2016 年，伴随世界能源转型的大趋势，传统能源行业掀起了能源革命，集团公司以习总书记提出的“四个革命、一个合作”的重大能源战略思想为指引，吹响了科技创新的号角，全力推进技术创新，促进能源转型升级，落实《国家创新驱动发展纲要》。集团始终认为，领军人才的水平上限，直接影响着中国石化的发展高限。始终坚持领军人才是集团新产业的开拓者、新技术的发明者、新产品的创造者，是引领集团发展的关键动力。同年启动集团公司高级专家培训，使领军人才培训层次迈上新台阶，培训焦点也转移至“创新发展”“四大革命”“创新融合”等战略发展性问题上来。

进入新时代，中国石化在打造世界一流的征程中，清醒地认识到，集团在引领未来发展的科技储备上亟须加强，一些“卡脖子”技术亟待突破，科技成果转化率需要进一步提升，集团战略型领军型人才仍然比较匮乏。着力于造就具有国际眼光和战略思维、善于把握和引领石油石化未来发展方向的战略科学家，集团2019年以“创新引领”为主题，启动集团公司首席专家培训。

十年时间，集团公司领军人才培训对象实现了职级序列完整、人员全覆盖。培训也由以企业热点、难点为主的生产技术性问题转移到集团的能源转型和创新驱动问题，这是由集团在不同发展时期的战略决定的。第一阶段的“智库”体现在解决影响绩效的战略性生产问题上。领军人才培训先后为胜利油田、河南油田、东北油气田的老区勘探，大牛地气田、西北油田缝洞型油藏、江苏油田断块油气藏、涪陵页岩气的开发，以及元坝钻井提速提效开展了难题诊断，助力企业提质增效。第二阶段的“智库”体现在解决影响集团实现可持续、高质量发展的战略性问题上。领军人才培训先后向集团决策层和核心业务部门提交了关于“集团创新发展路径”“集团创新环境的改善”“集团绿色可持续发展路径”“四大革命在勘探开发、炼油、化工以及销售领域的突破方向”“集团三大板块科技创新攻关方向”“炼油产业转型升级方向与建议”“油田板块可持续发展建议”“集团化工与高质量发展建议”等十多份高质量报告，助力集团实现创新驱动和转型发展。2016年至今，集团党组已多次为领军人才班命题。

（二）中国石化领军人才培训面临的挑战

1. 满足培训价值最大化的现实诉求

VUCA时代企业面临越来越多的不确定性，“做有用的培训”也成了集团党组对学院最质朴也是最高的要求。纵观培训产业，传统培训的价值更多地体现在“赋能员工成长”和“支撑业务发展”上，其创造价值的路径主要有两种。第一，通过解决绩效问题来创造培训价值。通过培训看到个人或团队因为问题得到解决而提高了绩效，企业因为问题得到解决而增长了利润、获得了市场等。准确的数据显示，培训不仅输出了解决问题的办法，而且转化成生产力，价值显而易见。第二，通过发展能力来创造培训价值。相比前者，通过发展能力创造的价值就不那么直观了，衡量价值通常从能力提升的过程入手。针对业务能力提升，可以以任务为载体，如将工艺改造、设备维修、新产品研发、创新大赛等纳入培训设计，通过完成任务的质量、产生的效果，或者带来的收益对培训价值做出判断；针对领导力、执行力的提升，360 度测评等评估手段常被用来辅助说明培训价值。总之，越倾向于软实力，培训价值越难量化。

基于“实现培训价值最大化”的诉求，也基于集团公司领军人才的能力与职责，领军人才培训的价值显然不能仅致力于“赋能员工成长”和“支撑业务发展”。20 世纪 80 年代，杰克·韦尔奇将克劳顿学院变为 GE 变革的关键驱动力；90 年代，郭士纳在 IBM 生死存亡关头为变革开展了 24 次战略性学习活动；20 世纪，宁高宁从华润到中粮再到中化掀起的一系列变革，无不体现锚定战略高度、助力组织变革正是培训价值的转型升级。而中国石化基于“智库作用发挥”的领军人才培训所圈定的培训对象、设定的战略目标，以及培训交付的高质量要求，都很好地满足了“助力组织变革”这一价值需求。

2. “高精尖”培训对象的严重重复

常规培训大多数时候都是“铁打的营盘流水的兵”，然而，即便是中国石化这样一个拥有庞大员工规模、上中下游一体化的高科技企业，领军人才的数量也极其有限。自 2011 年集团建立职位序列以来，每年领军人才在各专业领域退休和新聘人员的数量交替仅为个位数。2018 年是集团历年来选聘力度最大的一年，并首次向专业管理领域拓展，共选聘产生了 12 名集团公司首席专家、60 名集团公司高级专家。以油田和炼化核心业务领域新增高级专家人数为例，油气勘探领域 9 名，油气开发领域 6 名，石油工程领域 7 名，石油炼制领域 7 名，石油化工领域 6 名。截至 2019 年底，统计结果显示，集团公司首席专家仅 15 名，集团公司高级专家仅 152 名。虽然领军人才队伍规模在稳步扩大，已涉及 33 个领域 92 个专业方向，实现了对集团主体领域全覆盖，但分配到上中下游各个专业领域领军人才的数量可谓屈指可数。由此可以想象，近十年来，领军人才培训的对象基本保持不变，细分到专业领域几乎形成了“铁打的营盘铁打的兵”。培训对象的严重重复，势必带来培训资源紧缺，开发难度与日俱增，“高精尖”的培训对象使领军人才培训成了一块难啃的“硬骨头”。

三　中国石化基于“智库作用发挥”的领军人才培训模式

面对上述挑战，笔者作为中国石化集团公司领军人才培训项目设计与实施的主要负责人，正是靠着“紧贴战略要求找方向、创新培训设计变角度”，将挑战变成机遇，把障碍转为优势，创新性地走出了一条基于“智库作用发挥”的领军人才培训模式。

2018 年，中国石化在集团公司高级专家的选聘及考核指标中明确提出了“智囊参谋、决策支持、创新攻关、解难释惑、人才培养”五大职责。将“智库”这一概念引入领军人才培训，既满足组织赋予领军人才的岗位职责，也符合培训对象“高、精、尖”的鲜明特征。

（一）合理设定培训目标

传统培训的功能多在于打造传授知识技能、分享经验的平台，但领军人才的学术水平已趋向于专业领域的顶层，既能潜心钻研，又能领兵打仗。从他们承担的岗位工作看，主要包括技术会诊、技术把关、技术规划，为集团和企业的决策层提供技术咨询和战略支持；从他们从事的创新活动看，主要包括领衔国家和集团重大专项、突破“卡脖子”技术、承担重大生产科研活动、开展自主创新和集成创新。因此，“战略推动能力”和“创新创造能力”是领军人才需要持续提升的能力。但很显然，这两种能力的获取都不是单纯通过传授知识技能和分享实践经验就可以实现的。相反，若发挥学员“高、精、尖”的独特优势，紧密结合集团战略，着力将领军人才培训打造成集团发展践行“智库”的平台，将个体优势凝聚成集体优势，将集体优势转化为组织优势，去激发创新创造，去推动战略落地。那么培训在发挥“智库”作用的同时，也就实现了对领军人才“战略推动能力”和“创新创造能力”的赋能。

（二）科学设计培训内容

领军人才处于本专业领域的前端，已达到较成熟的创新素养，要想始终引领专业的发展、带动技术的突破、满足企业持续的创新和创造，首先，仍然要保持在本行业的不断精进，准确把握形势，用好政策，及时掌握国内外前瞻技术与发展态势，同时还要对与行业相关的交叉学科都有深入的学习和应用。其次，能够始终保持求新求变，拥有持续的创新与变革意识、掌握变革的流程和创新的工具方法，对加快自主创新、推进战略落地有着巨大的推动作用。于他们而言，做好变革的推进者，带领团队创新性开展攻关，是助力集团战略落地必须掌握的新知和技能。最后，较高的学术造诣和常年的实践经验使领军人才拥有了极其敏锐的洞察能力。“美第奇效应”告诉我们，创新灵感来自交叉思维。各类文化、各个领域、各门学科，犹如流淌的大河，在人们的意识思维当中，彼此交织，使人们熟悉的各种观念或撞击、或融会，终于铸成了无数的、挣脱了思维桎梏的创新概念。所以，培训要力求在更广泛的文化领域、业务领域去提供新的视角，去创造捕捉灵感的交叉点。

（三）运用“创新工作坊”实施培训

上述内容虽然符合领军人才的能力发展需要，但威廉·格拉瑟告诉我们，单纯地听或看，给人们带来的收获仅仅 10% ~20% 。领军人才培训要想成为发挥“智库”作用的平台，也需要突破常规培训的教学方式，以“研”施“教”、以“研”促“学”，研究什么、怎么研究才是培训的核心。

研究战略性的问题，那些在传统教学中较多出现的独立研讨或小型结构化研讨都无法较好地满足该要求。石油化工管理干部学院创新性地运用“创新工作坊”架构领军人才培训，带来了一系列富有创新和洞见的高质量培训产出，使领军人才培训成为发现问题、诊断问题的平台，成为战略策划、战略解码的平台。

“创新工作坊”，是基于组织真实问题或真实需求，定制针对性的解决方案，依托系统论、方法论、组织行为学，运用团队引导技术带领团队群策群力，促进共识，探询解决问题的思路、方法或措施，实现个体自我超越和团队突破。多年来，“创新工作坊”已成为集团推进创新驱动、促进能源转型的有效手段，也解决了集团和众多直属企业在“提质增效、结构调整、高质量发展”战略转型期出现的诸多真实问题，具有鲜明的石油石化企业特色。

1. 采用“进阶式”需求调研准确定义影响战略的关键问题

传统培训需求，首先是对组织、岗位和个人等不同层面开展调研；其次对调研资料进行定性分析和定量分析，提出问题清单；最后结合主办方的要求和掌握的资源对问题做出筛选，确定最终培训可以解决的问题。这种方式非常适合于那些较具体的生产管理和技术性问题，但侧重战略性的话题往往比较宏观，则需要通过“进阶式”需求调研，加大调研的广度和深度。正所谓“看大势、抓要事”，只有找到影响战略的关键问题，将其作为培训的切入点，培训才找到了创造价值的抓手。

“进阶式”需求调研，就是将宏观培训主题演进到微观问题的进化过程。需求调研不能仅停留在找到问题上，还要进一步围绕问题的发生背景、现状、决策者的困扰和需求，以及问题解决后可能的表现形式等方面开展调研和分析，目的是挖掘问题背后的隐藏逻辑，这就等于基本摸清了问题解决的思维方式，即“创新工作坊”的设计逻辑。

2. 运用“创新工作坊”架构培训

“创新工作坊”成为培训方案的设计主线，是对传统培训设计的颠覆。从图 3 可见，培训始于“基于战略的问题”；“创新工作坊”就是研究和解决战略问题的路径，其设计逻辑就是培训设计的主架构；过程中的“知识输入”，包含研究解决问题所需要具备的新知和能力，即培训内容；“基于战略的智库输出”是培训的最终产出，就是对问题的解决交付。这个过程也将同步实现对个体“战略推动能力”和“创新创造能力”的赋能。

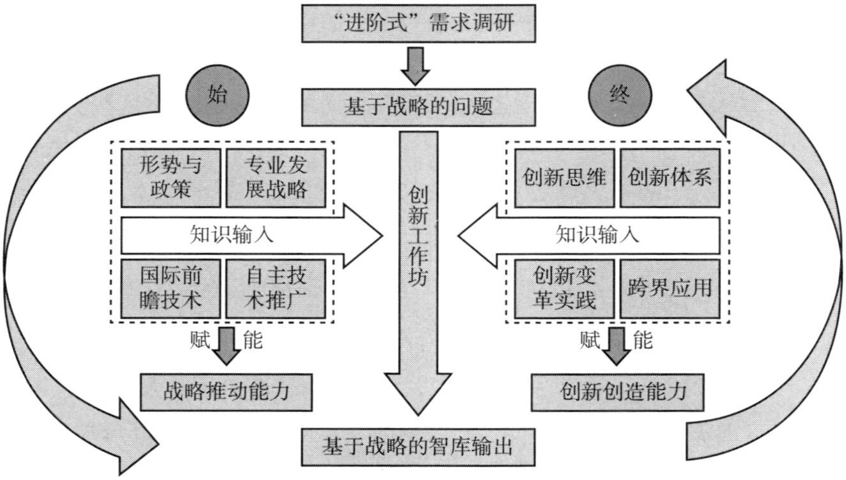

图3　中国石化基于"智库作用发挥"的领军人才培训模式

"创新工作坊"的主线条取决于通过"进阶式"调研获取到的问题解决逻辑。目前，领军人才培训中主要有以下两类架构方式。

第一类：用于问题诊断。侧重于研究和解决组织在推进变革、推进政策和制度落地过程中出现的问题。"创新工作坊"将按照"查摆问题—分析原因—解决问题"这一演绎逻辑进行设计（见图4）。

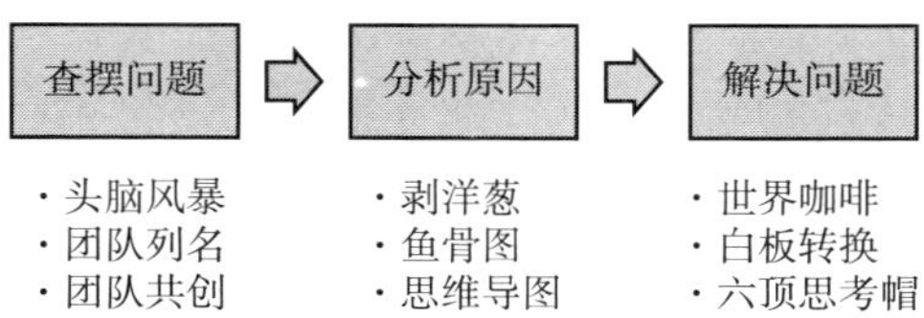

图4　"问题解决型"创新工作坊设计

第二类：用于战略解码。侧重于对组织未来一段时期的战略发展做出规划或变革策略。"创新工作坊"将按照"评估现状—共启愿景—明晰障碍与条件—探询发展路径"这一逻辑进行设计（见图5）。

根据上述"创新工作坊"的逻辑框架，领军人才培训项目也被潜意识

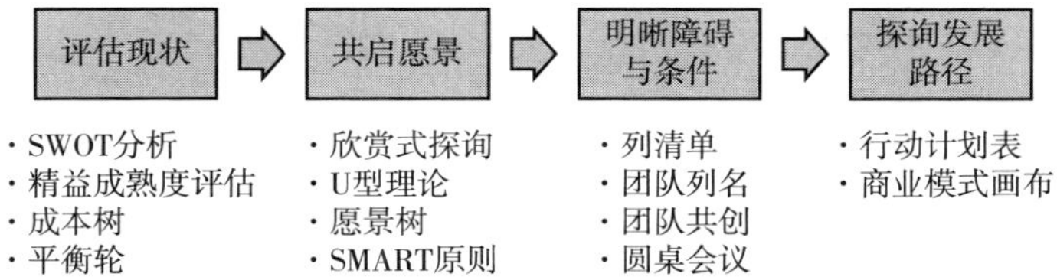

图 5 “战略共创型”创新工作坊设计

地划分成 3 个或者 4 个阶段。在每个阶段，需要根据该阶段的研讨任务和教学目标输入相关课程，使学员掌握必要的知识或技能，为每个阶段高质量研讨交付做好支撑。

3. 通过科学选择与混搭工具细化“创新工作坊”过程设计

“创新工作坊”是一个动态过程。引导界的大师普遍认为，对主线条的把握更优于对细节的描述。事实上，不强调做细节的描述，并不等于不了解、不预知过程。大师们正是因为无数次的历练，对过程中必要的细节都已达到了如指掌，对可能的预设都已做到心中有数，才能以不变应万变。“创新工作坊”的过程设计需要明晰每一个阶段要达到的目的、采用的工具、需要的资源、所用的时长，以及该阶段的交付形式等（见图 6）。

其中，工具是推进“创新工作坊”的主要手段，但这不等于工具种类越多就越好。图 4、图 5 每个阶段都展示了部分代表性工具，以图 4 中“查摆问题”阶段为例，罗列了头脑风暴、团队列名、团队共创三种代表工具，可以理解为使用这三种工具都可以达到“查摆问题”的目的，但在实际应用中如何科学选取呢？其次，工具的使用也切忌生搬硬套，单一的工具有时很难满足一个复杂问题的需求，那如何对工具进行加工和创新呢？

要实现科学的选择和“混搭”，首先，应掌握尽可能多的工具，并对每一种工具的技术原理和操作路线熟稔于心，必要时能够随时调集需要的工具；其次，要熟悉即将开展的研讨工作的目标，要充分了解组织环境和参与对象的特点，从结构、速度、互动类型、聚焦点、关注点以及控制权这六个维度综合判断（见图 7），来选择和匹配最优工具；最后，根据必要对工具进行创新。例如对工具的步骤进行拆解，然后将具有相同原理，又符合特定情况下的工具进行重新组合，创造最合适的工具。总之，工具的使用要服务于教学，所谓科学选择和“混搭”艺术，一定根植于知识和经验的精通。

主题:……						
目标:…… 产出:…… 成果:……						
时间	目标	内容	交付	工具	资源	备注
8:00～8:10	……	……		……	……	……
8:10～8:40	……	……		……	……	……
8:40～11:20	1. 交流组织内部困惑、经验和典型做法; 2. 深度探寻个体经验中的盲点和弊端,拓展企业难题解决思路; 3. 准确定义问题	1. 难题陈述(5分钟) 2. 提问探询(10分钟) 3. 经验分享、给予支持或给出建议(15分钟) 上述内容循环 4. 个人反思(10分钟) 5. 定义问题(15分钟)	问题卡	圆桌会议(改进版)ORID(缩略版)	1. 过程操作卡片(教师演示版1套,学员版11套) 2. 反思记录表、问题卡纸各45张 3. 计时器12个	1. 准备5分钟演示PPT 2. 根据班级学员构成提前做出两份分组名单,分组原则:每组4名学员,分别来自不同企业 3. 根据最终名单,对人员或时间及时做出相应调整 4. 特定资源整套备份3份
……	……	……		……	……	……

图6　集团公司XX绿色发展专题培训项目“创新工作坊”设计方案局部示例

4. 借助团队引导技术推进“创新工作坊”实施

“创新工作坊”需要有高超娴熟的引导技术介入。众多企业实践告诉我们，仅靠看一本书、观摩一两次团队研讨而速成的“催化师”，不可能给组织带来真正意义上的产出。

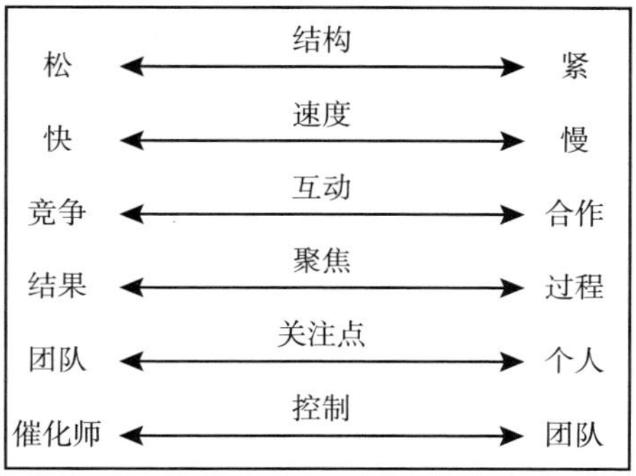

图 7　引导工具的选择维度

实施不是流于工具的过程，催化师的“精通”既要体现为对工具的得心应手，更重要的是发展软实力。引导的软实力主要体现在中立的保持上，包括态度中立、语言中立和身体中立；富有洞见性的提问，这是引领团队发展的核心技能，着重要体现在能否帮助团队浮现出底层的假设、能否帮促团队做出决策优选、能否确保团队始终走在有效的道路上；还有高质量的开场结尾、场域能量的保持都是软实力的象征。本文本意不在介绍引导技术，故不做详细阐述。

实施过程中的可视化也不容忽视。架构在整个培训中的工作坊通常是分阶段多次开展的，为了保持团队思维的连贯性，工作坊的过程资料以及阶段性的共识成果都应当及时记录、展示并留存，直到全部结束。记录方式取决于实施工具，可以是纸质记录、白板记录、图像记录、文本记录；在线工作坊可借助石墨文档、百度脑图、画板记录等电子记录工具及时呈现。

5. 固化培训产出推进“智库”作用发挥

通过“创新工作坊”最终解决问题，就是培训的终点。团队须快速固化并规范培训产出形式，及时上报决策层或提交业务板块负责人，把握时效性，推进工作坊成果，使培训价值最大化。对类似鱼骨图、思维导图、靶心图、矩阵图、商业模式画布等体现团队研究路径的成果图做相关图解、注释和文字描述，方便他人理解，以便在更大范围内传阅，扩大影响和利用价值。

B.19

N1N 产教融合模式探索

——以京博实践为例

马韵升　汪君华　岳晓彤　曹淑兵　相爱新　唐福国*

摘　要：　深化产教融合，促进教育链、人才链与产业链、创新链有机衔接，是推动教育优先发展、人才引领发展、产业创新发展、经济高质量发展相互贯通、相互协同、相互促进的战略性举措。山东京博控股集团有限公司（以下简称"京博"）从1995年首次提出发展"校企一家"的合作理念后，企业与学校陆续在人才选育、双基培训、科研创新等方面进行了大量实践和探索。2019年，京博系统化地提出了产教融合的新模式——N1N。该模式在共建实训场景、共创实训课程、共育复合型人才等体系中，推动"教、学、训、产、习、研"有机衔接，提高学校育人质量，提高科研转化率，提高企业人才素养和发展竞争力。

关键词：　N1N 模式　产教融合　企业培训　京博

引　言

自 1995 年京博提出"校企一家"的合作理念以来，京博一直秉承"为

* 马韵升，山东京博控股集团有限公司党委书记、董事局主席；汪君华，山东京博控股集团有限公司董事、总裁；岳晓彤，山东京博控股集团有限公司京博 N1N 商校常务副校长；曹淑兵，山东京博控股集团有限公司京博 N1N 商校中级文化培训师；相爱新，山东京博控股集团有限公司京博 N1N 商校高级政策研用师；唐福国，中共北京市丰台区委党校副教授。

客户生产满意商品，为社会培养有益人才”的使命，在校企合作上形成了京博 N1N 产教融合模式。该模式把京博产业平台变成高校的“校办工厂”，把大学的课堂搬到企业一线，搬到车间，实现了“产、教、学、习、研、用”的深度融合。

京博 N1N 产教融合模式中的“1”是指京博这一产业平台，第一个 N 是顶天的 N，即 N 个高校，第二个 N 是立地的 N，即 N 个产业。N1N 产教融合就是把京博的产业平台建设成 N 个大学的人才培养平台、科研转化基地，并带动区域内 N 个产业加入产教融合的队伍中来。京博利用这一平台，一端连接高校的人才继续培养，另一端连接科研产出。

N1N 模式是一个连接“政府、高校、企业”的产教融合新模式。N1N 的建设，有利于提升高校人才培育质量，提升高校科研成果转化效率，促进教育链、人才链与产业链、创新链有机结合。

N1N 模式是一个教学相长的学习平台，也是一个以人为本的培训学习体系，这里的“人”不仅包括企业的员工，还包括学校的老师、学生。在 N1N 模式的推动下，京博实现了“产、教、学、习、研、用”的深度融合，推动了学校、企业、老师、员工、学生在“教学相长”的环境中实现高质量发展。

总体而言，N1N 模式可实现五个“有利于”，即有利于高校育人质量与业界口碑的双提升，优化教学经费支出，加快教改课改创新，促进招生就业；有利于老师参与到基于产业与时俱进的技术应用和产业实践中，提升老师的实践教学水平；有利于学生在企业实训中提高职业道德和职业素养，提高学生的创新工程和实践能力，加速学生的职业成长；有利于促进企业经营管理标准化升级，提升雇主品牌、降低育人用人成本；有利于在教学相长的机制中，促进企业员工素质技能的提升。

本文就京博 N1N 模式进行简要分析，尝试给出一些有益的观点，希望给企业培训和产教融合发展带来一点启示。

一 N1N 模式发展的历程

企业间的竞争，归根结底是科技和人才的竞争。在国家推进产教融合的大背景下，如何更好地培育满足社会发展需要、引领行业发展的高质量人才，京博创造性地把提供科研创新和人才培育“供给侧”端的高校和处于科研、人才“需求侧”端的企业结合，形成了政府、高校、企业、行业、社会协同推进的“N1N 模式”。该模式可以把高校的人才、科研、理论优势和企业的经营、管理、实践优势结合起来，缩短高校毕业生进入企业上岗的时间，降低企业的人力资源成本。

京博起源于校办工厂，在经营企业的过程中，京博一直非常重视员工的培训工作，提出培训是财富，培训是福利，投资花钱要做到“三不眨眼”的理念。1995 年，京博提出“校企一家”的发展理念，当年企业就来到中国石油大学（华东）进行校园招聘，拉开了企业与高校之间“校企合作”的序幕；2000 年，京博与南开大学、湖北工学院联合成立技术开发中心；2004 年 7 月，京博成为中国石油大学（华东）大学生社会实践基地、青春创业学士后流动站和上海交通大学社会实践基地。从 2005 年起，为继续深化校企合作，京博先后以合作办班、共建实验室等方式开展产教融合工作，并出台了《科技创新激励管理规定》，进一步提升企业技术创新能力，激发科研人才的创新动力。制定了《科技创新成果转化奖励办法》《科技创新项目管理办法》等规定，重点对校企联合中在技术创新、成果转化和高新技术产业化方面做出卓越贡献的项目成果进行激励。

在人才培养方面，京博在 1995 年制定了《技术比武管理办法》，鼓励员工学技术学业务，提高自身素质。同时，为了提升员工的学习力，京博从 2012 年起，先后出台了《学习深造与培训管理制度》《京博教官管理制度》《挂职、储备管理规定》等制度，提升员工的专业技能、岗位技能和职业道德素养、职业知识技能，推动员工从“要我学”到“我要学”的转变。

2017 年，京博提出“1520 工程”，围绕 15 所核心院校、20 所中心院校，推进校企开展多维度合作，并积极向全国重点院校、重点专业拓展。2019 年，为进一步提高校企合作水平，提升公司专业人才能力、满足公司人才需求，公司出台了《硕博人才联合培养与激励管理办法》，力争最大限度地发挥高校智慧资源优势。

通过多年的产教融合实践，企业员工素质得到了显著提升，企业竞争力明显增强。同时，京博也认识到，当前的校企合作模式已不能满足学校、企业发展建设的需要，在校企合作中，京博注意到一些高校科研脱离产业实际、成果不落地，高校教师工程实践不足、产业认知差，工科高校理科化，高校发展“偏科”，专硕培养学硕化、人才实用性不强，大学教学重理论轻实践，毕业生到岗不能上岗，大学生实训不实，存在“认认真真走过场”的现象等。同时，通过目前的校招来看，高校毕业生进入京博后，一般需要6～12个月的学习才能达到独立顶岗的要求，这也大大增加了企业的人力成本。

基于以上认识，京博对“校企一家”的合作理念发展又做出了重要阐述：一是企业是从校办工厂发展起来的；二是企业本身就是继续再教育学校；三是京博必须与社会的大学进行各种形式的联融、抱团发展。2019年初，京博入选国家发改委、教育部“先期重点建设培育的产教融合型企业”后，开启了在深化产教融合、校企合作上的进一步思考和探索。同年4月29日，京博在总结20多年校企合作实践经验的基础上，提出建设“N1N大学”，旨在让企业的产业平台成为大学的人才培养基地、科研转化基地，打造“校企命运合作共同体”，这也标志着京博在产教融合的实践上形成了一种新的模式——N1N模式，产教融合事业发展进入快车道。

二 NIN 模式主要做法

在建设N1N模式中，本着“资源有效利用”的原则，实现企业投入与学校投入不重复，减少资源浪费。为了打通产教融合链条，京博提出实训场景要实、课程体系要规范、培训体系要交叉育人、评价过程要系统，以此来推动N1N软硬件资源的开发与建设，具体做法如下。

（一）共建N1N实训场景

在实训场景建设上，把学校的培养目标和企业的人才需求结合起来；在内容上，与学校老师共建企业实践课程体系、企业技能训练体系和职业素养育成体系；在评价上，企业和学校共同建立过程与结果双考核的评价机制。

N1N改变了学校和企业培训的传统模式。把学校教室搬到企业，走进车间，这是深化校企合作、开展人才培养的新突破、新思路。在实训场景中，学生们能切实体会到具体岗位的工作流程，也能学习到企业的管理制度。老师换了新讲台，师傅换了新徒弟，学生换了新课堂，整个课堂气氛和教学效果达到一个新高度。

在校企共创N1N实训场景中，学校老师、企业员工一同参与到场景建设中来并完成现场教学，企业内部员工角色从原来培训过程中的“学员”转化为N1N平台上的“老师”，这一角色让员工在面向“高学历、高理论、多学科”的实训学生时，意识到只有通过主动提升能力，才能适应实训场景建设的需要。

2020年，京博首期校企联合建设完成了化学工程类、应用化学类、材料类、农业与生物类、环境工程类、工程管理类、机械工程类、仪表自动化类、电气工程类、信息技术类、经营管理类11大类160多个实训场景，2000多名员工直接参与到实训场景的前期建设中来。

（二）共创N1N实训课程

校企联合开发课程是N1N实训的重要工作之一，这个过程也是联通学校学科专业与企业生产经营实践、强化企业员工岗位技能的重要举措，其内涵就体现在“真实、衔接”上。所谓“真实”，是指企业的员工和实训学生间的现场教学是在企业的岗位、生产线、产品链等真实“场景”中完成真实的任务，解决真实的问题。所谓“衔接”，是指在校企共创N1N课程体系和教材中，企业员工、学校老师会共同构建能教学、能训练、能生产的“现场课堂”，教学使用的课程就是校企共同开发的课程，这样既能满足校内学生培养又适用企业员工培养，能够很好地实现培养、培训一体化。如，2019年齐鲁工业大学联合京博，把基于工程认证视角下的功能性多糖发酵与纯化案例纳入大学的课堂教学中，让学生了解到产业发展的最新前沿趋势和技术；2020 年 9 月，长安大学把京博的基质沥青生产设备结构、工艺及仿真系统以视频的形式纳入其本科类课程体系中。同年 10 月，由京博石化工程师和大学专家共同编写的《化学工程模拟——理论与实践》一书出版，作为一本面向全国高校本硕教材、化工类工程师学习图书，充分体现了理论和实践相结合的特色。

在实训过程中，N1N 教学方式以“实践—学习、任务—完成、课题—解决”为主要导向，在工作任务中进行教与学，并且根据任务完成、岗位达标的情况和职业标准、职业能力进行过程性评价。这一过程可以让产业的先进元素，包括先进技术元素、工艺元素、资源元素和科学管理以及优秀的企业文化和前瞻性的发展理念要求融入教育教学的过程中，融入课程体系中。自 N1N 模式创建以来，京博先后有 1300 余名员工直接参与输出课题 820 个，产学合作协同育人课题 98 个。

自在 N1N 实训场景学习中，学生们在专业知识的基础上，对现场的工艺和设备有了较大的认知，尤其是对产业装置工艺有了比较系统的学习认知。老师们在 N1N 平台上找到了教学、科研和生产的契合点，丰富了老师课程中应用场景与应用案例。同时，学生们在学习过程中，还可以学习以仁孝文化为核心构建的文化素养类课程，让学生在企业的“家国情怀”氛围中，增强学生立志报效国家的爱国心。

（三）共育 N1N 复合型人才

以教育部提出的“新工科建设”“产业学院建设”“卓越工程师建设”要求为指引，通过学校、企业、研究院所的多元协同，打通学校教育与社会需求的对接，从学校的培养方案、课程设计上融入产业实践，形成多元协同育人的多赢格局，以此来提升学生们的交叉学科思维、复杂问题的解决能力和工程实践能力，以及双师型队伍的赋能。目前，京博每年接收来公司学习培训的本硕博学生 1000 余人，未来根据发展计划，人数会呈倍数级增长；同时，深化专业硕博人才联合培养与实践机制，推行校企双导师育人，现已与高校联合共建“研究生联合培养实践基地”9 个，其中 4 个入选省级示范基地，年培养人才300余人；与华盛顿州立大学联合开展硕士、博士人才培养，目前在美留学6人。得益于N1N的实施，实训学生可通过在京博开放的实训场景中，接触到企业真实的科研数据、生产数据和实验数据，可在N1N平台上提高科研创新与实践相结合的能力。

来自浙江大学、大连理工大学、武汉理工大学等众多高校已参与到N1N平台的建设中来。武汉理工大学表示，学校要深入研究，深度参与N1N模式，成为第一个N中非常重要的学校之一，要把这件事放到学校的十年战略中去推进实施，贡献于企业、贡献于社会、贡献于高等教育。

（四）创业助力人才发展

在N1N模式的推动下，通过校企联融，在国家“大众创业、万众创新”的热潮中，走进高校，通过搭建创业平台的方式支持学生创业，为广大学生提供干事创业的平台，让学生从选择雇主到选择“合伙人”，实现了由择业到创业的转变。目前，京博先后赞助完成了中国石油大学胜利学院职业规划大赛；独家冠名第二届、第三届中国大学生高分子创新创业（PMC）大赛；独家赞助青岛科技大学参加山东省大学生化工过程实验技能竞赛；举办“京博合伙人”大学生创业大赛；推动设立中国化学化工与材料京博科技奖、京博博士论文奖，最高单项奖金100万元，以鼓励和表彰在化学化工与材料领域科学技术进步中做出突出贡献的科技工作者，调动广大科技工作者的创新积极性，促进科学技术进步和产业发展，提升国家自有技术创新能力。2020年共收到全国35位院士的科技奖候选人提名以及来自85所高校的309篇博士论文。同年12月5日，由9名院士领衔的评审专家组在京博完成了最终评选。

三　N1N模式的主要成效

（一）在N1N实训场景中，达到教学相长

在实训场景中，“教与学”机制激活了内部团队成长。京博结合产业发

展需要，一期梳理了 800 余个课题开放给实训学生。在这些课题的解决过程中，形成了“N1N 教练员 + 员工 + 学生”的研讨小组，在解决问题中实现理论和实践相互提升。

N1N 模式是“学校—老师—学生—员工—企业”协同发展的模式，是解决校企对接“最后一公里”难题的有益探索。在这一模式的推动下，老师深入生产实际，成长为岗位专家、技术能手、育人专家、教学能手，积极推进“教师、教材、教法”的三教改革，带领同学们创新、创业，共同学习、携手进步。对于学生，做到学会做人，学会工作，实现思想观念、精神风貌、行为习惯、学习态度的改变，达到学生与职业人无过渡期转换的目的。

在 N1N 平台上，京博形成了一个“自学 + 实践 + 培训（授课） + 自学”的螺旋式上升学习体系，让员工的内驱力提升到“学为人师”的责任价值目标上，这极大地提高了员工职业生涯成长中的责任感、成就感、自豪感和荣誉感。

如何让员工成为一名优秀的“师傅、教官、N1N 教练员、老师”？京博搭建了以学员为中心，以教仁育能为原则，以“产业发展、职业赋能、绩效改进、个人成长”为基本点的职业培训体系，形成了包括“大学生训练营（新员工入职培训）、岗位双基提升体系、中高潜人才选育机制、在职学习深造提升、游学深造”等的“终身”学习通道。

京博从 1995 年起先后建立了“师带徒”机制、教官体系和现在的 N1N 教练员体系，多个体系交叉融合发展。企业内部推崇员工走上讲台成为讲师，走下讲台是工程师、内训师的文化理念。鼓励全员参与到“教官 + 教练员”双体系中，通过“开发课研 + 授课”的方式获得教官积分，为个人晋升发展增加砝码。同时，在 N1N 模式的加持下，来自全国高等院校的教师走进企业大讲堂，将先进的理念、知识输送给员工，提高员工理论水平。

目前，京博已有 2000 多个课堂案例和微课视频将岗位需求、职业的要求、产业诉求有机结合，实现产业和专业对接、理论和实践对接、课程内容和职业标准对接。

为了保证实训学生如期达到目标，京博建立了包括住宿、餐饮、交通、实训课程、实训场景、实训教练员等多维度的满意度评价体系。自 N1N 实施以来，京博在实训课程与专业知识关联度上实现了 94.4% 的满意度，在住宿就餐等方面，学生满意度实现了 95% 以上。同时，对学生比较关心的其他问题，企业正根据调研结果，与学校联合进行改善，让学生在 N1N 平台上快乐、安全地学习，全方位地得到收获。

（二）在 N1N 育人体系中，缩短人才选育周期

通过以往校招来看，高校毕业生进入京博后，一般需要 6～12 个月的学习才能满足独立顶岗的要求，大大增加了企业的人力资源成本。通过 N1N 模式，学生可以充分利用实训时间在京博“工学结合”，京博可直接参与到高校的人才培养体系中去，使学生能够在毕业时即可达到岗位要求，从而有效地降低了企业的人力资源成本。

2017～2019 年，约有 670 名学生在京博实习。自 N1N 实施以来，来京博实训的学生无论是院校质量，还是学生数量都发生了巨大的变化。目前，来自大连理工大学、浙江大学、武汉理工大学、中国石油大学（华东）、北京化工大学、陕西师范大学、兰州大学、海南大学、山东农业大学、吉林化工学院等高校的 2000 余名师生，在京博的 160 多个实训场景进行 1～6 个月不等的实训，其中 32 名学生已拿到企业的“入职绿卡”，毕业后可直接入职京博。

在这样一个教学相长的过程中，实训学生和企业 N1N 教练员在理论和实践的“碰撞”中彼此赋能，既有利于学生强化实践能力，也有助于企业员工提升技能。对实训学生来说，提前从课堂来到生产车间，从学校走进企业，体验到工作状态，在理论和实践中成为受益者，感受所学专业带给自己的成就感，让学生爱上自己的专业，让自己的大学时光更有意义。

（三）在共建 N1N 平台中，校企实现人才项目无缝对接

高校是人才资源的聚集地，有着企业没有的系统人力资源数量。N1N

模式可以把高校的人才、科研、理论优势和企业的经营、管理、实践优势结合起来，两者融合既能提高学校的育人质量，对学生动手实践能力的提高起到巨大的推动作用，也会提高企业在“选人、育人、用人”上的人力资源运营效率。

聚焦产业需求，深挖实验室资源，深化产学研合作。自 N1N 模式推行以来，京博与高校合作实施教育部“产学合作协同育人”项目 48 项；承接山东省职业院校教师素质提高计划项目，培养教师 120 名；近 20 余名京博企业教官兼任高校硕士研究生指导教师或创业教育导师；与山东大学、香港城市大学合作开办 MBA、EMBA 班，130 余名中高管进班研修；270 名技能人才开展为期两年的新型学徒制在岗学习。通过“金蓝领”技师培训项目，培养技师、高级技师 230 人。在 N1N 模式的推动下，京博先后开展高管进高校活动 16 期，访问高校 30 余所，对接专家 300 余位，交流项目 200 余项，签约项目 30 余项，储备项目 60 余项，集团高层参加活动 100 余人次。

（四）N1N 模式可助力企业解决培训落地难的问题

在建设 N1N 的过程中，京博把教官体系、职业晋升通道与 N1N 模式融合到一起，形成了以“实训场景、课程开发、教练员培养、科研课题输出”为主的系统化培训体系。

N1N 课程结构以解决学员问题为导向。在 N1N 平台上，由于授课对象、学习目标发生变化，京博重新架构课程体系，按照“以学员为中心，以解决问题为目标”的理念，对集团 801 名教官的课程、学训课程进行重点打造，真正通过培训给员工、学生提供新知识、新技能，同时与高校老师联合开发课程，在协同完成育人目标的同时，提高教官自身技能。

N1N 培训方式从讲授转为以研讨实战为主。N1N 模式的出发点之一就是解决学校学生实践少、做不到真实践的难题。京博的 N1N 模式包括实训场景、校企联合课程开发、课题解决等内容，这些内容本身就要求企业“内训师”一改过往“讲授为主”的培训方式，培训要向着“研讨、实战”

的方向转变，形成以“实战+行动研讨+课题解决”为主的培训方式，沉淀出有实用性的方法、工具和解决方案。

在N1N平台上，京博还将个人晋升与学习积分、工资、住房、孩子教育、绩效工资等所有福利或薪酬进行直接挂钩，鼓励员工从“要我学”到“我要学”的转变；引导学校、企业、员工进行全员联融学习，京博设置了“产教共育合作伙伴”“最佳人才培养公司”“最佳高管学习力公司”“最佳双师队伍建设公司”“最佳双基培训公司”“最佳双基培训团队”“十佳双基讲师”等奖项，增强学校师生和企业员工学有所成、学有所获的荣誉感和成就感。

四 N1N模式展望

产教融合将是我国产业转型升级、经济社会可持续发展的重要推动因素，也将是行业龙头企业应肩负的社会责任。面对当前阶段产教融合的改革痛点和产业升级带来的人才需求缺口，国家在顶层设计上不断出台政策支持鼓励，正确引导产教融合的发展方向。在产教融合的实践与探索方面，京博N1N模式是一把打开产教融合大门的“金钥匙”，该模式可把产教融合融入经济转型升级的各环节，贯穿人才开发的全过程，形成政府、企业、学校、行业、社会协同推进的工作格局。

未来，结合国家在产教融合发展上的指导意见，深入推进N1N发展，带动更多高校、企业参与到N1N建设中来，把N1N平台建设成一个“校企合作命运共同体”，以此更好地推动高校优化专业结构，把高校育人和社会单位用人结合起来，让学校科研直接面向社会、企业发展的需要；推动地方更多企业参与到N1N建设中来，开放更多与学校衔接的实训场景、课程体系，在产教融合协同育人的过程中，提高企业人才质量和科研转化率，提高企业竞争力。

N1N模式是需要政府、高校、企业等资源共同联动的一项事业，其建设过程肯定有困难，但只要坚持做下去，坚持十年，对中国的高等教育、人才培养、社会发展都会产生深远的影响。接下来，京博将继续围绕“立德树人，让论文写在大地上，让人才成长于实践中”的目标，加强政府、高校、企业间的融合发展，建立系统化的工作机制，促进教育链、人才链与产业链、创新链的有机衔接，让人才成长无后顾之忧，在推动社会经济向着高质量发展上，贡献出更大力量！

B.20
传统企业职业技能培训的实践与探索
——以华通热力为例

郭翠霞 常 莹*

摘 要： 北京华远意通热力科技股份有限公司（以下简称“华通热力”）是一家在供热行业具有代表性的民营企业。本文以华通热力为例，阐述了传统企业中职业技能培训的实践，通过依托基于组织效能提升的培训体系、聚焦解决实际工作问题的培训内容体系以及在线学习平台的培训载体建设等举措的实践与探索，以期为传统企业的职业技能培训提供借鉴作用。

关键词： 传统企业 职业技能培训 华通热力

引 言

为进一步探索职业技能人才队伍的培养模式，推动职业技能人才队伍建设，增强企业创新能力与核心竞争力，华通热力职业技能培训依托培训体系、培训内容体系以及在线学习平台，以解决实际工作问题为目标，全面提升职业技能培训质量。

供热行业是直接面对居民的服务行业，供热保障了我国绝大多数北

---

* 郭翠霞，北京华远意通热力科技股份有限公司 CHO；常莹，北京华远意通热力科技股份有限公司 HRD。

方地区城乡居民的基本生活需求，服务水平不仅关系到行业的生存，而且关系到政府形象。与此同时，供暖行业面临客户服务品质要求不断提高，节能减排环保任务艰巨，高素质技能型、复合型人才短缺等问题。因此，传统供暖企业势必要加强技术技能人才培养，持续建设技术技能人才队伍。

华通热力是集供热项目投资、供热承包运营、合同能源管理、节能技术研发、管理顾问服务于一体的专业化供热公司，一直致力于打造供热人才发展生态圈，搭建人才识别、人才获取、人才培养、人才配置和人才输送等系统化人力资源体系，激发员工的创造性与主观能动性，牵引、促进业务模式不断创新与实践。

截至2019年底，公司在岗员工943人，其中男性员工644人，职高、中专及以下学历占68%，平均年龄44.3岁。项目一线人员684人，占公司总人数的72.5%，其中51岁及以上年龄员工260人。由于工作性质与行业属性，华通热力的人员结构呈现平均年龄偏大、学历相对较低等特点。近年来，培训工作作为公司年度重点工作，受到公司领导及员工的高度重视。华通热力按照全面提高、重点培养、不断改善人才队伍结构的培训思路，聚焦提升组织效能、解决公司战略方向的业务问题以及培养人才梯队的目标，通过深入组织实施技能人才队伍建设，采用培训体系搭建、在线学习方式导入、多维度培训项目设计等方式，持续加强技能人才专项培训，预计能够开发管道工、锅炉操作工、电工、锅炉水质及压力容器安全管理4个工种的专业技术课程体系，涵盖了一线工作场景中的主要工种。沉淀理论、实操不同类型的专业课程1280课时，培养专业讲师50余名，通过专业技能培训与职业技能等级认定，预计培养具备中级职业技能水平的一线员工不少于280人、具备高级职业技能水平的一线员工不少于30人。

通过建立具有华通特色的供热行业人才培养体系，采用入模锻造、复盘精炼等方式，持续向技能人才赋能，培养了一批企业急需的技术技能型、复合技能型以及高新技术产业急需的知识技能型人才。

一　搭建基于组织效能提升的培训体系

人力资源中心通过员工职业化培养、工作能力提升等方式促进组织效能提升，支持公司战略方向的业务问题解决和人才梯队建设，以培训管理体系、培训内容体系、培训讲师体系、培训实施评估体系及培训实施评价体系等内容为支撑，实现线下培训与线上培训有机结合。

华通热力培训体系通过人才培养、知识沉淀、绩效改进、文化传播四个方面的工作推进与引导，不断向员工赋能，提升组织效能。建立以制度文件为管理工具依托，实行公司级、部门级及项目级三级管控模式。公司级培训项目为根据公司战略及发展需求统一安排部署的培训及管理。部门级培训由各中心、部室根据公司级及专业工作条线工作目标与要求，进行培训计划制订、实施、评估及培训管理。项目级培训则根据公司级、部门级及项目工作目标，进行培训计划制订、实施、评估及培训管理。

培训内容体系聚焦公司战略，围绕赋能员工及组织效能提升进行设计。基础类内容为提升员工职业素养、基础技能。专业类内容按照生产技术、市场销售、客户服务、经营收费等专业类别进行划分，涵盖专业知识技能、专业管理技能。战略类内容根据公司战略发展方向与战略需求进行建设。

培训内容体系规划由人力资源中心、专业领域人员共同构成的开发小组对照岗位进行胜任力素质萃取、工作内容萃取、实际场景萃取，建立岗位内容体系。培训内容体系建设按照窗口服务岗位、效益直接产出岗位、关键性战略岗位、其他岗位的顺序进行培训内容体系建设。内容体系评审从岗位实际工作场景出发，聚焦员工能力及组织效能提升两个维度。培训内容形式由以讲授法、拓展训练为主逐渐延伸出角色扮演、模拟演示、头脑风暴、线上培训等形式。

讲师培养体系由客座讲师与职业讲师构成。客座讲师主要由管理序列人员担任，根据工作职责，客座讲师被划分为公司级讲师、部门级讲师、项目级讲师三类。职业讲师由专业序列人员担任，根据授课水平，被划分为钻石讲师、铂金讲师、黄金讲师。华通热力的讲师体系架构以“TTT 内训师培养”“优秀讲师”“优秀课程”为载体，通过认证、评级、绩效激励等方式选拔、建设、培养讲师队伍。倡导“人人是讲师”，有培训有分享，参与外训的学员，对培训心得与收获进行分享，将培训内容灵活运用在实际工作中，真正实现“授之以渔”。

各业务单元按照培训三级管控模式，结合培训实施流程，建立三级计划制订、三级实施、三级监督、三级反馈机制。培训实施以项目化方式运营，策划组织具有华通特色的培训项目，如高管课堂、技能大赛等，每项培训均按照标准化流程实施。

培训评估体系通过对实施过程、内容及讲师的评估，督促并验证学员掌握所培训的内容。各业务单元以月度为单位对年度培训计划执行情况进行跟踪、检查、反馈。年终对年度培训计划总体执行情况进行总结、分析并评估。内容及讲师评估在授课完成时，现场完成评估，将数据汇总分析后反馈至讲师。同时，人力资源中心以年度为单位对内容体系及讲师体系进行评估分析。学习效果评估现阶段以验证学员掌握所学内容为主，采用现场考试、实际操作考试等形式进行评估，同时配合学员满意度调研，课程结束后及时了解学员对培训项目的主观感受和满意度。

二　聚焦解决实际工作问题的培训内容体系建设

依托系统性培养体系，培训计划实施时打破传统知识型内容体系设计，各业务单元从岗位遇到问题的实际场景中进行分析，将知识、技能进行组合，还原岗位实际工作场景，进行内容体系萃取和设计，直击痛点，确保内容体系简单、直接、有效。

根据 7:2:1 学习提升法则，将素质培训、知识培训、技术培训结合，内容体系设计多维度，涵盖高、中、低各层级，注重日常工作实操、经验传授等方面。内容体系分为管理梯度培训、专业技能培养、新员工培养等内容，以培训项目运营的模式搭建内容体系。

（一）管理梯队培养

管理系列按照人才梯队搭建模型及三级管控模型以“鹰系列”训练营运营，由公司主导实施，包括“雏鹰”项目针对基层业务骨干培养（储备管理人员）；“飞鹰”项目针对项目经理培养（项目级管理人员）；“精鹰”项目针对各业务单元负责人培养（业务单元级管理人员）；“雄鹰”项目针对高管培养（公司级管理人员）。

雏鹰训练营定位为公司基层管理人才培养（KSP），以业务骨干及后备管理干部为主，培训内容体系包括客服、运行、技术等方面，通过雏鹰训练营，学员全面了解公司业务模块，为晋升至基层管理人员做准备。通过雏鹰训练营考核的学员可进入公司基层管理人才和专业人才库。

飞鹰训练营定位为公司培养基层管理人员，即项目经理（主管）。训练营分为“入模子”熔炼、“复盘”精炼两个阶段。“入模子”熔炼以“三个忘记”（忘记身份、忘记年龄、忘记性别）、自我管理、认知项目、管理项目为基本准则，打造基本具备项目管理要求的项目经理（主管）人选，主要围绕职业化、专业能力提升、经营管理能力提升等维度进行训练。“复盘”精炼围绕项目管理全流程，以职业化管理、专项互补针对性提升等维度进行训练。总结上一个任职期间的工作心得，提炼经验，分析不足，找准问题，全面复盘项目管理关键环节，针对性提升。

精鹰训练营与雄鹰训练营分别定位为公司培养业务单元负责人及现任岗位人员能力提升与为公司培养高级管理人员及现任岗位人员能力提升，意在培养战略型管理人才。

（二）专业技能培养

围绕专业技能提升，公司开设了战狼行动精炼班、铂金服务熔炼班、运行能手武艺班和绩效改进训练营等培训项目。

华通热力战狼行动精炼班定位于市场人员的业务精进，由市场部门与人力资源中心设计实施。精炼班分为三个阶段，即炼意志、提技能、促行动。炼意志阶段以封闭的形式进行熔炼，主要内容为华通精神和个人意志提升。提技能与促行动结合起来，选取公司销售业绩最好的市场业务人员，对其销售行为、销售流程、工作方法等方面进行对标分析、总结，利用场景化教学方法进行内容设计，开发公司市场业务人员标准化培训内容体系。每讲授一个模块，就作为行动计划进行实操，然后对实操后的结果进行分析，再进行讲授、再实操的循环上升，直至完成战狼行动全部模块，并以实际业绩的变化作为战狼行动毕业成绩，达到绩效改进目标。

华通热力铂金服务熔炼班定位于为公司标准化客服体系落地，为公司打造标准化的窗口服务岗位人员，由客服部门与人力资源中心设计实施。内容体系建设分为两部分：第一部分为公司客户服务标准开发；第二部分为对公司客户服务流程进行场景重构和标杆研究，提炼开发出不同场景下的客户服务标准和标准化工作流程的培训内容体系。熔炼班分为“知”“行”两阶段进行。“知”，即培训铂金客户服务的标准；“行”，即对服务标准进行实操演练。

华通运行能手武艺班定位于为公司培养标准化的运行人才，由技术部门与人力资源中心设计实施。分为“开模”“熔炼”“浇铸”“打磨”“开刃”“出品”六个步骤，旨在打造公司运行利剑。开模是对公司内部标杆进行对比分析，结合运行工日常工作场景，开发运行工培训内容体系。熔炼是对一线运行人员进行职业化熔炼。浇铸是利用场景化教学方法，对一线运行人员进行知识技能培训。打磨是一线运行人员知识技能实操训练。开刃是一线运行人员进入工作场景中实战。出品是对一线运行人员培训效果进行验证。

绩效改进训练营以战略难题保质量、项目课题要数量、激发活力要影响为目标，由公司确认绩效改进项目，人力资源中心组织实施。通过点、线、面的交叉并行、层层推进的方式，在高层统一管理语言、在中层打造效率文化、在基层激发个体活力，从而形成企业的管理和技控文化，提升整体绩效水平，实现集团整体的战略目标。绩效改进围绕如何激发和调动员工的主动性、积极性、创造性，主要是通过确定组织的期望绩效和当前实际的绩效状态，确认工作绩效差距，分析问题，找到原因，制订实施有针对性的改进计划并落实在实际工作中，以行动提高员工的能力和绩效，不断提高竞争优势，以期最终达成员工与企业共同成长的愿景。通过吉尔伯特的“行为工程模型”来分析影响绩效的因素，罗思韦尔的4W分析模型来开展差距整理，团队共创立项的3个绩效改进项目——如何有效控制能耗、如何提高收费率、如何降低有效投诉均已启动实施。绩效改进训练营培训效果可通过结果层评估，通过绩效结果的变化、业务数据的改善评估该训练营培训效果。

（三）新员工培养

新人系列以“新动力训练营”项目运营，由人力资源中心组织实施，主要面向新员工和实习生，采用师带徒培养形式。

首先，开展带岗导师技能培训，通过培训和辅导实践的形式，明晰岗位画像，明确新人成长的目标和任务，梳理岗位胜任全景图，完成学习内容模块化组合，共同构建新员工快速成长路径图。其次，根据新人快速成长路径图开发出有目标、有任务、有里程碑、有学习资源的导师系列带教手册，既有助于清晰新员工成长路径，缩短新人培养时间，也有利于导师将工作经验提炼为知识技能，提升自身带岗和管理技能。

新动力训练营根据带教手册中设计的内容、方式、工具、流程、评价、考核等内容要求，从行业及公司前景、企业文化、一线业务实操、日常管理流程、岗位知识技能等方面出发，以军事化拓展、系统化培训和专业化培训三个阶段的培训对新员工进行华通标准的岗位认知培训，贯穿录用通知、入职手续、岗前培训、在岗培训等时期。

军事化拓展在专业拓展基地实施，锻炼新员工和实习生的团队凝聚力、荣誉感与个人意志力。培训分为“识华通”“感一线”“共分享”三个阶段，对公司整体情况、日常工作流程及注意事项、员工日常管理要求、公司业务、高管见面交流等内容以讲故事、实操、现场交流等形式进行培训。专业化培训为试用期在岗培训，主要内容为岗位职责、岗位必备知识技能、在不同工作场景下的工作流程及要求等方面。

（四）企业新型学徒制培养

“技术技能人才始终是影响国家发展的重要因素。没有一流的技工，就没有一流的产品。”通过开展企业新型学徒制培训，建立技能人才多元化评价体系，推动职业培训更好地服务产业经济发展。按照“校企双制、工学一体”的培养模式，围绕岗位需求、公司发展需要与业务特点，针对锅炉操作工、管道工、电工、锅炉水质及压力容器压力管道安全管理 4 个工种，采取企业双师带徒、工学交替共同培养新学徒的举措。报名学员 330 名，占全体员工人数的 34.9%。

将爱国奋斗精神、职业道德、职业规范、工匠精神、企业文化、质量意识、法律意识和相关法律法规、安全环保和健康卫生、消防安全、专业知识、实操实训等内容贯穿职业技能培训全过程，加大职业技能培训工作力度，保持人才竞争优势，提高一线人员整体技能水平、职业素养，充分发挥带徒导师的骨干作用，开展新型学徒制的培训，将系统化提高一线员工队伍整体素质与技能水平。

华通热力长期致力于行业技能人才培养，搭建了理论知识与工作实践相结合的培训体系，在内部技能人才水平大幅度提升的同时，得到北京市人力资源和社会保障局、北京市职业技能鉴定管理中心的支持与肯定，华通热力锅炉操作工、电工、安全员 3 个工种被授予职业技能等级认定资格。

（五）职业技能大赛培养

人力资源中心与各业务部门联动，深入开展公司内部技术运行大赛、客服技能大赛活动，参与“世界技能大赛”管道与制暖专业北京市选拔集训，建立合理竞赛机制，以赛促学，调动员工掌握新技能、创新新方法的积极性，选拔技术精英，营造全员参与氛围，搭建能够展示员工风采、实现自身价值的平台，激发一线员工工作激情。

2019 年组织开展的华通热力第二届客服技能大赛首次采用线上备赛的形式，通过闯关答题的游戏化培训形式，帮助学员掌握知识点，丰富比赛活动的趣味性，提升员工参与感。与此同时，华通热力通过将线下比赛与线上备赛结合，激活了线上培训的活跃度。

华通热力的人才培养体系建设有效促进了公司人才队伍优化，成功助力公司的发展，向团队赋能，为公司上市后的快速规模扩张储备了人才动力。

三　创建在线学习平台

创建在线学习平台作为公司培训体系落地、人才管理的承载工具，利用“互联网 +”、移动 App 实现员工在线学习，宏观、全面了解培训内容体系，利用碎片化时间完成培训。

培训项目实施者通过在线完成需求调研发布、填写、数据汇总、分析等流程。自 2016 年在线学习平台试运营以来，华通热力不断尝试新模式、探索新方式，将公司年度培训计划导入平台，计划实施数据、预算发生情况实时反馈。培训管理人员可实现在线审批、发布培训通知、签到、学习进度控制及数据反馈、在线考核评估等。讲师开发并上传培训课程，沉淀组织经验，使培训内容体系系统化、可视化呈现。讲师可实时跟进培训实施情况。

根据近年来的课程沉淀与项目运营，目前华通热力已全部实现培训项目线上签到、在线测试、在线完成学员满意度评价等重要培训环节。

如图 1 所示，2019 年在线总时长 32.3 万分钟，在线学习承载了学员主要学习时间。根据 2019 年用户活跃曲线，峰值已达到 194 人/日（见图 2），较 2017 年峰值 13 人/日，增长近 14 倍。课程、学员学习情况均有较好提升（见表 1、图 3）。

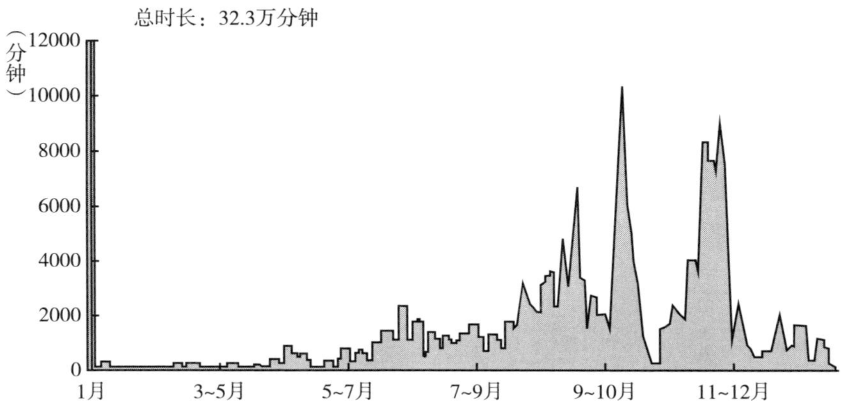

图 1　2019 年在线时长曲线

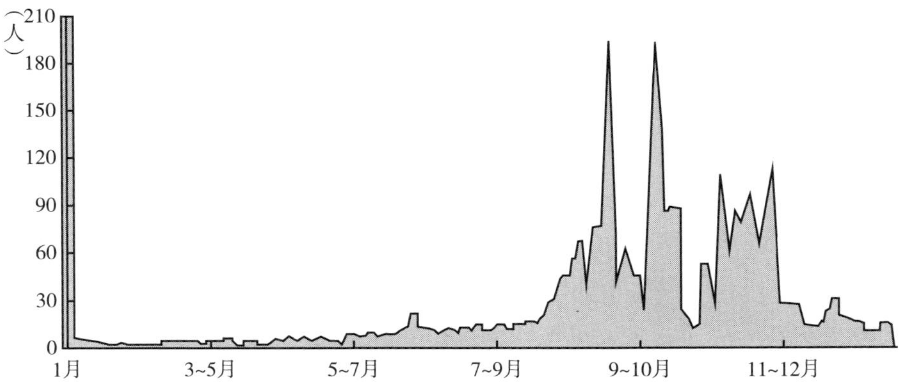

图 2　2019 年用户活跃曲线

表 1　2017 ~ 2019 年学员学习情况

年度	自有课程数(门)	学时(小时)	学分(分)	学习人数(人)	评论数(条)
2017	94	1862	318.6	2768	267
2018	219	2966	516	3429	319
2019	887	12366	1672	3638	904

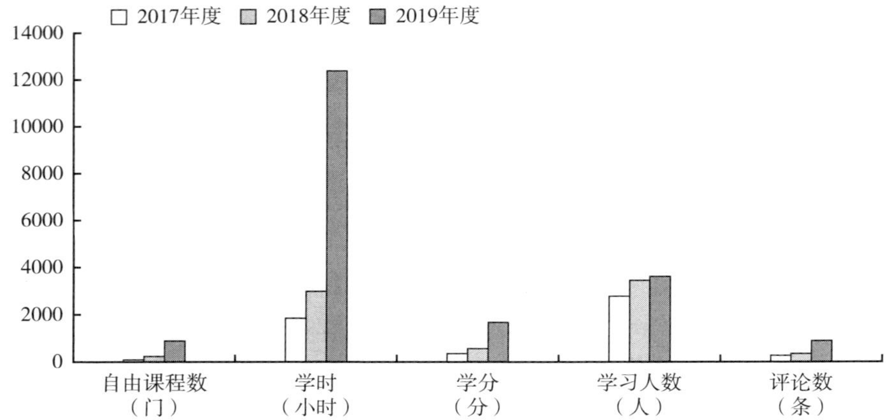

图3　2017～2019年学员学习情况

华通热力在线学习平台以培训管理体系、培训内容体系和培训讲师体系三方面内容为支撑，构建华通智慧学习知识库，实现线下培训（精准）与线上培训（敏捷）同步有机结合，确保各项职业技能培训目标的实现。

四　总结与展望

本文主要展现了作为供暖行业具有代表性的民营企业——华通热力在职业技能培训工作中的实践与探索。华通热力搭建基于组织效能提升的培训体系，搭建培训体系落地、聚焦解决实际工作问题的培训内容体系，人才管理承载工具的在线学习平台，以解决供热行业产业工人培养需求为动力，系统化开展人才培养工作。通过管理梯队培养、专业技能培养、新员工培养、企业新型学徒制培养、职业技能大赛培养等项目持续向团队赋能。培养供热行业发展的“产业工人”与“大国工匠”，加快企业高技能人才梯队建设，加快适应、引领产业发展新需求的企业后备技能人才培养，助推企业高质量发展。

在未来实践中需要继续加深对行业基本特征和管理特点的认识，不断创新管理理念，继续丰富、创新培训手段，提高培训水平，尝试 AI、VR 等科技手段在培训中的应用，如现场模拟教学、人机对话、自我辅导培训、利用终端技术互联网进行规模较大的远距离培训等。加快员工获得新知识和新技术的速度，员工可以在任何时候和任何地点不受限制地学习知识和技能，持续赋能。寻求既适合于企业实际情况又能体现新的管理思想的培训新方式，为企业技能人才需求提供支撑与保障。

B.21
基于胜任力模型的国有企业政工人员培训体系建设

王 瑱　孙 超*

摘　要：国有企业是我国经济发展的重要支柱，国有企业的政工人员是融入中心抓党建、服务全局促发展的保障，承担着传递党和国家方针政策的重要任务。本文着眼于国有企业政工人员评价培训体系建设的重要性，聚焦提高能力、转变思路、不断创新，分析国有企业政工人员的基本现状，提出能力结构和学习内容，研究建立国有企业政工人员胜任模型以及培训体系，为国有企业政工人员的水平提升和队伍发展提供参考。

关键词：国有企业　政工人员　胜任力模型　培训体系

党的十九大报告指出，要建设高素质专业化干部队伍，要坚持党管干部原则，坚持德才兼备、以德为先，坚持五湖四海、任人唯贤，坚持事业为上、公道正派，把好干部标准落到实处。思想建设是政治活动的核心，在政治活动的发展中起着主导和促进作用。思想政治工作是我们党和国家的优良传统和政治优势，是开展各种工作的法宝，是经济活动和其他各项工作的生命线。国有企业政工体系的建设，不仅有助于贯彻党的政治路线，还有助于

---

* 王瑱，中国人才研究会副秘书长，北京首经人力资源开发中心主任；孙超，北京首经人力资源开发中心副主任。

调动人们的积极性，推动公司发展。

政工工作主要从精神和文化角度展开对员工的管理，使员工树立正确的世界观和价值观，稳定推动国有企业发展。因此加强国有企业政工人员的培训，提升工作水平，能够有效解决员工的思想问题和情感冲突，调动员工的积极性，促进企业经济和文化价值实现。本文以中国南方电网有限责任公司作为研究基础，从素质评价与能力建设角度出发，研究构建国有企业政工人员的通用能力结构，使之成为培训体系的重要依据和核心内容。

一　国企政工人员能力素质状况分析

在新的国际形势和经济形势影响下，国有企业的发展正面临前所未有的机遇和挑战。传统的管理模式呈现明显的局限性，影响了工作效率和质量，并对政工工作的开展方式也提出了更高要求。近两年我们陆续开展了大约2530名国企政工人员的跟踪和调研，以了解他们的工作条件、环境、能力发展、成果满意度，以及应具备的工作素质与实际情况的差距等。调研显示：担任政工工作以中年员工较多；从教育程度方面看，年轻员工以大学本科和研究生学历的较多。对工作热爱、工作清闲度和高收入被证明是从事政工工作的主要影响因素。①

当前政工部门工作人员存在的问题主要体现在以下几方面。

（一）工作开展压力较大

部分基层政工人员对工作缺乏深刻理解，理论知识储备不足，工作输出相对较低，没有形成开展工作的真正能力，造成工作压力较大，唯有掌握实践技能的建设途径，提高综合实力，才能提高工作效率、获得发展动力。

---

① 吴伟：《提高政工综合素质　胜任政工工作》，《冶金管理》2020年第9期。

（二）对政工工作定位不准确

部分国企对政工工作的认识不准确，认知水平不高，政工工作得不到应有重视，导致政工人员在企业内部不被理解和重视，获得的提升机会较少。此外，政工人员开展工作依靠传统方式模仿或经验的传授，甚至采取更加简单直接的方式，没有充分发挥主观能动作用。

（三）理论水平不高

部分国有企业中的政工人员虽然经验丰富，但缺乏系统的理论知识，个人工作水平较低，甚至部分人员不能完全适应国有企业的产业升级、结构转变的发展模式和运作方式。而一些“新人”受过高等教育，具有丰富的理论知识，但实践经验不足。

（四）写作和语言能力欠缺

部分基层政工人员的文化素养相对较低，工作热情不高，缺乏高水平的写作和语言能力，受到思维定式的约束，难以良好展示政工工作风采，导致开展思政活动的质量不高，群众不认可政工劳动成果，参与度低。

（五）对国家政策关注度不高

受到过去的工作环境、思维模式的长期影响，一些政工人员工作热情不高，对新生事物不敏感，政策学习意识淡薄，缺乏政治见识，无法紧跟时代发展和社会趋势，提升个人修养意愿不强，在向企业员工开展工作时遇到障碍。

（六）工作创新意识不足

在信息多样化的时代，人们的思维方式丰富多元，尤其是青年员工，他们普遍不能接受落后的工作方式。然而由于部分政工人员工作年限较长、老龄化明显，因此工作缺乏创新意识，工作活力不足，年轻员工的接受度不够，制约了国企政工工作的有效开展。

综上所述，开展好国有企业政工人员的工作水平评估与培训，对于建立“以人为本”的工作观念，提高政工人员的素质能力，提升政工工作成效，具有重要意义。

二　建立国企政工人员胜任力模型的必要性

胜任能力模型概念自 20 世纪 70 年代初开始兴起于美国。1973 年，美国哈佛大学教授 McClelland 发表了一篇题为《测验素质而不是测验智力》的文章，开始了对素质的研究，并指出胜任力是指能将某一工作中有卓越成就者与普通者区分开来的个人的深层次特征，它可以是动机、特质、自我形象、态度或价值观、某领域知识、认知或行为技能等任何可以被可靠测量或计数的并且能显著区分优秀与一般绩效的个体特征。

有效的培训来自有效的培训内容设置，找到合理正确的培训内容设置，从而满足受训人员的能力提升是培训的重点和难点。常规采用的方式是岗位任职者填写需求，汇总后，根据经验提炼出培训计划，这是企业最常用的却也是效果不甚理想的方法，这种方法忽略了岗位任职者理论水平受限，无法表达专业范围内的需求，存在很大程度的经验主义和主观性，导致培训效果不佳。

构建国企政工人员的胜任力模型在培训角度上大大解决了这个问题。胜任力模型明确提出了岗位对于任职人员表现出优秀绩效的能力要求，并按照实际情况对内容进行了细化分类，提出不同等级的规定，提炼标准内容，可供培训实施人员对应设置能力结构和知识体系，有的放矢地开展针对性培训课程，既解决员工职业发展方向迷惑问题，也帮助企业打造一大批符合企业战略方向、具有专业知识和实施能力的高水平人员。

三　国有企业政工人员胜任力模型构建

（一）研究主体

本次研究对象是国有企业政工人员，指在公司总部、分子公司、基层单位及二级单位中从事党建、宣传和共青团岗位工作的所有人员。既包括各级政工部、共青团及综合部门中政工岗位的人员，也包括各级党组织、团组织书记和副书记。政工人员胜任力模型按照工作内容的不同和工作层级的不同进行分级和分类。

后文将以党建、宣传、组织干部、纪委、工会这 5 类政工岗位的通用模型，分别从一级、二级、三级 3 个层级进行介绍（见表 1）。

表 1　政工人员胜任力模型研究主体

类别	党建	宣传	组织干部	纪委	工会
层级	一级：政工部门负责人 二级：政工部门主管、分公司部门负责人 三级：基层政工工作人员				

（二）胜任力模型编码原则

从国有企业胜任力模型的适用性角度考虑，指标的分类分层不适宜太多，太多则无法有效建立对应知识体系，造成政工人员在学习时的选择困难；分类分层太少则过于笼统，造成政工人员的学习困惑，不利于针对性人员能力建设。

因此从通用模型考虑，分为两类，设置为政工岗位应掌握的知识体系和开展工作应具备的能力，分别是职业知识技能、职业综合素质能力，并给予编码 K 和 A。

职业知识技能（K）包含专业知识（KP）及复合型知识（KC）；职业综合素质能力（A）包含个体特质（AR）及解决问题的能力（AS）。

（三）模型构建过程

本次国有企业的政工人员胜任力模型建设以南方电网公司为主要研究对象，以冰山模型为理论基础，结合政工人员的群体特征，采用科学方法，采取有效管控，经过质化分析和量化处理，建立以外显的职业知识技能及内隐的职业持续发展能力、职业精神和态度为主体框架的胜任力模型。

1. 研究准备

（1）收集被调研单位的组织架构、有关政工岗位的工作说明书、企业战略、文化背景，以及目前生效实施的培训管理体系、信息化支持等相关资料。

（2）编制调研问卷和访谈提纲。

（3）确认胜任力模型分类，以及受访人员日程。

2. 调研访谈

（1）针对政工岗位胜任力模型的建设分类，实施相关调研和访谈。

（2）调研时间持续 14 个月，其间参与填写调研问卷的人员为 2236 人，收回问卷 2145 份；访谈陆续开展，分成 4 组选择被访对象时间随机进行，采用见面访谈、电话访谈与网络在线访谈相结合的方式，总计约为 1320 个小时，参加结构化访谈的被访者约 38 人。

（3）对访谈结果和有效的调研问卷进行转录，使行为事件和访谈结果以文本形式记录。

3. 首次编码

（1）初次编码时间大约持续 62 天，针对调研问卷和访谈结果，初步拟定胜任力指标，进行初步编码。

（2）根据调研和访谈结果，统计胜任力模型出现的频次和频率，进行整理、统计和分析。

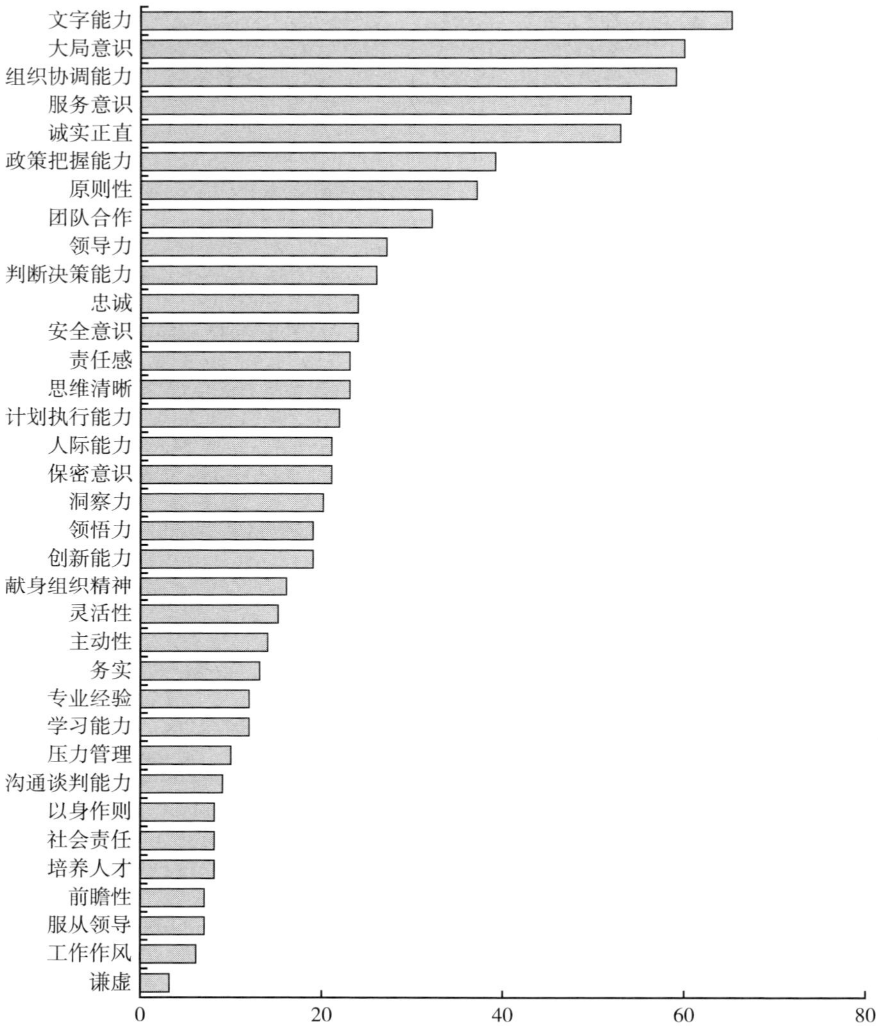

图 1　首次编码过程指标项重要性排序

4. 二次调研和编码

（1）二次调研和编码时间持续 53 天。

（2）其间参与二次调研的人员为各部门领导，主要目的是在初步编码的基础上，进行再次有针对性的意见汇集。

（3）收回二次调研问卷 69 份。

四 胜任力通用模型

（一）一级岗位——企业政工部门负责人通用模型

表 2 政工人员一级岗位通用胜任力模型

1. 职业知识技能（K）		2. 职业综合素质能力（A）	
专业知识（KP）	重要程度	职业操守（AR）	重要程度
马列主义、毛泽东思想和中国特色社会主义理论体系（KP1）	★★★★★	廉洁自律（AR1）	★★★★★
党的基本知识（KP2）	★★★★★	德行垂范（AR2）	★★★★★
党的路线方针、国家政策及企业的政策和部署（KP3）	★★★★★	责任承担（AR3）	★★★★
复合型知识（KC）	重要程度	解决问题的能力（AS）	重要程度
思想政治工作知识（KC1）	★★★★★	组织协调能力（AS1）	★★★★★
企业文化知识（KC2）	★★★★★	管理能力（AS2）	★★★★★
现代信息技术知识（KC3）	★★★	计划统筹能力（AS3）	★★★★
心理学知识（KC4）	★★★	决策力（AS4）	★★★★
		公文写作能力（AS5）	★★★

（二）二级岗位——企业政工部门主管、分公司部门负责人通用模型

表 3 政工人员二级岗位通用胜任力模型

1. 职业知识技能（K）		2. 职业综合素质能力（A）	
专业知识（KP）	重要程度	职业操守（AR）	重要程度
马列主义、毛泽东思想和中国特色社会主义理论体系（KP1）	★★★★★	正直诚信（AR4）	★★★★★
党的基本知识（KP2）	★★★★★	责任承担（AR3）	★★★★★

续表

1. 职业知识技能(K)		2. 职业综合素质能力(A)	
党的路线方针、国家政策及企业的政策和部署(KP3)	★★★★★	爱岗敬业(AR5)	★★★★
复合型知识(KC)	重要程度	解决问题的能力(AS)	重要程度
思想政治工作知识(KC1)	★★★★★	沟通能力(AS6)	★★★★★
企业文化知识(KC2)	★★★★★	管理能力(AS2)	★★★★
现代信息技术知识等(KC3)	★★★★	计划统筹能力(AS3)	★★★★
媒体及舆论宣传知识(KC5)	★★★	决策力(AS4)	★★★★
心理学知识(KC4)	★★★	公文写作能力(AS5)	★★★★

(三)三级岗位——基层政工从业者通用模型

表4　政工人员三级岗位通用胜任力模型

1. 职业知识技能(K)		2. 职业综合素质能力(A)	
专业知识(KP)	重要程度	职业操守(AR)	重要程度
马列主义、毛泽东思想和中国特色社会主义理论体系(KP1)	★★★★★	正直诚信(AR4)	★★★★★
党的基本知识(KP2)	★★★★★	爱岗敬业(AR5)	★★★★★
党的路线方针、国家政策及公司的政策和部署(KP3)	★★★★★	积极主动(AR6)	★★★
复合型知识(KC)	重要程度	解决问题的能力(AS)	重要程度
思想政治工作知识(KC1)	★★★★★	人际交往能力(AS7)	★★★★★
企业文化知识(KC2)	★★★★	自我成长能力(AS8)	★★★★
现代信息技术知识等(KC3)	★★★★	执行力(AS9)	★★★★
媒体及舆论宣传知识(KC5)	★★★★	公文写作能力(AS5)	★★★★
心理学知识(KC4)	★★		

五　职业综合素质能力（A）胜任力词典

职业综合素质能力胜任力主要体现在职业操守和任职能力两个方面。

（一）职业操守（AR）

表5　职业操守

名称及代码	廉洁自律(AR1)	类别	职业操守(AR)
定义	工作中能够坚持廉洁,树立正确的业绩观,敢于主持公义,杜绝弄虚作假,能够自我监督,自我约束		
维度	说明		
清正廉洁	品行端正,为人正直,廉洁无私,不凭借权力谋取个人私利		
自我约束	艰苦奋斗,勤俭节约,弘扬正气,自觉抵制歪风邪气		

名称及代码	德行垂范(AR2)	类别	职业操守(AR)
定义	以美德和行为服人,坚持真抓实干,以较高的道德和工作标准要求他人,做出表率,建立信任		
维度	说明		
品德高尚	个人崇高,拥有高度道德水平		
模范带头	自觉带头遵守政治思想及道德意识各项规定,干净干事,清白做人,树立标杆		

名称及代码	责任承担(AR3)	类别	职业操守(AR)
定义	对于自己职责范围内的事情,不推卸,不逃避;能够主动给他人提供协助,承担更多职责,企业忠诚度高		
维度	说明		
勇于承担	责任感意识较强,主动发现问题并积极解决,不推诿,不懈怠		
为人忠诚	面对新常态下的困难、挑战和考验,能够坚守原则,始终以党和企业的利益为先		

名称及代码	正直诚信(AR4)	类别	职业操守(AR)
定义	遵守职业规范,明确处事原则与标准,能够制止不道德行为;信守承诺、实事求是,以诚实的态度对待他人		
维度	说明		
品行端正	行为举止合乎规范		
值得信任	工作诚实、正直、守信,行为前后一致,并可以预测;在工作过程中的各个阶段,都可以信赖		

名称及代码	爱岗敬业(AR5)	类别	职业操守(AR)
定义	热爱本职工作,以端正的态度积极推进工作任务,并能通过个人努力发挥自身岗位价值		
维度	说明		
严谨认真	对待工作态度端正,时刻保持耐心和细致,力争保质保量地完成工作任务		
身心投入	对个人所从事的岗位热情饱满,主动制订长远的职业规划,并期待充分发挥自身的岗位价值		

名称及代码	积极主动(AR6)	类别	职业操守(AR)
定义	根据所从事岗位的工作要求,主动承担相应的工作和责任,在没有上级要求的情况下,积极认真推动工作		
维度	说明		
自觉性	不在外力推动的情况下,主动承担工作任务		
积极性	对于个人工作保持积极性,能够用心对待本职岗位		

(二)任职能力(AS)

表 6　任职能力

名称及代码	组织协调能力(AS1)	类别	解决问题的能力(AS)
定义	能够根据组织目标的要求,对各种资源进行评估、调动与配置,协调各方面关系,提高资源利用的有效性,调动内部积极性,从而实现组织目标		
维度	说明		
人际交往	与上级和同事建立并维系融洽的人际关系,必要时能够通过协调上级和同事的帮助开展工作		
组织管理	在群体合作中,能够组织集体活动,并能有效调动其他同事的积极性,保证工作有节奏地开展		

名称及代码	管理能力(AS2)	类别	解决问题的能力(AS)
定义	对配置团队有一定思考,知人善任,注重培养指导团队成员,通过有效的激励手段激发团队成员的使命感;能够体恤下属,关心员工成长,所带领的团队具有较强的凝聚力		
维度	说明		
团队建设	关注员工发展,能够通过培训等各种手段提高员工能力,掌握一定的管理技巧,能够通过刚柔并济的管理手段打造高能高效的团队		
氛围塑造	有一定的管理者高度,主动关注员工状态并认可和尊重员工想法,管理的团队成员有较强的向心力		

名称及代码	计划统筹能力(AS3)	类别	解决问题的能力(AS)
定义	能够理解工作任务的要求和意图,形成自我目标,制订行动计划和方案,组织和利用多方资源,按照时间流程顺序,考虑其他轻重缓急的工作条件和事项,进行安排和处理,保证计划实施的能力		
维度	说明		
计划性	针对目标任务,主动向有关上级或同事进行全面的信息收集,并围绕目标制订科学合理的工作计划		
统筹能力	根据事务的重要性和紧迫程度,对人力、物力以及时间等资源进行相应的规划与安排		
时间管控	针对任务排定合理的时间进度表,按照预定时间,合理安排工作内容,并严格控制时间进度		

名称及代码	决策力(AS4)	类别	解决问题的能力(AS)
定义	多向分析和判断问题,并进行可行性研究,挑选最适当的方案及实施时机,勇于承担风险,做出最科学有效的方案		
维度	说明		
行动迅速	对工作中遇到的问题反应迅速,准确判断问题并快速寻求解决办法,坚决执行,不犹豫		
客观理性	全面考虑解决问题的各种影响因素,抓住问题根源,并能针对问题本质准确预测问题的发展方向		

名称及代码	公文写作能力(AS5)	类别	解决问题的能力(AS)
定义	文字书写及表达能力,能顺畅地进行各类公文及工作报告等的写作,格式标准、思路清晰、概念准确、语言流畅		
维度	说明		
表述准确	能够用简洁、精练、深入浅出的文字,明确地传达行文目的		
逻辑性	行为逻辑缜密,文字表述富有条理		

名称及代码	沟通能力(AS6)	类别	解决问题的能力(AS)
定义	善于倾听,注重互动,掌握沟通技巧,采取有效的语言传递等方式,化解组织内部紧张关系,并能通过有效的沟通与人维持融洽的关系		
维度	说明		
积极沟通	重视且乐于沟通,工作中遇到沟通障碍时,能够以积极的心态和不懈努力对待冲突和矛盾,而不是回避		
换位思考	与同事沟通时,能够从对方的角度和立场考虑问题,体察对方感受,促进与同事之间的相互理解		
及时反馈	日常合作中沟通高效,能够用心倾听他人建议,积极表达个人想法,并根据实际情况及时做出信息回应		

名称及代码	人际交往能力(AS7)	类别	解决问题的能力(AS)
定义	在工作中能与同事或外部合作方建立并维持良好的关系,并能通过与人交往有效推动工作		
维度	说明		
维持融洽关系	积极与他人接触,并能在各种非正式活动中利用与他人的间接关系扩大自身的人际关系网络		
达成目标	能够基于工作目标进行人际交往,把握交往对象的特点,适时发挥自身沟通优势,快速与人建立关系黏性,并达成个人的工作目标		

名称及代码	自我成长能力(AS8)	类别	解决问题的能力(AS)
定义	关注自身技能及职业发展,能够通过自我努力提高个人专业技能及知识储备,不断适应岗位需要		
维度	说明		
自驱力	有较强的进取心,能够督促自己主动与他人交流或参加各种培训活动,提升个人能力		
长远规划	对个人职业生涯有较高的期望和清晰的规划,制定切实可行的职业发展目标,并脚踏实地向目标不断努力		

名称及代码	执行力(AS9)	类别	解决问题的能力(AS)
定义	指能够在工作中准确理解上级意图,制定具体的并且可操作的行动方案;整合资源、求同存异、克服困难、灵活多变,保证工作按既定目标完成		
维度	说明		
积极响应	对上级的指示或工作任务响应迅速,在任务推进过程中能够积极主动地推进工作,有效达成目标		
过程管控	任务推动中主动关注细节数据,积极向上级汇报进展情况并汲取建议,以及时调整工作方向和节奏		
克服困难	工作中热情饱满,能够全身心投入工作,并以积极的心态主动解决任务推进过程中发生的问题		

六　政工人员培训体系建设

政工工作是我国国企管理体系中的有机组成部分，其政治属性显著，在我国产业发展目标要求下，按照新时代的要求，全面提升政工队伍职业水平和能力素质是积极加强党组织的核心作用、推动国有企业健康持续发展的重要保障。因此，重新定位和改革政工人员的培训体系是当务之急，对解决政工人员专业度不够、目标性不强、针对性不足等问题极为必要。

（一）体系建设三要素原则

培训师、学员和教材是培训实施过程中必不可少的三项要素，在构建国有企业政工人员培训体系时，也参照这三项基础要素进行规划，同时从培训易于实施管理、培训资源随机调用和培训对象信息数据化的角度，研究使用信息化平台开展管控。

首先，建立以政工人员胜任力模型为核心的培养方向研究，使胜任力模型成为政工人员岗位能力对标标准，新任或换岗人员均应参照胜任力模型调整知识体系和能力储备。

其次，参照胜任力模型，向知识体系转化，使政工人员明确按照企业的岗位能力标准，着重学习相关内容，从而提升岗位能力，加强职业生涯管理。

再次，构建培训师队伍，使有经验的内部人员成为培训师，传递政策、理论和企业精神，与企业工作紧密融合，强化学而有用、用而成优的目标。

最后，利用信息化平台开展培训实施和管理工作。借助信息化平台使企业政工人员的培训成为即时性、互助性资源输出，政工人员依据个人能力随时学习，学习效果形成大数据库，帮助国有企业用好人，实现管理目标。

（二）政工人员培训体系的主要内容

1. 寻差距：政工人员能力评价

借助胜任力模型开展政工人员的素质能力评估，找到实际与标准之间的差距，建立群体与个体的培训目标和方向。

以科学有效地全面考察政工人员的胜任能力水平为目标，针对政工人员岗位任务的特点，选择考察胜任力的最优评价方法，打破传统人才评价方法的限制，引入合理的评价体系与方法，包括笔试、结构化面试、公文筐测验、无领导小组讨论、角色扮演、管理游戏、演讲、心理测验和 BEI 等方法，通过优化组合，保证政工人员评价的科学性与有效性。

2. 找目标：政工人员培养方向

依据政工人员能力评价的数据分析，找到差距并将其作为培养的主要内容，加强政工人员的政治素养、综合能力素质及职业技能素质培养。

将企业日常经营活动引入政工人员的能力培养中，使人才的发展需求贴近企业战略。着力打造一支高素质的政工队伍，使其具有开阔的视野、灵活的思维，从而使思想整体工作不断处于创新状态，为企业提供强大的动力支持和保障。

3. 建资源：政工人员课程开发

为了保证培训课程内容与胜任力模型之间的适配性，需要以政工人员胜任力模型的维度指标为基础进行课程开发。同一课程能同时实现对多项胜任能力指标的培训，或覆盖一项指标的几个等级，也可设置为一项胜任能力指标与多个培训课程主题相关。

（1）培训流程梳理

完善的政工人员培训体系包括培训需求分析、培训计划制订、培训实施和培训效果评估四大环节。

①培训需求分析。培训需求分析是培训过程的起点，有效的培训需求分析能够较好地提高培训的有效性，增强培训效果。培训需求分析应重点分析政工人员需要什么、缺少什么。培训需求分析可以从三个方面入手：国家政策与公司发展战略、胜任力模型指标、部门和个人的绩效考核指标。

②培训计划制订。根据培训需求的分析结果，制订相应培训计划，包括长期规划、专项规划、临时计划。培训计划的制订要有利于企业政工人员专业能力提升，切实改善政工人员的态度、知识、技能和行为模式。

③培训实施。培训实施是员工培训的关键环节。要保证培训的效果与质量，必须把握以下几个方面：选择和准备培训场所、课程计划、选择培训教师、选择培训教材和确定培训时间。

④培训效果评估。培训效果评估是培训流程中的最后一个环节。根据柯克帕特里四层次评价模型，从“反应、学习、行为、结果”四个层面对培训效果进行评估。

（2）课程体系开发建设

在国有企业政工人员课程体系建设过程中，课程开发是基础和关键的工作环节。开发建设流程如下。

①确定课程目标。课程目标是对某一个或几个培训需求要点的细化，它反映了国有企业对政工人员培训课程的基本意图与期望。

②撰写课程大纲。大纲是政工人员培训内容及课程开发的方向和框架，根据培训目标，按照企业政工人员胜任能力发展的逻辑顺序来划分学习步骤，每一个步骤构成一个培训的内容模块。

③设计课程开发进程。根据企业政工人员的培训课程大纲，对每个培训单元的工作量、工作要求，制定课程开发的时间表，确定课程开发的关键节点。

④课程开发实施。课程开发小组按照企业审批的工作任务、计划进度、经费预算等自主展开课程开发工作，确保按时保质保量完成任务。

⑤制作培训演示课件。根据国有企业政工人员培训课程制作培训演示课件。培训课件制作目的是让培训师在培训过程中能够系统地演绎所要传授的知识、技能。

⑥成果验收。课程开发小组完成全部开发工作后，初步审查后，组织开发人员试讲、小组评议、试听学员测评，开发小组结合胜任力模型、培训内容等标准比对后进行修改完善。

⑦课程推广。课程验收合格后，统一编制培训菜单，在企业内部进行课程推广，保障课程的推动得到大家的支持和认可。

4. 强助力：内部培训师的建设

内部培训师应主要来源于企业系统党委（组）负责人、工会等相关部门负责人、业绩突出的党支部书记，或者各专业口业务精湛或在某领域颇有造诣的骨干员工。

为保证内部培训师的专业化水平，根据企业政工实际情况与政工队伍建设的规划要求，企业应对内部培训师应具备的综合素质做出具体的规定，作为内部培训师的选拔与使用标准。具体资质要求包括理论知识、政工工作经验、业绩、综合能力和职业素养等。

5. 构平台：政工人员培训系统开发

国有企业政工人员培训信息化管理系统有助于实现政工队伍管理的“高效、规范、便捷”，基于先进的互联网络技术，实现政工队伍评价及学习的即时性与便捷性，大幅降低企业培训成本，实现多类资源的共享和充分利用。系统建设可涵盖以下基本功能。

（1）评价平台

①在线评价体系。包含企业政工人员的胜任力模型、评价标准、评价方法、评价题库等，评价指标的选取、方法的组合、题库难易程度的选择、评价实施，都能通过信息化管理系统实现。

②评价实施。评价实施系统可实现评价指标和权重的设置、生成评价问卷和评价权限，监控评价实施过程，即时查询评价报告，对评价报告进行保存、下载等操作。

（2）培训平台

系统设定政工人员培训职能中各个角色的职责和操作权限，以电子方式对培训需求、培训计划与培训效果评估三大过程进行管理与监控。

①培训需求管理。一方面，能够下发政工人员培训需求调研问卷，系统自动或手动统计分析需求；另一方面，从政工人员的评价结果提炼培训需求。

②培训计划管理。创建、维护、查询企业政工人员培训计划，相关人员可以根据各自的权限，按照培训对象查询培训计划。

③培训效果评估信息。分析、管理每期政工人员培训效果信息，包括该培训课程的评估层次及相应的评估结果，为下期培训提供数据参照。

（3）资源整合与共享的平台

实现对政工人员培训项目、内部培训师的规范化管理，对企业政工人员培训课程、课件等各类培训资源进行分类管理与有序更新。各级各类政工人员均可根据现任岗位和未来发展的需要，申请参加培训课程或自学网络课题，实现岗位能力的不断提升。

①经验交流平台。企业政工人员能够在该平台进行经验交流，交流工作心得、培训心得，实现经验、知识的传播与共享。

②数据共享平台。该系统与企业已有的党建信息化系统进行数据对接，两个系统之间可以互取数据，实现数据库等各项资源信息的共享，实现人力资源管理系统、党建管理系统、政工队伍管理系统的有效融合。

参考文献

刘敏：《企业政工人员素质对政工队伍建设的重要意义》，《大陆桥视野》2019 年第 11 期。

《十九大报告辅导读本》编写组：《党的十九大报告辅导读本》，人民出版社，2019。

郑红霞：《企业政工人员素质对政工队伍建设的重要意义》，《企业改革与管理》2017 年第 1 期。

朱君毅：《电力企业政工工作效率优化途径研究》，《国际公关》2020 年第 9 期。

B.22
上承战略、下接绩效，中小企业内部培训的价值实现

丁录雷*

摘　要：　本文从剖析中小企业培训“鸡肋化”的原因切入，逐步为中小企业培训管理者提供突破困境和价值实现的最佳解决方案。面对培训投入不足、课题体系不全、学员参与热情不高等诸多困难，中小企业管理者应立足企业战略，定义组织能力需求，构建能力素质模型，并着眼企业内部，运用经验萃取技术，结合在线学习平台，构建线上的企业大学，在低成本的情况下，有效保障中小企业的知识沉淀与能力内化，促进中小企业组织能力的提升，真正做到“上承战略、下接绩效”，从而实现培训工作的价值。

关键词：　培训　组织能力　企业大学　中小企业

中小企业在我国经济发展当中贡献的比重越来越大：数量达到99%以上，对GDP的贡献达到60%以上，税收占50%以上，就业占80%以上。但近些年，中小企业因经营困难倒闭的情况屡见不鲜。据2019年不完全统计，我国有100万家以上的企业倒闭，其中90%以上的是中小企业，而大多数的生命周期不足3年，超过5年的不足一成。2020年前7个月，就有超过

* 丁录雷，一览人才大数据中心总经理。

80 万家企业注销，估计到年底，这一数据会更加触目惊心。

中小企业生存困难的原因有很多：经济下行、高房租、同质化竞争、进出口受阻、现金流短缺、融资困难……但根本原因还是在于组织能力的薄弱。中小企业可以在短期内凭借少数人的出色能力抓住商机，并调动资源迅速崛起，但持续成功需要整个团队都具备在某些方面能够明显超越对手、为客户创造价值的组织能力。当中小企业具备很强的组织能力，就能够在市场不断变幻的情况下迎风破浪。

培训是增强中小企业组织能力、抵御市场风险的有效手段之一。然而，面对生存困境，中小企业的培训工作却呈现日趋“鸡肋化”的趋势。一方面饱受不受重视的委屈，另一方面又在重复无效的工作，中小企业培训管理者亟须从困境中突围。

一　中小企业培训“鸡肋化”的四大症结

中小企业通常运用招聘和培训这两种手段来提升组织能力。不过，中小企业对招聘和培训的重视程度却有很大的差别。组织能力欠缺，中小企业宁愿花大价钱去招聘，也不愿意花时间去培养。

有的中小企业管理者认为员工的流动性大，花费大量的人力、物力、财力培养人才，却留不住人才，为他人做嫁衣，得不偿失；有的中小企业则面临成本困境，期望培训员工能收到立竿见影的效果，一旦没有收到积极的培训效果，就会浅尝辄止或敬而远之。培训的价值没有得到充分体现，在中小企业管理者眼中，培训就渐渐变成“鸡肋”。

为什么很多中小企业的培训工作没能有效提升组织能力？究其原因，是企业培训没有着眼于企业战略，没有致力于打造匹配战略的组织能力，而是被动、滞后地开展培训工作，造成培训上的投资未能有效利用，培训对企业战略实现的促进作用也未能充分体现。

它主要体现在以下几方面。

（一）培训缺乏计划性、系统性

企业不是大学，企业存在的目的是盈利。故而，企业开展培训的目的是通过提升员工的素质和能力，改变员工的行为，进而打造与战略匹配的组织能力，创造更大的企业绩效。如果不能创造更大的企业绩效，培训工作做得再好，都是多余的。

有的企业是基于公司领导对培训的预想或是培训管理者的小聪明开展培训；有的企业是为了赶时髦，盲目追求市场上的新思维和新理念；有的企业是为了好面子，看重讲师的名望和头衔；还有的企业喜欢组织所有员工参与培训，从不去分部门、岗位、层次，从不考虑培训是否实用、落地，是否有针对性、计划性和系统性，都是为了培训而培训的表现，并不能产生多大的价值。

（二）找不到合适的培训讲师

不同的企业实力、培训目的和培训对象，对培训讲师的选择方式会有所不同。有的企业喜欢选择优秀的老员工进行分享，有的企业则热衷于外聘讲师进行培训，二者各有优劣。

选择外聘讲师，主要是期望提高培训的档次，带来全新的理念和方法，同时对学员也会产生较大的吸引力。不过，目前市场上的培训讲师水平参差不齐，企业很难挑选到背景与擅长领域都完全匹配的外聘讲师。遇到营销过度包装出来的“名师”，履历看起来漂亮，但讲授及落地转化的效果却是另外一回事。此外，外聘讲师的课酬，也是一笔不菲的培训投入。

相形之下，内部讲师的成本要便宜得多。其人选主要来自企业中高层管理者、业务骨干或技术尖子，了解公司的情况，授课的内容也更贴合公司实际、更接地气。但内部讲师的培训意识往往不高，一方面觉得准备课程授课会占用自己大量的时间，另一方面也会担心自己讲不好，影响培训效果，所以经常会“事不关己，高高挂起”，缺乏参与培训的积极性和热情度。

在一览对企业培训情况的调研中，仅有 19.9% 的企业拥有健全的内部培训师队伍及管理体系，大部分企业仍在为找不到合适的内部培训讲师而苦恼。

（三）员工参与培训的积极性不高

为了提升员工的素质和能力，企业投入大量的财力、物力、人力组织培训工作，也因此把培训当作对员工的“福利”，但员工并不“领情”。很多员工认为培训等于浪费时间，或者把培训当成“休息”，甚至员工参加培训是相关领导或部门的强制要求。

这里有员工自身意识层面的问题（员工缺乏长远意识和岗位竞争意识，未细致思考自身进步和未来的职业生涯发展），有培训效果的问题（培训的针对性不强，无法激发员工学习的兴趣），也有培训时间安排的问题（很多企业将培训安排在下班或周末，占用了员工的休息时间），等等。

员工缺乏参与培训的内在动力和外在引力，不能全情投入学习，培训的成效就会大打折扣。

（四）培训效果转化率低

在企业中，任何管理行为和培训行为的终极目的都是希望引发行为改变和绩效提升，但员工参与培训，就算学习的效果很理想，也并不意味着在任何场合都能将培训中所得的知识、技能等应用到实际工作中去。有研究表明，国内的培训转化率约为15%，也就是说，有85%的培训资源和成果都被浪费了，这对企业来说是一种莫大的损失。

只有将学习内容转化为个人所得，从而进一步转化为个人绩效，形成匹配企业战略的组织能力，企业培训才算得上真正有效。

二 培训价值实现，从定义组织能力要求开始

要想解决培训“鸡肋化”的问题，不是想到什么，就做什么，一定要系统来看，出发点就是企业战略。不同的战略，对组织能力的定位与组织能

力的各组成部分，都提出了明确的差异化需求。在开展培训工作之前，需要清晰定义企业的组织能力要求。

要清晰定义各部门所需的组织能力，需要进行战略解码。培训管理者必须充分读懂公司战略，并将其与培训项目结合起来，才能设计基于公司战略的培训项目。

中小企业可以通过以下七个步骤来定义组织能力，实现培训项目的战略解码（见图1）。

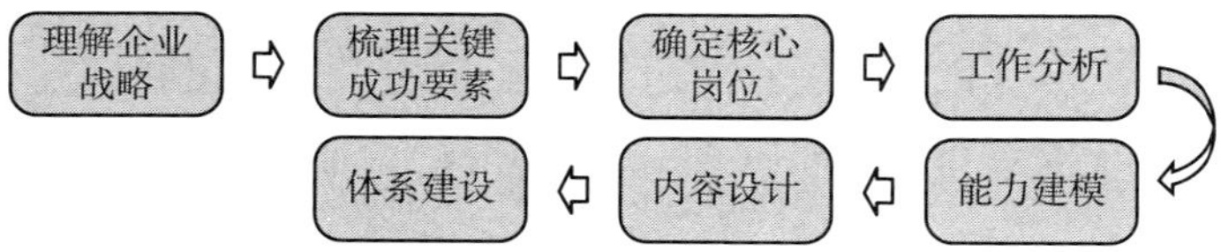

图1　中小企业培训项目实施步骤

1. 理解企业战略

培训管理者要和公司高层及业务部分负责人进行充分沟通，理解公司的战略方向，梳理并确定支撑战略达成的业务发展目标。在规划培训之前，要明晰公司的战略业务，即了解公司哪几块业务的成功，对达成战略目标至关重要。

2. 梳理关键成功要素

培训管理者要对战略业务进行进一步解剖，了解支撑战略业务运营的关键成功驱动因素，即业务部门需要完成哪些关键任务，才能确保战略业务的成功。

3. 确定核心岗位

培训并非要面向所有员工，但一定要面向核心岗位，去提升企业的核心能力。在明晰战略业务的关键成功要素之后，培训管理者就能清楚在业务部门中支撑战略业务目标达成的核心岗位是什么。

4. 工作分析

培训管理者可以通过工作日志写实法、问卷调查法等方法，对核心岗位进行工作分析，分解该岗位的关键工作任务，从而萃取胜任岗位所需的知识和能力。

5. 能力建模

培训管理者要对核心岗位进行能力分析，对岗位所需能力进行识别、分类和分级，构建核心岗位的能力素质模型。可衡量或可观察的、全面的、独立的并且可以清晰描述的能力素质模型，是紧密围绕企业战略层层分解而来的，将成为培训课程体系的基石和关键支撑。

6. 内容设计

基于能力模型，培训管理者可以有针对性地设计学习内容。围绕每一个能力提升项，选择合适的培训方式及匹配的学习对象，并检索已有的培训资源，进行学习内容的配置。如果企业内部、合伙伙伴及市场上已有成熟的学习内容，则可以直接采购；如果没有，则可以考虑进行模块化的学习单元的开发或设计。

7. 体系建设

完成学习内容的收集与整理之后，培训管理者还可以通过员工的不同层级或不同的职业发展路径要求，对学习内容进行分级分类，构建清晰完整的企业学习地图。学习地图，可以帮助员工不断明晰自己所处的位置及未来的发展方向，激发员工的学习兴趣。

三　培训价值实现的基石：能力素质模型

能力素质模型从诞生至今，已有近半个世纪的时间，自 20 世纪 90 年代开始引入国内，成为国内人力资源管理的一项重要内容。不过，由于认知上的误区、应用上的偏差以及建模成本和复杂度较高的因素，它主要是在一些人力资源管理基础较好的大企业得到应用，在中小企业的应用则不甚理想。

不过，能力素质模型却是中小企业人力资源管理无法跳开的一环。要想提升组织能力，应对激烈的竞争，就必须引入能力素质模型，有效衔接企业战略，确保培训工作的针对性和有效性。

（一）搭建有针对性的培训体系

能力素质模型是匹配组织能力和员工个人能力的一座桥梁。组织能力通过战略解码，分解到各个具体岗位上，对各个岗位提出了任职资格要求。基于此，构建岗位的能力素质模型，通过能力素质模型构建岗位的“能力标杆”，定义绩效优秀与绩效一般人员的行为特征，以作为员工选拔、使用和培养的依据。当该岗位员工满足该岗位的任职资格要求，就可以说该岗位员工是胜任的。

可以说能力素质模型的优劣，直接影响着企业战略执行的有效性好坏。如果能力素质模型不够精确，那么，企业所发展的组织能力就无法完全匹配企业战略。

鉴于大多数中小型企业都处于发展期，业务策略较为灵活，对人的要求也经常变化，故而能力素质模型必须以业务发展需要为重心，并持续优化。

在建构能力素质模型时，需要聚焦在对打造组织能力最为关键的 4 ~8 项核心员工能力上，同时针对每种能力提炼可观察、可衡量的行为指标。在能力素质模型的基础上，结合组织内部的人才盘点，定义组织能力的差距，从而制订相应的培训计划。

对照能力素质模型要求，可以不定期对培训的效果进行量化评估。只有了解培训具体成效以及对组织能力提升的作用，才能充分呈现培训的价值。

（二）构建积极的培训文化

建构能力素质模型，也可推动中小企业构建积极的培训文化。员工参与培训的积极性不高，培训效果转化率低，在很大程度上是因为企业组织的培训是“强加”给员工的，而非员工自发主动的需求。

企业可以将员工的自我发展与能力素质模型及任职资格紧密结合起来。不同层级的岗位有不同的能力素质要求，如果员工期望提升自己的职级和待遇，就必须掌握相应的知识和技能。而达成这一目标的最佳途径，就是学习。当员工从“要我学”转变成“我要学”，并积极地践行培训所学的知识和技能，就能最大限度地提高培训的转化率，使企业获得持续健康的发展。

当中小企业从企业的战略出发，结合业务发展、岗位能力素质模型及员工的职业生涯发展，全面整合内外部的学习资源，系统性、计划性地规划员工的学习与发展，就能实现从战略到学习的有效传递，让企业的培训真正助推企业组织能力的提升及企业战略的实现。

四　运用经验萃取技术助推中小企业组织能力的提升

（一）最优质的知识来自组织内部

清晰定义组织能力要求，并建构员工的能力素质模型，接下来就要推进培训实施，弥补组织能力的差距。在这个过程中，培训课程的开发与设计尤为重要。

课程不存在好和坏的问题，核心是有没有效果。在一览对企业培训情况的调研中，发现越接近员工实际工作场景的课程，培训效果的转化率以及员工的学习热情就越高，而这些课程恰恰来自企业内部讲师的经验分享（见图2）。

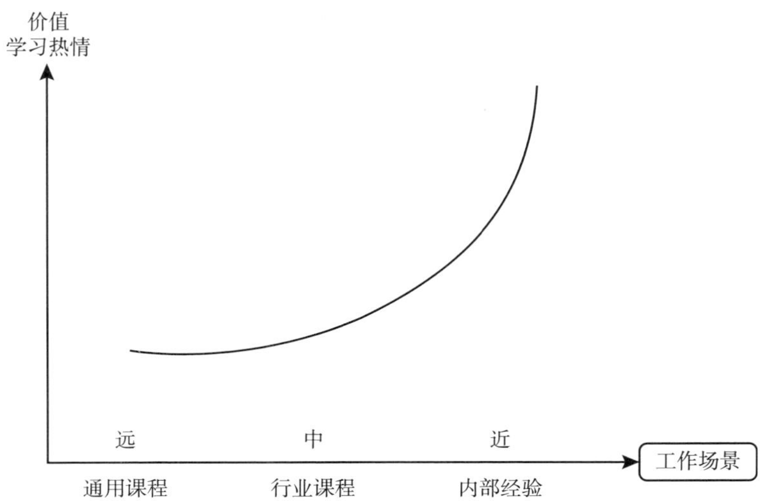

图2　培训与价值学习热情的关系

相较于外聘讲师，内部讲师对企业内部存在的问题更为熟悉，也方便与学员和业务部门沟通，在培训教学上更具针对性。

而且内部讲师的开发成本也较低。无论企业大小，在各个岗位上都有业务能手或管理者，他们都可以担任企业内部讲师。利用内部讲师开展培训工作，可以大大减轻中小企业培训成本的压力。

中小企业的发展受限于少数人的能力和资源，这些能力和资源很容易随着个人的升迁、调动和离职而消失。与其引进外部资源来提升组织能力，不如将组织内的优质经验提炼、复制和传承下来。

培训管理者在推行项目时，之所以得不到业务能手和管理者们的支持，主要是没有让其真正意识到参与培训工作的价值和收获。首先，内部讲师需要经过严格的筛选、审查、考核和培养，这样才能确保内部讲师的质量，并形成良好的竞争氛围；其次，要从马斯洛需求层次理论设计内部讲师的激励机制，赢得相关方的认可，这样才能打造可持续的内部讲师机制。

（二）用经验萃取技术提炼组织优质经验

“好为人师”是人的一种本性。作为管理者，如果不愿意输出知识和技能，提升团队的绩效，那么管理者本身就是不胜任的。对中小企业而言，找不到合适的内部讲师，是个伪命题，真正的挑战在于讲师培训内容的输出。

内部讲师毕竟不是专业的培训人员，在课程设计、培训技巧等方面缺乏经验。运用经验萃取技术，可以高效地帮助内部讲师提炼个人的优质经验。

经验萃取是通过系统分析整理组织内部的优秀经验和典型做法（即组织的最佳实践），并将这些日常工作中的经验萃取为规律，形成可以快速复制的工作方法。

虽然每个公司的发展情况不同，对经验萃取的需求也各不相同，但还是有基本的流程和脉络可循，一般通过以下四步来进行经验萃取。

1. 主题选定

要明确组织经验萃取的主题，并规划预期产出。明确组织经验萃取的主题是为了将工作内容聚焦，即明确企业最迫切需要解决的问题或最值得沉淀的经验。规划预期产出，是要分析使用对象及运用场景，制定成果目标，分析风险难点。

2. 内容萃取

经验萃取的方法有很多。首先要了解所萃取主题工作的整体框架及基础知识，这样才能运用对方熟悉的行业语言进行沟通，抓住关键信息，挖掘有价值的经验。之后，可以开展业务能手的访谈，挖掘“知识地图”，收集典型案例，分析任务挑战，提取流程步骤，整理方法工具等。

3. 经验整理

结合理论知识和实践案例，将获得的业务能手的经验进行整理和提炼，形成可复制的工具和方法。具体的成果包括工作流程、任务场景、挑战点、具体工作方法、技巧等。

4. 知识输出

将萃取的内容整理后，形成可供相关知识需求者传阅和学习的文件，如培训课件、项目案例等。继而，构建知识工厂，进行长效化的知识运营和管理，实现组织知识的沉淀。

中小企业的培训管理者可以基于组织能力差距，选定需要萃取的主题，然后与相关的内部讲师进行细致的沟通，梳理“知识地图”，再根据地图上的每一个知识点，结合实际工作场景，进行有针对性的开发，形成可复制的标准、流程、工具及方法论。

对内部讲师而言，着眼于单个知识点，比构建完整体系，要更易操作和落地，所提炼的内容也能有效匹配企业战略。

（三）用线上企业大学实现知识的沉淀

在中小企业中经常会出现这样的现象：万一内部讲师离职了，其所积累的经验也都被带走了。新进员工到岗后，一切要从头再来，培养成本非常高。如果公司的员工流失率高，就需要频繁对新员工展开培训，也会让管理者疲于奔命，继而丧失对培训的动力和激情。

为了避免随着业务能手的离职而造成组织经验的流失，中小企业培训管理者不仅要掌握经验萃取技术，还要将这些知识沉淀并管理起来。

以前，培训管理者进行知识的沉淀和管理还缺乏有效的方法和工具，但随着移动互联网时代的来临，这一痛点正逐步得到解决。企业可以运用很多现成的多媒体工具，对组织中优秀个体身上的最佳经验进行萃取，有效地挖掘关键的成功因素，并对经验和知识进行系统凝练和沉淀，输出为文字、音频或视频等知识产品，确保企业经验“萃取出来、沉淀下来、复制起来”，让企业相同的错误不再重复犯，人走经验在，大跨步往前发展。

因应这一需求，一览也推出了一款产品——业问大学。有别于传统的线上企业大学产品，业问大学的核心是赋能企业经验萃取技术，帮助企业提炼各岗位的最佳实践，从而沉淀一大批“专业匹配、人才爱学，学了有用”的体系化课程，将“经验”变“资产”，全方位、多场景地支撑组织内优质经验的传承和发展。

业问大学有工作标准化范式（SOP）、新员工 7 天转身计划、复制销售冠军一招鲜和新晋管理者转型计划四种典型的经验萃取场景。某企业通过学习“新员工 7 天转身计划”经验萃取方法论后，在公司内部选择了销售、研发等流失率相对较高的岗位，结合业问大学，推行“新员工 7 天转身计划”，收到了明显的成效。

经过业问大学为期 2 天的经验萃取师线下训练营，该企业的员工基本掌握了经验萃取的方法。回到公司，在经过与相关部门责任人及绩优员工的深入探讨之后，设计出各职能序列新员工入职培训的关键内容，包含企业文化、行业知识、岗位操作指引及生活关怀等部分，并将其标准化。课程由公司内核心员工进行讲解，以短视频的形式沉淀在业问平台，同时设计配套的任务、作业及导师，全方位帮助新入职员工熟悉环境，快速上岗。

课件在经过公司高层评审后，在公司内部得到有效应用。通过“新员工 7 天转身计划”取代传统的入职培训 3 个月后，该公司新员工流失率从原来的 30.8% 降至 18.2%，招聘成本同比降低 21.4%。

（四）用严谨的培训管理推动培训的落地

萃取组织优质经验，类似于“知识众筹”，就是基于一个个小模块，让组织内的“隐形牛人”把优秀的经验形成课件。但是仅仅生成课程是不够的，培训管理者还需要将这些知识赋能员工，最终让员工在工作中应用。

每个岗位的能力素质模型各不相同，每名员工需要补齐的能力差距也各不相同，用大一统的方式开展培训显然是行不通的。

赋能员工有多种方式。例如，进行分层分级培训——按照岗位能力素质模型，根据员工不同的岗位、职级进行有针对性的培训；线上线下融合——依托线上企业大学，让员工利用业余时间去学习胜任岗位所需的应知应会的知识，再在实际工作中实践验证学习的成果。

传统的培训管理者对线上学习存在一定的疑虑，因为它不可控。其实，现在的线上企业大学已经拥有完备的培训管理功能。以业问大学为例，从学员管理、课程管理、讲师管理，到培训的过程记录和监控，各项功能都一应俱全。业问大学还要求严格的身份认证，同时严禁倍速播放及拖拽播放，课后企业还可以自定义作业和任务，确保员工本人真学、学有所获和学习留痕。

通过平台、师资和课程这三重保障，中小企业可以充分确保组织内的优质经验得到有效的提炼、沉淀和传承。当优质经验不断被学习和应用，员工便可以得到成长，继而可以解决组织更多的绩效问题。

五　将知识转化为中小企业持续创新发展的不竭动力

在中小企业，培训日趋“鸡肋化”，与培训管理者本身不无关系。一方面，培训管理者抱怨培训工作中的各种挑战：预算不足、需求不清晰、领导不重视、学员不配合；另一方面，培训管理者却又总在重复同样的工作内容：制订计划、争取预算、需求调查、跨部门协调等。

不跳出原有的工作边界，中小企业培训管理者的境遇不会有任何改变。尤其在VUCA时代——中小企业的生存都朝不保夕的时代。

VUCA时代充满了太多的不确定性，企业需要根据环境的变化不断地适应与调整，但对培训管理者来说，VUCA时代提供了难得的培训价值实现的机会，让其可以运用专业技能，通过提升企业的组织能力，来提升企业抗击风险的能力。

作为中小企业培训管理者，目光不能只是局限于具体的培训活动，“就事论事”地处理问题，要“上承战略、下接绩效”，以更高的视角去探寻问题解决的办法。

创新是企业发展的核心竞争力。中小企业并不缺乏创新的能力，但是缺乏复制的能力。运用经验萃取技术，可以把过程中生成的知识资产（知识、技术、方法、经验、教训等）沉淀在线上企业大学中，一体化打造企业线上“知识银行”。

通过对组织能力差距的梳理，构建企业的知识地图及员工的学习地图，结合线上企业大学，可以让培训管理者将繁杂的工作简单化，将简单的工作流程化，将流程的工作标准化，逐步实现培训管理规范化。

中小企业培训工作的终极目标就是要形成一个良性的培训生态：内部讲师孵化内部课程，内部课程培育内部人才，内部人才又成为内部讲师。在良性循环的过程中，推动优质知识的迭代与更新，继而持续提升中小企业的核心竞争力。

当每一位加入公司的新员工都能快速学习并掌握岗位所需的优质经验，当每一位员工都愿意主动学、主动用，当每一位业务能手和管理者愿意主动分享知识……企业就能形成良好的培训文化。

而良好的企业培训文化一旦形成，企业在未来行业的竞争中，就会拥有更强劲的动力，企业内部培训的价值就能得到真正实现。

培训技术篇

B.23
3D虚拟仿真技术在管理培训中的应用

孙学章　陈晓军*

摘　要：　管理培训是以提高管理技能、提高生产运作效率为目的的培训，包括人力资源管理培训、营销管理培训、生产采购管理培训、企业经营决策培训等各个模块。本文以近年来从技能培训中逐渐采用的3D虚拟仿真技术入手，阐述了3D虚拟仿真技术在管理培训中的运用，尤其是3D虚拟仿真技术在管理培训系统开发、设计方面进行了探索，以满足不同行业管理培训工作的差异化需求。本文认为要充分利用新的理念、新的技术手段、新的培训方式来改变传统的管理培训方式，打造更加高效、直观的管理培训模式。

关键词：　管理培训　虚拟仿真　培训模式

* 孙学章，北京现代中欧软件开发有限公司董事长；陈晓军，北京现代中欧软件开发有限公司总经理。

“现代企业管理之父”的通用之父杰克·韦尔奇认为，对于一个精干而有生命力的公司而言，提高生产力的唯一途径就是建立一支有活力的、人人积极参与并且全身心投入的、热情无限的员工队伍。抓好企业经营管理人才队伍建设，进一步提升企业经营管理者的综合能力，是管理培训的重要目的之一。如何提高管理培训的效果、改变管理培训的方式，是管理培训工作面临的主要问题。

一 现有管理培训模式的痛点和不足

近年来，随着管理培训需求的不断提高、培养手段的不断创新，培训方式也逐渐从线下转向线下线上相结合，管理培训较以往取得了很大的进步。但是，我们也发现，管理培训中依然存在值得改进和逐步完善的地方，这也是传统管理培训遗留下的问题，主要体现在以下几个方面。

（一）培训理念还需要进一步改变

为应对新的经济发展趋势的要求和挑战，国务院发布了《中国制造2025》，提出了坚持“创新驱动、质量为先、绿色发展、结构优化、人才为本”的基本方针，并把“加强制造业人才发展统筹规划和分类指导，组织实施制造业人才培养计划，加大专业技术人才、经营管理人才和技能人才的培养力度，完善从研发、转化、生产到管理的人才培养体系，以提高现代经营管理水平和企业竞争力为核心，实施企业经营管理人才素质提升工程和国家中小企业银河培训工程，培养造就一批优秀企业家和高水平经营管理人才”作为健全多层次人才培养体系提到一个新的高度。但我国现阶段任务依然艰巨，所有的发展最终都取决于人才的数量和质量，为了应对社会和产业发展对人才的新需求，国家也相应出台了技能提升行动方案和标准。技能的提升包含了管理技能的提升和岗位技能的提升，在国家方案和标准的背景下，管理培训也就显得更加重要和迫切。培训机构更应该顺应社会发展趋势和产业发展要求，保持创新开放的心态，不断创新管理培训的模式、手段和内容。

管理培训的落脚点就是要培训大量理论基础扎实、实践经验丰富的职业化的管理人才队伍，以满足行业需求和产业发展需要来设置培训课程、培训内容和考核标准，为顺利完成《中国制造 2025》的宏伟目标，奠定人才基础。

（二）培训手段需要更新

传统的管理培训基本都采取面授、案例分析的培训方式，培训周期长，培训成本高，培训教师水平高低不一，导致培训效果也不同，培训成果短期内也无法衡量。随着“互联网 +”教育模式的提出，各种在线教育机构、在线培训平台、课程大量出现，尤其是 2020 年疫情期间，线下课程无法正常开展，各培训机构开始加大线上培训布局，线上学习平台、在线培训课程大量出现，实现了在线培训教育的快速发展。但是我们梳理后发现，各培训平台的在线课程均以直播课程、视频课程为主，参训人员只能被动地观看学习，无法实现互动和实战模拟。所以，目前的在线管理培训实质就是将线下授课搬到线上，仅仅变换了培训地点，培训手段并没有根本上的改变。近两年来，5G 技术的快速发展和普及，已经开始逐步影响到社会生活的各个方面，管理培训手段更新的外部环境已经具备。5G 高速的传输速度，让网络延迟现象得到大幅度的缩减，大资源加载也可以快速完成，也让 3D 虚拟仿真管理培训系统的运行更加流畅，培训参与者的体验效果发生了质的改变。

（三）培训内容需要更加丰富、完善

长期以来，管理培训内容主要偏向理论学习和案例分享，少有“理论学习 + 实战演练”的培训内容，导致培训效果的提升和培训结果的落地受到很大的限制。尽管后来出现了沙盘培训模拟，丰富了“理论 + 实战”部分的培训内容，填补了“理论 + 实战演练”的培训空白，但沙盘培训受到时间、空间、培训师水平等的限制，承载内容有限，在新的经济环境、新的经济形态下，无法更大规模地实现高水平的培训。要想继续丰富管理培训的内容，就必须开发完善在线管理培训系统，形成完整的融理论学习、管理提升、自我测评、互动模拟、实战演练为一体的 3D 虚拟现实实战训练系统。

二 3D虚拟仿真技术在管理培训中的优势

3D虚拟仿真技术不是一个新事物，已经发展为成熟的技术手段，并且得到行业、社会的普遍认可。将3D虚拟仿真技术应用于管理培训，具有显著的技术和视觉优势，主要体现在四个方面。一是实操性强，仿真度高，学员能够身临其境地完成培训任务，完全仿真的培训场景又能极大地提高学员的学习兴趣，增强培训效果。二是培训成本低，培训标准统一，培训方式灵活。3D仿真培训，可以在线进行大规模的人员培训，培训标准统一，能够反复训练，不同批次学员均可训练，极大地降低了培训成本。并且可以突破时间和空间的限制，学员在培训教室、在家甚至在办公室均可参加训练，培训方式灵活。三是安全性高，不会出现培训事故。3D仿真培训全在仿真环境下进行操作，参训人员如果操作错误可重新开始，反复训练，不存在任何培训的安全隐患，也不会造成任何社会资源的浪费。四是培训普及的性价比高。3D虚拟仿真技术应用于管理培训，不需要额外增加培训成本，除电脑外不需要任何额外的外接设备。虽然现在的虚拟仿真培训已经开始采用VR/AR技术，但与3D虚拟仿真技术比，其需要更多的外接设备，增加了相应的成本，整体性价比低于3D虚拟仿真技术的应用。

三 打造与3D虚拟仿真技术相结合的管理培训系统

3D虚拟仿真技术在管理培训中如何才能显示出优势？这就需要开发两者相结合的培训系统，将管理培训涉及的知识、经验、技能等按照学习、培训的逻辑体系，融于3D构建仿真的培训系统中。以3D虚拟仿真技术为载体和表现形式，以社会、行业需求的管理培训内容为基础，构建成熟的3D管理培训系统，应达到以下要求。

（一）构建全仿真的管理培训环境

3D 的一大特点就是实操性强、仿真度高，因此，3D 管理培训系统必须构建虚拟的 3D 仿真场景。通过将管理培训背景中的商业场景、社会场景、企业场景和岗位场景等全部实现虚拟仿真，让管理培训的任务、操作、考核、评价等都在虚拟的场景中进行知识的学习、任务的演练和实战的锻炼，实现人物、场景、任务、动作、经济环境、市场配置的全要素的 3D 虚拟，构建完整的 3D 虚拟仿真环境，增强参训者的代入感和真实感。

（二）打造模块化组合的3D 管理培训开发系统

管理培训系统的开发涉及行业、岗位众多，特点也各有差异，而 3D 本身开发的难度远远大于视频课程的录制。因此，3D 管理培训系统的开发要具备灵活的组合方式，通过模块化的灵活组合，快速配置不同行业的培训系统，其组合模块应包含登录系统、管理系统、任务系统、特训系统、排名系统、资源系统、角色系统等。除登录系统外，其他系统应该采用灵活配置的方式，便于培训内容的增减、调整，以适应不同行业、不同学习内容的编排，尤其是在任务系统的设置上，要能实现多路径、多分支、多形式的配置形式，实现场景、动作、任务的一体化配置。

（三）形成“实战演练、博弈对抗”的学习模式

3D 管理培训系统应该遵循管理人才的培训规律，在管理能力培养和经营能力提升上，形成由浅入深、逐步提升的培训机制。为了提升培训效果，增加学习的趣味性，除了要有仿真的模拟训练环境，还要有趣味化的培训形式和博弈对抗的学习模式。将管理能力和经营能力的学习培训纳入竞争机制，让模拟环境动态化、模拟训练路径多样化。只有完全实现“实战演练、博弈对抗”的高互动的学习模式，才能产生较好的培训效果，才能让管理人才的培养更具针对性和挑战性，才能培养更多具备市场风险识别、市场机会把握和懂经营、善管理的综合型人才。

（四）突出“知识性、竞争性、趣味性、渐进性”的设计原则

作为集学习、训练、考核、评价于一体的培训系统，3D 管理培训系统在开发中除了应该遵循培训课程的开发规律，还应该根据系统要求，突出“知识性、竞争性、趣味性和渐进性”的设计原则。

1. 知识性

培训目的是学习新的知识、经验、技能，以加深对管理知识的理解深度和广度，因此知识性原则是 3D 管理培训和其他类型培训的首要任务。

2. 竞争性

多人在线、实时竞争，形成“实战演练、博弈对抗”的竞争模式，让参训者在对抗中得到提升。

3. 趣味性

知识学习的过程极其枯燥，虽然 3D 模式能够有效缓解学习的枯燥，但长时间高强度的学习培训依然会影响培训效果，因此培训中植入的以知识点为内容的趣味游戏就显得尤为重要。

4. 渐进性

培训、学习是一个渐进的过程，因此，3D 管理培训系统的设计应该遵循由浅入深、由易到难的渐进过程。

（五）构建完善的智能化的评价系统

学员在每个训练任务完成后，系统会根据训练过程进行该任务的点评和评价，学员可根据点评内容对训练过程进行总结。同时，培训系统应具备学员能够查询训练结果的详细数据、精确到每个培训任务的练习次数、得到各级评价的个数等的功能。此外，培训系统应在重点知识考核点设置一系列评估参数，通过参数的变化来反映训练效果。训练过程中，参训学员可随时关注自己的系统排名，方便学员对自己的训练成绩进行横向对比。为便于对参训人员的培训状况进行大数据分析，培训系统应具备随时查看所有学员的培

训任务完成情况的功能，包括每个学员培训任务完成总次数及成绩分布，每个任务完成情况（成绩分布）的统计和汇总等。

（六）打造符合社会经济发展趋势与行业发展特点的内容体系

3D 管理培训系统的开发和建设，虽然借助 3D 虚拟仿真技术的优势，能够最大化地提升培训效果，但培训的核心依然是培训内容的整合与发掘。因此，3D 管理培训系统开发者最核心的任务依然是构建前沿的、符合经济发展趋势的培训体系，不能偏颇地只注重仿真环境的搭建而忽略了培训最本质的任务。只有将 3D 技术的载体与培训内容的内核双双提升、有机结合，才能够开发出得到社会和行业认可的 3D 管理培训系统。

四　3D 虚拟仿真技术与管理培训深度结合的展望

以 3D 技术为代表的虚拟仿真技术，随着社会需求的发展还在不断革新和深化，其与管理培训的结合也越来越紧密。近年来，VR 技术、AR 技术以及 MR 技术都在不断发展，也各自在对应的培训领域找到了实用的范围，在技能培训、认知培训上，VR、AR、MR 技术具有更大的优势，其培训的代入感是其他技术手段无法比拟的。但在管理培训领域，其使用范围还相当狭窄，未来管理培训的需求发展依然还是以 3D 虚拟仿真技术为主体，结合 VR、AR、MR 技术的优势，不断推进虚拟仿真技术在管理培训中的应用。同时，随着更多差异化的培训要求越来越多，管理培训系统的开发要求也会越来越高，只有不断革新管理培训的内容体系、展现形式和训练方式，才能在整体上降低社会培训成本，提升培训效率，不断提高 3D 虚拟仿真技术在管理培训中的应用比重。

参考文献

《中国制造 2025》（国发〔2015〕28 号），2015 年 5 月 19 日。

《职业技能提升行动方案（2019～2021年）》（国办发〔2019〕24号），2019年5月18日。

简·巴贝切特：《管理培训，追求绩效：工具、模型和最佳实践》，李勇、龚乐译，电子工业出版社，2016。

张金钊、徐丽梅、高鹏：《虚拟现实技术概论》，机械工业出版社，2020。

B.24

在线学习与信息技术应用发展报告

黄观祯　陈　影*

摘　要：　在智能互联的时代背景下，信息技术与教育深度融合，构建数字化、智能化、敏捷化的在线学习体系是大势所趋，我们需要主动适应信息技术发展带来的教育形态和就业市场的全新变革。在线学习经历了电子化学习、移动学习、智慧学习等三个发展阶段，未来发展方向是实现精准营销、抢滩下沉市场、线上线下相结合等。

关键词：　在线学习　人工智能　信息技术

近年来，随着以云计算、大数据、人工智能、物联网为代表的新技术飞速发展，互联网产业得到快速发展，极大地改变了人们的生活方式和模式，特别是对于教育行业来说，信息技术与教育的融合打破了传统的教育模式，为教育变革带来了新的源泉。

公开数据显示，2019 年国内在线教育市场规模为 3133.3 亿元，预计 2022 年将达到 5433.5 亿元。一直以来，职业培训和职业教育是在线教育的市场主体，但近年来 K12 在线教育却增速惊人，如图 1 所示。尤其是疫情发生后，国家提出利用网络平台实现“停课不停学”，在线学习得到了空前发展，不仅完成了全球最大的信息化基础设施升级改造，也让我国师生经历了规模空前的信息素养整体提升过程，同时钉钉、腾讯会议、

* 黄观祯，知学云（北京）科技有限公司研究院副院长；陈影，知学云研究院研究员。

知学云等耳熟能详的在线平台都得到爆发式的增长，在线教育的一场新革命或已悄然降临。

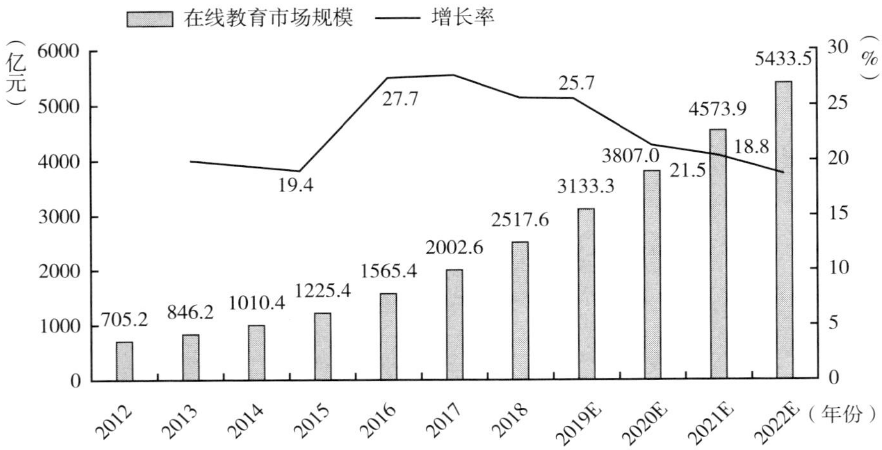

图1　2012～2022年中国在线教育行业市场规模及预测情况

注：E表示该年度为预测数据。

一　在线学习发展历程

在线学习是一种主要基于互联网技术的学习与教学方式。借由互联网的零距离交流、多智能终端、信息资源共享等技术特点，在线学习实现了无时空限制、灵活便捷的学习模式，打破了传统师生“教与学”的模式，从根本上改变了教育本质和教育结构。

在线学习历经三十余年，先后经历了基于互联网的电子化学习、可随时随地进行的移动学习，再到目前纷繁多样的智慧学习（见图2），对传统教育从教育模式到教育理念都已经形成了重大冲击。在整个发展过程中，在线学习的形式和内容越来越多样化，便利程度也不断提高，越来越多的用户开始乐意尝试这种新型学习形式。

图2　在线学习发展历程

如今，在线学习已不再是简单的上传课堂视频，而是在各个层面都有了深度发展，信息技术也不再作为单纯的工具被应用，而是与学习课程、学习设备、学习环境逐渐融为一体，在信息技术的基础上依据课程内容及教学法重新设计课程的呈现方式。在线学习的升级变革不仅是快速变化的数字化学习技术和工具，更是一场认知和思维的革命。

（一）电子化学习（E－Learning）（20世纪90年代至21世纪早期）

E－Learning 这一概念最早由美国学者 Jay Croos 正式提出，此时投影仪、广播、电视、录音以及录像带进入人们的生活，传统的课堂学习方式开始改变，教育信息化的起步缩短了信息传递的过程，提高了教育效率。

2000 年，美国教育部“教育技术白皮书”与美国“国家教育技术计划”分别对 E－Learning 的内容做了具体描述。在“教育技术白皮书”中，E－Learning 是指基于互联网的学习；在“国家教育技术计划”中，E－Learning 不单指基于互联网的学习，还包括基于多媒体资料的数字化内容（CD－ROM、数据文件、计算机模拟、数字音视频等)，并强调要把网络资源与数字化内容结合起来。

随着互联网技术的飞速发展，知识获取的方式发生了根本变化，同时也催生了各种在线学习平台和在线学习课程，电子化学习的技术不断创新，教育理念也更为丰富。2007 年，孟加拉裔美国人萨尔曼·可汗成立的“可汗学院”实现了 E－Learning 一次质的飞跃。它利用网络影片将数学、历史、金融、物理、化学、生物、天文学等科目的内容进行免费授课，极大地推进了人们的学习进度，并激发了学习热情。

同一时期，国内的电子化学习也进入发展时期。2000 年后，教育部批准了 68 所高校为全国现代远程教育试点院校，准许开设网络教育学院，颁发网络教育文凭，其总体规模占据了当时中国在线教育 90% 以上的市场份额。这一时期的在线学习以网络视频课件呈现为主，仍处于单向传输模式阶段。同时，受市场容量、盈利等因素限制，故而行业发展缓慢。

（二）移动学习（M-Learning）（2010~2015年）

随着3G网络的进步和4G网络技术的研发，越来越多的手机视频、手机音乐、手机游戏等移动互联网业务开始出现。据悉，至2013年手机网民已占中国总网民数量的81%，网络运营商根据网民的实际需求，积极以WAP、Web的方式为人们提供移动互联网服务，让用户在手机、iPad、便携式播放器、电子阅读器等移动设备上通过网页全浏览技术来获得与电脑上一样的业务体验。

此时，学习者不再被限制在电脑桌前，而是拥有一个开放性的学习环境，可以机动、灵活地安排自己的学习时间、学习地点和学习方式，主动地进行学习，实现了学习的便捷性、交互性和个性化。移动学习开始快速发展，与传统的面授、E-Learning等学习方式混合使用，互为补充。

作为一种新型的教育模式，移动学习在信息化教育领域所展现出来的优势越发彰显，尤其是在企业移动学习中，移动学习活动开展的灵活性符合员工对学习个性化的需求，内容的片段性能够较好地满足员工对学习内容组织形式的需求，很大程度上缓解了工学矛盾，并且由于其信息传播的快捷性和广泛性，更有利于提高企业学习资源的利用率。

与此同时，MOOC、网络公开课也快速发展。2012年前后，美国的顶尖大学与Coursera、Udacity、ed X等课程网站合作开设免费的在线课程MOOC，2013年果壳网创立的MOOC学院成为国内首个MOOC平台，随后大学也开始以与MOOC平台合作或推出自营MOOC平台的方式提供在线课程，以便给更多的学生提供接受优质高等教育的机会。有些MOOC课程注册人员高达万人甚至十几万人，在社会上产生了惊人的影响力，“教育将是下一个被互联网颠覆的行业”的呼声不时响起。

正如硬币有正反两面，移动设备虽然便携，但是信息处理能力相对较低，手持设备屏幕普遍偏小、屏幕的分辨率低、运算能力偏弱，移动设备与电脑设备不兼容等问题仍然是困扰在线学习发展的难题。

（三）智慧学习（S-Learning）（2015年至今）

习近平总书记在十九大报告中提出：必须把教育事业放在优先位置，深化教育改革，加快教育现代化。智慧学习是随着互联网、人工智能、大数据、云计算、物联网、可穿戴技术的发展而出现的一种最新的学习方式，是教育信息化的重要发展方向。

对于学习者来说，智慧学习以学习者为中心，重视个性化、交互性和协同性，以及内容的可知性和随处可取，最终实现学习者的自我导向学习；对于教育技术来说，智慧学习广泛利用了快捷、智能、简便的设备等来打造智能学习环境，这个智能学习环境可以有效实现对学习者学习数据的记录、分析与评估，解决移动学习多终端不同源、设备不兼容的技术问题，支持学习者学得更高效，从而实现智能连接、知识繁荣、精准运营。

随着智慧学习的发展，市场上也涌现了一批优秀的服务商。其中，国内智慧学习领航者知学云基于多年深耕行业的经验，针对培训业务全场景（组织学习、社交学习、自主学习、培训管理、大数据），通过不断的创新优化，以数据驱动学习设计和运营，构建“数据+AI”驱动下的“技术+运营+内容”的智慧学习云平台，致力于为组织和企业创建智慧学习的应用场景，满足客户特别是大型组织和垂直行业规模化、敏捷化、个性化的学习需求，并聚合高端、权威的优质内容资源，运用数字化工具推动智慧运营，助力企业培训实现数字化转型，提升企业人才培养质量。

此外，以逻辑思维、腾讯课堂、网易云课堂为首的知识付费平台，为用户提供全方位服务以及多领域的教育资源；以 VIPKID、学而思网校为首的 K12 一对一直播则打破空间的限制，让 K12 阶段的学生能够在家接受全国各地的优秀教师的个性化辅导。

如今，智慧学习已得到行业和资本的普遍认同。根据网经社公布的数据，在线教育行业巨大的发展潜力吸引了大量的资本入局，2020 年上半年，在线教育行业共发生投融资事件 49 起，投融资金额达 143.4 亿元，同比增长 48.29%。下半年，以知学云为代表的企业在线学习平台也利好不断。2020 年 10 月，知学云获得中移股权基金战略投资，成为业内唯一获得两次国家级产业基金战略投资的企业，知学云也将站在更高的起点上，把握数字化转型发展机遇，推动中国企业人才培养的数字化、智能化、产业化转型升级。

目前，在线学习的技术以互动平台和智能系统为主，相信随着技术的不断发展，越来越多的技术应用于在线学习平台，优化平台的教学体验与效果，将进一步推动在线教育行业产品服务升级。

二 信息技术发展，为学习带来三重便利

信息技术的发展给学习带来的便利，主要体现在学习内容的数字化，也就是将线下现实存在的物质实体、人们的智力成果以数字化的形式展示出来，突破物理空间的限制，同时带动学习环境、学习形式的数字化，让学习变得便捷有趣。

1. 学习资源可视化

传统的学习资源还是以文本形式为主，相对单调和枯燥，尤其是在企业培训领域，起步较晚，学习资源严重匮乏。随着互联网的崛起，学习资源传递的信息经过广泛而深入的可视化处理，逐渐发展为图像、音频、视频、动画等形式，不仅丰富了学习资源，也帮助用户快速高效地发现隐藏在知识内部的特征和规律。

在短视频风靡的当下，视频制作的门槛较高，传统人力制作方式效率低、费用贵、版权风险高。为了降低用户视频制作门槛，市场上涌现了一批短视频制作工具，比如 PR、剪映、知学来画等。

知学来画是知学云联合国内首家云端动画短视频创作平台来画视频共同推出的快速视频内容制作平台，具有海量正版商用素材，多样化 AI 神器（绘图、配音、字幕），丰富的转场动画以及 PPT 一键导入等超实用功能，可支持内容资源开发、微视频赋能培训、微视频大赛、新员工培训、企业文

化建设、制度流程培训、学习平台宣传等近百个业务场景，是企业学习资源高效增值利器。

2. 学习过程可视化

如今，很多学习活动都在平台上发生，利用大数据讲师可以即时地对学习者进行全面的学情分析和记录，学习者可以时刻查看自己的学习状态，包括每类知识学习的完成情况、自己的点滴进步，以便于自己及时调整，查漏补缺。整个学习过程清晰可见，便于管理。

3. 学习中的协作、交互随时随地发生

利用信息技术可更便捷地实现师生的交流互动，甚至让不同地域的声音和资源一起参与到学习过程中来。目前，国内的视频、直播产业都实现了大幅度增长。作为社会当中最重要的教育行业，直播的出现将在线教育同实时交互结合起来，从体验上更加接近于线下培训“老师—场景—学生”的服务模式，使师生之间的活动从异步发展到同步，逐渐摆脱了时间和空间的限制，进行随时随地的学习，最大限度地提升教学内容的影响力，并提高教学效率，如图 3 所示。

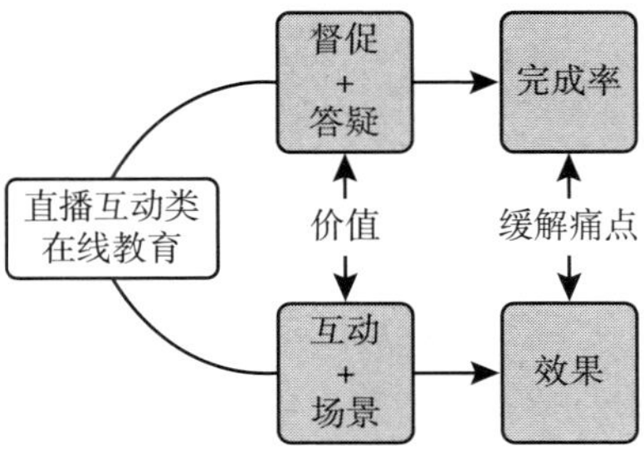

图 3　直播相对于录播的优势

资料来源：艾瑞咨询。

未来随着国家 5G 战略的推动以及人工智能新基建项目的落地实施，技术的升级将进一步改善直播教学的质量，支持更多数量、覆盖更大范围的教师和学生用户，而且随着 VR、AR 技术在教育场景的加速落地，5G + VR/AR 的赋能会大幅提升用户使用体验，从而助力直播教学迈入新的发展阶段。

4. 促进教育资源城乡共享，推进教育公平

信息化发展促使教育从封闭逐渐走向开放化、大众化，远程教育、网络大学的出现，教学内容的数字化极大地拓展了教育的时空，使教育资源超出本地向更广泛的地区辐射。

数据显示，2019 年，全国 98.4% 的中小学（含教学点）实现网络接入，90.1% 的中小学已拥有多媒体教室；包括 1291 门国家精品在线开放课程和 401 门国家虚拟仿真实验课程在内的在线课程共 4.1 万门，在 22 个在线课程平台免费开放。这为促进教育资源城乡共享、推进教育公平打下坚实的基础。

虽然信息化发展为教学带来便捷，但是也暴露了一些亟待解决的问题，例如，老师对网络教学设备的不熟悉，偏远地区的学生网络差或者缺乏电子设备，无法真正享受教育信息化带来的便捷等，这些还需要进一步完善。

三　在线教育未来发展趋势

众所周知，随着社会的不断发展，在线教育必定也会在发展中不断革新，其优势会更加明显，而不足之处也会慢慢改善。未来，在线教育将会向三个方向发展。

（一）实现精准营销

在线教育机构将会在营销方面进行思考与转变，大趋势就是将实现精准营销。随着对个性化发展和个性化教育的强调，用户一方面希望能够从在线教育网站或平台上快速获取自己需求的课程，另一方面希望在线学习中有更加智能化的工具。这就催生了教育与 AI 的快速融合，从学习资料的获取、学习进度的管理到教学内容评测等都可以通过 AI 的智能语音识别、知识图谱、智能分析等功能实现，从而实现对用户的精准定位。

精准营销就是在精准定位的基础上，依托现代信息技术手段建立个性化的服务体系。

以腾讯课堂为例，针对不同的人群做了不同程度的定位。针对老师，课

堂统计、行为分析等功能帮助授课老师通过对授课视频的一些分析，更好地进行磨课、更好地提升线上教学的效果，以及更好地上好一堂在线课；针对学生，通过对学生学业的测评，加上知识图谱的方式，在线教育机构更好地知道学生在具体知识点方面的掌握情况，再结合教学教材的内容以及教学的进度去推荐更好的、更适合每个学生的个性化、精准的题目，更好地提升学习效率。

（二）抢滩下沉市场

在线教育打破时空限制，能提供更加优质教育资源的特征，正好能够弥补教育资源在下沉市场中的紧缺或者质量要求。中国互联网络信息中心（CNNIC）发布的第46次《中国互联网络发展状况统计报告》显示，截至2020年6月，我国在线教育用户规模达3.81亿人，疫情期间在线教育行业的日活跃用户数量从平日的8700万人上升至春节后的1.27亿人，新增流量主要来自三、四、五线城市。

在下沉市场，本地线下教培机构的局限很明显：规模小，师资力量弱，资源获取较为落后。在线教育的发展恰好弥补了这些劣势。因此，下沉市场成为在线教育发展的必然趋势。不过我们也要清醒地意识到，教育服务的可获得性和内容质量仍有较大提升空间，实现偏远地区的普惠教育仍任重道远。

（三）线上线下相结合

线上发展再好也无法取代线下，两者相辅相成才能达到理想优质的教学效果。德国哲学家亚斯贝尔斯在《什么是教育》一书中说道："教育就是一棵树摇动另一棵树，一朵云推动另一朵云，一个灵魂召唤另一个灵魂。教育，是'教'和'育'相结合过程，'教'是手段，'育'是灵魂。"

在线教育，将学生分割成一个个单独的个体，随时随地完成"教"的过程，但是彼此之间相互独立，缺乏沟通交流，线下教育正好弥补了这一缺陷，它将个体集中起来，形成团体，大家在这个团体中相互包容、相互学习，既锻炼了沟通交流能力，也锻炼了组织能力、协调能力，这个过程就是“育”。

当下互联网科技高速发展，在线教育给我们带来的便捷和实惠是有目共睹的，今后的教育一定是线上线下相结合，如果需要发展得更好，两者只有相互成就而非取代！

参考文献

陈帅：《移动学习在企业培训应用中存在的问题及应对》，《现代企业》2020年第9期。

刘凯、曹天宇：《在线教育：教育+互联网，直播+AI——教育行业跨市场研究之八》，光大证券，2018年9月17日。

钱晓如：《我国智慧教育的发展现状和前景展望》，《新智慧》2018年第6期。

王涛：《教育AI融合实现精准教学、个性化学习、科学决策》，世界人工智能大会教育分论坛，2020年7月10日。

吴玫：《基础教育与在线教育融合的策略初探》，《天津市教科院学报》2014年第6期。

杨琴、王亮亮、孙南飞：《从远程教育到在线教育的发展与思考》，《中国医学教育技术》2015年第6期。

中国互联网络信息中心：第46次《中国互联网络发展状况统计报告》，2020。

B.25

基于工作分析课程体系建设方法及其在实践中的应用

冯絮影　赵琬颖*

摘　要：　企业课程体系建设在培训中发挥着重要的基础性作用，是有序开展培训工作的指南。基于工作分析的课程体系建设方法逻辑性和针对性强，适合于不同类型的企业，在技术类培训中应用广泛。本文详细阐述了基于工作分析的课程体系建设的步骤，并以高层课程体系安全管理人员为例，详细描述其安全专题课程体系建设的步骤，在此基础上，搭建了分层分类的安全课程体系框架。

关键词：　工作分析　培训课程体系　高层安全管理人员

培训课程体系在培训中发挥着重要的基础性作用，是有序开展培训工作的指南。对课程体系建设进行深入研究，是推动培训课程体系建设经验的文本化和传承、实现可持续发展的重要举措。培训课程体系建设对提高培训机构的培训项目开发能力、培训项目实施能力和科研咨询能力有巨大推动作用，是增强培训机构核心能力的关键。

* 冯絮影，石油化工管理干部学院技术培训部教师，高级经济师；赵琬颖，中国石化安全监管部应急室主管，高级经济师。

一　安全课程体系建设的背景和意义

石油石化行业是国民经济基础行业和重要的支柱产业之一，其经营的安全稳定与否对人民日常生活将产生重大影响。保证石油化工行业安全生产，避免生产事故，保障财产和生命安全，关系到改革发展稳定的大局、和谐社会的发展和广大人民群众的根本利益。

中国石化安全培训课程体系建设有助于进一步明晰中高层管理及专业技术各类人员的安全培训需求，为安全培训从目标、内容、方式、周期及资源等方面提供技术支撑与理论指导。

本文在详细阐述基于工作分析课程体系建设的基础上，分析中石化安全生产组织机构及岗位层级，聚焦高层安全管理人员，对采用基于工作分析的课程体系建设方法进行研究。

二　基于工作分析的课程体系建设

（一）建设步骤

基于工作分析的课程体系建设是一种以工作分析为基础，以职位族为逻辑主线，以提高培训对象的岗位适应能力为目标，以职业资格为导向，以岗位技能培训为重点，严格按照职业规范，构建与每项工作形成一一对应关系的课程体系开发方法，建设步骤如图 1 所示。

（二）建设流程

1. 划分职位族

将具有相同工作性质和相似能力要求的不同职位构成相应职位族，职位族划分遵循战略导向原则、与工作紧密结合原则、统一分类原则、区分度明显原则、垂直上升和横向流动双向发展原则，内涵如图 2 所示。

划分职位族	工作分析	能力识别	能力与课程转换	开发课程	构建课程体系
· 明确组织结构和工作任务 · 明确职位族划分原则及方法	· 分析岗位安全责任 · 明确岗位专业知识能力要求	· 锻炼岗位专业知识能力要求 · 构建专业知识能力胜任模型	· 划分课程模块 · 获得课程目录	· 设计开发课程内容 · 明确课程要素	· 按照职位族，整合更新完善培训课程体系

图 1　基于工作分析的课程体系建设步骤

战略导向原则：必须体现战略对企业核心能力的需求

与工作紧密结合原则：要从企业战略目标出发，分析实现目标要具备的能力；要考虑组织中的不同职位在职位族中的层次和位置

统一分类原则：以企业战略目标为源头，统一分类标准，职位族的划分不是企业根据自己职能定位，简单地将现有职位归

区分度明显原则：不同职位族间要有明显的区分度，不同职位族胜任能力要有明显不同，同一职位族内层次也要有明显的区分度

垂直上升和横向流动双向发展原则：要考虑族与族之间的区分度，要考虑族与族之间的横向联系，为员工跨族发展奠定基础，为职业发展提供更广阔的空间

图 2　职位族划分原则

2. 工作分析

对相应职位族，定位于岗位基本需求，收集、整理和分析岗位性质要求、职责、制度等信息，分析明确岗位对专业知识和专业能力的要求，构建其岗位胜任力模型。

分析过程中，一要明确岗位要求完成的工作性质和工作内容、具体的工作步骤和要求等要素，二要聚焦于专业知识和能力要求，明确完成工作需要具备的经验、技能和知识要求等。

3. 能力识别

对搜集的岗位相关信息及资料进行分析研究，明晰每个岗位的职责、任务和要求等，提炼每个岗位必须具备的知识和能力。

（1）能力项目识别

以岗位需求为基础，立足各个职位的职业生涯发展规划，结合企业发展

战略，收集和整理岗位信息，将岗位信息转化为胜任本岗位应具备的能力要素。

（2）典型行为提炼

岗位所需要的能力要素逐一分解为若干典型行为，实现岗位胜任能力从抽象到具体的转变。

（3）能力层级划分

剖析各层级人员岗位要求和工作重点的异同，逐一分析各层级人员应具备的能力，并对各层级岗位提炼典型行为，明确各层级不同岗位应具备能力对应的典型行为特征。

4. 能力与课程转换

立足能力需求，将能力转换为具体的课程和内容，实现能力与课程转换。能力与课程转换要保证全面性、衔接性和递进性，此外，行为要点和课程之间的转换要以准确性为基础、兼具衔接性和递进性。

5. 开发课程

对照能力项目中识别出的典型行为要求，分析所涉及知识点的属性和逻辑顺序，在考虑课程组成要素、内容深度、培训对象要求等的基础上，根据课程开发的要求，开发培训课程。

6. 构建课程体系

以职位族为主线，围绕培训目标，系统剖析课程间互相衔接、相互支撑、互相印证、互相制约的关系。按照先理论，后实践；先方法，后创新；先宏观战略，后微观技术；先普遍应用，后特定分析的原则对课程进行结构化。通过整合、更新与动态管理，逐步构建和完善培训课程体系。

可见，基于工作分析的课程体系建设是在分析各层级人员岗位及工作特点的基础上，根据国家、集团公司、企业、岗位等的不同要求分层分类，层层剖析，提炼其所应具备的能力和知识要求，研究其岗位专业知识技能模型的构建方法，并完成课程体系构建。其中，岗位专业知识技能模型的构建尤为重要。

三　企业安全岗位层级及组织机构分析

（一）企业安全岗位层级分析

本文研究对象是在安全环保领域中从事科研技术、安全专业管理活动的中高层技术人员。根据集团公司人才成长通道建设及专业技术和技能操作职位名称指引要求，参考《中国石化安全管理手册》的管理要求，这部分人员隶属三个岗位层次。

①直属单位安全总监：直属单位安全总监。

②直属单位专家：与安全生产直接相关的安全（环保）专家，涉及安全、环保、消防技术管理等技术领域，涵盖工艺安全、设备安全等技术方向。

③技术骨干：主任师、副主任师和主管师。

从专业技术人员分布来看，安全领域涉及工艺安全、作业安全、设备安全、安全技术、消防安全 5 个二级专业 22 个专业方向（见表 1）。

表 1　安全领域专业分类

一级专业	二级专业	专业方向
安全	工艺安全	采油(气)安全
		集输(管道)安全
		海洋采油安全
		炼油安全
		化工安全
		电力安全
	作业安全	劳动防护
		物探安全
		钻井与井控安全
		井下作业安全
		测录井安全
		油建安全
		炼化检维修安全
		机械制造安全

续表

一级专业	二级专业	专业方向
安全	设备安全	炼油装置与设备
		化工装置与设备
		施工装置与设备
	安全技术	事故分析
		安全预评价
	消防安全	消防设备与装备
		消防建审
		灭火集输

（二）企业安全组织机构分析

因安全工作开展情况不同，中石化各企业安全组织机构建设和各安全岗位人员岗位职责分工也各不相同。大部分企业安全环保工作不分家，企业除负责安全的主管和分管领导外，各企业还下设公司级安全总监，主要职责是协助企业安全总监协助企业安全分管领导对安全生产第一责任人负责，领导安全管理部门履行相应职责。

安全环保处是企业安全工作的主体部门，其在企业领导和 HSE 委员会的领导下，贯彻执行各级 HSE 法规和制度。

在通常情况下，安全环保处下设安全技术科、职业病防治科、督察大队等科室，负责企业安全教育、安全隐患项目治理、职业病防治等。通常，安全环保处设安全环保处长、安全环保副处长、各科科长及科员、安全员环保员等岗位。

企业各作业部下属车间设置车间级安全总监，车间还设有专职安全员或安全工程师，负责车间安全管理、施工作业。

消防大队、气体防护急救站负责防火、灭火、紧急救援等消防工作及消防和气防的专业化管理工作，一般情况下，消防大队、气体防护急救站下设大队急救站负责人、消防队灭火救援指挥人员、应急管理人员等。

参考企业安全生产组织机构及岗位层级分析，依据职位族划分原则，可将中石化安全人员分为高层安全管理人员、中层安全管理人员和安全专职人员三类。

高层安全管理人员：企业主要负责人、企业安全总监及包括党委书记、副厂长、总会计师等在内的其他副总。

中层安全管理人员：企业负责安全管理的处科级人员，包括安全环保处科长、企业二级单位的安全负责人、作业部安全总监等。

安全专职人员：企业专门负责安全管理（负责职业病防治、工伤申报、劳保、安全“三同时”等）和安全监督（如督察大队）的专职人员。

四　高层安全管理人员课程体系建设

（一）高层管理人员专业知识技能模型构建

本文聚焦高层安全管理人员的课程体系建设，阐述其专业知识技能模型构建和课程体系建设方法，高层安全管理人员专业知识技能模型构建步骤如图 3 所示。

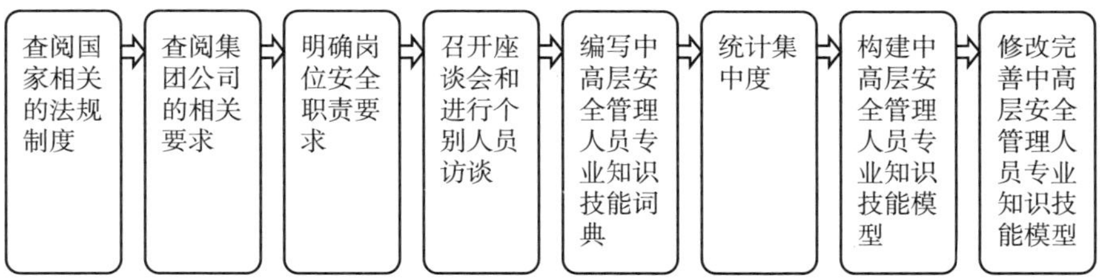

图 3　安全管理人员专业知识技能模型构建步骤

1. 收集分析相关文献和资料

（1）国家层面对高级安全管理人员的专业知识能力要求

学习《安全生产法》、《安全生产培训管理办法》（原国家安监局第 20 号令）、《生产经营单位安全培训规定》（国家安监总局第 3 号令）等相关标准规定，学习《危险化学品经营单位主要负责人安全生产培训大纲及考核标准》等[1]。

国家层面专业能力要求可归纳为：法律法规贯彻执行能力，安全组织决策能力，企业安全文化营造能力，安全生产管理体系构建能力，安全生产责任制落实能力，安全生产事故处理能力，安全风险识别管控能力，事故应急处理能力，危化品经营安全管理能力，危化品储存、运输和包装的安全管理能力，职业危害预防和处理能力。

（2）集团公司对高级安全管理人员的知识能力要求

集团公司近三年与高级安全管理人员相关的安全管理制度，主要包括《中国石化集团公司安全环保巡视工作管理办法（试行）》《中国石化隐患治理管理规定》《中国石化安全生产应急管理规定》《中国石化安全管理考核暂行规定》《中国石化安全培训管理规定》《中国石化生产安全事故管理规定》以及集团公司年度安全工作报告等。

集团公司层面专业能力要求可归纳为：安全责任制和企业制度执行能力、安全生产主体责任落实能力、关键装置安全监管能力、生产装置及安全设施管理能力、安全文化建设能力、全员安全意识建设能力、生产过程安全管理能力、安全管理体系构建和运行能力、隐患排查治理能力、承包商管理能力、事故应急处理能力、事故调查能力、职业健康管理能力、油气安保和反恐防患能力。

（3）高级安全管理人员岗位安全职责要求

分析归纳高级安全管理人员的安全岗位职责，其安全能力要求可归纳为（岗位职责要求与集团公司要求重复率较高）：安全生产法律法规贯彻执行能力、建立健全企业安全生产责任制能力、企业安全机构设置与队伍建设能力、安全生产工作的指挥和协调能力、消除生产安全事故隐患能力、建立健全安全生产管理机构能力、事故应急处理能力、安全工作绩效考核能力、安全设施及装备的推广应用能力、消防应急及应急指挥能力、非常规作业监管能力。

（4）已有课题材料和著作分析

采用行为事件访谈法进行了问卷调研调查，挖掘典型行为，分析已有相

---

① 《安全生产法律法规文件汇编》，中国劳动社会保障出版社，2018。

关研究成果和著作，归纳可得高级安全管理人员专业能力要求：知法守法能力、安全文化建设能力、安全新法规和新技术推广能力、过程安全管理能力、法规决策的有效执行能力、现场监督管理能力、风险识别和隐患整改能力、承包商管理能力、应急管理能力、事故事件管理能力、生产装置与安全设施的管理能力等。总结能力清单见表2。

表2　能力清单汇总

层次类型	具体能力
国家层面的要求分析	法律法规贯彻执行能力,安全组织决策能力,企业安全文化营造能力,安全生产管理体系构建能力,安全生产责任制落实能力,安全生产事故处理能力,安全风险识别管控能力,事故应急处理能力,危化品经营管理能力,危化品储存、运输和包装的安全管理能力,职业危害预防处理能力
集团公司的要求分析	安全责任制和企业制度执行能力、安全生产主体责任落实能力、生产过程安全管理能力、关键装置安全监管能力、全员安全意识建设能力、安全文化建设能力、隐患排查治理能力、安全管理体系构建和运行能力、承包商安全管理能力、事故应急处理能力、事故调查能力、生产装置及安全设施管理能力、职业健康管理能力、油气安保和反恐防患能力
岗位要求分析	安全生产法律法规贯彻执行能力、建立健全企业安全生产责任制能力、企业安全机构设置与队伍建设能力、安全生产工作的指挥和协调能力、消除生产安全事故隐患能力、建立健全安全生产管理机构能力、事故应急处理能力、安全工作绩效考核能力、安全设施及装备的推广应用能力、消防应急及应急指挥能力、非常规作业监管能力
课题研究材料和著作分析	知法守法能力、法规决策的有效执行能力、安全文化建设能力、承包商管理能力、应急管理能力、事故事件管理能力、现场监督管理能力、安全新法规、风险识别和隐患整改能力、新技术推广能力、过程安全管理能力、生产装置与安全设施的管理能力等

2. 提炼安全能力项及典型行为

基于对调研材料的整理分析，经与调研对象及相关专家沟通解除困惑并澄清问题，统计各层级安全管理人员要求具备的能力的集中度。集中度高的能力不是孤立存在的，而是处于密切的相互影响和作用中。秉持足够涵盖高级安全管理人员安全知识和能力标准、行为描述既符合规范又保持石化特色的原则，得到专业能力项及典型行为特征（见表3）。

表3　中国石化高级安全管理人才专业技能的能力项及关键行为

专业技能	能力项目	关键行为描述
	1. 安全理念政策、方针原则、组织责任等	在了解理念政策、方针原则的基础上，明确安全机构的组织责任，有效推动企业安全工作开展
组织决策与指挥能力-JNA	2. 建立健全安全生产管理机构	合理设置、优化企业安全管理机构
	3. 安全管理队伍建设	进行安全队伍的构建和专业人才培养工作，强化安全管理人才专业能力，保证人岗匹配
	4. 安全文化建设	组织建设企业安全文化体系，营造安全环境与氛围，加强全员安全意识建设
	5. 安全工作的指挥和协调	对企业安全工作实施整体协调规划，能对企业生产及突发安全事件进行有效的指挥和协调
法律法规贯彻执行能力-JNB	1. 安全生产法规制度	熟悉掌握国家和集团公司相关的安全生产法律法规标准规范
	2. 贯彻安全生产法规制度	贯彻执行国家、集团公司及企业等的安全生产法规、标准、制度，批准实施安全管理制度
	3. 建立健全企业安全管理体系	建立健全安全管理体系、安全生产标准化体系，贯彻安全生产责任制和安全主体责任等的落实执行
装置及设施安全管理能力-JNC	1. 设备设施安全控制	设备设施的采购安全，设备设施建造与安装安全控制
	2. 生产装置及设施的安全管理	生产装置及设施的防火防爆、压力容器、电气等的安全使用，生产装置及相关设施的自动化监控
	3. 应用安全新设施与新装备	应用与开发安全新技术、新设施与新装备
	4. 关键装置及重要部位安全监管	组织实施关键装置及重要部位的安全监管
现场监督管理能力-JND	1. 相关方安全监督与非常规作业监管	组织对承包方、租赁方及临时工、外来施工、参观等相关方安全监督管理，强化常用及非常规作业的监管
	2. 直接作业环节监管	组织并有效进行直接作业环节的全面监管

续表

项目		关键行为描述
专业技能	能力项目	
消防应急及事故管理能力 - JNE	1. 应急管理	建立企业应急管理体系,制定企业应急管理预案;指挥处理安全生产事故;组织指挥重大事故应急演练;组织重大调查处理与审定事故报告
	2. 安全风险与隐患治理	组织进行危害辨识、风险评价与安全评价,组织制定安全风险控制措施,组织进行安全隐患排查治理
	3. 事故管理	做好事故调查和事故问责,并针对事故进行整改和吸取教训,牵头做好事故善后等工作
综合管理能力 - JNF	1. 制订安全工作规划、计划	分析各层级要求,关注安全动态、制订安全工作规划,审定安全考核方案
	2. 审定安全工作与资金使用计划	审定安全工作计划;决策、有效、正确使用安保基金和安全生产相关费用
	3. 安全教育与检查	组织开展企业安全相关的教育和企业内外培训;组织开展综合安全检查
	4. 职业健康监管	组织管理职业健康相关的监测、监管、安全防护等
	5. 危化品储存、运输和包装的安全监管	组织危险化学品储存、运输和包装的安全监管
	6. 执行与监督建设项目“三同时”管理及安全生产“五同时”	决策、监督建设项目及安全生产过程中的“三同时”和“五同时”

专业知识及内涵如表 4 所示。为方便表述，制定统一的命名编码规则，高级安全管理人才 - GJ；专业技能 - JN；按此命名规则，组织决策与指挥能力第一项能力命名编码为 JNA1。对专业知识（ZS）也按相同原则编码。

表 4　高级安全管理人员专业知识及内涵

专业知识	知识内容描述
安全生产法律法规知识 - ZSA	国家安全生产方针、政策和危险化学品安全生产法律法规体系
	危险化学品安全生产监管体制
	危化品经营相关的法律法规及标准
	危化品经营的法律责任,主要负责人安全生产的责任和义务
	国际危化品安全管理等

续表

专业知识	知识内容描述
安全生产管理知识 - ZSB	安全管理体系
	安全生产责任制
	安全生产管理规章制度
	生产安全事故分类,事故报告、调查处理要求等
危险化学品相关知识 - ZSC	危化品的概念、分类、定义、特性与分项等
	危化品经营的安全管理
	危化品储存的安全管理
	危化品运输、包装的安全管理等
安全生产技术 - ZSD	特种设备安全
	防火防爆安全
	电气安全
职业危害及预防 - ZSE	工作场所毒物及危害
	职业危害的预防措施等
事故应急管理知识 - ZSF	重大危险源管理
	重大事故防范
	事故应急管理
	救援组织
	事故调查处理等
其他 - ZSG	国内外先进的安全生产管理经验
	典型事故和应急救援案例分析等
	安全文化

（二）高层管理人员培训需求矩阵构建

对照高级安全管理岗位所应具备的知识、关键能力及典型行为，并将同类的知识与能力进行分析整合，转换成相应的课程，根据相近内容归为一类的原则对开发的课程进行组合，形成对应的课程模块，总结可得高级安全管理人员专业培训课程模块，如表 5 所示。

表 5　高级安全管理人员专业培训课程模块

项目		课程模块
能力维度	能力项目	
组织决策 ZZJC	JNA－2 建立健全安全生产管理机构；JNA－33 安全管理队伍建设；ZSB－1 安全管理体系；ZSB－2 安全生产责任制	安全机构设置与安全队伍建设
	JNA－4 安全文化建设；JNF－3 组织安全教育与检查	安全文化建设
	JNA－1 安全理念政策、方针原则、组织责任等；ZSA－4 危险化学品经营的法律责任，主要负责人安全生产的责任和义务	管理理念及岗位职责
政策法规 ZCFG	JNB－1 熟悉安全生产法规制度；JNB－2 贯彻安全生产法规制度；ZSB－3 安全生产管理规章制度；ZSA－1 国家安全生产方针、政策和危险化学品安全生产法律法规体系；ZSA－3 危险化学品经营相关的法律法规及标准	法律法规建设
	JNB－3 建立健全企业安全管理体系 ZSA－5 国际危化品安全管理等；ZSG－1 国内外先进的安全生产管理经验	安全管理体系建设
安全技术 AQJS	JNC－1 设备设施安全控制；JNC－2 生产装置及设施的安全管理；JNC－3 推进、应用安全新设施与新装备；ZSD－1 特种设备安全；ZSD－2 防火防爆安全；ZSD－3 电气安全	工艺设备安全管理
监督管理 JDGL	JNC－4 关键装置重要部位安全监管；JND－1 相关方安全监督与非常规作业监管；JND－2 直接作业环节全面监管；JNF－4 职业健康监管；JNF－5 危险化学品储存、运输和包装的安全监管；JNF－6 执行与监督建设项目“三同时”管理及安全生产“五同时”；ZSA－2 危险化学品安全生产监管体制	现场及监督管理
消防应急 XFYJ	JNE－1 应急管理；JNE－3 事故管理；ZSB－4 生产安全事故分类，事故报告、调查处理要求；ZSF－3 事故应急管理；ZSF－4 救援组织；ZSF－5 事故调查处理等；ZSG－2 典型事故和应急救援案例分析等	应急与事故管理

续表

项目		课程模块
能力维度	能力项目	
综合管理 ZHGL	JNE－2 安全风险与隐患治理；JNF－1 制订安全工作规划、计划；JNF－2 审定安全工作与资金使用计划；ZSF－1 重大危险源管理；ZSF－2 重大事故防范	超前预防及管理
	JNA－5 安全工作的指挥和协调；ZSC－2 危险化学品经营的安全管理；ZSC－1 危险化学品的概念、分类、定义、特性与分项等；ZSC－3 危险化学品储存的安全管理；ZSC－4 危险化学品运输、包装的安全管理等；ZSE－1 工作场所毒物及危害；ZSE－2 职业危害的预防措施等	综合管理

每个模块设置相应培训内容，得到高级安全管理人员专业培训课程矩阵，矩阵部分图例如表 6 所示。

为了确保岗位安全培训矩阵的实用性和适用性，构建切实结合企业的发展战略和实际生产需求的安全培训矩阵。

本文岗位安全需求矩阵的要素包括课程名称、课程内容、课程目标、课时、掌握程度、培训周期、培训方式和培训师资。

（三）安全课程体系框架构建及其在培训中的应用

为清晰阐述课程体系框架结构，采用矩阵表征各层级各岗位对应的安全课程，同时与各专业需求矩阵一一对应，组合形成中高层管理及专业技术人员安全课程体系构架。

以安全专业中高层管理及专职人员安全课程体系为例，引入 $3 \times k$ 维的矩阵，其中矩阵的行表示安全专业人员层级，本文中，1 代表高级，2 代表中级，3 代表安全专职人员；k 表示的是安全领域三个层级所包含岗位最多的个数。假设高层包含企业主要负责人、企业安全总监、党委书记、副厂长、总会计师 5 个岗位；中层包含安全环保处科长、企业二级单位的安全负责人、作业部安全总监 3 个岗位；安全专职人员包含职业病防治、工伤申报、消防、应急管理、公共安全、安全“三同时”6 个岗位；则 $k=6$，搭

表6　高级安全管理人员专业培训课程矩阵

编码	模块	课程名称	课程内容	课程目标	课时	掌握程度	培训周期	培训方式	培训师资
GC/ZZJC－001	安全机构设置与队伍建设	安全机构设置与队伍建设	国际先进的安全组织架构，法律法规对安全机构设置的要求，安全机构设置方法等	了解先进的安全机构组织构架及管理要求，借鉴对比先进的做法，能够优化配置本企业的安全管理机构	4课时	独立应用	2年	授课交流	—
GC/ZZJC－002		安全管理队伍建设	国内外安全人才队伍建设，优化配置安全管理与技术人员的方式方法，高端安全管理人才的选拔培养等	认识国际国内安全管理人才队伍建设的情况，对比先进的安全管理人才队伍建设方法理念，能够总结培养、选拔高端安全管理人才的途径	4课时	独立应用	2年	授课交流	—
GC/ZZJC－003		安全管理心理学	面对安全事故时，人的心理反应及进程；事故与人的心理联系；安全管理中的群体分析等	了解事故与个人及群体的心理状态的关系，能分对象、分场合、有区分运用心理学原理指导安全管理工作	4课时	学习了解	1年	授课交流	—

续表

编码	模块	课程名称	课程内容	课程目标	课时	掌握程度	培训周期	培训方式	培训师资
GC/ZZJC－004	安全文化建设	企业安全文化建设	企业安全文化的重要性，国内外优秀石油石化企业安全文化建设实践，中石化安全文化建设的途径与方法，安全文化的表征与衡量等	了解安全文化的重要性，了解国内外优秀石油石化企业安全文化建设经验，能够组织建设企业安全文化，营造安全环境与氛围	4课时	独立应用	1年	授课交流	—
……	……	……	……	……	……	……	……	……	……

建安全领域专业课程体系构架如下：

$$A=\begin{bmatrix} a11 & a12 & a13 & a14 & a15 & 0 \\ a21 & a22 & a23 & 0 & 0 & 0 \\ a31 & a32 & a33 & a34 & a35 & a36 \end{bmatrix}$$

其中，a_{1i}对应的是安全领域高级管理人员中第i类岗位对应的专业培训矩阵，其对应的培训矩阵包含具体的课程模块和各模块中的课程及相关信息。

值得说明的是，前文构建的高级安全管理人员安全培训矩阵针对的是高级安全管理人员整体，表征的是这一级别人员的共性需求，相当于岗位的平均需求。针对具体岗位时，可将同一级别中的不同岗位的特性视为岗位的特性需求，特性需求可通过对平均需求进行个性化处理得到，个性化处理主要包括增加特别需求和免除不必要的“需求”两部分。

如下情况可以免除不必要的“需求”：一是岗位员工通过同专业下一层级晋升而来，某些方面具备足够的经验；二是对岗位员工进行过相关类似的培训；三是实践中有足够的证据表明某项技能岗位员工已经符合岗位要求。如下情况可以增加特别需求：一是工作或绩效评估中发现，某项技能虽然参加过相关培训，但未掌握；二是静态需求没有的需求；三是个人发展的需求。这种共性需求和特性需求的思想可进一步延伸至员工个人，进而构建基于员工个人需求的培训矩阵和培训方案。

五　结语

安全课程体系建设是提高培训针对性的重要途径，对培训工作具有重要的指导意义。目前，中石化安全培训已经形成了分层（安全总监、专家、技术骨干）分专业方向的培训体系，依据参训学员的层次和培训重点分别在石油化工管理干部学院及企业培训中心等实施培训。

企业课程体系建设和完善是复杂的过程，牵涉企业发展阶段、外部经济环境、信息技术的发展水平等因素；涉及对企业知识的获取、选择、融合、创新、传递与共享，也涉及课程的开发过程管理、讲师的激励机制、学员的互动和对课程的进一步修正、后期的反馈与评价等，这一系统性工作的不断完善需要调动方方面面的积极性与创造性。

参考文献

易铁虎、梁文俊：《基于层次分析法的专业技术人才核心管理能力识别与评价》，《人才资源开发》2020 年第 12 期。

张庆军、赵罡、王雷等：《培训矩阵在 HSE 培训顶层设计中的应用》，《油气田环境保护》2016 年第 3 期。

附　　录

B.26
改革开放以来培训事业大事记（1978～2020年）

邢　蓉　柏玉林

1978年

12月13日　邓小平在中央工作会议闭幕式上发表题为《解放思想，实事求是，团结一致向前看》的重要讲话，号召全党同志一定要善于学习，善于重新学习，并指出当前大多数干部还要着重抓紧三个方面的学习，一个是学经济学，一个是学科学技术，一个是学管理。

1979年

3月　国家经济委员会开始举办企业管理研究班。这是改革开放以来，中国企业管理培训具有重大意义的创举。

4月　为学习和借鉴发达国家的经验，国家经济委员会致函美、日、德、英、法、加、意等国驻华使馆，联系选派工业技术和管理人员出国对口培训学习。

5 月　中国代表、清华大学教授张宪宏参加在墨西哥召开的第一届世界继续工程教育大会。

5 月 8 日　中美签署《中华人民共和国国家科学技术委员会和美利坚合众国商务部科技管理和科技情报合作议定书》，两国在工业科学技术管理领域合作举办管理培训项目，并将此项目列为中美两国科技合作总协议中的一个子项目。协议签订后，国家经委开始牵头落实各项办学事宜。

12 月 25 日　第一次全国党校工作会议召开。会议交流了党校复校两年多来的办学经验，讨论了党校工作中需要解决好的八项任务，要求：各级党委的组织部、宣传部和党校应当在党委领导下密切配合，共同制定轮训和培训理论干部的计划；党委和各部门的主要负责同志分期分批来党校学习，注意把主要领导干部的轮训和专业部门领导干部的短期训练结合起来；重视培训优秀中青年干部；建立一支又红又专的教学和理论研究队伍；等等。这次会议进一步明确了党校的性质、地位和作用，明确了教学在党校工作中的中心地位和基本内容，解决了党校的经费保障、教学人员的职称和待遇、上下级党校之间的业务指导关系等重要问题。

1980年

2 月 25 日　中央宣传部、中央组织部联合发出《关于加强干部教育工作的意见》，明确提出了新时期干部教育的地位、作用，干部教育的目标和方针、政策。它是干部教育工作进入新的发展阶段的重要标志。文件提出干部教育的办学方法主要是通过短期训练班（干训班、读书班、研究班）、党校、专业干部学校，长期离职学习、在职业余学习，夜大、函大、电大、领导干部专业进修班等形式开展。短训班一般为 4 个月左右，在 3 ~5 年内把各地干部轮训一次。培养的重点是各级党政领导、企事业及人民公社的业务骨干，县委和县以上企事业单位的领导干部，军队专业干部、优秀的中青年在职干部、少数民族干部。

8 月 中国科协颁布《关于开展在职科技人员专业培训工作的意见》，对科技人员参加继续工程教育提出具体的实施办法，包括教育对象、内容、经费来源、组织形式等。这是中国官方第一次在政策文件中提及“继续工程教育”这个概念。

8 月 18 日 中国与美国合作开办的中国工业科技管理大连培训中心在大连工学院正式开班，开启了我国对外合作培训企业经营管理人员的先河。

1981年

2 月 1 日 中央宣传部、中央组织部联合召开全国干部教育工作电话会议。

2 月 20 日 中共中央、国务院发布《关于加强职工教育工作的决定》，强调要通过开展职工教育工作，有效提高职工队伍的政治思想、科学文化、业务技术和经营管理水平，努力培养、造就一大批精通本行的专业人才和懂得现代经济、现代科学技术的经济建设人才。

4 月 23 日 中共中央办公厅、国务院办公厅印发《科学技术干部管理工作试行条例》，要求各级科学技术干部管理部门制定科学技术干部的培养教育规划，采取多种方式开展科学技术干部培训、进修和交流工作。

1982年

1 月 21 日 全国职工教育管理委员会、教育部、国家劳动总局、中华全国总工会、共青团中央联合印发《关于切实搞好青壮年员工文化技术补课工作的联合通知》，要求各级领导把“青工双补”教育作为企业员工教育的重点和重要任务，提高青年工人的政治、文化、技术水平。

2 月 中共中央书记处决定，恢复中央社会主义学院。

9 月 1 日 胡耀邦在党的十二大上作的《全面开创社会主义现代化建设的新局面》的报告中指出，为了造就社会主义现代化建设的大批专门人才，必须大力加强干部的教育和训练工作；各级党校、政府和企业的干部学校，以及被指定的某些高等院校和中等专业学校，都要担负起对干部进行正规化培训的任务；所有在编制内的工作人员，都要分批分期参加轮训。

10 月 3 日 中共中央、国务院下发《关于中央党政机关干部教育工作的决定》，要求有计划、大规模培训干部，提高干部队伍素质，造就社会主义现代化建设的大批专门人才。文件提出了中央机关干部教育的基本任务，规定了中央机关各级干部的学习内容和要求，要求干部培训实行分散和集中相结合的社会化方法，对干部培训班进行了分类。

12 月 10 日 第五届全国人大第五次会议通过的《国民经济和社会发展第六个五年计划》，首次将干部教育、管理人员培训、职工教育纳入国家总体发展战略规划，并提出了干部教育经常化、正规化、制度化的要求。

1983年

2 月 22 日 第二次全国党校工作会议召开。会议进一步强调要加强干部培训，使干部教育工作经常化、正规化、制度化；要进一步把党校办好，使中央党校和各级党校真正成为中央和地方党组织正规培训干部的学校；党校的任务从短期培训为主，逐步转向正规化培训为主；要研究解决招生对象、招生办法、教学内容、教学方式、教学机构、学制、考试考核办法，以及党校的体制等一系列问题。

4 月 18 日 中共中央印发《关于实现党校教育正规化的决定》，要求各级党校从短期轮训干部为主，逐步转向正规化培训干部为主，以适应社会主义现代化建设的需要。文件明确了党校的性质和任务，规定了党校教育正规化的内涵，对班次设置、招生工作、课程设置、教学原则、教材编审等作了原则规定，对党校教师队伍建设提出了要求。

5 月 18 日 为了加强干部专业培训，国务院批转教育部、国家计委等部门《关于成立管理干部学院问题的请示》。到 1985 年，全国有管理干部学院 80 多所，各级各类干部职工院校、培训中心 31467 所，初步形成了经济管理、企业管理培训体系。

6 月　著名科学家华罗庚、王大珩等在第六届全国人大第一次会议上共同提出开展继续教育并设立专门管理机构的建议。

7 月 26 日　国务院批准国家经委《关于对全国国营工交、商业企业的经理和厂长举行统考的报告》，开始对全国厂长经理开展广泛的培训考试，以使厂长经理获得企业领导干部必备的知识，开阔思路，提高能力，进一步树立政策观念、商品经济观念、市场竞争观念和企业人才观念。

10 月　中央组织部制定 1983 年到 1990 年《全国干部培训规划要点》，对不同层次、不同类别干部的政治理论、专业知识和文化知识提出了具体要求。文件指出，干部培训的内容，包括政治理论，党的路线、方针、政策，专业知识，科学文化知识等几个方面；培训干部的重点是各级领导干部以及作为后备的优秀中青年干部，特别是县以上各级领导干部及其后备干部；要使干部队伍在革命化前提下，分两步实现知识化、专业化，到 1985 年为第一步，到 1990 年为第二步。

12 月 15 日　中共中央组织部和宣传部联合召开了全国干部教育工作座谈会。

当年，人事部科技干部局设置继续教育处，此后，各地区、各部门陆续设置管理继续教育工作的机构。

1984年

3 月 25 日　全国职工教育管理委员会、国家经委联合制定《关于加强职工培训　提高工人队伍素质的意见》，组织企业厂长（经理）系统学习社会主义经济建设基本方针、科学管理知识和必要的文化技术知识，提高经营管理能力。

4 月 27 日　《国务院办公厅转发〈全国职工教育管理委员会、国家经委关于加强职工培训、提高职工队伍素质的意见〉的通知》发布，要求普遍提高职工的政治、文化、技术、业务素质，使之成为合格的当班人；从现有职工中培养造就大批专业技术、管理干部。

5 月 国务院在提请全国人大六届二次会议审议的政府工作报告中提出：所有经济工作干部，都要努力学习经济管理和现代科学技术知识；要开辟多种途径，加快经济工作干部的轮训速度；对于厂长、经理，国家要组织统一考试（包括考绩）；各企业事业单位，要有计划地培训职工；今后企业招收新职工，要进行就业前的培训。

6 月 12 日 中央宣传部颁布《关于干部马列主义理论教育正规化的规定》，根据各条战线干部的工作性质和文化程度的不同，提出了不同的理论学习要求。文件要求理论学习的任务在 1990 年前基本完成，并就干部理论学习的时间、方式、考试、学历等问题作了规定。

11 月 中国继续工程教育协会成立。协会是促进专业技术人员继续教育事业发展的学术性、全国性、非营利性的社会组织。

12 月 29 日 中共中央批转了中组部和中宣部《关于加强干部培训工作的报告》，指出："大规模地、正规化地培训在职干部……是实现干部'四化'的根本途径之一。各级党委一定要立足当前，放眼未来，下大决心，抓好干部培训这件具有战略意义的大事。"为了加强对干部培训工作的指导，中央决定在中央、各省、自治区和直辖市党委成立干部教育工作领导小组。

1985年

1 月 31 日至 2 月 8 日 第三次全国党校工作会议召开。会议在交流和总结党校正规化教育经验基础上，着重讨论了如何建设和完善具有中国特色的党校教育体系，推进党校教育正规化建设。会议认为，党校教育正规化的实质，就是根据四化建设的需要，有计划地培养各级党政领导干部、理论骨干及其后备人员，更有效地为社会主义现代化建设服务。

4 月 29 日 国务院批转《国家经委关于加强工交、财贸系统经济管理干部学院建设若干问题的意见》，强调经济管理干部学院担负着培训企业经理、厂长和经济部门厅（局）、处长及其后备人员的任务，是整个国民教育事业的重要组成部分。要求各地区、各部门要加强对经济管理干部学院的领导，加快学院的建设步伐，积极稳妥地进行教学改革，提高教学质量，培养合格的经济管理人才。

5 月 国家教委批准的全国高校第一所继续教育学院——清华大学继续教育学院成立。

5 月 27 日 中共中央颁布《中共中央关于教育体制改革的决定》，指出要从根本上改变我国教育事业的落后状况和教育体制的弊端，必须从教育体制入手，有系统地进行改革。

7 月 26 日 中央组织部、国家经委发布《关于对大中型企业领导干部进行现代管理知识培训的通知》，对全国大中型企业领导干部进行现代管理知识培训工作作出部署。

8 月 5 日 劳动人事部发布《关于技工学校改革的几点意见》，指出，技工学校是一种中等职业技术学校，它的主要任务是为企、事业单位培养输送合格的中级技术工人；在完成中级技术工人培训任务的前提下，允许技工学校发挥多功能培训的作用。文件就技工学校的工种（专业）设置、学制、招生计划、毕业生分配、学生待遇、师资、教学改革、扩大学校自主权、校际协作、发展新技工学校等问题的改革提出了系列意见。

9 月 14 日 劳动人事部发布《关于就业训练若干问题的暂行办法》，共设 15 条，对就业训练的基本要求、训练对象、训练内容、训练方式、结业考试办法、组织管理、师资、经费、教学场地等问题作出具体规定。

12 月 20 日 中央组织部、农牧渔业部印发《关于对县以上农业领导干部进行现代农业经济管理知识培训的通知》，要求根据农村体制改革的进展需要，从 1986 年上半年起，分期培训一万名左右县以上农业领导干部，争取在“七五”计划头三年内轮训一遍。

1986年

1 月 9 日 国家经委印发《关于加强经济管理干部学院建设提高教学质

量的通知》及《经济管理干部学院师资队伍建设规划要点》，对经济管理干部教育工作逐步走向制度化、正规化作出了要求和部署。

4月2日 劳动人事部发布《关于颁发〈技工学校机构设置和人员编制标准暂行规定〉的通知》，以加强对技工学校机构设置和人员编制的管理。

11月11日 劳动人事部、国家教委颁发《技工学校工作条例》，对技工学校的性质、地位、主要任务、学制、招生计划、毕业生分配、管理等作出了规定，对学校设置、文化和技术理论、生产实习教学、思想政治教育、学生与教师管理、实习工厂（场、店）管理、行政工作等进行了规范。

11月11日 国家教育委员会、劳动人事部发布的《关于技工学校毕业生学历问题的通知》规定，技工学校是初中分流以后培养技术工人的中等职业技术学校，是“各类高中阶段的职业技术学校”中的一类，属于“高中阶段的职业技术教育”。今后，技工学校毕业生在填写学历时，应填写为“技工学校毕业”。

1987年

1月24日 国家经济委员会、中央组织部、国家教育委员会印发《关于开展全国大中型企业领导干部岗位职务培训工作的报告》，提出拟在“七五”期间对全国大中型企业的厂长、书记、“三总师”普遍进行一次岗位职务培训，同时要把现职领导干部的培训与后备领导干部的培训结合起来，以保证干部的正常交替。

4月15日 民政部、中央组织部下发《关于认真做好乡镇干部培训工作的通知》，对农村干部的培训分层次进行提出要求，对具体开展岗位培训的内容进行规定。文件规定，乡镇领导干部的培训形式以短期学习为主，时间为两个半月左右；要广开培训渠道，充分利用现有党校、干校和其他各类学习场所。

6月23日 国务院批转的《国家教育委员会关于改革和发展成人教育的决定》正式提出“积极开展大学后继续教育”。

10 月 27 日　国家经委、国家科委、中国科协联合发布《企业科技人员继续教育暂行规定》，这是我国专门为继续教育制定的第一个行政法规。

12 月 15 日　国家教委、国家科委、国家经委、劳动人事部、财政部和中国科协等六部门联合颁发《关于开展大学后继续教育的暂行规定》，指出“大学后继续教育的对象是已具有大学专科以上学历或中级以上专业职务的在职专业技术人员和管理人员，重点是中青年骨干”。

1988年

4 月 9 日　七届全国人大一次会议通过国务院机构改革方案，专业技术人员继续教育工作由中国科协划转人事部统一管理。

1989年

5 月 17 日　第四届世界继续工程教育大会在北京召开，会上成立了国际继续工程教育协会（IACEE）。

11 月 4 日　人事部印发《关于国家行政机关工作人员培训工作的通知》，要求：做好岗位培训工作；新录用的非领导职务的工作人员，必须先培训后任职；晋升领导职务、跨单位跨地区转换工作岗位以及工作性质发生变化的工作人员，一般应接受相应培训；逐步形成以行政学院为主体的，包括各类各级培训机构在内的培训网络。

1990年

9 月 5 日　中共中央下发《关于加强党校工作的通知》，指出：党校的主要教育对象是各级党员领导干部，努力办好党校是加强党的建设和干部队伍建设的一项战略性措施。

9 月　国家体改委、国家教委、人事部印发《关于积极开展企业管理干部岗位培训工作的意见》，要求以马克思主义基本理论、管理知识和管理能力的培训为主要内容，企业领导干部培训为重点，全面开展企业各级各类管理干部岗位培训。

10 月 国务院学位委员会授权中国人民大学、清华大学、天津大学、南开大学、复旦大学、上海财经大学、厦门大学、哈尔滨工业大学、西安交通大学等 9 所大学作为试点，培养 MBA 人才。

1991年

10 月 17 日 国务院发布《关于大力发展职业技术教育的决定》，明确职业教育在我国社会主义现代化建设中的战略地位，提出九十年代发展职业技术教育的主要任务是：努力办好现有各类职业技术学校、广泛开展短期职业技术培训、在普通教育不同阶段对学生实行分流教育、重视并积极发展对在职人员进行职业技术培训的成人教育。

12 月 20 日 人事部印发《全国专业技术人员继续教育“八五”规划纲要》，提出要加强专业技术人员继续教育工作，完善有规划、有制度、有组织、有经费、有考察的工作体系和经常化、制度化、科学化的管理体系，不断提高专业技术人员的政治素质和专业水平。

12 月 29 日 中央组织部印发《1991 - 1995 年全国干部培训规划要点》，要求省部级干部在每届任期内应到中央党校进修一次；地厅司局级干部分期分批到中央党校和省委党校进修；县处级干部和科以下干部按不同情况安排培训；对企事业单位领导干部和各类管理干部，有计划地进行理论培训和业务培训；分期分批分层次地对各类青年干部进行培训。

1992年

4 月 中央组织部、农业部印发《“八五”期间全国农业干部培训规划要点》，要求农业部各职能部门按行业分级对口组织岗位培训和专题培训，省级农业部门按照分级管理、对口实施原则进行干部培训，开展农业专业技术人员继续教育和农业干部学历教育。

1993年

2月13日 中共中央、国务院发布《中国教育改革和发展纲要》，第一次在官方文件中使用“终身教育”概念，并规定继续教育是我国教育结构的四大组成部分之一。

5月 国务院学位委员会批准北京大学、复旦大学等17所高校试办MBA。

8月14日 《国家公务员暂行条例》颁布。条例明确了公务员培训的依据、原则、分类、培训主体、培训结果使用等，标志着公务员培训制度框架初步建立。

1994年

3月4日至7日 第四次全国党校工作会议召开。与会代表讨论了《中共中央关于新形势下加强党校工作的意见》（征求意见稿）和《中国共产党党校工作暂行条例（草案）》。这次会议进一步阐明了党校工作面临的新形势和新任务，指出了党校改革的方向、目标和重点。

5月6日 中共中央发布《关于新形势下加强党校工作的意见》，要求各级党校要努力办成轮训和培训党员领导干部，培养党的理论队伍，学习、研究、坚持和发展马克思列宁主义、毛泽东思想的重要阵地，成为干部增强党性锻炼的熔炉。文件提出了党校改革总的要求，指出党校改革的重点是教学和科研改革。

7月3日 国务院发布《关于〈中国教育改革和发展纲要〉的实施意见》，要求大力开展多种形式的职业培训，提出认真实行“先培训、后就业”、“先培训、后上岗”的制度。

9 月 21 日　国家行政学院正式成立。国家行政学院是负责培养高中级公务员、高层次的管理人员和政策研究人才，提供政府管理政策咨询、开展公共管理等领域理论研究的正部级机构，为国务院的直属事业单位。仿效党校的机构体制，省、地（市）、县相继成立了地方行政学院。

1995年

3 月 18 日　全国人大通过《中华人民共和国教育法》，明确规定要建立和完善终身教育体系，第一次从法律上确立了终身教育的法律地位。

4 月　国家经贸委主持的全国企业干部培训工作会议在宁波召开，会议将 MBA 培养方式确认为企业现职和后备的高级经营管理人员职业资格的标准。

5 月　清华大学继续教育学院成立。这是教育部批准的全国高校第一所继续教育学院。

9 月 6 日　中共中央下发了《中国共产党党校工作暂行条例》，共设 9 章 57 条，以党内法规的形式对党校的性质、任务、教育方针、基本任务、党校的设置和领导体制，党校的班次、学制和学历，以及教学、科研、队伍建设、后勤和经费保障等作出了明确规定，使党校工作快速步入了规范化、制度化的轨道。

11 月 1 日　人事部颁布《全国专业技术人员继续教育暂行规定》，指出继续教育对象，是事业、企业单位从事专业技术工作的在职专业技术人员。规定共五章三十条，就内容、方式和时间，基地、师资和经费，组织管理和实施等方面作出规定。

1996年

5 月 7 日　中共中央印发的《1996 年 –2000 年全国干部教育培训规划》指出：中央组织部主管全国干部教育工作；中央宣传部负责指导干部理论学

习，组织对宣传文化系统领导骨干的培训；人事部负责国家公务员培训及科技人员继续教育；国家教委负责干部国民教育学历及成人教育综合管理工作；国家经贸委负责经济管理干部和企业干部的培训工作；其他有关部门也应履行党中央、国务院赋予的干部教育培训工作的职责。干部培训原则上按干部管理权限组织实施。

6月6日 中央组织部、国家经济贸易委员会发布《关于印发〈“九五”期间全国企业管理人员培训纲要〉的通知》，对这一阶段培训原则、任务和要求、政策及措施、培训基地，师资和教材建设、组织领导与分工作出规定。

7月6日 人事部印发《国家公务员培训暂行规定》，对国家公务员培训的原则、培训分类、培训科目、施教机构和培训管理等作出了规定。根据文件规定，国家公务员培训分为初任培训、任职培训、专门业务培训和更新知识培训；课程设置一般分为公共必修课、专业必修课和选修课；施教机构以行政学院为主体；各级政府人事部门是国家公务员培训的综合管理机构。

10月30日 劳动部、国家经贸委发布《关于印发〈企业职工培训规定〉的通知》，对培训中企业和职工责任、培训保障、责罚等作出规定。

1997年

8月5日 人事部发布《关于人事部门加强对地方行政学院业务指导的意见》，要求加强对地方行政学院的宏观管理，使行政学院的建设更加规范化、科学化。

1998年

3月 国务院机构改革。改革方案中进一步明确，人事部负责专业技术人员的继续教育工作，各省、自治区、直辖市人事行政部门负责本地继续教育的政策、规划、实施和综合管理工作。

6 月 9 日　中共中央、国务院发出《关于切实做好国有企业下岗职工基本生活保障和再就业工作的通知》，指出要动员社会各方面力量，大力开展再就业培训，提高下岗职工的再就业能力。

1999年

1 月 13 日　国务院批转教育部《面向 21 世纪教育振兴行动计划》，将“完善职业教育培训和继续教育制度，城乡新增劳动力和在职人员能够普遍接受各种层次和形式的教育与培训”作为行动计划的主要目标之一。

10 月 31 日至 11 月 27 日　中组部、人事部、国家经贸委联合举办国有企业领导人员培训班。

2000年

6 月 7 日至 9 日　第五次全国党校工作会议召开。会议要求加大培训轮训干部力度，深化党校教学改革，进一步加强和改进党校系统的科研工作，建设一支政治强、业务精、作风正的高素质党校教师和干部队伍，不断完善、发展有中国特色社会主义的党校教育体系。

8 月 10 日　国家经贸委发布《国有大中型企业建立现代企业制度和加强管理基本规范（试行）》，要求大力开展经营管理者培训，加强对经营管理者管理知识培训；加强职工培训，有针对性地对职工进行新设备、新工艺、新材料和计算机知识的培训。

2001年

1 月 21 日　中共中央印发《2001 年 –2005 年全国干部教育培训规划》，总结了建党 80 年特别是改革开放以来干部教育培训的经验，对今后 5 年的全国干部教育培训工作作出总体部署。

6 月 19 日 中共中央办公厅、国务院办公厅印发《关于加强专业技术人才队伍建设的若干意见》，要求建立国家、单位、个人三方负担的继续教育投入体制和由政府引导、充分发挥各方面积极性、以需求为导向的继续教育体系。

7 月 15 日 中央组织部、国家经贸委印发《“十五”期间全国企业经营管理人员培训纲要》，就指导思想、目标和原则，培训任务和要求，政策和措施，组织与分工作出规定。

10 月 22 日 国务院办公厅转发人事部《2001 年 - 2005 年国家公务员培训纲要》，这是国务院首次转发人事部公务员培训计划。

2002年

1 月 10 日 中共中央、国务院发布《关于做好 2002 年农业和农村工作的意见》，提出要加强农民的农业技能培训和文化教育。

4 月 人民出版社出版首批 15 种全国干部培训材料，由全国干部培训教材编审指导委员会组织编写，江泽民亲自作序。

5 月 7 日 中共中央办公厅、国务院办公厅印发《2002 - 2005 年全国人才队伍建设规划纲要》，这是我国第一个综合性的人才队伍建设规划。纲要要求加强教育培训，构建终身教育体系，培养人才的创新能力，优化整合各种教育培训资源。

10 月 28 日 人事部印发《2003 - 2005 年全国专业技术人员继续教育规划纲要》，提出继续教育工作的发展方向和目标是构筑终身教育体系、创建学习型社会。

11 月党的十六大报告中指出，要完善就业培训和服务体系，提高劳动者就业技能；加强职业教育和培训，发展继续教育，构建终身教育体系。

2003年

3 月 17 日 农业部印发《2003 - 2010 年全国新型农民科技培训规划》，

提出实施“绿色证书工程”“跨世纪青年农民科技培训工程”“新型农民创业培植工程”“农村富余劳动力转移就业培训工程”和“农业远程培训工程”等五大“工程”，建立健全农民科技教育培训体系。

5 月 《社会主义学院工作暂行条例》颁布实施。《条例》对社会主义学院的性质、任务、办学指导思想、培养目标、设置和领导体制、班次学制、队伍建设、后勤保障等作出了规定。社会主义学院的主体班次是进修班、培训班和研究班，纳入各级党委的干部培训规划。

6 月 党中央根据新时期形势发展的需要，决定创办浦东、井冈山和延安三所干部学院。

6 月 13 日 劳动和社会保障部印发《关于进一步推动再就业培训和创业培训工作的通知》，提出建立再就业培训机构资质认定制度，形成动员全社会力量参与再就业培训的工作格局。

9 月 18 日 国务院办公厅转发农业部、劳动保障部等部门的《2003－2010 年全国农民工培训规划》，要求以转移就业前的引导性培训和职业技能培训为重点，多渠道、多层次、多形式地开展农民工培训工作，逐步形成政府统筹、行业组织、重点依托各类教育培训机构和用人单位开展培训的工作格局。

12 月 19 日 全国人才工作会议召开。中央专门召开全国人才工作会议，在党和新中国历史上是第一次。

12 月 26 日 中共中央、国务院发布《关于进一步加强人才工作的决定》，提出要大力加强以党政人才、企业经营管理人才和专业技术人才为主体的人才队伍建设；完善广覆盖、多层次的教育培训网络，构建中国特色的终身教育体系；加强各类人才的培训和继续教育工作；强化用人单位在人才培训中的主体地位，鼓励在职自学，完善带薪学习制度。

2004年

2 月 9 日至 10 日 全国社会主义学院工作会议在北京召开。这是社会主义学院创建 40 多年来的第一次工作会议。会议进一步明确了社会主义学院的性质、地位和作用。

3 月 12 日　农业部、劳动和社会保障部等部门发布《关于组织实施农村劳动力转移培训阳光工程的通知》，同时制定《农村劳动力转移培训阳光工程项目管理办法（试行）》，规范培训项目的组织实施。

2005年

1 月　农业部提出加大农民培训力度，围绕主导品种和主推技术，开展多层次、多渠道、多形式的农民科技培训。

4 月　《中华人民共和国公务员法》颁布。该法对公务员培训的原则、机关的责任、培训类别、培训主体、培训管理以及培训与使用的关系作出了更加详尽的法律规定，标志着中国特色的公务员培训制度正式以法律形式确立下来。

9 月　人事部会同 11 个行业主管部门和协会组织，组织实施“专业技术人才知识更新工程”（简称“653”工程），主要任务是开展专项继续教育活动，计划用 6 年时间，在现代农业、现代制造、信息技术、能源技术和现代管理五大领域，培训 300 万明紧跟科技发展前沿、创新能力强的中高级专业技术人才。

10 月 28 日　国务院发布《关于大力发展职业教育的决定》，提出要满足人民群众终身学习需要，建立和完善有中国特色的现代职业教育体系。

2006年

1 月 13 日　中国大连高级经理学院成立。

1 月　中共中央制定《干部教育培训工作条例（试行）》，首次以党内法规的形式对中国的干部教育培训工作作出明确而具体的规定。

3 月 27 日　国务院发布《关于解决农民工问题的若干意见》，要求适应工业化、城镇化和农村劳动力转移就业的需要，大力开展农民工职业技能培训和引导性培训。

4月18日 中共中央办公厅、国务院办公厅印发《关于进一步加强高技能人才工作的意见》，支持和鼓励职工参加职业技能培训，加强高技能人才培训基地建设。

6月26日 农业部、中国科协等共同发布《农民科学素质行动实施工作方案》，要求紧密围绕建设社会主义新农村，大力开展农民科学技术教育、培训和科普宣传。

9月7日 中国著名私立教育机构新东方教育科技集团在美国纽约证券交易所成功上市，开创了中国民办教育发展的新模式，成为中国大陆第一家在美国上市的教育机构。

2007年

1月 中共中央发布《2006－2010年全国干部教育培训规划》，要求进一步发挥干部教育培训工作的战略性、基础性作用，大规模培训干部，大幅度提高干部素质。

6月30日 人事部、教育部、科技部、财政部发布《关于加强专业技术人员继续教育工作的意见》，提出要以能力建设为核心，以培养高层次创新型专业技术人才为重点，有计划、分领域、分类别、分层次开展大规模的继续教育活动，不断提高专业技术人才队伍的创新能力和整体素质。

10月15日 党的十七大报告提出，要健全面向全体劳动者的职业教育培训制度，要发展远程教育和继续教育，建设全民学习、终身学习的学习型社会；要继续大规模培训干部，充分发挥党校、行政学院、干部学院作用，大幅度提高干部素质。

2008年

6月27日 中央组织部、人力资源和社会保障部印发《公务员培训规定（试行）》，对公务员培训对象、培训分类、培训方式、培训保障、培训登记与评估等作出具体规定。

9 月 3 日 中共中央颁布《中国共产党党校工作条例》，对党校的性质、地位、作用、体制机制以及运行等作了更加清晰的规定，如：党校“是培训轮训党员领导干部的主渠道”“是党的哲学社会科学研究机构”“是学习、研究和宣传重大战略思想的重要阵地” “是党委和政府决策中的思想库”等。

10 月 26 日至 28 日 第六次全国党校工作会议召开。召开这次会议，主要是为了深入贯彻党的十七大精神和《中国共产党党校工作条例》，总结改革开放 30 年党校工作的宝贵经验，全面把握党校工作面临的新形势新任务，以改革创新精神全面推进党校工作，不断提高党校办学水平。

2009年

1 月 7 日 人力资源和社会保障部发布《关于实施特别职业培训计划的通知》，提出积极对困难企业职工开展在岗培训和转岗培训、对失去工作返乡的农民工开展实用技能培训、对城镇失业人员开展技能就业培训、对新成长劳动力开展技能储备培训。

1 月 15 ~ 16 日 人力资源和社会保障部在北京召开专业技术人员继续教育工作座谈会暨理论研讨会及中国继续工程教育协会四届四次理事会。

9 月 10 日 为推进干部教育培训改革创新，充分利用高校优质教育资源，中央组织部、教育部确定北京大学、清华大学、中国人民大学、北京师范大学、复旦大学等 13 所高校为首批全国干部教育培训高校基地。

9 月 19 日 国务院印发《关于进一步促进中小企业发展的若干意见》，提出大力开展对中小企业各类人员的培训，高度重视对企业经营管理者的培训，实施中小企业银河培训工程。

12 月 14 日 为了加强行政学院工作，推进行政学院工作的科学化、规范化、制度化，国务院通过《行政学院工作条例》，对行政学院的性质、定位、任务、主要职责、行政学院的设置和领导体制、教学培训、科学研究、队伍建设等作了明确规定。

2010年

1月21日 国务院办公厅发布《关于进一步做好农民工培训工作的指导意见》，将农民工培训工作纳入国民经济和社会发展规划。

5月18日 国资委印发《关于中央企业建设“四个一流”职工队伍的实施意见》，提出加强职工队伍培训，要健全职工教育培训机制，完善教育培训计划，保障职工接受教育培训的时间。

6月6日 中共中央、国务院印发《国家中长期人才发展规划纲要（2010－2020年）》，这是我国第一个中长期人才发展规划。文件对各类人才的培训工作进行了规划，提出了一系列人才培训工程。

7月29日 国家中长期教育改革和发展规划纲要工作小组办公室印发《国家中长期教育改革和发展规划纲要》，强调构建体系完备的终身教育，提出大力发展职业教育，调动行业企业的积极性，加快发展面向农村的职业教育，增强职业教育吸引力；加快发展继续教育，建立健全继续教育体制机制，构建灵活开放的终身教育体系。

8月17日 中共中央办公厅印发《2010－2020年干部教育培训改革纲要》。这是党的第一个全面部署干部教育培训改革的规划性文件，从干部教育培训改革的重要性和紧迫性，改革的指导思想、基本原则和主要目标、办学体制改革、运行机制改革、内容方式改革、师资管理改革、宏观管理改革和加强组织领导等八个方面，对干部教育培训改革提出明确要求。

9月 全国党外代表人士教育培训工作会议暨全国社会主义学院工作会议在北京召开。会议认真学习了中共中央办公厅印发的《2010－2020年党外代表人士教育培训改革和发展纲要》，讨论了《社会主义学院工作暂行条例》。

2011年

3 月 9 日　中央组织部、人力资源和社会保障部印发《专业技术人才队伍建设中长期规划（2010—2020 年)》。

3 月 21 日　国务院转发人力资源和社会保障部、国家公务员局《2011 - 2015 年行政机关公务员培训纲要》。

3 月 21 日　中央组织部、农业部、人力资源和社会保障部等部门发布《农村实用人才和农业科技人才队伍建设中长期规划（2010 - 2020 年)》。

6 月 26 ~ 28 日　人力资源和社会保障部在北京举办贯彻实施专业技术人才队伍建设中长期规划培训研讨班。

7 月 6 日　中央组织部、人力资源和社会保障部印发《高技能人才队伍建设中长期规划（2010 - 2020 年)》。

9 月 27 日　国务院国有资产监督管理委员会、工业和信息化部发布《企业经营管理人才素质提升工程实施方案》。

9 月 30 日　人力资源和社会保障部、财政部、科学技术部、教育部、中国科学院印发《专业技术人员知识更新工程实施方案》。

10 月　国家公务员局发布《公务员职业道德培训大纲》，对我国公务员职业道德培训工作进行了全面部署。

11 月　中共中央办公厅转发《中央组织部关于加强和改进基层干部教育培训工作的意见》，提出要努力造就一直守信念、讲奉献、有本领、重品行的高素质基层干部队伍。

2012年

1 月 24 日　国务院批转人力资源和社会保障部、国家发展改革委、教育部等部门制定的《促进就业规划（2011 - 2015 年)》，提出要进一步健全以企业为主体、职业院校为基础，学校教育与企业培养紧密联系、政府推动与社会支持相互结合的高技能人才培养培训体系；健全面向城乡全体劳动者的职业培训制度，加快构建劳动者终身职业培训体系，健全社会化职业培训网络；深入实施专业技术人才知识更新工程，健全面向全体专业技术人员的继续教育制度。

2 月 20 日　中央组织部、中央政法委、中央编办、国家发改委、民政部等印发《社会工作专业人才队伍建设中长期规划（2011—2020 年）》。

3 月 26 日人力资源和社会保障部发布《关于加强高校毕业生职业培训促进就业的通知》，要求积极开展就业技能培训、广泛开展岗位技能提升培训、大力开展创业培训、加强培训信息引导、强化创业指导和创业服务、提供职业技能鉴定服务、落实职业培训补贴政策。

4 月 26 日　国务院印发《关于进一步支持小型微型企业健康发展的意见》，提出实施国家中小企业银河培训工程和企业经营管理人才素质提升工程，开展面向小型微型企业创新型专业技术人才的培训。

2013年

2 月 7 日　国务院国有资产监督管理委员会印发《关于进一步加强和改进中央企业女职工工作的指导意见》，要求建立健全女职工教育培训制度，把女职工的教育培训纳入企业教育培训整体规划，鼓励和支持女职工接受多种形式的继续教育、职业教育、资格培训。

5 月 22 日　人力资源和社会保障部印发《国家级专业技术人员继续教育基地管理办法》，以保障专业技术人才知识更新工程实施，规范和加强国家级专业技术人员继续教育基地运行管理，推动继续教育公共服务体系建设。

9 月 28 日　中共中央发布《2013－2017 年全国干部教育培训规划》，计划每年安排 500 名左右省部级领导干部到国家级干部教育培训机构培训，定期安排新任县委书记到中央党校参加任职培训，每年安排 500 名左右县委书记到中国井冈山干部学院、中国延安干部学院进行党性教育；要求县处级及以上党政干部每年每单位脱产培训调训率不低于 30%。

2014年

3月31日 人力资源和社会保障部印发《农民工职业技能提升计划——“春潮行动”实施方案》，“春潮行动”是专门面向农村转移就业劳动者开展的重要职业培训活动，旨在提升农村转移就业劳动者职业素质和就业创业能力，促进其实现就业和稳定就业。

6月6日 教育部、国家发展改革委、财政部、人力资源和社会保障部等部门发布《现代职业教育体系建设规划（2014－2020年）》，计划到2020年，形成适应发展需求、产教深度融合、中职高职衔接、职业教育与普通教育相互沟通，体现终身教育理念，具有中国特色、世界水平的现代职业教育体系。

6月22日 国务院印发《关于加快发展现代职业教育的决定》，明确了今后一个时期加快发展现代职业教育的指导思想、基本原则、目标任务和政策措施。

6月23日 全国职业教育工作会议在京召开，习近平总书记就加快职业教育发展作出重要指示，强调职业教育是国民教育体系和人力资源开发的重要组成部分。

2015年

5月 国际继续工程教育协会2015年春季理事会暨继续教育在线学习研讨会在京举行。

8月13日人力资源和社会保障部颁布《专业技术人员继续教育规定》。

10月 中共中央发布修订后的《干部教育培训工作条例》，要求进一步加强理想信念和党性教育，完善培训内容、改进培训方式、整合培训资源、优化培训队伍，全面提高质量和效益，切实推进干部教育培训工作科学化、制度化、规范化。

12 月 11 日 第七次全国党校工作会议召开。习近平总书记出席会议并发表重要讲话。他指出，党校事业是党的事业的重要组成部分，党校是我们党教育培训党员领导干部的主渠道；必须坚持党校姓党这个党校工作根本原则，更加重视干部教育培训工作，切实做好新形势下党校工作；各级党校要坚持把从严治党要求和从严治校方针结合起来。

12 月 23 日 人力资源和社会保障部发布《关于进一步推进创业培训工作的指导意见》，提出了明确创业培训对象和内容、建立健全创业培训制度、加强创业培训课程开发、加强创业培训师资队伍建设、规范创业培训机构发展、创新创业培训模式、强化创业服务等系列政策措施。

2016年

3 月 中共中央印发了《关于深化人才发展体制机制改革的意见》，要求创新人才教育培养模式，完善产学研用结合的协同育人模式；建立产教融合、校企合作的技术技能人才培养模式，加快构建现代职业教育体系，创新技术技能人才教育培训模式。

12 月 13 日 国务院办公厅转发《“十三五”行政机关公务员培训纲要》，要求“十三五”期间，行政机关公务员每人每年参加培训累计不少于 12 天或者 90 学时；到 2020 年，网络培训成为行政机关公务员培训的重要方式。

12 月 27 日 财政部、中央组织部、国家公务员局印发《中央和国家机关培训费管理办法》，对国家机关培训的计划和备案管理、开支范围和标准、培训组织、报销结算、监督检查作出规定。

2017年

4 月 18 日 国家专业技术人才知识更新工程指导协调小组全体会议在京召开。

9 月 8 日　中共中央、国务院印发《关于营造企业家健康成长环境弘扬优秀企业家精神更好发挥企业家作用的意见》，提出加强企业家教育培训，并强调以强化忠诚意识、拓展世界眼光、提高战略思维、增强创新精神、锻造优秀品行为重点，加快建立健全企业家培训体系。

9 月 12 日　人力资源和社会保障部公布《国家职业资格目录》，共计 140 项职业资格，包括 59 项专业技术人员职业资格和 81 项技能人员职业资格。

10 月 18 日　党的十九大报告指出，要完善职业教育和培训体系，深化产教融合、校企合作，大规模开展职业技能培训；办好继续教育，加快建设学习型社会。

2018年

5 月 8 日　国务院发布《关于推行终身职业技能培训制度的意见》，提出构建终身职业技能培训体系、深化职业技能培训体制机制改革、提升职业技能培训基础的系列政策措施。

5 月 19 日　财政部、人力资源社会保障部印发《会计专业技术人员继续教育规定》，对会计专业技术人员继续教育的基本原则、管理体制、内容与形式、学分管理、教育机构管理、考核与评价进行了规范。

11 月 1 日　中共中央印发《2018－2022 年全国干部教育培训规划》，要求全面深入开展习近平新时代中国特色社会主义思想教育培训，完善培训内容体系，优化分类分级培训体系，建强培训保障体系，健全培训制度体系。

2019年

1 月 8 日　国家档案局、人力资源社会保障部发布《档案专业人员继续教育规定》，对档案专业人员继续教育的总体原则、管理体制、内容方式、管理评估、监督检查等作了明确要求。

1月9日 人力资源社会保障部印发《新生代农民工职业技能提升计划（2019—2022年）的通知》，要求到2022年末，努力实现新生代农民工职业技能培训"普遍、普及、普惠"，即普遍组织新生代农民工参加职业技能培训，普及职业技能培训课程资源，普惠性补贴政策全面落实。

1月24日 国务院印发《国家职业教育改革实施方案》（简称"职教20条"），提出要完善学历教育与培训并重的现代职业教育体系，开展高质量职业培训，促进产教融合、校企"双元"育人，建设多元办学格局，深化复合型技术技能人才培养培训模式改革，从2019年起在职业院校、应用型本科高校启动"学历证书+若干职业技能等级证书"（1+X证书）制度试点工作。

2月11日 农业农村部、国家发展改革委等部门发布《国家质量兴农战略规划（2018—2022年）》，要求依托新型职业农民培育工程，大力实施现代青年农场主培养计划、新型农业经营主体带头人轮训计划和农村实用人才带头人培训计划，把质量兴农的知识技能作为培训内容，年均培训新型职业农民100万人以上。

4月4日 教育部、国家发展改革委等部门发布《关于在院校实施"学历证书+若干职业技能等级证书"制度试点方案》，启动"学历证书+若干职业技能等级证书"（简称1+X证书）制度试点工作，鼓励学生在获得学历证书的同时，积极取得多类职业技能等级证书。

5月18日 国务院办公厅印发《职业技能提升行动方案（2019—2021年）》，要求适应人民群众就业创业需要，大力推行终身职业技能培训制度，面向职工、就业重点群体、建档立卡贫困劳动力等城乡各类劳动者，大规模开展职业技能培训；2019年至2021年，三年共开展各类补贴性职业技能培训5000万人次以上。

9月25日 国家发展改革委、教育部、工业和信息化部、财政部、人力资源社会保障部、国资委发布《国家产教融合建设试点实施方案》，计划通过5年左右的努力，试点布局50个左右产教融合型城市，在试点城市及其所在省域内打造一批区域特色鲜明的产教融合型行业，在全国建设培育1万家以上的产教融合型企业，建立产教融合型企业制度和组合式激励政策体系。

10 月 16 日　教育部、人力资源社会保障部等 17 部门联合印发《职业院校全面开展职业培训　促进就业创业行动计划》，提出到2022 年，使职业院校成为就业创业培训的重要阵地，基本形成学历教育与培训并举并重的职业教育办学格局。

10 月 25 日　中央组织部、人力资源社会保障部印发《事业单位工作人员培训规定》。这是我国事业单位培训工作的第一部综合性、专门性管理规定，对规范事业单位培训行为、提高培训质量、加强队伍建设，具有重要意义。

10 月 31 日　国家职业教育指导咨询委员会成立。

2020年

2 月 17 日　人力资源社会保障部、财政部印发《关于实施职业技能提升行动“互联网 + 职业技能培训计划”的通知》，鼓励支持广大劳动者参加线上职业技能培训。计划到 2020 年，实现“511”线上培训目标：征集遴选 50 家以上面向全国的优质线上职业技能培训平台，推出覆盖 100 个以上职业（工种）的数字培训资源，全年开展 100 万人次以上的线上职业技能培训；到 2021 年，进一步扩大线上培训规模，提高线上培训质量。

3 月　人力资源社会保障部实施“百日免费线上技能培训行动”，大规模开展免费线上职业技能培训。

7 月 21 日　人力资源社会保障部、财政部、共青团中央印发《百万青年技能培训行动方案》，要求各地以高校毕业生和其他青年群体为培训对象，大规模组织开展青年职业技能培训。

9 月 22 日　习近平总书记在教育文化卫生体育领域专家代表座谈会的讲话上指出要大力发展职业教育和培训，有效提升劳动者技能和收入水平。

皮 书

智库报告的主要形式
同一主题智库报告的聚合

皮书定义

皮书是对中国与世界发展状况和热点问题进行年度监测，以专业的角度、专家的视野和实证研究方法，针对某一领域或区域现状与发展态势展开分析和预测，具备前沿性、原创性、实证性、连续性、时效性等特点的公开出版物，由一系列权威研究报告组成。

皮书作者

皮书系列报告作者以国内外一流研究机构、知名高校等重点智库的研究人员为主，多为相关领域一流专家学者，他们的观点代表了当下学界对中国与世界的现实和未来最高水平的解读与分析。截至 2021 年，皮书研创机构有近千家，报告作者累计超过 7 万人。

皮书荣誉

皮书系列已成为社会科学文献出版社的著名图书品牌和中国社会科学院的知名学术品牌。2016 年皮书系列正式列入“十三五”国家重点出版规划项目；2013~2021 年，重点皮书列入中国社会科学院承担的国家哲学社会科学创新工程项目。

S 基本子库
UB DATABASE

中国社会发展数据库（下设 12 个子库）

整合国内外中国社会发展研究成果，汇聚独家统计数据、深度分析报告，涉及社会、人口、政治、教育、法律等 12 个领域，为了解中国社会发展动态、跟踪社会核心热点、分析社会发展趋势提供一站式资源搜索和数据服务。

中国经济发展数据库（下设 12 个子库）

围绕国内外中国经济发展主题研究报告、学术资讯、基础数据等资料构建，内容涵盖宏观经济、农业经济、工业经济、产业经济等 12 个重点经济领域，为实时掌控经济运行态势、把握经济发展规律、洞察经济形势、进行经济决策提供参考和依据。

中国行业发展数据库（下设 17 个子库）

以中国国民经济行业分类为依据，覆盖金融业、旅游、医疗卫生、交通运输、能源矿产等 100 多个行业，跟踪分析国民经济相关行业市场运行状况和政策导向，汇集行业发展前沿资讯，为投资、从业及各种经济决策提供理论基础和实践指导。

中国区域发展数据库（下设 6 个子库）

对中国特定区域内的经济、社会、文化等领域现状与发展情况进行深度分析和预测，研究层级至县及县以下行政区，涉及省份、区域经济体、城市、农村等不同维度，为地方经济社会宏观态势研究、发展经验研究、案例分析提供数据服务。

中国文化传媒数据库（下设 18 个子库）

汇聚文化传媒领域专家观点、热点资讯，梳理国内外中国文化发展相关学术研究成果、一手统计数据，涵盖文化产业、新闻传播、电影娱乐、文学艺术、群众文化等 18 个重点研究领域。为文化传媒研究提供相关数据、研究报告和综合分析服务。

世界经济与国际关系数据库（下设 6 个子库）

立足“皮书系列”世界经济、国际关系相关学术资源，整合世界经济、国际政治、世界文化与科技、全球性问题、国际组织与国际法、区域研究 6 大领域研究成果，为世界经济与国际关系研究提供全方位数据分析，为决策和形势研判提供参考。